华章IT

HZBOOKS | Information Technology

Practical Predictive Analytics

实用预测分析

[美] 拉尔夫·温特斯（Ralph Winters）著

刘江一 陈瑶 刘旭斌 译

图书在版编目（CIP）数据

实用预测分析 /（美）拉尔夫·温特斯（Ralph Winters）著；刘江一，陈瑶，刘旭斌译．—北京：机械工业出版社，2018.7
（数据分析与决策技术丛书）
书名原文：Practical Predictive Analytics

ISBN 978-7-111-60335-1

I. 实… II. ①拉… ②刘… ③陈… ④刘… III. 决策预测 IV. C934

中国版本图书馆 CIP 数据核字（2018）第 143529 号

本书版权登记号：图字 01-2017-7517

实用预测分析

出版发行：机械工业出版社（北京市西城区百万庄大街 22 号 邮政编码：100037）

责任编辑：唐晓琳	责任校对：殷 虹
印 刷：北京市荣盛彩色印刷有限公司	版 次：2018 年 7 月第 1 版第 1 次印
开 本：186mm×240mm 1/16	印 张：24.5
书 号：ISBN 978-7-111-60335-1	定 价：89.00 元

凡购本书，如有缺页、倒页、脱页，由本社发行部调换
客服热线：（010）88379426 88361066　　投稿热线：（010）88379604
购书热线：（010）68326294 88379649 68995259　　读者信箱：hzit@hzbook.com

The Translator's Words 译　者　序

接触本书之前，我们刚刚完成了另外一本书《Thoughtful Machine Learning with Python》的翻译工作——那是一本非常适合机器学习入门的图书，也是该领域中的经典之一。而讯速决定开展对本书的翻译，自然也是因为对其喜爱有加：

第一，预测分析是机器学习中非常有应用价值的一个子领域；

第二，本书相当适合作为一本进阶的教材，能帮助读者对机器学习在真实世界的应用有直观的、详细的认识；

第三，可以借此机会熟悉一门在机器学习和统计学领域广受欢迎的编程语言：R 语言。

可能很多读者被本书吸引，也是出于类似的原因吧。

这里谈谈 R 语言。国内很多读者对 R 语言还不是很熟悉，但 R 语言在国外高校的统计系是一门必修的课程。R 语言在部分运行环境中是开源的，这使它具有很强的生命力，其功能也日益丰富、强大、稳定。安装 R 语言本身所使用的资源很少，而且对不同操作系统的兼容性令人满意。可以用它方便地对数据进行必要的处理，并绘制出漂亮的图形以供深入观察分析。在项目初期选用 R 语言作为建模语言，数据接口的兼容性较高，能够快速搭建模型，并且和传统的统计型语言相比，可移植性较高，对机器学习模型的可扩展支持 Package 的资源也非常丰富。值得注意的是，从语言开发产品的能力来看，C 语言和 Java 语言的商业可扩展性较高。例如商业化集成使用 R 语言进行大数据建模分析，主流服务器端的 R 语言环境多是基于 Microsoft R Server, 其他基于 Linux 服务器的 R 语言环境多由 R 语言 IDE 开发商来定制化支持。总结而言，R 语言能够快速探索、搭建初期的模型、原型，可以称其为学术派语言，值得期待的是，R 语言正在向商业化语言渐渐迈进。

有人说："R 固然好用，但学起来却头疼无比！"放心，已经有人用 R 编写好了丰富的示例代码，并详加解释，让你知道为何要这么做、为何不选另一种方法，而你还有哪些其他选择等。没错，这些示例在本书中随处可见。而且作者还会贴心地反复提醒读者注意避免某些错误，其重视程度，让人禁不住猜测，作者本人是否也是在各种错误中摸爬滚打，才练成了今天的段位……

还有人说："数据量一大，R就慢得像爬行一样。"经验丰富的作者当然不会忘记为你提供趁手的解决方案，比如SparkR、抽样等。在本书的多个示例中，数据量较小的示例用于演示算法的基本原理，使用基本R足够。数据量大的示例中会展示何时需要从基本R转换到SparkR，高效地完成处理和抽样，再转换回基本R，开始绘制图形等R擅长的任务。

本书对算法的解释简练而形象，但它本质上仍是一本偏重动手操作类的书籍。本书的目的是通过真实的数据绘制出各种对比图形，让你真真切切地感受到预测分析项目是如何实现的，并会指导人们做出判断和行动——有时会令人莫名激动，恨不得马上找到真实数据集来动手试一试，看自己能否利用强大的预测分析能力去解释世界、影响世界。

以上只是我们觉得本书对读者帮助较大的地方，本书当然不止这一两项优点，它还有很多精彩等待你去发现。

在本书的翻译过程中，陈瑶翻译了第1章（部分）、第4章、第7章和第12章，刘旭斌翻译了第2章、第5章、第8章和第11章，刘江一翻译了前言、第1章（部分）、第3章、第6章、第9章和第10章。

感谢诸位译者在百忙之中挤出时间完成了这项有趣的工程！

感谢机械工业出版社华章公司的编辑在翻译过程中给予的悉心帮助和指导！

刘江一

参与本书翻译的初衷，是因为当时负责的有关性别预测分析(Gender Analysis)和情感倾向分析（Sentiment Analysis）的项目，在初期选用了R语言作为建模语言，数据接口的兼容性较高，能够快速搭建模型，并且和传统的统计型语言相比，可移植性较高，对机器学习模型的可扩展支持Package的资源也非常丰富。值得注意的是，从语言开发产品的能力来看，C语言和Java语言的商业可扩展性较高。例如商业化集成使用R语言进行大数据建模分析，主流服务器端的R语言环境，多是基于Microsoft R Server, 其他基于Linux服务器的R语言环境多由R语言IDE开发商来定制化支持。

伴随着项目的进行，翻译完本书，总结而言，R语言能够快速探索、搭建初期的模型、原型，可以称其为学术派语言，值得期待的是，R语言正在向商业化语言渐渐迈进。

陈　瑶

About the Author 关于作者

Ralph Winters 的职业生涯始于在一个音乐表演权利组织担任数据库研究人员（他甚至会作曲），继而延伸到医疗调查研究，最后落脚于分析和信息技术领域。他已经给很多名列世界500强的大企业提供过自己在统计和分析方面的经验，包括金融、直销、保险、医疗和制药领域的企业。他的工作涉及很多不同类型的预测分析项目，包括客户保留、反洗钱、客户之声文本挖掘分析，以及医疗风险和客户选择模型。

他如今在一家医疗服务公司担任数据架构师，在数据和高级分析组工作。他很喜欢与一个拥有业务分析师、技术专家、保险精算师及其他数据科学家的智囊团协同合作。

Ralph 认为自己是个务实的人。除了为 Packt 出版社写作了《Practical Predictive Analytics》之外，他还参与写作了另外两本著作，即 2014 年 9 月 Elsevier 出版的《Practical Predictive Analytics and Decisioning Systems for Medicine》(Miner 等人著)，以及 2013 年在马萨诸塞州剑桥第 11 届年度文本和社会分析峰会上发表的《Practical Text Mining with SQL using Relational Databases》。

Ralph 和他挚爱的妻子 Katherine、迷人的女儿 Clair 与 Anna 居住在新泽西州，Ralph 的个人网站是 ralphwinters.com。

关于审校者 About the Reviewers

Armando Fandango 在 REAL 公司担任首席技术官，开发基于 AI 的产品和平台，用于在品牌、代理、出版商和读者之间生成智能的连接。Armando 创立了 NeuraSights，目标是使用神经网络和机器学习从大数据和小数据中发掘洞见。在此之前，他还担任过 Epic 工程咨询集团有限公司的首席数据科学家和首席技术官，曾经与政府部门和大型个人组织合作开发智能产品，涉及机器学习、大数据工程、企业数据仓库和企业仪表板。Armando 曾经在 Sonobi 公司担任数据主管，领导若干个数据科学与工程团队，为 Sonobi 的 AdTech 平台 JetStream 推动大数据和预测分析技术及策略。Armando 曾经在中佛罗里达大学的高级计算研究中心管理高性能计算（HPC）的咨询和基础建设。Armando 还曾经为高科技初创公司 QuantFarm、Cortxia Foundation 和 Studyrite 做过顾问团成员及 AI 专家。Armando 的著作包括一本名为《Python Data Analysis》(第 2 版）的书，以及在国际期刊和会议上发表的研究论文。

Alberto Boschetti 是一位数据科学家，在信号处理和统计学方面有丰富的经验。他拥有电信工程博士学位，现在居住于伦敦。在他工作的项目中，日常面对的挑战涉及自然语言处理（NLP)、机器学习以及分布式处理。他对工作极具热忱，持续跟进数据科学技术的最新进展，参加小组讨论、会议以及其他活动。他的著作有《Python Data Science Essentials》《Regression Analysis with Python》和《Large Scale Machine Learning with Python》，全部由 Packt 出版。

Preface 前　言

这是另一类关于预测分析的书。我写这本书的初衷是为传统分析人员介绍一些使用开放源码工具的预测分析技术。

不过，我很快意识到，传统分析工具的某些特性可以使新一代数据科学家受益。我曾经在企业数据解决方案方面做了大量工作，我很有兴趣撰写一些不同类型的主题，如分析方法、敏捷、元数据、SQL 分析和可重复的研究，这些研究在一些数据科学 / 预测分析书中经常被忽略，但对分析项目的成功是至关重要的。

我还想写一些很少被提及的分析技术，这些技术超出了标准回归和分类任务的范围，例如使用生存分析来预测客户流失，使用购物篮分析作为推荐引擎。

由于基于云计算的解决方案已经有了很大的进展，我认为增加一些关于云分析（大数据）的内容很重要，所以我加入了一些在 Spark 环境中开发预测分析解决方案的章节。

本书的重点之一是触类旁通，我希望无论你的技术方向是什么，也无论你如何理解数据科学、预测分析、大数据，甚至是诸如预测这样的术语，都可以在这里找到适合自己需求的内容。

此外，作为数据科学团队的一部分，我要向领域专家们致敬。通常情况下，这些精通领域业务知识的分析师没有耀眼的头衔，但他们对于分析项目的成功至关重要。希望我讨论的一些话题能打动他们的心弦，让他们对预测分析的一些技术概念更感兴趣。

当 Packt 邀请我写一本关于预测分析的书时，我首先想到的是寻找一种优秀的开源语言，来弥合传统分析与当今数据科学家之间的鸿沟。我认真地考虑过这个问题，是因为每种语言在如何表达问题的解决方案方面都有细微的差别。然而，我决定最终不在意那些细节，因为预测分析这个概念不是依赖于任何一种编程语言的，而且编程语言的选择通常由个人偏好以及你所在的公司决定。

我最终选择了 R 语言，因为我的专业背景是统计学，我觉得 R 语言具有良好的统计学严谨性，现在它不但已经和 SAS 等适合的软件做了合理的整合，而且还与关系数据库系统以及 Web 协议有很好的整合。它还具有出色的绘图和可视化系统，以及用户贡献的许多好用的软件包，涵盖了大部分的统计和预测分析功能。

关于统计数据，我建议你尽可能多地学习相关知识。了解统计数据可以帮助你区分优良的模型与糟糕的模型，并通过了解基本概念——如中心倾向度量（平均值、中位数、众数）、假设检验、p 值和效应大小——来帮助你识别不良数据中的许多问题。如果你了解数据统计，将不再仅仅以自动的方式运行封装好的软件，而是可以多少了解一些底层的运行机制。

R 语言的一个缺点是它在内存中处理数据，因此在单个 PC 上使用时，软件会限制数据集的大小，使之处理不了更大的数据集。对于本书中使用的数据集，在单个 PC 上运行 R 程序来处理应该没有问题。 如果你有兴趣分析大数据，本书将用几章的篇幅讨论在云环境中的 R 和 Spark，你可以在这些章中看到如何处理分布在许多不同计算机上的大型数据集。

谈到本书中使用的数据集，我不想使用那些你经常看到的、被人们反复分析的数据集。其中一些数据集的确非常适合用来演示技术，但我想要一些新的东西。然而，我没有看到多少我认为对本书有用的数据。有些数据来源不明，有些需要正式的使用许可，有些缺少好的数据字典。所以，在许多章节中，我最终使用 R 中的模拟技术生成自己的数据。我觉得这是一个不错的选择，因为借此机会我能够介绍一些可以在工作中使用的数据生成技术。

我使用的数据涵盖了广泛的范围，包括市场营销、零售和医疗保健应用。我本来希望能增加一些财务方面的预测分析用例，但时间不够用了。也许我会把这方面的内容留到另一本书中去讲！

本书主要内容

第 1 章从介绍预测分析的发展历史开始，然后讨论预测分析从业人员的一些不同角色，并描述他们从事的行业。接下来讨论在 PC 上组织预测分析项目的方法，介绍 R 语言，并以简短的预测模型为例结束该章。

第 2 章讨论如何将预测模型的开发过程组织成几个阶段，每个阶段都有不同的目标，如探索和问题定义，最后是预测模型的实际开发。该章讨论两种重要的分析方法：CRISP-DM 和 SEMMA。在该章中贯穿了一些示例代码，以展示一些方法的核心思想，希望你不会感到枯燥。

第 3 章介绍可以将自己的输入数据引入到 R 程序中的各种方法。该章还讨论使用标准 SQL 函数和 R dplyr 包的各种数据预处理方法。没有输入数据？没问题。该章将展示如何使用 R 语言的 wakefield 包生成你自己的模拟数据。

第 4 章从对有监督算法和无监督算法的讨论开始。该章的其余部分集中在回归算法，它是一种代表性的有监督算法。你将了解如何解释回归算法的输出，如模型系数和残差图。该章甚至提供一个交互式游戏，利用交互测试，看看你是否能够辨别一系列的残差是不是随机的。

第 5 章重点讨论另外三种广泛使用的核心预测算法，而且把它们与回归结合起来，可用于解决许多（可能是大部分）预测分析问题。该章讨论的最后一个算法（支持向量机（SVM））通常用于诸如非结构化文本之类的高维数据，因此示例代码将附带使用一些客户投诉评论的文本挖掘技术。

第 6 章讨论一种称为生存分析的具体建模技术，并展示一个假设的客户营销满意度和保留示例。我们还将深入研究利用 R 中的抽样功能模拟客户选择的方法。

第 7 章介绍关联规则和购物篮分析的概念，并介绍一些可以根据在线零售商店销售的各种数据组合来预测未来销售情况的技术。该章还会引入一些文本分析技术和一些聚类分析技术，用来将各种客户分为不同的分组。除此之外，你将学到一些数据清理技术，还可以知道如何生成一些有趣的关联图。

第 8 章介绍时间序列分析。首先探讨 CMS 网站的医疗保健注册资料。接下来定义一些基本的时间序列概念，如简单和指数移动平均线。最后，在示例代码中使用 R 的预测软件包，顾名思义，它可以帮助你执行一些时间序列预测。

第 9 章介绍 SparkR，它是使用 R 访问大型 Spark 聚类的环境，不需要安装本地版本的 R。该章还会引入 Databricks，一种用来针对基于 Spark 的大数据运行 R（以及 Python、SQL 等）的基于云的环境。该章还介绍使用 Pima Indians 糖尿病数据库作为参考，将小型数据集转换为更大的 Spark 聚类的技术。

第 10 章展示如何利用 SparkR 和 Spark SQL 的组合，使用加载到 Spark 中的 Pima Indians 糖尿病数据，执行一些探索性数据分析。我们将使用一些特定的 Spark 命令来了解 Spark 数据的基础知识，这些命令允许我们过滤、分组和汇总，并将 Spark 数据可视化。

第 11 章先介绍一个使用 Spark 聚类构建的逻辑回归模型，进而对机器学习进行阐述。我们将学习如何将 Spark 数据分解为训练数据和测试数据，运行逻辑回归模型，然后评估其性能。

第 12 章教你如何使用 Stop 和 Frisk 数据集在 Spark 中运行决策树模型。你将学习如何将一些聚类样本提取到本地计算机中，然后运行一些你已经熟悉的非 Spark 算法来克服 Spark MLlib 环境的一些算法限制。该章还将介绍一种新的基于规则的算法 OneR，并演示如何在 Spark 中混用不同的语言，例如在同一个笔记本中使用 % 魔法指令将 R、SQL，甚至 Python

代码混合在一起。

阅读本书你需要什么知识

这不是一本预测分析的入门书，也不是学习 R 或 Spark 的入门书。我们希望读者有一些基础的 R 数据操作技术的知识。预先获取一些预测分析的知识也是有用的。如前所述，了解假设检验、相关性、平均值、标准偏差和 p 值等基本统计概念也有助于你阅读本书。

本书的读者对象

本书适用于已经接触过 R，并且正在寻求学习如何开发企业预测分析解决方案的读者。此外，如果传统的业务分析师和经理希望扩展一些使用开源 R 程序进行预测分析的技能，可能会发现这本书很有用。了解其他编程语言、目前正在进行预测分析实践，或希望使用 Spark 了解预测分析的读者，也将会从有关 Spark 和 R 的章节中获益。

下载示例代码和彩图

在 GitHub 上提供了本书的代码，网址是：https://github.com/PacktPublishing/Practical-Predictive-Analytics。

我们还为读者提供了一个 PDF 文件，其中包含本书中使用的截图 / 图表的彩图。彩图将帮助你更好地了解输出数据中的变化。可以从以下网址下载此文件：https://www.packtpub.com/sites/default/files/downloads/PracticalPredictiveAnalytics_ColorImages.pdf。

Contents 目录

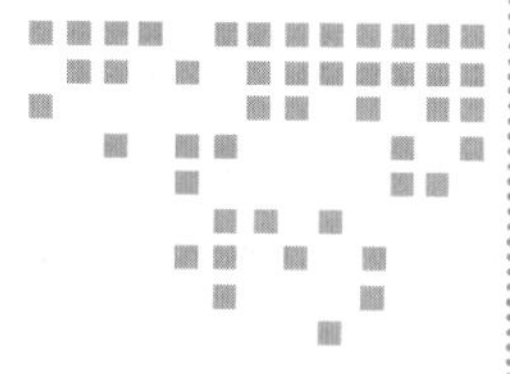

第1章 Chapter 1

预测分析入门

“我们相信上帝，但其他人请用数据说话。”

——Deming

我喜欢预测分析工作，也喜欢向别人解释这项工作，因为它基于一个简单的概念：根据历史数据预测未来事件的概率。预测分析的历史至少可追溯至公元前650年。在一些早期的例子中，古代巴比伦人试图根据云的外观和光环来预测短期天气变化：参见 Weather Forecasting through the Ages，NASA。

医学上对疾病进行分类也有很长的历史。古巴比伦国王 Adadapla-iddina 曾经发布命令，要求收集医疗记录汇集成《诊断手册》（Diagnostic Handbook）。这个文集中的一些预测列出了根据患者生病的天数及其脉搏做出的处理方案（Linda Miner 等，2014）。这是生物信息学最早的实例之一！

后来，专业的预测分析在保险业承保行业开始发展起来。它被用来预测与海上船只保险有关的风险（https://www.lloyds.com/lloyds/about-us/history/corporate-history）。差不多同一时间，人寿保险公司开始预测投保客户的寿命，以便设定最合适的保费率。

虽然预测的想法是根源于早期人类对于理解和分类的需要，但是直到20世纪和现代计算机的出现，它才真正落实。

在20世纪40年代，除了帮助美国政府破译密码之外，Alan Turing 还致力于最初的人机对抗的计算机象棋算法。蒙特卡罗模拟方法起源于曼哈顿项目的一部分，大型计算机通过数天的运算以确定核攻击发生的可能性（Computing and the Manhattan Project, n.d）。

在20世纪50年代，**运筹学**（Operations Research，OR）理论出现了，它可以优化两点之间的最短距离。目前，这些技术被诸如 UPS 和亚马逊等公司应用在它们的物流上。

非数学家也在行动。在 20 世纪 70 年代，心脏病专家 Lee Goldman（当时在潜艇上工作）花费了数年时间开发出一棵有效的决策树，有助于工作人员确定是否需要为了帮助胸痛患者，让潜艇浮出水面（Gladwell，2005）！

许多这些例子的共同点是，人们首先观察已经发生的事件，然后使用这些信息进行泛化，用来对某些事件将来发生的可能性做出决策。伴随着这些预测，人们也能进一步了解事件的因果关系，以及问题的各个部分如何相互关联。通过坚持使用科学的手段和方法论，人们发现了很多表象之后深层的原因。

最重要的是，这些例子都是为了找到当时重要且经常发生的实际问题的解决方案，因此它们都是独一无二的。

1.1 许多行业中都有预测分析

从那以后，人们已经走了很长的路，分析解决方案的实践进一步推动了许多不同行业的发展。互联网对此有深远的影响，人们的每一次访问都被记录、被分析。正在收集和存储的历史数据越来越多，其中有些甚至只需要极低的成本，比以往任何时候都低。这一事实使得更多行业开始使用预测分析。

1.1.1 市场营销中的预测分析

市场营销这个行业，已接受 PA（预测分析）相当长一段时间了。市场营销一直在关注如何争取和留住客户，并已开发了涉及各种促销活动和客户接触点的预测模型，所有这些模型的目标都是留住老客户，获得新客户。这一点在有些营销活动中非常显而易见，例如无线和在线购物卡，客户购买这些卡是因为他们总是想多得到些优惠。

具体来说，高级分析有助于解决这样一类问题：如果我向客户提供免费送货以及 10% 的折扣，那么这相对于没有免费送货，但是有 15% 的折扣是不是可以获得更多的收入？对客户的 360 度分析扩大了与客户互动的方式范畴，从而使营销组合和归因建模变得越来越重要。可提供位置信息的设备已经使营销预测应用程序能够利用实时数据，当客户在商店中时，就能及时给出推荐。

1.1.2 医疗中的预测分析

医疗方面的预测分析最早源于临床试验，临床试验使用精心挑选的样品来测试药物和治疗的疗效。然而，医疗行业所做的远远不止如此。随着传感器的出现，预测分析可以利用传感数据，以监测患有严重疾病的患者，并在病人处于危险状态时发出警报。医疗公司现在可以预测哪些患者会遵照医疗机构建议的治疗方案执行，哪些不会好好执行，进而向各方发出早期预警信号，防止可能出现的并发症，降低治疗总费用。

1.1.3　其他行业中的预测分析

预测分析的例子在几乎所有其他行业中都能够找到。下面仅仅是很少一部分。

- 金融：
  - 欺诈检测是一个很大的领域。金融机构能够通过模式识别和其他机器学习算法来监控所有客户的内部和外部欺诈交易，然后向客户提醒可疑活动。分析通常是实时执行的。这是一个很大的优势，因为罪犯可能非常狡猾，欺诈手段可能比历史分析领先一步。
  - 华尔街计划交易。这种交易算法用来预测日内高点和低点，并决定何时买入和卖出证券。
- 体育管理：
  - 体育管理分析能够预测哪些体育赛事会有最高的上座率，并根据观众的兴趣来制订浮动的票价。
  - 在棒球中，可以记录投手的整场比赛表现数据，然后进行数据分析。传感器也可以附在手臂上，以便在可能发生伤害时发出警报。
- 高等教育：
  - 学院可以预测下一学期可能有多少学生和哪些学生入学，并能够相应地规划资源。这是一个正在开始面临的挑战，许多学校可能正在考虑 2016 年 SAT 的得分变化如何影响入学。
  - 在线模块的基于时间的评估可以帮助教授识别学生可能存在问题的领域，并定制相应的个人教学计划。
- 政府：
  - 联邦和州政府已经接受了开放数据的概念，并向公众提供了更多的数据，使公民数据科学家能够帮助解决严重的社会和政府问题。
  - 在应急服务、交通安全和医疗方面，数据分析的应用潜力是非常积极的。

尽管这些行业的性质完全不同，但预测分析的目标通常是一致的：为了增加收入、降低成本，或追求更好的结果。

1.2　技能和角色在预测分析中都很重要

想要成功地进行预测分析，需要什么技巧呢？我认为需要具备以下三种基本技能。

- **算法 / 统计 / 编程技能**：这些都是实现问题的解决方案所需的实际技术技能。我把这些技能都放到一起，因为这些技能通常都会相继使用到。这会是一个纯粹的统计解决方案，还是需要一点编程工作来定制算法并清理数据？执行相同的任务，方法往往不止一种，可以由你和预测建模师来共同决定如何完成。
- **业务技能**：这些技能是与利益相关方团体之间交流想法和意见所需要的。在某些行业工作过很长一段时间的业务分析师和数据分析师已经非常熟悉各自的业务了，预测分析项目越来越多地要求他们参与其中。数据科学正在成为一项团队活动，大多数项目都需要每个人与组织中的其他人合作、总结调查结果以及具备良好的演示和文档技能，这些都很重要。你经常会听到和业务技能相关的领域知识术语。只有具备一定的领域知识，你才能将特定的分析技能应用于你正在（或者希望）从事的任何业务的特定分析问题中。在解决分析问题时，每个人的业务都有些细微的差别。如果你没有时间或者意愿去学习手头所有问题的内部工作原理，那你就要和了解这些事情的人合作。这就是一个优秀团队的开端！

- **数据存储/提取转换和加载（Extract Transform and Load，ETL）技能**：这一项主要是指关于数据提取和将这些数据存储在一个关系型或非关系型 NoSQL 中的专业知识。从历史角度来看，这些任务只在数据仓库中处理。但是现在随着大数据时代的到来，了解数据存储的复杂性，以及组织数据存储的最佳方法的专家开始出现。

相关工作技能和术语

除了预测分析领域的术语，还有其他一些高度相关的术语。

- **预测建模**：具体来说就是使用数学/统计模型预测因变量或目标变量的可能性。如果没有底层模型，你仍然可以预测，但是它就不能叫作预测模型。
- **人工智能**（AI）：关于机器如何理解并解决问题的含义宽泛的术语。人工智能的早期起源于神经网络。
- **机器学习**：人工智能的一个子集。专门研究机器如何自动地从数据中学习，通常试图重复人类的决策或最优化决策。提到机器学习，每个人都知道 Watson 在 Jeopardy 节目中击败了两个人类对手。
- **数据科学**：数据科学的概念包含预测分析，但也通过编码增加了算法开发，并且通过可视化提供了良好的数据展示能力。
- **数据工程**：数据工程集中在数据提取和数据准备过程中，使原始数据转化为适合分析的形式。系统架构的知识对此十分重要。数据工程师通常会生成预测分析师（或数据科学家）使用的数据。
- **数据分析师/业务分析师/领域专家**：这是一个涵盖性术语，指那些精通手中的业务原理的人，以及少数有能力分辨哪些数据可能有意义、哪些可能没有意义的人。
- **统计学**：推理的经典形式，通常利用假设检验来完成。统计学也是机器学习中概率分布的基础，与预测分析和数据科学密切相关。

1.3 预测分析软件

最初，预测分析是手动进行的，统计人员在大型机上使用各种编程语言（如 FORTRAN）

来完成这一任务。有些语言直到今天仍然很流行。例如，FORTRAN 仍然还是性能最高的语言之一，并且内存占用少。因此尽管它在预测模型开发方面不再像其他语言那样广泛使用，但它仍然可以用于在生产环境中实现模型。

现在，已经有了很多可以使用的预测分析软件，许多忠实的用户坚持使用他们所选的软件。事实上，为了解决特定类型的预测分析问题，这些软件在功能上有一定程度的重叠，而且它们的目标无疑是相同的。一旦你掌握了在一个软件包中预测分析的使用方法，那么把你的技能转用到另一个软件包上是相当容易的。

1.3.1 开源软件

开源软件强调敏捷开发和社区共享。当然，开源软件是免费的，但是使用免费软件也具有**总拥有成本**（Total Cost Of Ownership，TCO）。TCO 包括在一段时间内和软件成本有关的一切因素：不仅包括软件本身的价格，还包括培训、基础设施设置、维护、人员成本以及与产品快速升级和开发产品中存在的开发周期有关的一切支出。

1.3.2 闭源软件

闭源（或者专有）软件（如 SAS 和 SPSS）在预测分析中处于领先地位，并且一直延续至今，超越了传统的统计和机器学习领域。闭源软件强调稳定性、更好的支持和安全性，包括更出色的内存管理，对某些公司来说，我所强调的这几点都是重要的因素。

1.3.3 和平共处

现在有很多关于开源软件好还是闭源软件好的争论。我的预测是，它们会和平共存，而不是互相取代。数据共享和通用 API 将变得更加普遍。开源软件和闭源软件都会在数据架构中拥有自己的位置，并且对一个公司来说，这样的生态系统才是合理的。每个公司都会强调某些因素，开放式和封闭式的软件系统都在不断完善自己。所以，无论学习哪一个，都不是非此即彼的决定。预测分析，并不是每秒都在关心你使用什么软件。请接受开源和闭源软件各自的优势。如果你接受这点，那么肯定会获得与不同的公司合作以及使用不同技术的机会。

1.4 其他有用的工具

人类不仅仅依靠面包一种食物而活，所以除了学习 R 语言之外，还需要学习更多的工具，以便提高分析技能。

- SQL：不管选择在哪个语言 / 软件包 / 环境中工作，SQL 都是一个很有价值的工具。事实上，每一个分析工具都有一个 SQL 接口，了解如何优化 SQL 查询无疑会提高你的工作效率，特别是如果从 SQL 数据库直接进行大量数据提取的话。如今常见的思路是尽可能在数据库中进行预处理，所以如果你要在数据库（如 MySQL、

PostgreSQL、Oracle 或者 Teradata）中做大量的提取工作，学习如何在本地架构中优化查询是一件很有用的事。

在 R 语言中，有几个 SQL 包可用于与各种外部数据库进行对接。我们将使用 sqldf 包，这是一个使用广泛的 R 语言包，用于和 R 语言数据帧进行交互。还有其他的语言包专门为你将要使用的特定数据库而定制。

- **Web 提取工具**：并非每个数据源都来自数据仓库。从互联网上提取数据的 API 知识还是很有必要知道的。这方面常用的工具包括 Curl 和 Jsonlite。
- **电子表格**：尽管存在一些问题，但电子表格通常是进行快速数据分析的最快方式，更重要的是，它能让你和他人分享分析结果！R 语言为电子表格提供了多个接口，但是，如果你在那些大量使用这些技能的公司工作，学习独立的电子表格技能，如针对应用程序的数据透视表和 Virtual Basic，会给你带来工作上的优势。
- **数据可视化工具**：数据可视化工具对增加分析的冲击力和简洁地封装复杂信息非常有用。虽然 R 语言的可视化工具很优秀，但是并不是每个公司都会使用 R 语言。可以学习一些第三方的可视化工具，如 D3.js，Google Charts，Qlikview 或者 Tableau。
- **大数据、Spark、Hadoop、NoSQL 数据库**：从这些框架中提取和分析数据的需求越来越多，至少从这点来看，了解这些技术变得越来越重要。许多软件包都有和 Hadoop 直接对话的 API，可以在本地环境中运行预测分析，也可以提取数据到本地再完成分析。

1.4.1 超越基础知识

考虑到预测分析的空间是如此之大，一旦你了解了基本概念，就可以问问自己，哪些领域的预测分析是你真正感兴趣的，你想专攻哪些领域。刚开始，学习一切你所关心的预测分析的内容是很好，但是因为你可能是某个行业或者技术方面的专家，所以最终你会回过头来想这两个问题。想要专攻的领域，可能会是研究、算法开发，或者甚至是管理分析团队。

1.4.2 数据分析 / 研究

不过，作为一般的指导，如果你参与或面向的是数据、数据分析或数据科学研究的一部分，我建议你把精力集中在数据挖掘方面，以及你感兴趣的特定行业中较为盛行的具体的数据建模技术。

例如，在保险行业中广泛应用的逻辑回归在社交网络分析中却没能广泛应用。而经济研究是以面向时间序列分析为主，而不是聚类分析。在网上零售行业中应用广泛的则是推荐引擎。

1.4.3 数据工程

如果你参与较多的是数据工程方面的工作，可以多关注数据清理，要能够集成各种数据源，以及多关注完成数据清理工作所需的工具。

1.4.4 管理

如果你是一名管理者，可以关注模型开发、测试与控制、元数据，并且向高层管理人员展示相关结果，以此说明投资的价值或者收益。

1.4.5 数据科学团队

当然，预测分析正变得更像是一个团队项目，而不是一种个体努力行为，并且数据科学团队是非常活跃的。关于数据科学团队的构成已经有很多介绍，其中大部分可以简化成我前面概括的 3 项基本技能。

1.4.6 看待预测分析的两种不同方式

不同行业对预测分析的目标有不同的解释。例如，社会科学和市场营销想要了解的是预测分析模型中的因素，如果模型可以被解释得足够清楚，那就可以牺牲掉一点准确性。另一方面，黑盒股市交易模型更感兴趣的是减少错误交易的数量，并且在当天结束时核算收益和损失，并不关心交易算法中哪一部分起了作用。结果是准确性更为重要。

基于你要处理的某个特定问题，来看看两种不同的分析思维怎样影响预测分析过程。

1）**最小化预测错误目标**：这是机器学习中一个非常常见的用例。最初的目标是使用适当的算法做预测，以减少预测错误。如果选择的算法不对，算法最终会失败，并且需要持续优化产生新的最优算法。如果只是机械地执行计算而不理解模型，肯定会导致失败的结果。某些模型，特别是带有多个变量的优化模型，可以具备很高的预测率，但是在很多情况下却不稳定。如果没有深入理解模型，很难对数据输入的变化做出正确反应。

2）**理解模型目标**：理解模型目标由科学方法产生，还要和假设检验的概念紧密关联。可以通过一些具体的模型（如回归树和决策树）来实现，使用其他模型，（如支持向量机（SVM）模型和神经网络模型）则更加困难。理解模型范式时，理解因果关系或影响比优化相关性更为重要。通常，理解模型的预测率较低，但是知道更多关于模型各个部分的因果关系以及它们是如何关联的，则更有优势。例如，依赖于理解人类行为的行业要强调理解模型的目标。这种倾向的一个限制是，我们可能倾向于丢弃那些还没能被立刻理解的结果。接受一个预测能力较低的模型需要一定的自律性。不过，你反而可以因此保证模型的稳定性。

当然，之前的例子阐明了两种截然不同的方法。可以两全其美地组合模型，应该是我们要努力争取的。所以，终极模型的目标是：

- 该模型的预测误差可接受；
- 随着时间的推移，该模型是稳定的；
- 该模型需要维护的成本最小；
- 该模型很简单，便于理解和解释。

稍后你会了解这与偏差 / 方差的权衡有关。

1.5 R

本书中大部分代码示例都是用R语言编写的。阅读本书的先决条件是，我们假设你具备基本的R语言知识，以及对统计有一定的认识。如果你已经知道R语言，可以跳过这一节，但为了完整性我还是想在此讨论一下。

R语言源于20世纪70年代出现的S语言。但是R语言已经超越了原有的核心包，成为完全可以为预测分析提供支持的语言。

虽然R语言是统计学家为了他们做统计学研究而孕育产生的，从早期开始，它也已经走过一段漫长的岁月。R语言的优势来自它的包系统，它使得人们能开发定制化的或者增强的功能，并且关联到核心系统。

虽然最初的R语言系统在统计和数据挖掘方面已经够用了，但是R语言的一个重要目标是通过用户编写、贡献的包来增强其系统。在撰写本书时，R语言系统已经包含超过10 000个包。有些包质量很好，有的包则质量一般。因此，我们的目标是找到能够带来最大价值的真正有用的包。

大多数（如果不是全部）R语言包可以用于解决你所遇到的最常见的预测分析任务。如果你遇到一个不适用于任何已存在类别的任务，很有可能R语言社区的人也遇到了类似的问题。当然，总有人可能正在开发一个包刚好解决你想要解决的问题。不过那个人最有可能就是你自己。

1.5.1 CRAN

综合R语言档案网络（CRAN）是一个关键的网站，其中包括R语言发布版、二进制文件、文档以及包。为了知道对你有价值的包大概是什么样的，可以查看CRAN维护的Task Views部分：

https://cran.r-project.org/web/views/

1.5.2 安装R语言

安装R语言通常可以从CRAN网站直接下载软件：

1）导航到 https://cran.r-project.org/。

2）安装和你的操作系统匹配的R语言版本。请阅读有关下载特定版本的任何说明。例如，如果你是一个Mac用户，除了安装R语言，你可能还需要安装XQuartz，这样图形才能正确显示和渲染。

1.5.3 其他安装R语言的方法

虽然直接从CRAN网站安装R语言是大多数人会继续使用的方式，但是我想说一些其他安装R语言的方法。当你不太常使用本地机器时，这些方法通常都比较有效。

- **虚拟环境**：有几种方法可以在虚拟环境中安装 R 语言。
  - VirtualBox 或者 VMware：虚拟环境有利于建立受保护的环境，并且加载预先安装好的操作系统和软件包。这样做有一些好处，例如有利于隔离测试区域，并且当你不希望安装 R 语言占据机器上额外空间的时候，这个方法可以满足需求。
  - Docker：Docker 就像一个虚拟机，但是比较轻量级，因为它不是去模拟一个完整的操作系统，而是仅模拟所需的进程。
- **基于云**：在基于云的环境中安装 R 语言，有几种方法。基于云的环境非常适合不直接在本机上工作的场景。
  - AWS/Azure：这是 3 个非常流行的环境。使用基于云的环境的原因和使用虚拟环境的原因类似，不过也有一些其他的优点：例如具有更强的能力处理超大数据集和使用更多内存。所有之前提到过的方法都需要通过订阅服务来使用，只不过是提供了免费的层来启动。学习使用 R 语言和 SparkR 语言来学习预测分析时，我们会在后面的章节中深入探讨 Databricks。
- **基于 Web**：基于 Web 的平台对于学习 R 语言和尝试快速编程及分析都有好处。R-Fiddle 是一个不错的选择，不过还可以选择 R-Web、Jupyter、Tutorialspoint 以及 Anaconda Cloud。
- **命令行**：R 语言可以完全从命令行运行。当 R 语言通过命令行运行时，通常会加上其他 Linux 工具，如 curl、grep、awk 以及各种各样的定制化文本编辑器，如 Emacs Speaks Statistics（ESS）。当进程需要通过操作系统直接进行自动化运行和调度时，通常 R 语言会在生产模式下以命令行方式运行。

1.6 预测分析项目是如何组织的

在你自己的机器上安装完 R 语言之后，我会给出一些如何组织数据、代码、文档等的想法。你可能需要设置许多不同类型的项目，从探索性分析到全面的产品级实现。不过，大多数项目会处于这两者之间，也就是那些针对某个特定问题或者一系列相关问题的项目。无论它们的目的是什么，你所从事的每一个项目都应该拥有自己的项目文件夹或项目目录。

新建项目要记住的几个要点：

- 想要创建一个目标过于宏大的项目，或者一次尝试回答太多问题，可不是一个好主意。记住，预测分析是一个迭代的过程。
- 另外一个大家会掉入的陷阱是，不能重现项目。最糟糕的就是在一组数据上进行一些分析，然后回头重来时，糟了！结果不一样。
- 规划代码时，尽量将代码编写成可重用的构建块。对于 R 语言，可以写成互相关联较松弛的函数。
- 假设任何和需求、数据以及输出有关的内容都会发生变化，并做好准备。

- 考虑 R 语言的动态性。版本和源代码包的变化可以通过各种方式改变你的分析，所以对不同级别的代码、数据等使用单独的文件夹，或者利用版本管理包（如 subversion、git 或者 cvs）来保持代码和数据同步是很重要的。

一旦考虑了以上的所有点，就可以动手设置你的文件夹环境了。

设置项目和子文件夹

首先为我们的环境创建文件夹。通常项目会从 3 个子文件夹开始，大致上是：

- 数据源
- 代码生成的输出
- 代码本身（此处是 R 语言）

某些情况下可能会需要更多的文件夹，不过我们先从简单的开始：

- 首先，决定你的项目放在何处。然后创建一个子目录并且命名为 PracticalPredictiveAnalytics。在下面这个示例中，我们在 Windows 的 C 盘下创建目录。
- 在这个项目下创建 3 个子目录：数据（Data）、输出（Outputs）和 R 语言：
  - R 语言目录保存所有的数据准备代码、算法等。
  - 数据（Data）目录包含原始数据源，通常可以被程序读取。
  - 输出（Outputs）目录包含所有代码生成的内容。包括图、表、列表以及输出的日志。

以下是一个示例，展示了创建文件夹之后子文件夹的结构。

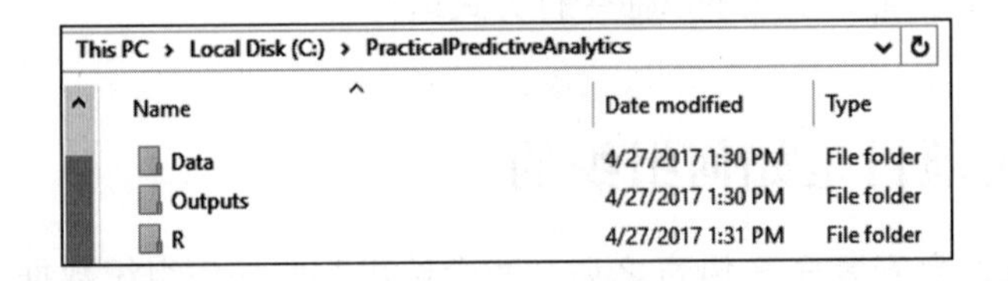

1.7 图形用户界面

与许多语言文字和知识发现系统类似，R 语言通过命令行启动。然而，预测分析师倾向于使用图形用户界面（GUI），并且对于 3 种不同的操作系统（Mac、Windows 和 Linux）可以有不同的选择。每一个系统都有其优点，当然也存在一些偏好问题。

内存始终是 R语言需要考虑的问题，如果这是你最关心的问题，可能希望使用更简单的图形用户界面，比如 R 语言内置的图形用户界面。

如果你想要完全控制并且加入一些生产工具，可以选择 RStudio，这是一个成熟的图形用户界面，你可以通过它来实现版本控制存储库。RStudio 还有一些好用的功能，如代码自动完成。

R 语言指令调度器（Rcmdr）和 Rattle 独特的功能是，它们提供了一份功能选择单，可以引导用户点击常见的统计和数据挖掘任务的命令。它们都是代码生成器。这是一种从头开始学习 R 语言的方法，你可以使用功能选择单来完成任务，然后查看每一个特定任务代码生成的方式。如果你对使用 Rattle 进行预测分析感兴趣，我曾经写过一个有关于结合 Rattle 使用 R 语言的教程，可以在《预测分析实践与医学决策系统》(*Practical Predictive Analytics and Decisioning Systems for Medicine*) 的教程部分找到，本章末尾也会提到这部分内容。

RCmdr 和 RStudio 都提供了图形用户界面，可以和 Windows、Apple 以及 Linux 操作系统兼容，所以我会在本书中利用 RCmdr 和 RStudio 进行举例。不过要记住的是，它们都只是用户界面，而不是 R 语言本身，所以应该很容易粘贴代码示例到其他的图形用户界面。具体使用哪一个图形用户界面，可以根据你的喜好来决定。

1.8 RStudio 入门

R 语言安装完成后，点开浏览器，通过 RStudio 网站（https://www.rstudio.com/）找到下载页面，安装适合你的操作系统的 RStudio 可执行文件。

- ❑ 点击 RStudio 按钮，启动程序。
- ❑ 程序启动初始有 3 个平铺的窗口，如以下截图所示。如果布局和展示的不完全一致，下一节将展示如何通过重新排列布局，保持和本章所示截图一致。

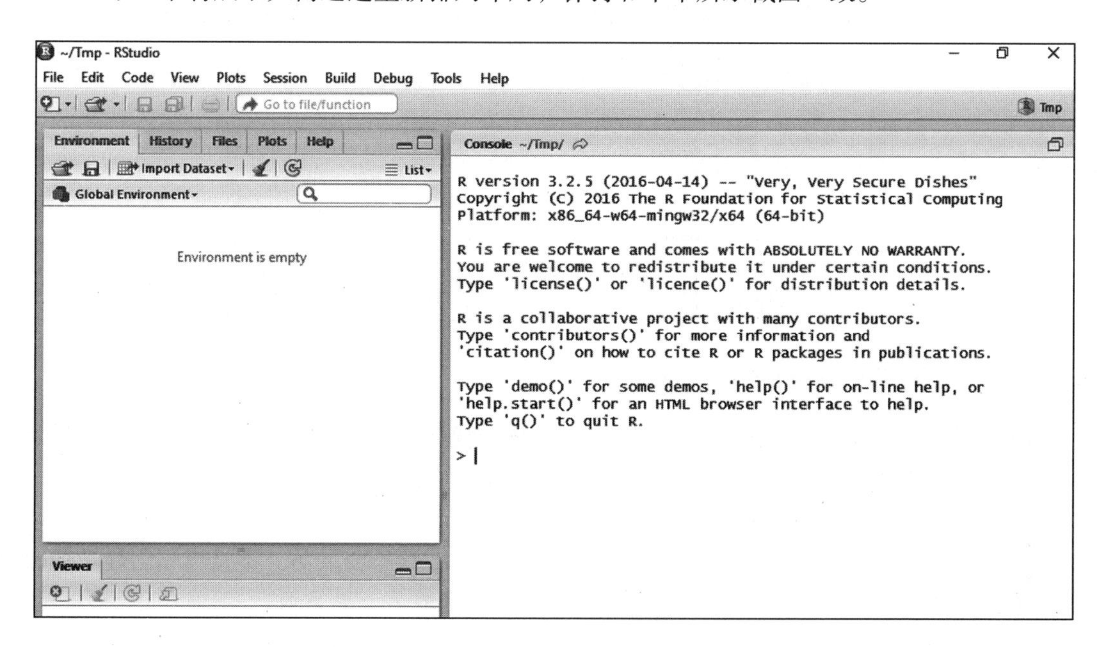

1.8.1 重新布局以保持和示例一致

参照以下步骤重新布局窗口。

1）从顶部导航选择 Tools → Global Options → Pane Layout；

2）选择4个象限中每个象限的下拉箭头，将每个面板的标题更改为如下图所示：

- 确保左上角方框中的 Environment → History → Files → Plots 和 Help 都被选中；
- 确保左下角方框中的 Viewer 被选中；
- 选择右下角方框中的 Console；
- 选择右上角方框中的 Source；

3）点击 OK。

更改生效之后，布局应该会更接近于先前所示的布局。不过，可能不会完全相同。大部分取决于你正在使用的 RStudio 版本，以及你可能已经安装的软件包。

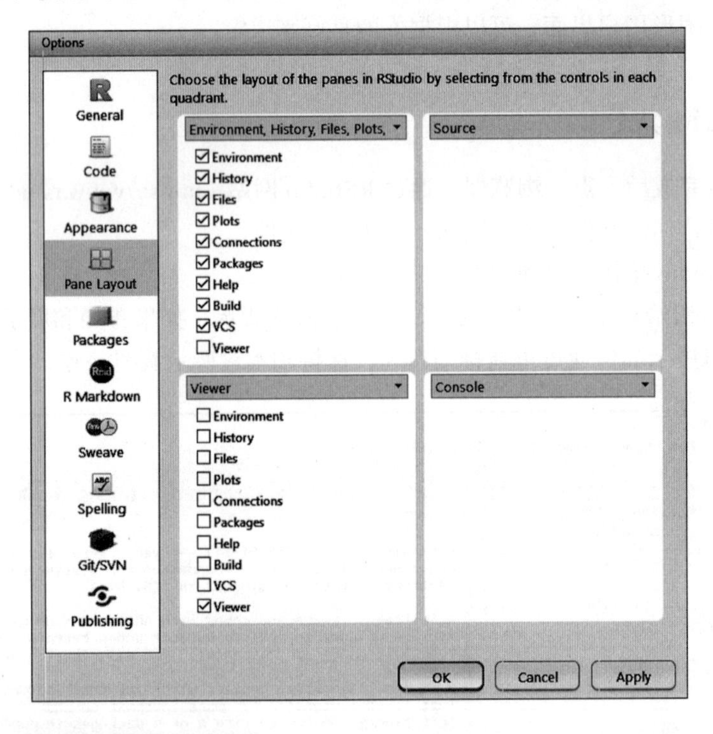

1.8.2 部分重要面板的简要描述

- Source 面板用于编写代码和保存程序。代码创建后你可以使用 File → Save 将代码保存成一个外部文件，用 File → Open 找到已经保存的代码。

如果是第一次安装 RStudio，第4个面板可能什么都不会展示。不过当你创建新的程序（接下来会在本章中介绍），这个面板就会出现在右上角象限。

- Console 面板提供了程序运行后有关程序的重要反馈和信息。它会告诉你发生了语法问题或错误信息。检查 Console 以确保得到想要的结果，确保 Console 没有错误信息，这始终都是一个好习惯。Console 还是展示程序的很多输出的地方。

- 我们会非常依赖View面板。该面板显示了使用R语言View命令运行过的格式化输出。
- Environment → History → Plots面板是一个多功能面板，该面板会根据面板布局对话框中被选中的标签来变化功能。例如，所有R语言指令产生的图都会被展示在Plots标签下。帮助就是选择Help标签的点击操作。还有一个有用的标签，叫Packages，当一个指定的软件包被选中，它会自动载入软件包。

1.8.3 创建新项目

设置好布局之后，按照以下步骤继续创建一个新的项目。

通过以下步骤创建一个新项目：

1）找到菜单栏，在屏幕左上角的图标之上；

2）点击File，再点击New Project；

3）在下一个屏幕选择Existing Directory：

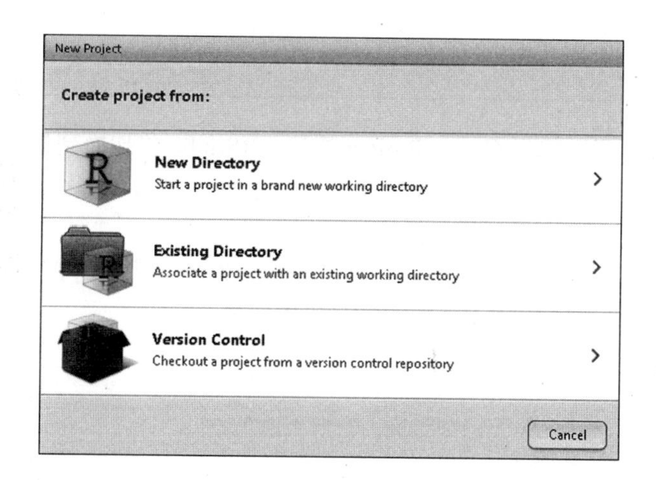

4）就会出现以下画面：

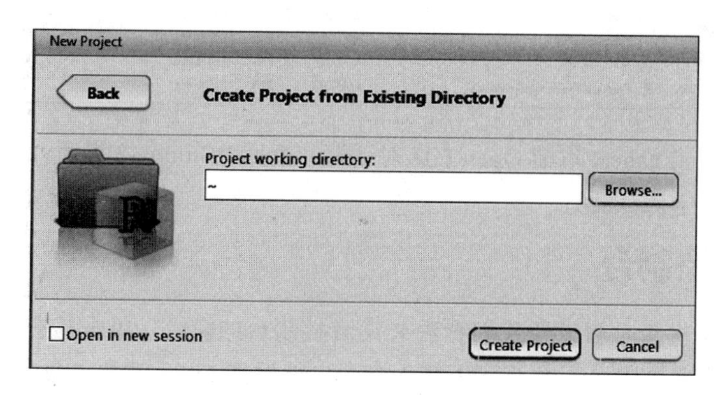

5）Project working directory 初始显示波形符（～）。代表项目会创建在你当前所在的路径下；

6）指定路径首先选择 Browse，然后切换到你在上一步创建的 PracticalPredictive-Analytics 文件夹；

7）Choose Directory 对话框弹出时，点击 Select Folder 选择路径；

8）选择路径之后，应该出现下图所示内容（仅限 Windows）：

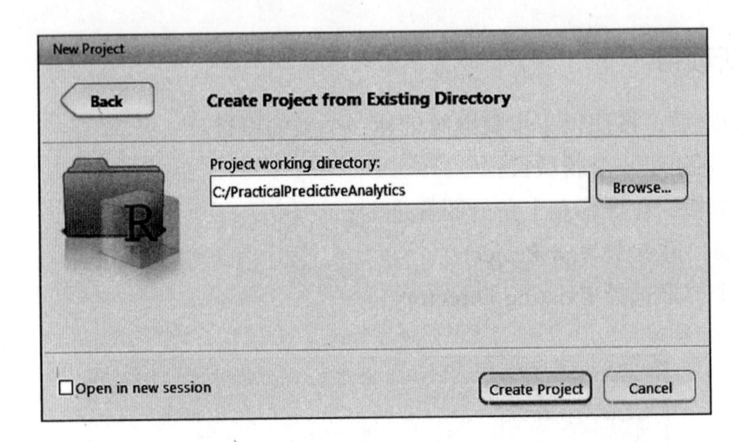

9）要完成创建项目，选择 Create Project 按钮。RStudio 将切换到你刚刚创建的新项目。

所有屏幕面板都暂时是空白页面（除日志面板之外），屏幕左上方的标题栏则显示项目的路径。

为了验证 R 语言、项目输出以及数据目录都包含在项目中，可以选择 File，然后从顶部菜单栏选择 File Open。这 3 个文件夹应该如下图所示：

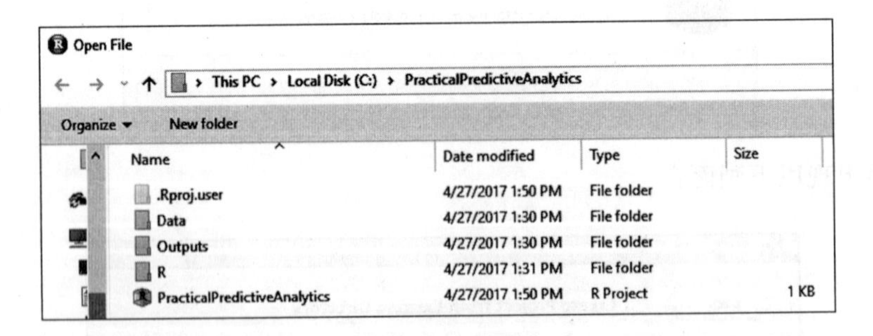

验证之后，点击 cancel 取消 Open File 对话框，返回 RStudio 主界面。

1.9 R 语言控制台

现在创建好了一个项目，让我们看看 R 语言控制台的窗口。单击标有 Console 的窗口。所有控制台命令都是在命令提示符 > 下键入命令，然后按 Enter 键发出命令。我只列举 3 条命令，可以帮你回答“我是在哪个项目上？”以及“我的文件夹里有哪些文件？”

```
Console C:/PracticalPredictiveAnalytics/
>
```

1）getwd()：getwd() 命令非常重要，因为这个命令可以告诉你当前所在的目录。由于刚刚创建了一个新项目，所以我们会想到要指向刚才创建的目录，对吗？

为了仔细检查，可以切换到控制台，键入 getwd() 命令，再按下 Enter 键。应该可以返回当前的工作目录：

```
> getwd()
[1] "C:/PracticalPredictiveAnalytics"
> |
```

2）dir()：dir() 命令可以提供当前工作目录下的所有文件列表。在这个示例中，键入 dir() 命令应该返回刚创建的 3 个目录的名字。不过，一般情况下，你可能会看到许多文件，通常和你所在的目录类型有关（.R 代表源文件，.dat、.csv 代表数据文件，等等）：

```
> dir()
[1] "Data"                              "Outputs"
[3] "PracticalPredictiveAnalytics.Rproj" "R"
> |
```

3）setwd()：通常你需要在同一个项目中转换路径，甚至转换到其他项目。这种情况下你可以使用 setwd() 命令。在圆括号中指定你想要转换到的路径。

例如，转换到包含 R 语言代码的子目录。这个特定的示例提供了一个完整路径作为目标目录。因为你已经在 PracticalPredictiveAnalytics 路径下了，所以也可以使用 setwd（“R”）来切换到包含 R 语言代码的子目录。

```
> setwd("C:/PracticalPredictiveAnalytics/R")
```

为了验证路径已经切换，可以再次键入 getwd() 命令：

```
> getwd()
[1] "C:/PracticalPredictiveAnalytics/R"
```

建议多使用 getwd() 和 setwd()，特别是在多个项目下开发，想要避免误读或误写文件时。

1.10　源代码窗口

Source 窗口即所有 R 语言代码出现的地方。这里也是你可能会花很多时间的窗口。你可以一次打开多个脚本窗口。

创建新脚本

创建新的脚本，可以从顶部导航栏选择 File → New File → R Script。一个新的空白脚本窗口将会出现，命名为Untitled1。

这个窗口一出现，你就可以开始输入代码啦！

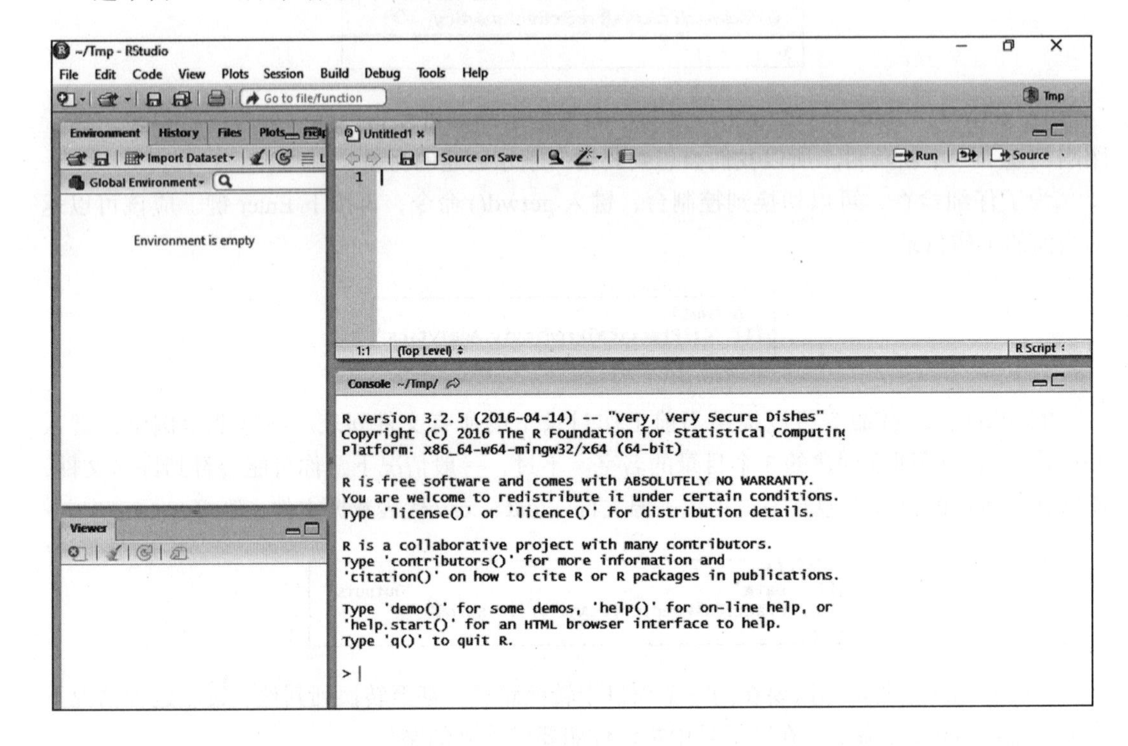

1.11 第一个预测模型

现在所有前期的准备都已经完成，我们将编写第一个非常简单的预测模型。只用写2个脚本就可以完成该模型。

第一个R语言脚本算不上是预测模型（暂且），不过它是一个预备程序，会查看和绘制一些数据。我们使用的数据集已经构建到R语言包系统中，并不需要外部加载。为了快速举例说明这些技术，有时我会利用特定R语言包中自带的示例数据来说明技术思想，就不再从外部文件中提取数据了。

如果要使用的数据将从数据集包中提取，则这个包默认会在启动时加载。

- 将以下代码粘贴到刚才创建的Untitled1脚本中。不必操心每一行代表的含义。我会在代码执行之后逐行介绍。

```
require(graphics)
data(women)
head(women)
View(women)
plot(women$height,women$weight)
```

- 在代码面板，你会看到Untitled1标签右下方的菜单栏。如下图所示：

❑ 点击 Source 图标执行代码。显示应该变成下图所示：

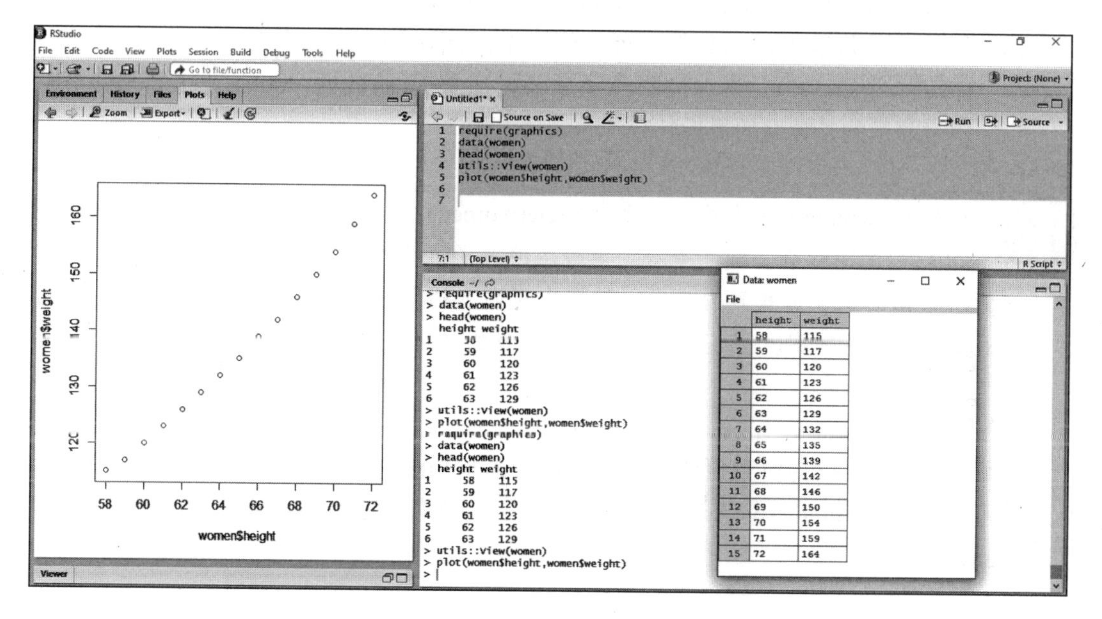

注意之前的示例图像发生了 3 个变化：

1）输出写入 Console 面板；

2）View 面板弹出，其中包含一个两列表格；

3）另外，一个图表出现在 Plot 面板中。

代码描述

关于刚才完成的那段代码，细节描述如下。

❑ 第 1 行代码包含 require 函数，简单声明 R 语言需要一个特定的包来运行。在这种情况下，require(graphics) 指定了分析所需要的 graphics 包，并将其载入到内存中。如果包不可用，你会得到一个错误消息。不过因为 graphics 是一个基本包，所以应该是可用的。

❑ 第 2 行代码利用 data(women) 函数把 Women 数据对象加载到内存中。

❑ 第 3 ～ 5 行代码用 3 种不同的方式显示了原始数据：

- View(women)：这个函数直观地显示了 DataFrame（数据帧）。虽然这是实际 R 语言脚本的一部分，查看数据帧是一个非常常见的任务，并且多数是通过 R 语言控制台直接发送的指令。正如你在上一张图所见，Women 数据帧有 15 行，2 列，分别命名为 height 和 weight。

- plot(women$height, women$weight)：这个函数使用了 R 语言自带的绘图函数，该函数绘制了两个变量的坐标值。这通常是理解两个变量之间关系的第一步。正如你所见，这种关系是非常线性的。
- head(women)：这个函数将 Women 数据帧的前 *N* 行展示在控制台。如果你想要的是某行数以内的数据，可以将这个限制添加到函数的第 2 个参数中。例如 Head(women, 99)，将在控制台中显示多达 99 行的数据。tail() 的功能与此类似，不过显示的是数据的最后几行。

utils:View(women) 函数可以简化为 View(women)。添加前缀 utils:: 表明 View() 函数是 utils 包的一部分。除非有一个函数名冲突了，否则一般没有添加前缀的理由。当两个不同的包被加载到内存中，就会出现同名的函数。我们会在之后的章节中看到这些函数名的冲突。不过在函数名前添加包的名字作为前缀总会比较安全。

保存脚本

要保存脚本，可以切换到顶部导航菜单栏，选择 File → Save。当文件选择器出现，切换到创建的 PracticalPredictiveAnalytics/R 文件夹，将文件命名为 Chapter1_DataSource。然后选择 Save。

1.12 第二个脚本

第二个 R 语言脚本是一个简单的双变量回归模型，根据体重预测女性的身高。

首先通过从顶部导航栏选择 File → New File → R Script 创建另外一个 R 语言脚本。如果通过 File → New File → R Script 创建了新脚本，通常也可以通过 Click Fatigue（按下 3 个快捷键）来创建，所以你还可以通过选择左上角的 + 图标来创建一个新的脚本。

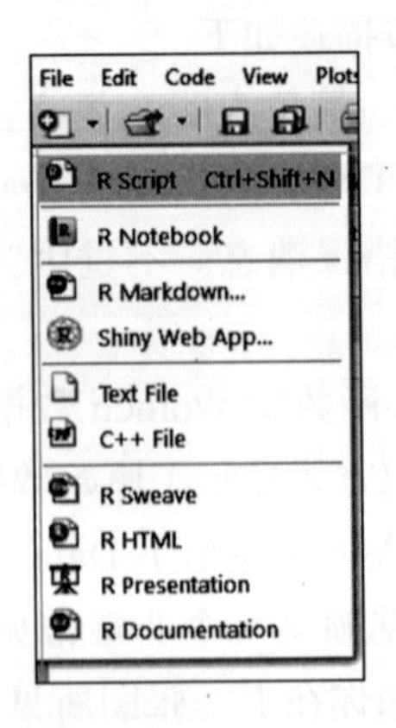

无论选择哪种方式，都会出现一个新的空白脚本窗口，并命名为 Untitled2。

将以下代码粘贴到这个新的脚本窗口：

```
require(graphics)
data(women)
lm_output <- lm(women$height ~ women$weight)
summary(lm_output)
prediction <- predict(lm_output)
error <- women$height-prediction
plot(women$height,error)
```

按下 Source 图标运行整段代码。显示应该变成类似于下图所示：

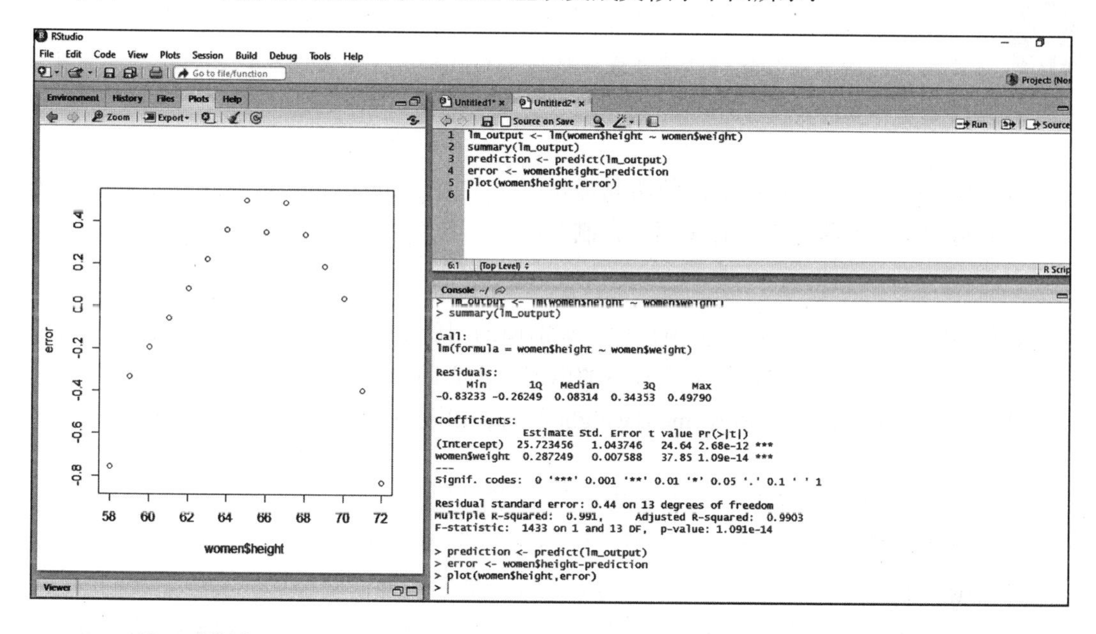

1.12.1　代码描述

以下是刚才运行的脚本的一些注释和说明。

- lm() 函数：这里使用 lm() 函数运行了一些简单的线性回归。根据体重值预测女性的身高。用统计学用语来说：你正在基于体重回归身高。完成此操作的代码行是：

  ```
  lm_output <- lm(women$height ~ women$weight)
  ```

- 用 R 语言运行预测分析模型时，你会非常熟悉以下两种操作。
  - ～操作符：也称为波形符，这是一种区分你想要预测的内容和你用来预测的数据的非常便捷的方法。按照公式语法的表达式。你所预测的内容（因变量或目标变量）通常在公式的左边，预测变量（自变量、特征）则在公式的右边。为了提高可读性，自变量（weight）和因变量（height）指定使用 $ 变量，指定对象名、$，以及数据帧列。所以女性的身高用 women$height 表示，女性的体重用 women$weight 表示。或者你可以使用 attach 命令，然后只需要指定 height 和 weight 的名字就可使用这些列。例如，用以下代码将获得相同的结果：

```
attach(women)
lm_output <- lm(height ~ weight)
```

- <- 操作符：也称为赋值操作符。这个通用语句将赋值操作符右侧的表达式赋值给操作符左边指定的对象。这样就可以创建或者替换一个新对象，你随后可以进一步显示或操作它。在这个示例中，我们会创建一个新的对象，叫作 lm_output，通过使用 lm() 函数来创建，根据括号内包含的公式创建线性模型。

请注意，该行的执行不会显示任何输出。你可以通过检查控制台来查看是否执行了这行代码。如果运行这行代码（或者任何一行代码）有任何问题，你将在控制台中看到一条错误消息。

- summary(lm_output)：下面的语句显示了一些关于 lm_output 对象的重要总结信息，并将输出写到前面所示的 R 语言控制台中：

```
summary(lm_output)
```

- 执行结果将出现在 Console 窗口内，如前面的图所示。现在为了简单起见，我只展示输出的前几行，并强调你应该查看的内容。不必因为输出内容太多而感到困扰。
- 查看标记了 Intercept 和 women$weight 的行，出现在控制台的 coefficients 行：

```
 Coefficients:
                  Estimate Std. Error t value Pr(>|t|)
(Intercept)  25.723456   1.043746   24.64 2.68e-12 ***
women$weight  0.287249   0.007588   37.85 1.09e-14 ***
```

- Estimate 列表明了从 weight 中获得 height 所需的线性回归公式。实际上我们自己可以使用这些数字结合计算来判定预测。示例的输出说明，对于数据帧中所有观察到的数据，我们应该执行以下步骤，以获得对身高的预测。很显然，我们并不想做所有的观察统计（R 语言会通过 predict() 函数来做），但会对一个数据点来举例说明：
  - 取每一个观察到的体重值。我们取第一个女性的体重，115 磅。
  - 然后，用体重乘以 0.2872。该数字出现在 Estimate 列 womens$weight 行处。115 磅乘以 0.2872 等于 33.028。
  - 然后加上 25.7235，该数字出现在 intercept 行的 estimate 列处。预测结果是 58.75 英寸。
- 如果你手边没有计算器，那么通过 R 语言控制台，该计算很容易在计算器模式下完成，输入以下内容即可：

```
> 115 * .2872 +  25.7235
[1] 58.7515
```

1.12.2 predict 函数

要想预测所有的值，我们会使用一个叫作 predict() 的函数。该函数读取每个输入（自）

变量，然后根据线性回归方程预测目标（因）变量。在这段代码中，我们将这个函数的输出分配给一个名为“prediction”的新对象。

切换到控制台区域，键入 prediction，再按下 Enter，查看 15 位女性的预测值。控制台中出现以下结果。

```
> prediction
       1        2        3        4        5        6        7
58.75712 59.33162 60.19336 61.05511 61.91686 62.77861 63.64035
       8        9       10       11       12       13       14
64.50210 65.65110 66.51285 67.66184 68.81084 69.95984 71.39608
      15
72.83233
```

注意，第一次的预测值非常接近人工计算值。差异是由于四舍五入误差产生的。

1.12.3 检验预测误差

由线性回归产生的另外一个 R 语言对象是误差（error）对象。误差（error）对象是一个向量，通过计算预测的高度值和实际的高度值之间的差值来计算。这些值也称为剩余误差（residual errors）或残值（residuals）。

```
error <- women$height-prediction
```

由于误差（error）对象是一个向量，使用 nrow() 函数计算不出该对象的大小。但是可以使用 length() 函数：

```
>length(error)
[1] 15
```

在所有之前的示例中，误差向量的长度都是 15，说明这个数是对的。如果我们想查看所有数据的原始数据、预测以及预测误差，可以使用 cbind() 函数（列绑定）将这 3 个值合并显示为一个简化的表格。

在控制台键入 cbind 命令：

```
>
cbind(height=women$height,PredictedHeight=prediction,ErrorInPrediction=erro
r)
   height PredictedHeight ErrorInPrediction
1      58        58.75712       -0.75711680
2      59        59.33162       -0.33161526
3      60        60.19336       -0.19336294
4      61        61.05511       -0.05511062
5      62        61.91686        0.08314170
6      63        62.77861        0.22139402
7      64        63.64035        0.35964634
8      65        64.50210        0.49789866
9      66        65.65110        0.34890175
10     67        66.51285        0.48715407
11     68        67.66184        0.33815716
12     69        68.81084        0.18916026
13     70        69.95984        0.04016335
14     71        71.39608       -0.39608278
15     72        72.83233       -0.83232892
```

通过之前的输出，我们可以看到总共有 15 个预测值。如果你将 ErrorInPrediction 列和之前所示的误差图进行对比，可以看到，这个非常简单的模型，身高值的极值（加粗显示的值）对应的预测误差明显比较大。

为了验证对每一个原始的观察都提供了一个预测值，我们会使用 nrow() 函数计算行数。在控制台区域的命令提示符处输入命令：

```
nrow(women)
```

输出结果如下：

```
>nrow(women)
[1] 15
```

再回头看原始脚本中的第一行代码：plot(women$height, error) 绘制出预测高度和误差。它会显示有多少预测值和原始值不同。你可以看到这些误差显示了一种非随机模式。

完成之后，保存文件，点击 File → File Save，导航到创建的 PracticalPredictiveAnalytics/R 文件夹，命名为 Chapter1_LinearRegression。

1.13 R 语言包

R 语言包扩展了基本 R 语言的功能。基本 R 语言本身的功能很强大，你可以在不添加任何额外包的情况下进行大量的分析。不过，如果加入一个新的包能够提供并不存在于基本 R 语言中的新功能，也非常有帮助，它也许可以基于现有功能做出改进或者加强，也许可以让现在能做的一些事情做起来更轻松。

例如，在基本 R 语言中没有内置包来执行某些类型的机器学习（如随机森林）。因此，你需要寻找一个能够执行此功能的附加包。幸运的是，你不用担心了。有许多软件包可以实现这个算法。

别忘了，总是会有许多新的包不断出现。我一直喜欢基于 CRAN 的并且有庞大用户基础的包。安装新的包时，我会试着将结果与其他类似的包相比较。速度也是考虑采用新包的另一个因素。

1.13.1 stargazer 包

举例来说明一下一个包如何能让你工作更轻松：首先我们考虑一下在回归结果中运行 summary 函数所产生的输出，和之前做的一样。如果你乐意，可以再次运行该函数。

```
summary(lm_output)
```

由 summary() 函数输出的统计信息总量一开始极其大。这不仅仅和输出总量有关，还和输出格式有关。这就是为什么我没有展示上一个示例的整个输出。

要使输出更容易查看的一个途径是先降低输出量，然后进行格式化，以便于阅读。

为了做到这一点，我们可以利用一个叫作 stargazer 的包，stargazer 包可以格式化 summary()

函数产生的大量输出，简化输出表示。stargazer 包非常便于格式化多种回归模型的输出，并且可以把结果显示为 HTML、PDF、LaTeX 或者简单的文本格式。默认情况下，stargazer 包将显示各种模型最重要的统计输出，并且你可以指定你想要看到的统计输出的类型。

想要获得更多有关 stargazer 包的信息，可以直接在 CRAN 查询有关 stargazer 包的文档，或者使用 R 语言帮助系统。

如果你已经安装了 stargazer 包，可以直接运行以下命令：

```
packageDescription("stargazer")
```

如果还没有安装 stargazer 包，有关 stargazer 包的信息（或者其他包的信息）也可以使用 R 语言指定的网络搜索函数找到：

```
RSiteSearch("stargazer")
```

如果你想要在 R 语言中搜索文档，可以在以下网站的有关 R 语言帮助系统中获得更多的信息：

```
https://www.r-project.org/help.html
```

1.13.2　安装 stargazer 包

现在，开始安装 stargazer 包：

- ❑ 首先创建一个新的 R 语言脚本（File → New File → R Script）。
- ❑ 键入下列几行代码，从代码面板的菜单栏中选择 Source 来提交整个脚本：

```
install.packages("stargazer")
library(stargazer)
stargazer(lm_output, , type="text")
```

脚本运行之后，控制台将出现以下输出：

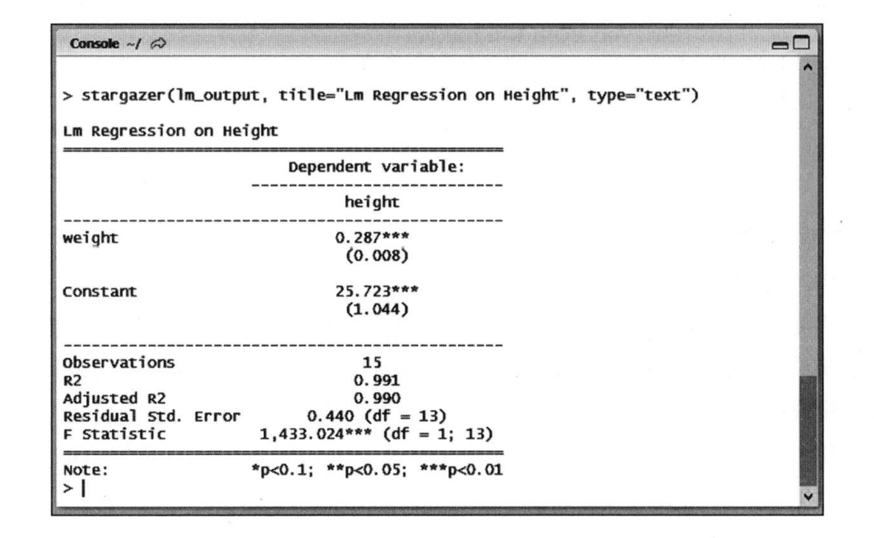

代码描述

以下是对刚才运行的代码的逐行描述。

- ❑ install.packages("stargazer")：这行代码会把 stargazer 包安装到机器的默认包目录中。如果重新运行代码，可以注释掉这行代码，因为 stargazer 包已经安装到了你的 R 语言库中。
- ❑ library(stargazer)：安装 stargazer 包并不意味着 stargazer 包就已经可用了。你需要运行一个库函数（或者 require()）来真正加载 stargazer 包。
- ❑ stargazer(lm_output, , type="text")：这行代码将输出对象 lm_output，该对象在第一个脚本中创建，压缩输出并用一个简化的、可读性较高的格式输出到控制台。stargazer 库中有很多其他的选项，可以将输出格式化为 HTML 或者 LaTex。

更多信息请参阅参考资料手册：https://cran.r-project.org/web/packages/stargazer/index.html。

重新格式化过的结果会出现在 R 语言控制台中。正如你所见，控制台显示的输出比之前更干净、更易读。

1.13.3 保存工作

工作完成之后，从菜单栏选择 File → File Save。然后切换到刚才创建的 PracticalPredictiveAnalytics/Outputs 文件夹，并将其命名为 Chapter1_LinearRegressionOutput。点击 Save。

1.14 参考资料

- *Computing and the Manhattan Project* retrieved from `http://www.atomicheritage.org/history/computing-and-manhattan-project`
- Gladwell, M. (2005). *Blink : The Power of Thinking Without Thinking*. New York: Little, Brown and Co.
- *Linda Miner et al. (2014). Practical Predictive Analytics and Decisioning Systems for Medicine. Elsevier.*
- *Watson (Computer)* retrieved from Wikipedia: `https://en.wikipedia.org/wiki/Watson_(computer)`.
- *WEATHER FORECASTING THROUGH THE AGES* retrieved from `http://earthobservatory.nasa.gov/Features/WxForecasting/wx2.php`.

1.15 本章小结

在本章中，我们大致了解了什么是预测分析，以及如何将预测分析应用到各行各业。我们学习了一些关于数据的知识，以及如何将它们在项目中组织起来。最后，安装了 RStudio，运行了一个简单的线性回归算法，安装并运行了我们的第一个包。我们还认识到，将包载入内存之后检验数据是好的实践，在简化展示和绘制数据方面也有很多可以学习的内容。

下一章中，我们会讨论总体的预测分析模型过程，介绍一些使用 R 语言的关键模型包，并提供一些避免预测模型缺陷的指导。

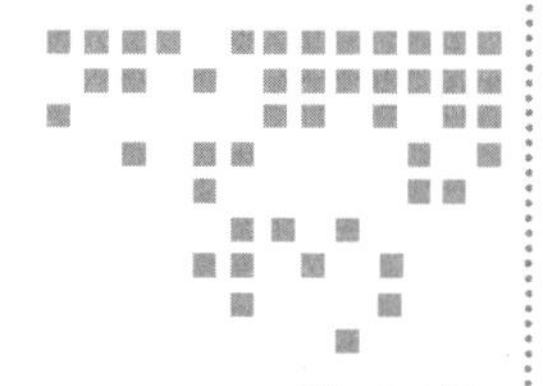

第2章 Chapter 2

建模过程

"记住，所有的模型都是错误的；实际问题是模型错到什么程度以至于没有意义。"

——George Edward Pelham Box

今天，我们正处于需要多种类型的技能来参与预测分析项目的时刻。这曾经纯粹是统计学家、程序员和业务分析师的领域。现在参与项目的角色已经扩展到包括可视化专家、数据存储专家和其他类型的专家。然而很多人不太了解要如何构建预测性分析项目。这种结构的缺乏可能受到几个因素的限制。这些因素通常是对业务问题的关键部分缺乏了解以及模型开发得太早。或者可能是将正式的方法推迟到将来，而用一个快速的解决方案来替代。

在本章中，我们会首先讨论使用结构化分析方法的优势。方法论是向上层管理人员证明价值的一个好方法，而团体或个人鼓吹结构化方法是从管理层获得认同的一种方式。如果项目使用的方法得到了认可，那么未来的项目将有很大的可能性得到更多的支持。

本章将介绍以下几点：

- 结构化方法的优点
- 分析过程方法
- 在分析过程方法中使用的具体步骤的概述
- 具有代码示例的特定分析技术的简短描述

2.1 结构化方法的优点

分析项目有很多组成部分。这是结构化方法对我们有所帮助的地方。如果存在着发现和分析的结构，而不仅仅是纯粹的建模模型，我们从中可以获得许多益处。所获得的发现和见解肯定会被用来解决该问题最初的目标。

我们假设快速思考的“野兔大脑”会击败直觉较慢的“乌龟思维”。然而，现在对认知科学的研究正在改变对于这种人类思维的理解。它强调耐心和困惑是智慧的重要前提，而不是严格和确定性。

——Guy Claxton

需要使用结构化方法的地方

关于结构化方法的优点，需要考虑以下几点：

- 数据快速地向我们逼近。我们需要跟踪许多数据源，评估哪些是最好的数据源，这些数据可以在任何给定的时间内使用，并持续监控数据的准确性。预期的变化来得比期望中更快。预测建模者需要一种结构化的方法来跟踪事物；无论它们处于建模过程的哪一个阶段，变化都可能是破坏性的。
- 有意义的数据和伪装成有意义的数据之间的差异正在增加。结构化方法有助于维护元数据信息库的信息，这有助于确定哪些数据是有用的，哪些不是。
- 数据分析技术的数据量在不断增加。要了解选择哪种分析技术可能是一项艰巨的任务。特定的项目，用于评估哪些数据技术比其他用于特定业务问题的技术更有用，这会是一个值得称道的目标。
- 结构化方法有助于保持客观性。每个人都有自己的主观技术偏见。创建一个分享代码和结果的结构化方法可以有助于创造性的思考。
- 增量式改进：通常是项目太大或期望较高。项目可以通过完成多个小项目以提供价值的方式来组织。当使用结构化方法封装项目时，这更容易实现。
- 迭代分析开发使用结构化技术来执行良好的数据分析业务，例如能够用一些小步骤进行迭代。如果稍后发现任何差异，就可以很容易地通过增量更新来回溯。
- 分而治之有助于组织涉及项目各个部分工作的多个团队成员的项目。
- 可重复性有助于分析团队一次又一次地重现相同的结果。这在研究中始终很重要，不过对大型数据项目也会有所影响，你可以在项目中处理大量数据原始资源。通常情况下，我们需要的帮助是理解某些转换过的数据源，业务规则转换不清晰的数据源以及你不懂也能改变的数据源。当然这样的理解在执行版本控制时也同样很重要，而且当你升级软件包并且需要重新创建结果时，这也是非常重要的。涉及数据抽样时，产生样本的原始筛选标准也可能不再可用，并且可能会丧失可重复性。因此以结构化的方式开发样本的策略是很重要的，这些策略是稳健的，并且可以通过未来的分析再现。

2.2 分析过程方法

目前有几种分析过程方法，然而，我将仅讨论两种已经存在了一段时间的由来已久的方法 CRISP-DM 和 SEMMA，它们可以在你从问题定义到洞察的旅程中提供帮助。

2.2.1 CRISP-DM 和 SEMMA

跨行业的数据挖掘标准流程（CRISP-DM）和抽样、探索、调整、模型和评价（SEMMA）是已经使用多年的两种标准数据挖掘方法，它们描述了实施分析项目的一般方法。虽然每个步骤的名称不同，但是两种方法之间也有很多重叠。所有列出的步骤对于预测分析项目的成功至关重要。但是，这些步骤并不是必须遵循它们的原始顺序。这里概述的概念或多或少是最佳实践的概要。它有助于我们意识到每个步骤的重要性，并且了解每个步骤如何建立在以前的知识之上。

尽管这些步骤是按顺序列出以供参考，但是你会发现，在实践中它们更多的是迭代的，你经常会被循环回到上一步。尤其是当你现在发现的信息与以前发现的信息有冲突时，经常会发生这种情况。

举个例子来说，很多时候你相信你已经完成了数据准备阶段，只是在建模阶段才发现数据集中有一个问题，而且需要执行更多的数据准备来适应某些条件。解决方案之一可能是循环回来，尝试补救数据情况，同时看看如何继续建模。这通常需要通过设置标志或维护不同的包含文件、版本等来“编码”问题。在处理数据时，我们总是要在代码中做防守的工作。

2.2.2 CRISP-DM 和 SEMMA 的图表

如果你在以下图表中查看 SEMMA 和 CRISP-DM 之间的差异，将注意到步骤 2 ～ 5 在方法上是类似的。

请注意，SEMMA 将抽样作为初始阶段，CRISP-DM 从业务理解开始，并以模型部署结束。

步骤	CRISP-DM	SEMMA
1	业务理解	数据抽样
2	数据理解	探索（数据特征探索、分析和预处理）
3	准备数据	调整（问题明确化、数据调整和技术选择）
4	建模	建模（模型的研发、知识的发现）
5	评估	评价（模型和知识的综合解释和评价）
6	部署	

这两个过程的关键是将结果可视化并向利益相关者传达的概念。请注意，可视化不看作单独的一个步骤。请始终尝试在每个步骤中包含一个表示层（图、图表和可视化结果），以便促进所有预测性分析利益相关者之间的沟通。

2.2.3 敏捷过程

由于开发预测模型是迭代的，所以像如 Scrum 和 Kanban 这类敏捷方法在结构化框架内工作良好，尤其是在与产品交付相关的情况下。然而，知识发现、概念证明和模式增量变化改进也会受益于敏捷方法。当用作业务理解过程的一部分时，这些技术也可用于将问题列表分到 agile backlog 组里面，然后可以将其纳入 sprint 中来。

2.2.4 六西格玛和根本原因

六西格玛已经存在了很长时间，并且与流程改进有关。它已经开发了自己的一套方法和技术来处理检查业务问题及其解决方案。了解一些基本统计技术是很有用处的。人们通常会依据根本原因分析的步骤（这是六西格玛的重要组成部分）来了解为什么发生了数据质量问题。例如，数据可以通过多个内部和外部系统传递，并受到许多手动更新和系统故障和问题的影响。在复杂系统中，通常不清楚错误发生在哪里。六西格玛也可以使用一些非常简单的技术来检查一些因果关系，例如 5 Whys 方法（*Determine the Root Cause: 5 Whys*）。

2.2.5 是否需要数据抽样

数据抽样被指定为 SEMMA 过程的第一个步骤（但在 CRISP-DM 中没有被指定），因此我将单独介绍它。

传统上，预测分析从数据抽样开始。数据抽样在某些从实验研究开始的行业（如制药和医疗保健）中尤其重要。数据抽样在长时间（群组）跟随群体的研究中也很重要。然而，其他类型的数据项目不是研究型项目，而是以机器学习为主。鉴于此，我认为如果数据遵循某些统计属性，例如将原始数据转换为遵循正态分布的数据，或者构建训练数据以使得人口不同细分的观察次数相等，则许多算法更易于使用（并且更强大）。在准备这些算法的数据时，数据抽样可能是至关重要的，因此抽样的数据能更好地代表较大的数据集。

以下是数据抽样的其他一些优点：

- 有了较小的样本，你将有能力了解你的所有数据。这意味着，如果需要的话，数据量可以下降到仅仅若干条记录的水平。这是非常大的数据集无法实现的地方。此外，除了更大的分组级别的问题，你还可以提出更具体的细节级别的跟进问题。
- 抽样可让你发现潜在的有趣的子集。你可以首先随机抽取一些看起来很有趣的东西的较小子集，然后测试以查看该组是否表现出异质性。
- 抽样也加快了算法的开发速度。花费很多时间在非常大的数据集上运行算法通常不能产品化，因为可能用了大量处理时间来运行消耗内存的算法。如果你将来会对该算法进行大量的调整，我建议首先在较小的代表性样本上测试算法，然后扩展到更大的数据集。
- 在抽样时，你可以更好地控制样品的最终数据质量。这是因为你可能已经先查看过数据相关的群体总体的特征，然后设计出一个最小化偏差的适当的抽样策略来完成抽样工作。

❑ 执行 Bootstrap（重复）抽样有助于发现大数据样本中的任何偏差。如果你看到抽样中出现了一些奇怪的东西，那么在较大的数据中很可能会有一个更大的问题。

2.2.6 使用所有数据

然而，许多数据科学家还是会选择使用全部数据作为分析的基础，而不是一个样本。我猜测他们这样做的原因之一是通常难以获得可靠的样本，特别是当数据有很多不同的来源时，有些数据的质量是不知道怎么样的。好的、可靠的数据需要花钱来收集。另一个原因是数据科学家可能不熟悉抽样技术，或者认为更多数据总是更好的。因此，也很需要了解一些关于使用全部数据的重要事项：

❑ 如果全部数据能准确地代表潜在的群体，那么你可以使用全部数据。如果全部数据正好是潜在的群体，那么你除了小心谨慎地使用它以外就没有更好的办法了。你可能认为一个群体只是一个非常大的样本。但是未来的数据可能反映出完全不同的现实。对于非常大的数据集，你无法确定我们正在查看的是有代表性的，因为数据量可能是海量的，底层数据收集方法可能是未知的或不可靠的。对长时间收集的数据要特别小心。数据收集方法通常会发生变化，或者计算方式会发生改变。

❑ 当你面对海量的数据时，并不是必须用所有的数据来表达那些促成了反馈的因子。例如，点击流数据和在线调查数据并不能总是表达出背后的原因。想要审查动机，建议使用深度检查（尽管样本量较小）。

❑ 如前所述，处理大量数据会消耗大量的计算资源。对准确的样品进行加工可能需要的时间会少很多。

❑ 使用大型数据集，你总是会在某处发现一些数据之间的相关性。与此相关的概念是显著的相关性与影响的大小。这意味着即使你发现统计学上显著的相关性，差异也可能非常微小，从而使任何关联都无意义或不可操作。

所以我们的第一个步骤是尝试了解数据的收集方式。它可能偏向某些年龄组别、性别、技术用户等。可以使用一种称为过抽样的技术来解决这个问题，在这种技术中，你可以使用更接近现实的方式表示抽样频率，来衡量某些被低估的组。

2.2.7 比较样本与群体

为了说明抽样的一些好处，并且了解你通常可以如何使用一个样本来获得与使用更大的群体相同的结果，请复制以下代码并在 R 脚本中运行它。该脚本将生成 1500 万行的群体，然后随机提取一个 100 行的样本。然后我们再来比较它们的结果：

```
large.df <- data.frame(
gender = c(rep(c("Male", "Female", "Female"), each = 5000000)),
purchases = c(0:9, 0:5, 0:7)
)
#take a small sample
y <- large.df[sample(nrow(large.df), 100), ]
mean(large.df$purchases)
```

```
mean(y$purchases)
#Render 2 plots side-by-side by setting the plot frame to 1 by 2
par(mfrow=c(1,2))
barplot(table(y$gender)/sum(table(y$gender)))
)barplot(table(large.df$gender)/sum(table(large.df$gender))
#Return the plot window to a 1 by 1 plot frame
par(mfrow = c(1, 1))
```

切换到控制台，可以注意到样本均值和群体均值很接近：

```
> mean(large.df$purchases)
[1] 3.666667
> mean(y$purchases)
[1] 3.64
```

现在，切换到绘图区，你可以发现，当比较样本（左图）和群体（右图）时，性别分布也是相似的：

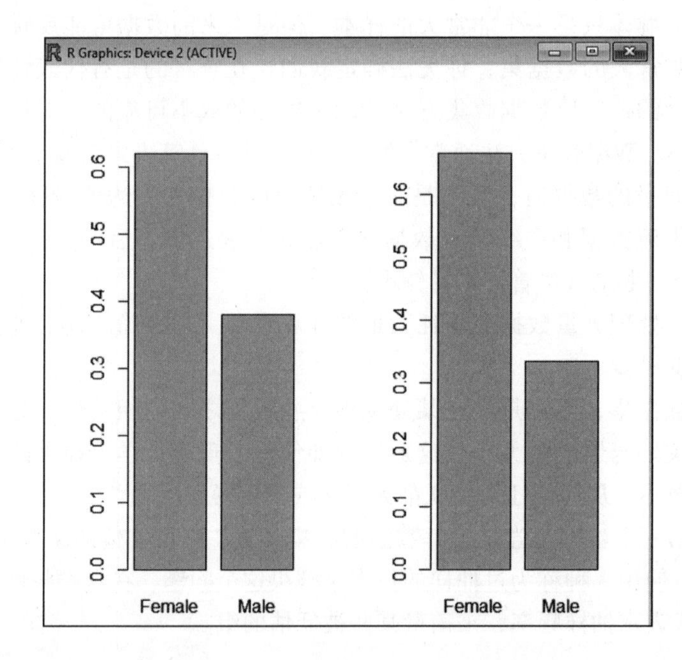

我鼓励你自己拿一些大数据集，生成一些随机的样本来作为练习，并看一下你得到结果和群体结果的差距。这可能会使你工作得更快更有效。

2.3 第一步：理解业务

接下来将逐个介绍分析方法的每一个步骤。我将使用 CRISP-DM 作为模板，因为它包含模型部署，我们之前已经提到了数据抽样的好处（这是 SEMMA 的第一步）。

许多人在建立预测性模型的时候，假设实际的建模阶段是最有洞见的模型开发开始的时候。其实在更早的时候，可以做很多基础工作并发现一些洞见，而且对业务目标的良好理解可以避免以后可能出现的陷阱。

沟通业务目标：反馈循环

我必须承认，商人和技术人员相互沟通得还不够好。业务目标的沟通可能涵盖了整个过程。它可以是商业伙伴指出的任何内容，“告诉我如何增加销售量”或者“告诉我一些我不知道的东西”。

所以，沟通真正开始于理解具体的业务目标。在这个步骤中，你还需要把语言和流行语分解为详细信息，以便可以开始使用数据作为通用语言来进行沟通。当领域专家和数据科学家之间的交流开始的时候，业务人员通常会知道他们正在寻找什么样的结果，但是对理解分析建模过程还不足，所以不会表达自己的目标。对于不了解业务细节的技术人员来说，情况正好相反。

理解阶段的特点是人们提出了许多问题，并在各方之间建立了分析对话。所以，即使有一个比较精确的问题，如“谁是我们最好的客户？”，各方之间的对话可能是像下面这样的：

1）你说的最好是什么意思？

2）你的意思是现在最好还是跟一年前相比最好？

3）你使用什么指标来定义最好？你的意思是在收入方面或者购买频率方面的最好吗？

4）我们如何衡量成功？什么是关键指标？可能的结果是什么？

业务理解的过程还涉及了解获取数据的时间、地点和具体方法。

内部数据

你自己的内部数据是第一个也是最好的切入点。许多项目从审查业务运营系统（如销售系统）的数据开始。你可以从分析交易数据入手，例如查看客户的所有订单，分析销售的单位数量、总销售价格等。但是，交易数据本身并不会告诉你客户的任何信息。你还需要通过将数据交易的常见元素（如客户 ID、产品密钥）与其他相关数据库中有价值数据相匹配的其他属性进行扩充来丰富你的基本数据。例如，一个丰富的数据源可能是存储在公司客户调查中的人口数据统计和个人态度数据。

除了客户调查之外，还可能有其他内部存储库可以用来获取信息。Web 日志可能会包含有关客户点击流购买模式的更多信息。数据还可以从客户呼叫中心、人力资源和其他管理系统中获取。

寻找其他数据源通常需要大量的挖掘工作，因为大型组织内部的数据往往是孤立的。

外部数据

数据也可以通过将公司的内部数据与从各种来源获得的数据相结合来获得，这些外部数据源包括政府数据、社交媒体资源以及从供应商处购买的数据。通常，人口统计学、行为学和风险数据是单独购买的，然后在数据仓库中合并。

对于数据整合这个艰巨的任务，你一定要谨慎。在这个任务中遇到的一个关键问题，是要能将各种不同来源的数据相互关联起来。处理内部数据时，这不是一个问题。但在处理外部数据时，你必须使用可行的替代方法来执行匹配，例如使用模糊匹配（相似度）算法或执行实体提取方法（例如，可以提取客户名称）。这些只是帮助你将数据与外部来源相关联的其中两种方法。

必备工具

在一开始，很难确定目标，在业务理解阶段就开始使用先进的分析工具是不可取的。在这个阶段使用的最好的工具，是某些技术含量比较低，并包含类似流程理解、数据字典和数据链接这些重要概念的工具，以及**结构化查询语言（SQL）**。

流程理解

了解如何在你的领域中生成数据，以及它在过去是如何生成的，是非常重要的。这意味着了解数据是如何从原始状态转变的，以及该数据的最终用户如何使用它。了解当前流程的缺陷，将使你了解哪些数据可以一直依赖。此外，试着去收集过去曾尝试过哪些数据变更和方法的历史。这是很重要的，因为使用数据的目标可能会有所不同，方式也可能会有很大的不同。知道过去哪些做法是成功的，哪些是失败的，会防止你重复同样的错误，并帮助你在以前尝试过的东西的基础上进行工作。

数据世系

数据世系工具有助于文档记录，以及追踪数据从原始数据形式，到数据存储，然后到最终定义过程中的微妙的含义变化。数据世系工具处理中关于数据类型的一般术语称为元数据（有关数据的数据）。

数据字典

数据字典的价值，在于可以了解要分析的变量类型的数据来源，以及如何衡量它们。以下是一些保存在数据字典中有用的元数据项目：

- **变量的名称**：命名约定中的一致性有助于理解和可读性。一些分析师喜欢使用CamelCase，其他人喜欢使用标点符号作为一个对象，如Variable.data.frame，而另一些人则坚持使用小写字母。
- **数据的度量**：这回答了“数据是数字还是分类？”“每个类别中包含多少级别”以及“每个变量的长度是多少？”等问题。
- **数据源**：这涵盖了“数据最初来自哪里？”的问题。
- **数据转换**：这回答了“数据是如何从原来的形式到现在这样的？”
- **数据质量项目**：在每个变量上附加频率分布和汇总统计信息，以及关于任何可疑数据质量的意见，将是有帮助的。

保证数据字典是最新的，这一点很重要，因为变量或它们的值可以随着时间的推移而改变意义。例如，具有A100价值的营销报价可能意味着我们现在给客户15%的折扣，但仔细检查后，相同的A100代码恰好在5年前在不同的营销应用中使用，在那里意味着给客户10%的折扣。

下面是一个简单的数据字典的例子：

变量名称	这是程序中使用的数据元素的名称
业务源元素	这是变量到业务元素的映射。如果变量是新变量或转换的变量，则列出用于创建或转换变量的逻辑
变量类型	这表示变量的类型：定类变量、区间变量、二进制变量、连续变量等
变量角色	这表明该变量是否是因变量、自变量或信息变量
额外的元数据	Widget1 中的总销售额包括 2016 年以前。2016 年 2 月因系统故障而导致东北销售额下降 10%

当你开始探索数据集时，还可以添加其他列，例如缺失值的百分比、变量的平均值、极值等。

SQL

SQL 被称为一种通用的查询语言。学习 SQL 的原因之一是它具有相对通用的语法，可以在各种操作系统上使用。最重要的是，SQL 知识对于跟熟悉它的管理人员交流思想至关重要。虽然也可以在 R 语言中通过本地工具和软件包在原生环境中完成查询，但我还是更喜欢把 SQL 作为第一查询语言，因为使用 SQL 在 R 中执行的工作可以方便地修改为可在其他系统内原生运行的工作，代码可以在其原生环境中优化以使其运行更快。

示例：使用 SQL 来获取按地区的销售数据

在这个示例中，我们将使用 R 的 sqldf 包来显示 4 个销售区域的销售和单位差异。请注意，这是一个人工的示例，因为我们将首先为西部地区生成单独的数据，销售数字高于其他 3 个地区：

```
install.packages("sqldf")
library(sqldf)
set.seed(10)
rows=100
y <- rbind(
data.frame(indv=factor(paste("TransId-", 1:100, sep = "")),
                Sales=rnorm(rows, mean=1500000,sd=100000),
                Units=round(rnorm(rows,mean=10, sd=3)),
                Region=sample(c("North","East","South"),rows,
replace=TRUE)),
data.frame(indv=factor(paste("TransId-", 101:200, sep = "")),
                Sales=rnorm(rows, mean=2000000,sd=100000),
                Units=round(rnorm(rows,mean=10, sd=3)),
                Region=sample(c("West"),rows, replace=TRUE))
)
query <- "select Region,avg(Sales),avg(Units) from y group by Region"
results <- sqldf(query,stringsAsFactors = FALSE)
results
```

结果将显示在控制台窗口中：

```
> results
  Region avg(Sales) avg(Units)
1   East    1493504   9.333333
2  North    1487338  10.457143
3  South    1477877   9.250000
4   West    2016626  10.270000
> |
```

这是随机生成的数据。代码中的函数 rnorm() 和 sample() 暴露了这一点。生成随机数据是开始测试代码和算法的一个很好的方法，因为在已知假设情况下，你可以更清楚要预期什么样的结果。

图表和图形

在业务理解阶段，没有必要使可视化变得太复杂。因为在某些情况下，复杂的可视化可能会影响解释，而不是提供客观的数据。表明变量之间的关系的基本图表和图形，对于交流想法来说已经足够。

在这一阶段传输图表和图形时，最好包括分布和关联的基本统计学方法，这将使管理层理解关系有多重要，而不是完全依赖于视觉上的表示。

电子表格

将数据发送到电子表格和创建数据透视表，是将管理引入流程的另一种方法。电子表格具有明确的缺点，但它们在行业中被广泛使用，知道如何操作电子表格，是你可以与经理沟通的另一种方式。

模拟

模拟是一个可以演示假设分析（what-ifs）的工具。如果没有很多历史数据可以使用，这种技术非常有用。你需要对某些变量的行为做出假设。通常情况下，你现在没有足够的数据，所以你实际上是根据你的想法来构建自己的数据的。

在本书随后的部分，我将大量使用模拟技术来说明这一点。

示例：模拟客户联系人是否会采购

这是一个基于业务估计的示例，假设每 3 个客户联系人中有 1 个将会采购。另一个假设是，如果销售成功，则平均每笔 100 美元，标准差为 5 美元。

ExpectedPayoff 表示预期产生的收入，要么为 0，要么在 100 美元左右，如下面代码第 5 行中指定的数字：

```
library(ggplot2)
set.seed(123)
CustomerAcquired.Flag <- sample(c(0,0,1), 100, replace = TRUE)
Revenue <- sample(rnorm(100,100,5))
ExpectedPayoff <- CustomerAcquired.Flag*Revenue
head(ExpectedPayoff)
PayoffCompare = ggplot(data.frame(ExpectedPayoff), aes(x=ExpectedPayoff)) +
stat_bin(binwidth=5, position="identity")
PayoffCompare
```

```
> head(ExpectedPayoff)
[1]   0.00000 101.26659   0.00000 100.58823  97.12327   0.00000
```

我们可以将这个有条件的客户获取问题，可视化为包含在一个图中的两个独立的图表。

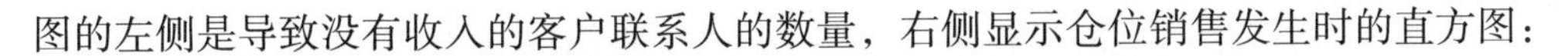

图的左侧是导致没有收入的客户联系人的数量，右侧显示仓位销售发生时的直方图：

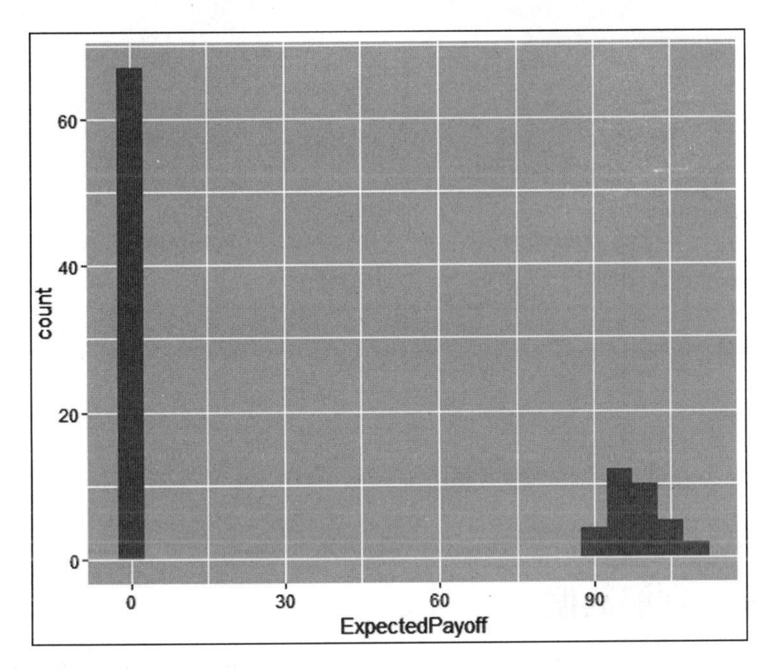

示例：模拟客户服务电话

在这个例子中，我们可以模拟可能在一周的开始和结束时发生的客户服务电话。周末的管理项目电话通话量会很大，平均有 150 万次来电，平均处理时间为 4 分钟。星期一至星期四的客户服务电话，估计为处理 100 万个电话，平均处理时间为 1 分钟。我们可以使用这种模拟来建立一个模型，将周末与非周末组合作为预测模型中的新变量：

```
library(ggplot2)
library(grid)
library(gridExtra)
set.seed(123)
MonTuesWedThurs=rnorm(1000000,1,1)
FriSatSun=rnorm(1500000,4,1)
weekly = c(MonTuesWedThurs,FriSatSun)
```

如果我们有兴趣了解通话量的差异，可以单独查看（如下图所示的第一行）周末和非周末的各自分布和组合分布。组合图形是说明周末与非周末之间差异的一种方式，并且显示了它们的形状相似，但是平均值不同：

```
p1 = ggplot(data.frame(FriSatSun), aes(x=FriSatSun)) +
stat_bin(binwidth=0.25, position="identity")

p2 = ggplot(data.frame(MonTuesWedThurs), aes(x=MonTuesWedThurs)) +
stat_bin(binwidth=0.25, position="identity")

p3 = ggplot(data.frame(weekly), aes(x=weekly)) + stat_bin(binwidth=0.25,
position="identity")

grid.arrange(p1, p2, p3, ncol = 2)
```

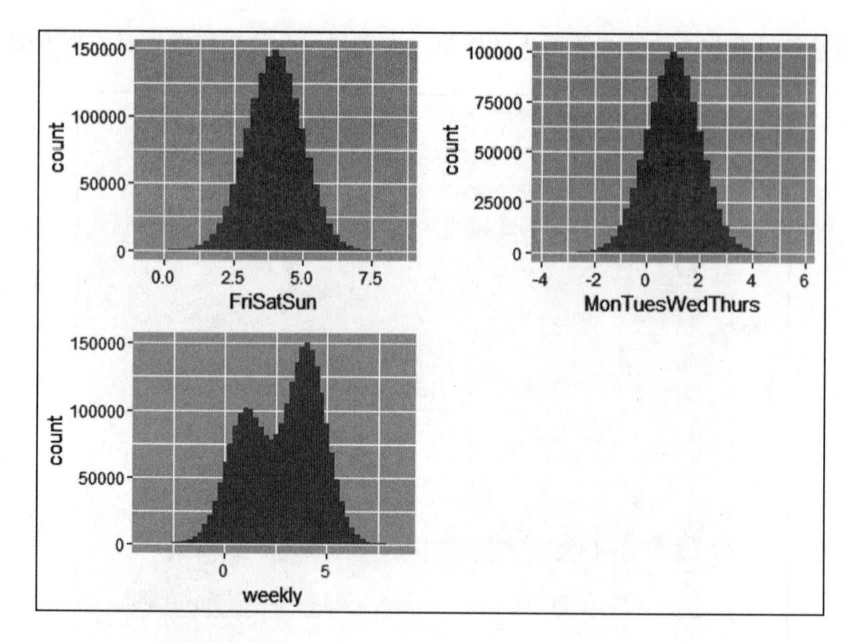

2.4 第二步：理解数据

一旦建立了目标并确定了数据源，你就可以开始查看数据，了解每个数据变量的独立行为，以及如何与其他变量进行组合交互。但是即使在开始观察变量的值之前，重要的是要了解不同类型的数据衡量尺度，以及你可以对它们执行什么类型的分析。

2.4.1 衡量尺度

衡量尺度是个分类系统，将数据分类为如下所述的 4 个不同类别：定类、顺序、间隔和比率。这是项目或研究元数据的重要方面。

衡量尺度在预测分析领域很重要，因为特定的衡量通常会决定哪种算法或技术可以应用。例如，如果使用的是定类数据，k 均值聚类会很有效，而逻辑回归不能将比率数据用作因变量（尽管你可以将变量转换为较小的比例）。

定类数据

定类数据有时也称为分类数据，它简单地定义了一个没有任何自然顺序的类或组。定类变量通常是字符数据，但并不总是。你的性别、你喜欢的手机品牌，以及你正在阅读的书籍类型，都是定类变量的示例。有时这可能比较微妙，因为当在标志上写下数字 1 和 2，用于指定你可能需要在机动车辆管理局访问的两条可能的等待队列时，它们也是定类变量。定类数据仅指定类别，你不能对其进行任何数学运算，例如加法或减法。

在描述定类数据的特征时，集中趋势的唯一度量是模式，这是最常出现的值。平均值或中位数是无法计算的。

在 R 语言中，我们可以将字符数据转换为因子，以便将其作为定类数据进行分析。我们稍后将会了解到这将是数据清洗过程的重要组成部分。当分析定类数据时，出现频率（计数）是一个很好的起点。或者你在一开始可以将它与其他定类变量的计算结果分组，以确定其他数字变量的计数或平均值。

顺序数据

顺序数据只有等级顺序。可以执行诸如 A > B 和 B < C 这样的语句，但不能计算任何组之间的数值差异。前十名列表是一个顺序数据的例子。如果分类数据具有隐含的顺序，如分类为 Better 和 Best 两个类别，通常可将其分类为顺序数据。顺序数据的一个问题是：我们从来不知道每个排名数据点之间的确切区别是什么。

间隔数据

这种数据是数字数据，你可以测量它们的距离，但不能采集比例。温度数据和日历数据是间隔数据的两个例子。数字刻度上两个连续数据点之间的所有算术差异都以相同的方式进行测量，因此可以取得有意义的差异。

通常，间隔数据被视为比率数据。当计算诸如比例尺度的平均值（尽管这在技术上不正确）时，经常会出现这种情况。你可以使用顺序数据计算频率、中值和百分位数，但不能进行任何算术运算或计算平均值。

比率数据

数字数据的最高级别是比率尺度。使用比率数据，你可以使用除法和减法进行有意义的比较。如果你的客户数在一个月内从 50 增长到 100，将其描述为你获得了两倍数量的客户，这是有意义的。比率数据还会向数字域添加 0（间隔数据不能这样做），因此你有 0 个客户（尽管是不太理想的）这种描述也是有意义的。权重和收入也是比率数据的例子。然而，华氏温度和摄氏温度的 0 并不意味着没有温度。如果你尝试比较温度，则会产生一些有趣的比较。例如，在华氏温度下，36/18 的温度等于 2，但等值摄氏度则为 2.22 / –7.78，等于 0.28，这表明比率比较毫无意义，这两种温度应视为间隔数据。

要了解更多关于尺度和测量理论的信息，请参阅《On the Theory of Scales and of Measurement》(Stevens, 1946)。

不同衡量尺度之间的转换

作为一般规则，你可以始终将较高级别的衡量尺度转换为较低的衡量尺度，但不能相反。通常这是通过一种称为分箱（binning）的技术完成的，你可以将具有一定范围内的所有数值放入一个箱中。比如说，你可能要采取各种高度范围，并根据预定义的范围将它们分为高、低或中等。但是，你一般不会把分类变量映射到数字变量，除非你很了解该类别的测量，而且愿意做出很多假设。

因变量和自变量

因变量是你正在预测的变量。它也可以称为目标变量、响应变量或结果变量。预测模型的一个目标是，使用基于自变量的一些函数导出因变量的预测。因变量通常是固定的，你无法操作它。**自变量**是你选择的变量，你相信它们对于确定因变量的结果很重要，也是基于某个函数的。该函数通常使用算法来应用。

变换变量

变换变量是你自己创建的、在原始数据中不存在的变量。以下是一些如何创建变换变量的示例：

- 你可以将数字变量分为几个不同的类别，例如高（所有数值大于 10）、低，或任何小于 10 的值。请注意，合并会导致丢失信息，但同时也通过允许你给事物命名，使你得到了灵活性，并促进了可理解性。
- 通过将单元计数除以总数将计数数据转换为百分比。
- 在建模阶段标准化数据——处理标准化变量，而不是使用原始数据本身，通常是很有用的。标准变量是强制变成平均值为 0、标准偏差为 1 的变换。该变换保留原始值的分布和结构，但是可以更方便地将一组变量与另一个具有不同比例的变量进行比较。
- 在回归建模中，通常用诸如 log() 或 exp() 之类的变换替换或添加另一个变量，以便得到的模型具有更好的线性拟合。

2.4.2 单变量分析

在对所有潜在的候选变量进行调研之后，从单变量分析开始入手，是可以行得通的。既然你可以一个一个地分别查看多个变量，为什么非要一起查看，让事情变得复杂呢？通常，建模的结果会建议立即删除一个包含在模型中的变量，例如具有高百分比缺失值的变量，或者具有数据质量问题的变量。在早期消除变量通常是最好的处理方式，这比带着所有变量进行分析，随后却发现需要丢弃一些变量要好——尤其是当你发现两个变量是对于相同事物的测量的时候。

汇总统计

通过查看可能出现在模型中的每个候选变量的汇总统计信息开始分析，通常是一个好主意。平均值、标准偏差、频率和偏度使你可以快速泛化你对变量的行为的期望。在审查被视为目标变量的任何变量时，你还应该做一些特别的考虑。

要显示有关单个变量的基本汇总统计信息，可以使用 R Summary() 函数。这可以作为 R 脚本的一部分或直接从命令行执行。Summary() 函数的一般形式是：

```
#for a single variable
Summary(dataframe$variable)
#for all of the variables
Summary(dataframe)
```

另外两个典型的单变量分析汇总技术是：

- **分布**：分布图（直方图、概率密度图等）可以让你了解变量看起来的样子与理论统计分布的关系。有的建模技术会需要关于分布的一些假设，有的建模技术则不需要。发现一个变量遵循一个特定的分布是一件很幸运的事情。因为这会让随后的建模更加容易。在R语言中，可以使用hist()函数绘制分布图。
- **箱线图**：箱线图是分布的一个简单的图形表示，它总是包含分布的最小值、第一四分位数、中间值、第三四分位数和最大值这5个关键元素。（请参阅下一节中使用R函数boxplot()生成这5个关键元素的示例。）
- 箱形的上下两行代表第三和第一四分位数，中间线在两者之间。
- 触须的上边缘线代表最大值，下边缘线代表最小值。

双变量分析

双变量分析通常在单变量分析后的下一步进行。它用于显示任何两个变量之间的相关性。你可能因为以下两个原因执行双变量分析：

- 在建模框架中，我们要寻找的一个关键结果是，目标变量和任何一个自变量之间的关联。
- 我们要寻找的另一个同样重要的结果是，任何两个自变量之间的可能关联。这将有助于我们了解哪些自变量是相互关联的，或者帮助我们了解一个变量如何改变另一变量的行为。

双变量分析可以回答的问题类型

在检查任何两个变量之间的关系时，请注意以下要点：

- 这两个变量是否沿着相同的方向移动，或者是相反的方向移动？在改变关系的变量中有一个临界值吗？
- 值的变化是激烈的还是缓慢而稳定的？
- 关系中有强度吗，关系是线性还是非线性的？
- 是否有特定的数据子集具有比其他子集更有趣的相关性？

用于显示这些关系的图形和图表的种类，取决于不同的数据类型。对于间隔数据和比率数据，我们将它们组合成一个类别，并将其作为定量数据。

因此，当我们研究定量和定类数据之间的双变量关系时，可以有3个基本的组合：

- 定量数据和定量数据
- 定类数据和定类数据
- 定类数据和定量数据

定量和定量变量

散点图通常用于显示两个定量变量之间的关系。在下面的代码中，我们将使用R语言的pair()函数描绘一些数据关联。你可以发现Petal.Width与Petal.Length有很强的关系（第3行，第4列），而Sepal.Width和Sepal.Length之间的关系并不如此强烈（第1行，第2列）。

代码示例

```
pairs(iris[1:4], bg=c("green","blue","brown","yellow","black","orange"),
pch=21)
```

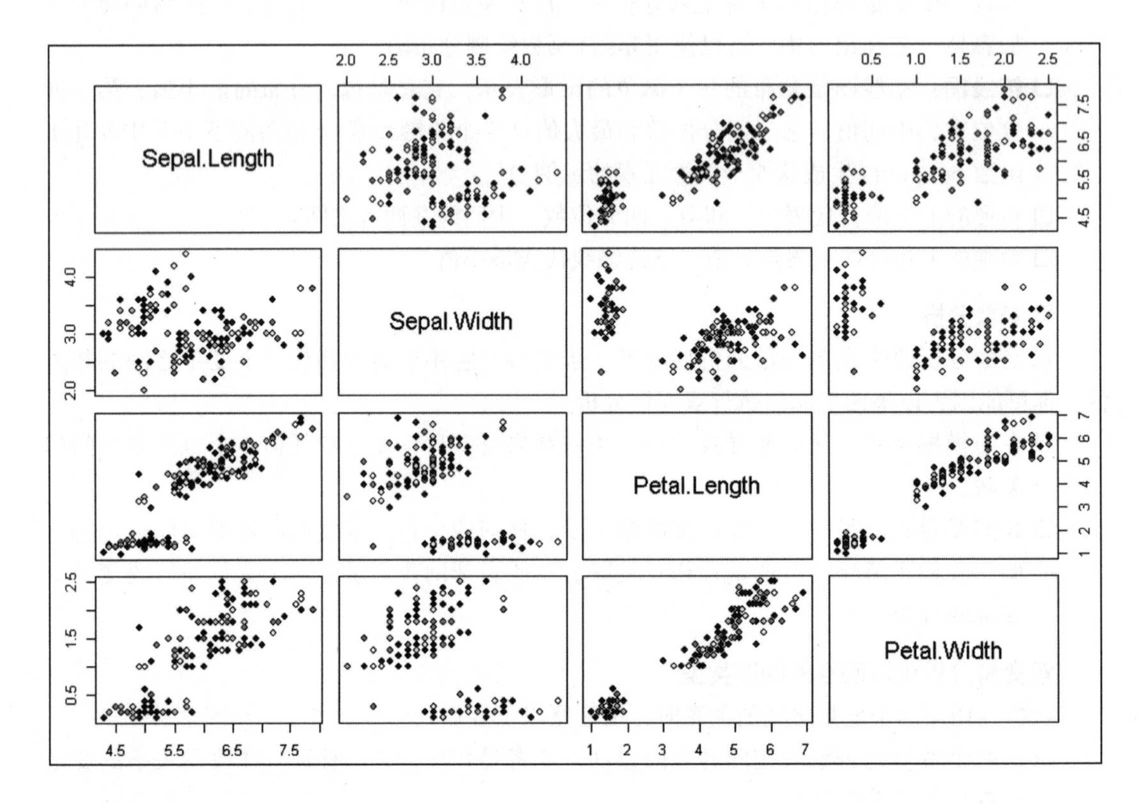

定类和定类变量

我们将以两种不同的方式看待定类变量与另一个定类变量之间的关系。一个使用表格的风格，另一个使用图形方法。

交叉表

交叉表是检查定类变量之间关系的一个很好的起点。在 R 语言中有很多方法可以实现。我喜欢使用 gmodels 包中的 CrossTable() 函数，因为它不仅会给出单元格计数，还会给出行和列总计的频率，并提供一个卡方统计来衡量统计学意义。它可能不够漂亮，但它的工作做得很不错。

请看下面的代码：

```
install.packages("gmodels")
library(gmodels)
CrossTable(mtcars$cyl, mtcars$gear, prop.t=TRUE, prop.r=TRUE, prop.c=TRUE)
```

```
> CrossTable(mtcars$cyl, mtcars$gear, prop.t=TRUE, prop.r=TRUE,
prop.c=TRUE)
```

```
   Cell Contents
|-------------------------|
|                       N |
| Chi-square contribution |
|           N / Row Total |
|           N / Col Total |
|         N / Table Total |
|-------------------------|


Total Observations in Table:  32


             | mtcars$gear
  mtcars$cyl |         3 |         4 |         5 | Row Total |
-------------|-----------|-----------|-----------|-----------|
           4 |         1 |         8 |         2 |        11 |
             |     3.350 |     3.640 |     0.046 |           |
             |     0.091 |     0.727 |     0.182 |     0.344 |
             |     0.067 |     0.667 |     0.400 |           |
             |     0.031 |     0.250 |     0.062 |           |
-------------|-----------|-----------|-----------|-----------|
           6 |         2 |         4 |         1 |         7 |
             |     0.500 |     0.720 |     0.008 |           |
             |     0.286 |     0.571 |     0.143 |     0.219 |
             |     0.133 |     0.333 |     0.200 |           |
             |     0.062 |     0.125 |     0.031 |           |
-------------|-----------|-----------|-----------|-----------|
           8 |        12 |         0 |         2 |        14 |
             |     4.505 |     5.250 |     0.016 |           |
             |     0.057 |     0.000 |     0.143 |     0.430 |
             |     0.800 |     0.000 |     0.400 |           |
             |     0.375 |     0.000 |     0.062 |           |
-------------|-----------|-----------|-----------|-----------|
Column Total |        15 |        12 |         5 |        32 |
             |     0.469 |     0.375 |     0.156 |           |
-------------|-----------|-----------|-----------|-----------|
```

马赛克图

马赛克图也将图形以交叉表格的形式显示。你可以直观地看到，八缸和三挡代表汽车中最多的汽缸 / 挡位产品（前一个应急表中阴影的 37.5%），而八缸和四挡的组合似乎不存在。这一点在上述应急表的盒装值中，以及下面马赛克图里用虚线来表示：

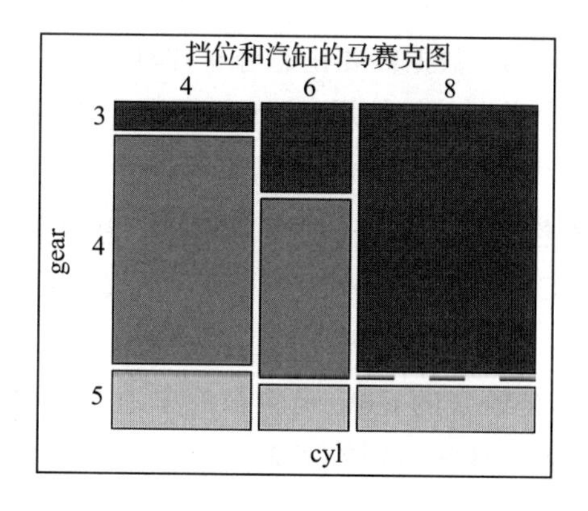

定类和定量变量

这些比较通常使用基本柱状图进行，或者像下面的示例中使用的并排箱线图。这些箱线图给出了非常清晰的比较。

下面的代码模拟了两个广告活动 A 和 B 的两种不同结果：

```
set.seed(123)
rows=100
a <- data.frame(Sales=rnorm(rows,mean=75,sd=5),
                Treatment=factor(c("Campaign A")))
b <- data.frame(Sales=rnorm(rows,mean=80,sd=5),
                Treatment=factor(c("Campaign B")))
combined=rbind(a,b)
#Boxplots which compare treatments
boxplot(Sales~Treatment,data=combined, main="Comparing Treatments",
          xlab="Treatment", ylab="Sales")
```

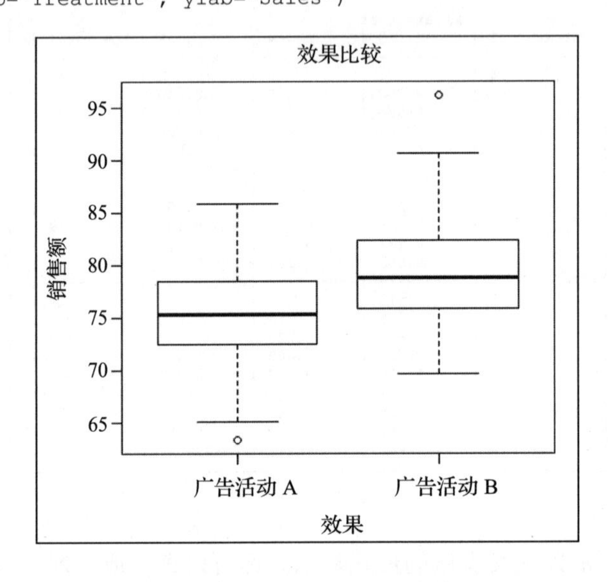

点二列相关

如果其中一个变量是只有两个类的定类变量，而另一个变量是定量变量，那么另一种可以使用的基本技术是点二列相关。然而，由于该技术使用皮尔逊相关系数，因此你需要对数据的分布做出某些假设。例如，数据需要正态分布并具有相等的方差。这个假设适用于我们的模拟销售示例，因为每个类别都是使用 rnorm() 函数生成的，该函数用不同的手段模拟 2 个随机分布的数据帧，但是使用相同的标准偏差（方差）。

我们可以使用以前的销售处理数据来展示点二列相关。首先，将每个销售处理数据映射到数字变量：

```
Treatment_num <- as.integer(combined$Treatment)
```

接下来，我们可以使用 R 语言的 table 函数来简单地查看两个营销活动如何映射到数字。活动 A 映射到数字 1，活动 B 映射到数字 2。

```
table(combined$Treatment,Treatment_num)
```

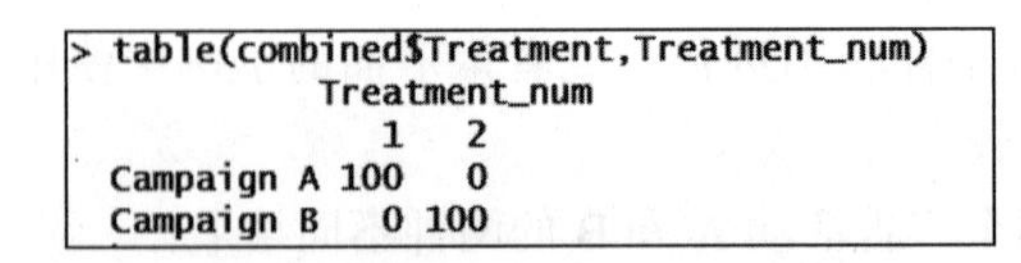

```
> table(combined$Treatment,Treatment_num)
            Treatment_num
               1   2
  Campaign A 100   0
  Campaign B   0 100
```

现在，运行一个二列图。因为你事先知道只有两个值，所以你可以将 x 轴限制为值 1 或 2：

```
ggplot(combined,aes(x=as.integer(Treatment_num), y=Sales))
+ geom_point(size=1.5,shape=1)
+ geom_smooth(method=lm)
+ scale_x_continuous(breaks=c(1,2))
+ ggtitle("Point BiSerial Correlation of Campaign with Sales")
+ labs(x="Campaign Number",y="Sales")
```

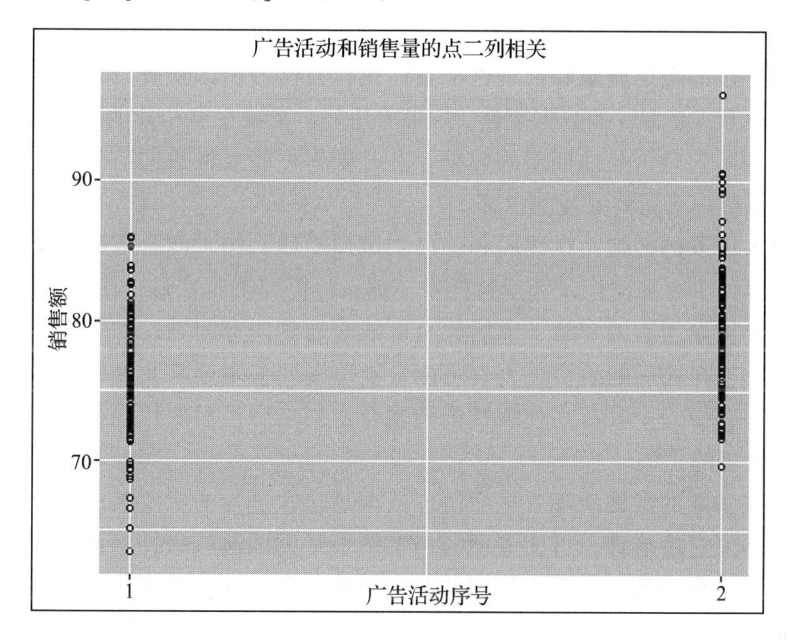

使用数值数据有它的优点。由于数据现在是数字形式，我们还可以运行相关性测试。输出显示两个活动的销售额之间的相关性为 39：

```
cor.test(Treatment_num,combined$Sales)
```

```
        Pearson's product-moment correlation

data:  Treatment_num and combined$Sales
t = 6.0315, df = 198, p-value = 7.843e-09
alternative hypothesis: true correlation is not equal to 0
95 percent confidence interval:
 0.2699868 0.5051026
sample estimates:
      cor
0.3939704
```

2.5 第三步：数据准备

正如我们在第 1 章中提到的，数据准备的目的之一是准备一个可以直接输入算法的输入数据建模文件。理论上输入文件将包含第一步和第二步中获得的所有知识。理想情况下，该文件将由目标变量、所有有意义的预测变量、其他能帮助建模过程的识别变量，以及任何其他基于原始数据源创建的变量组成。类似前面描述的步骤，数据准备是一个迭代过程。以下是准备数据时可能需要遵循的一些典型步骤：

- **识别数据源**：这些是你需要阅读和操作的关键数据输入。它们可以来自各种数据格式，如 CSV 文件、数据库、XML 或 JSON 文件。它们的格式可以是结构化的或非结构化的。
- **识别预期的输入**：读取一些测试样本并仔细检查输入，看看它是否符合你的预期。通常情况下，会有一些很容易修复的格式化问题，你可能需要重命名变量并将某些数据类型从字符转换为数字，或者反之。
- **执行进一步的数据质量和合理性检查**：执行自己的内部检查后，将你观察到的数据与现有元数据信息（如数据字典（如果可用））、领域专家和其他已经存在的数据交叉引用来判断它是否是你期望的数据。有时候你可能需将数据与其他查询或引用表做连接来获得你真正要寻找的内容。
- **扩展输入记录的数量**：在读取和获取测试样本后，你可能希望读取比在初始阶段读取的内容要多得多的记录和变量样本。那么你需要确定在这个阶段要读取的数据量。如果你要读取所有的变量，随后你有可能会遇到内存问题；如果只读取当时所需的内容，那么在之后的阶段你也有可能会被迫再回头来读入其他的数据或变量。尝试在开始时获得一个具有高代表性的数据样本。之后重写的代码可能只读一些你真正需要的变量的子集。
- **执行一些基本的数据清理**：虽然清理数据是建模过程的重要组成部分，但需要注意的是，不要过度清理。过度清理的一个例子是尝试通过插补修正所有的缺失值。模型可以允许合理数量的不良数据共存，而且如果包含一些变化，该模型长期的表现会更好。
- **尝试做些聚合**：通过一些基本类别聚合一些数据，并观察结果。仔细考虑在使用模型结果与使用单个观察结果相似时，使用聚合数据而不是单个数据是否有助于加速模型开发。
- **创建新的变量或变换**：分类和标准化变量就是这样引入的。
- **确定关键变量**：即使建模已经开始，你也应该能够使用双变量分析、SQL、相关性和其他探索性工具的组合来初步识别哪些变量很重要。关键并不是确定最重要的变量，而是找到那些可能具有某种预测能力，或者已知是相关的变量。
- 把你检查过的所有输入文件放到一个单独的分析文件中。现在你已经为建模阶段做好准备了。

2.6 第四步：建模

在建模阶段，你将选择适合当前问题的预测建模技术并将其应用于你的数据。影响模型选择的因素有以下几个：

1）谁将使用该模型？

2）如何使用该模型？

3）该模型的假设是什么？

4）我有多少数据？

5）我需要使用多少变量？

6）模型所需的准确率是多少？

7）我是否愿意为了可解释性牺牲一些准确性？

与最后一点关系尤其密切的是偏差和方差的概念。

偏差与模型近似数据的能力有关。低偏差算法能够以很小的误差来适应数据。虽然这看起来似乎总是有优势的，但它可能导致模型太复杂以至于不稳定、难以解释。另一方面，高偏差的模型解释起来相对简单（如线性回归），但可能为了可解释性和稳定性牺牲一些准确性。通常你需要先查看数据，并选择一些可能适用的算法，将数据与其进行匹配。例如，对U形分布的数据，线性算法不是这类问题的一个很好的选择，不管所选参数的数量或系数如何被调整。再比如5星级排名评级往往会偏向非常高或非常低的评级，在这种情况下线性回归也不是一个适当的选择。

在下面这个示例中，展示了线性回归何时会成为一个合适的选择：

```
set.seed(1010)
x <- sample(c(1,2,3,4,5),100,replace=TRUE,prob=(c(.25,.05,.05,.3,.35)))
y <- data.frame(rating=x,custid=seq(1:100))
hist(y$rating, prob=TRUE, main="Customer Ratings")
lines(density(y$rating))
```

如果回归问题涉及库存的销售预测，将会更合适一些。低偏差模型倾向于导致过拟合，高偏差模型具有较低的精度，但是更容易解释。

方差与提供不同数据时模型的变化有关。低方差也是可取的。

决策树是这类算法的一个例子：它倾向于具有低偏差（过度拟合），当给定新的训练样本（高方差）时，可能得出完全不同的结果。即使对现有决策树模型添加仅仅一个新的观察，也可能产生完全不同的树。

为了开发一个良好的预测模型，你必须接受最终将在偏差和方差之间做出妥协或权衡。要了解更多关于偏差方差权衡的信息，请查看维基百科中的一些外部参考。

2.6.1 具体模型说明

下面我们要介绍一些模型的简短描述，以及一些简短的代码示例。

泊松（计数）模型

泊松模型用于模拟事物的计数。可以是在给定月份提交的保险索赔的数量，在给定分钟内在呼叫中心收到的呼叫数量，或为特定项目出售的订单数量。泊松分布是对计数数据进行建模的比较合适的方法，这是因为所有数据都为正数，分布范围为0到无穷大。建立泊松模型的经典方法是通过 R 语言的 glm() 函数中的 poisson 链接功能：

```
model.poisson <- glm(count ~ v1+v2+v3, data=inputdata, family=poisson())
```

请注意，上面这行指定的模型的代码仅以一般性形式显示模型。不要尝试运行它，因为除现有的 v1、v2、v3 或者 count 之外没有变量。但是，这个模型指定方式说明，你可以通过以下一般步骤来运行泊松模型：

- 该模型将通过 glm() 函数运行，其中一些因变量位于"～"左侧；
- 自变量要放在"～"的右侧；
- "Data ="参数将提供一个输入数据集；
- " family ="参数将指定你将要运行的一般线性模型的类型。在这种情况下，它将是一个泊松模型。

如果想尝试对实际数据使用泊松模型，可以使用包含在 R 语言中的 warpsbreaks 数据。首先在控制台中，输入 help（warpbreaks）以获取数据集的描述：

[,1]	breaks	数值性	断线的次数
[,2]	wool	因子	羊毛的类别（A 或 B）
[,3]	tension	因子	拉力的级别（L、M 或 H）

然后，使用 glm() 函数设置和执行模型。我们使用 wool 的类型和 tension 的级别来预测断线（break）的次数。请注意，我们需要在 glm() 函数之后添加一个 summary() 函数，以便查看输出，因为运行 glm() 函数只是将输出分配给一个名为 model.poisson 模型的对象。

```
model.poisson <-glm(breaks~wool+tension, data=warpbreaks, family=poisson)
summary(model.poisson)
```

2.6.2 逻辑回归

逻辑回归是人们用于分类的最古老和稳定的技术之一。逻辑回归、线性回归和泊松回归都被认为是一般线性模型（GLM）。然而，逻辑回归的预测值只能为 0 或 1。幸运的是，这可以适用于许多种情况，例如客户是否离开，或者是否出现飓风。如果你已经熟悉多元线性回归，那么逻辑回归应该更容易理解。因为你应该已经熟悉了诸如指定多个自变量的概念，以及数学函数（如 log 和 exp）的用法，它们可以使模型中的变量更平滑并强制使它更线性。

逻辑回归能产生比值比（OR），这也是很有用的。比值比是指事件发生的概率除以事件不会发生的概率。

标准的逻辑回归在 R 语言中通过 glm() 函数调用。

调用 glm() 的时候需要指定一个 link 函数。link 函数用来指定线性模型将使用哪种模型或分布。如果要使用逻辑回归，使用 family = binomial() 来指定逻辑回归。

glm() 函数最简单的通用形式是：

```
Model.logistic <- glm(Target~v1+v2+v3,data=sourcedata,family=binomial())
```

2.6.3 支持向量机

支持向量机（SVM）也可用于预测二进制分类。SVM 将数据投影到较高的维度空间，以便可以使用超平面来分隔各个类别。SVM 可以有非常好的准确度，但难以解释，而且计算成本很高。它们是低偏差算法的经典例子。

以下是一个简单的例子，使用 SVM 来预测一个人在一周中的某一天是否满意，基于当日是否是一个发薪日。（向量元素在 payday 向量中标记为 1，如果从星期日开始计数，则可以将其解释为星期五。）

```
library(e1071)
satisfied = factor(c(F,F,F,F,F,T,F))
day = c(1,2,3,4,5,6,7)
payday = c(0,0,0,0,0,1,0)
satisfaction.df = data.frame(day=day, payday=payday, satisfied=satisfied)
model.svm = svm(satisfied ~ day + payday, data = satisfaction.df)
plot(model.svm,satisfaction.df,main="",col=c('grey','black'))
```

从下面的图中可以看出，决策线是在象限右边部分附近的曲线，发薪日接近 1（是的）的区域，星期几接近 4、5、6、7（一周的最后几天）。所以我们可以解释说，人们对发薪日和周末都感到满意。然而，这是一个非常低维度的示例（呈现在两个轴上），是用来说明这个概念的。较高维度的例子不是那么容易解释：

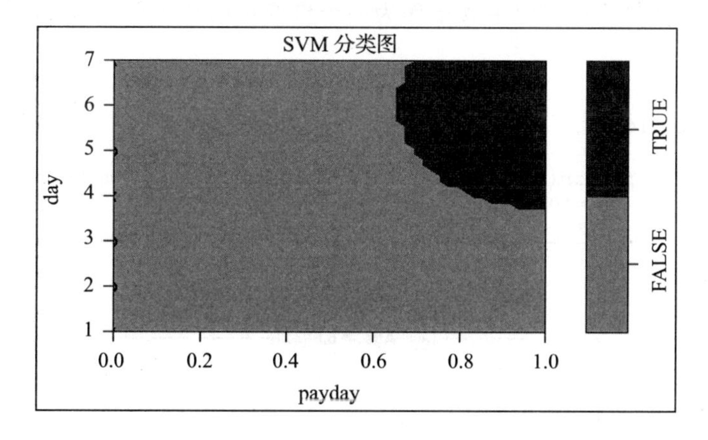

2.6.4 决策树

决策树算法很受欢迎，因为它们可以粗略地等同于在某些业务环境中使用的 If / Then / Else 规则，并且相对容易向管理者解释。决策树不仅用于分类。当它们用于预测数字结果时，也称为回归树。决策树使用的基本概念是根据最佳分割点将树的每个节点分成两部分。通过添加更多的叶子节点，树不断地增长，直到它不能进行任何额外的分裂，这提高了辨别所有决策的能力。

随机森林

请注意，随机森林（Random Forests，tm）是 Leo Breiman 和 Adele Cutler 的商标，并专门授权 Salford Systems 发行商业版软件。

决策树有一个问题是，它们高度依赖于最初选择的具体变量。用户可以用一个稍微有所不同的初始变量集，最终得到一个同样有效的解决方案，尽管可能是一个不同的解决方案。

随机森林算法是对决策树进行改进的一个尝试。随机森林随机选择变量和子样本，以生成多个（甚至数千个）独立的决策树。在生成所有决策树之后再对所有不同树生成的效果进行平均的共识预测。

为了确定共识，可以指定在算法中使用简单的多数投票方案。我们将首先在 titanic 数据集上运行两棵简单的决策树，然后将结果与使用随机森林获得的结果进行比较，以便了解它的工作原理。

示例：单棵决策树与随机森林之间的比较

首先，安装 titanic 包并将训练数据集分配给数据帧：

```
install.packages("titanic")
library(titanic)
titanic <- titanic_train[complete.cases(titanic_train), ]
```

年龄决策树

生成一棵简单的决策树，使用 Age 作为一个自变量以预测乘客是否能够幸存，然后绘制这棵树的图形：

```
library(rpart)
library(rpart.plot)
set.seed(123)
fit <- rpart(as.factor(Survived) ~ Age,  data=titanic,   method="class")
rpart.plot(fit,extra=102)
```

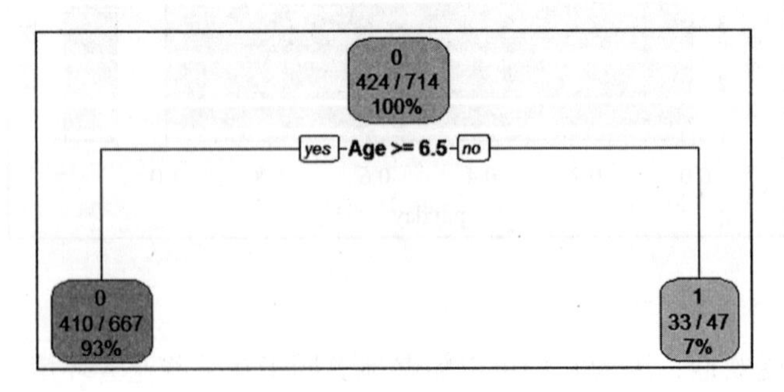

这棵简单的树准确度如何？只是为了活动一下大脑，我们来手动计算一下。

在控制台，计算正确的分类百分比。每个类正确预测的数量显示为前面图中每个节点的第一个数字。第二个数字是分配给该类的总数。

通过将正确预测的总和相加，除以预测的总数，通过控制台的计算得出，这个简单的模型在 62% 的时候是正确的。但是可能会问，树的左边节点中给出的 93% 是什么。这个表示该节点在指定乘客年龄小于 6.5 的时候得到的正确分类的比率：

```
> (410+33) / nrow(titanic)
```

以下是输出：

```
[1] 0.6204482
```

一棵替代的决策树

假设我们任意选择另一个简单的决策树模型；这次我们将根据客运级别的变量来预测乘客是否幸存下来：

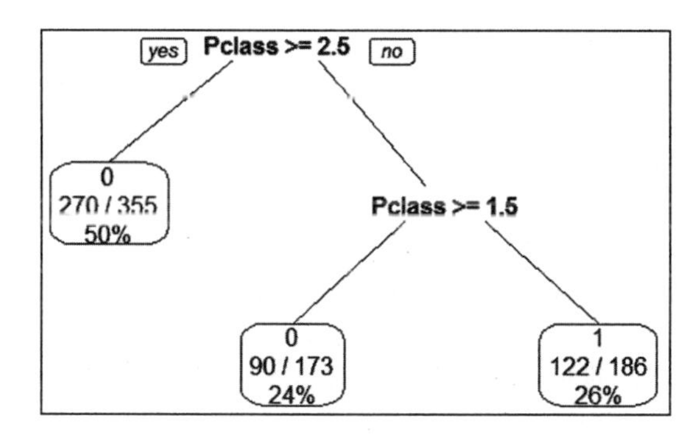

这是一棵稍微复杂一点的树，因为它有 4 个分支和 3 个终端节点。现在，我们通过将 3 个节点的正确分类数量相加，并将其除以总行数来计算模型的正确分类率，和我们刚才做的一样：

```
> (270+90+122) / nrow(titanic)
```

以下是输出：

```
[1] 0.67507
>
```

这个简单的模型更好，有 67% 的正确分类。

随机森林模型

现在，我们来运行一个随机森林模型。我们将计算出 2000 棵决策树，只是为了演示，我们选择了 Age、Pclass（客运级别）和 Fare 作为自变量。随机森林会随机选择所选的观察以及所选观察的样本数，因此你无法预知将获得哪些具体的树。你甚至可能得到刚刚在前面的两个示例中生成的树之一！

```
library(randomForest)
set.seed(123)
fit <- randomForest(as.factor(Survived) ~ Age + Pclass + Fare,
data=titanic,
importance=TRUE,
ntree=2000)
```

随机森林还具有预测功能，与第 1 章中使用的预测函数具有相似的语法。我们将使用此函数生成预测：

```
prediction.rf <- predict(fit, titanic)
```

一旦生成了预测，可以构建一个包含预测结果以及从原始数据获得的实际生存结果的数据帧：

```
x<-
data.frame(predict.rf=as.factor(prediction.rf),survived=titanic$Survived)
```

现在我们可以运行一个简单的 table() 函数，它将根据预测值对实际结果的数量进行计数。

```
table(x$predict.rf,x$survived)
```

以下是输出：

```
    0   1
0 384 118
1  40 172
```

表中的数字反映了以下预测：

```
(Row 1,Column 1) Passenger predicted NOT to survive & DID NOT survive
(Row 1,Column 2) Passenger predicted NOT to survive DID survive
(Row 2,Column 1) Passenger predicted to survive and DID NOT survive
(Row 2,Column 2) Passenger predicted to survive and DID survive
```

基于这个表格和解释，我们可以看到在（第 1 行，第 1 列）和（第 2 列，第 2 列）中的计数表示正确的预测，因为预测与实际结果一致。

要得到预测的总数，我们将计算正确计数的总数，然后将其除以行数。我们可以在控制台做数学计算：

```
(384+172) / nrow(titanic)
```

以下是输出：

```
[1] 0.7787115
```

使用随机森林，正确的预测率已经提高到 77%。

随机森林与决策树

尽管随机森林比单独分割的树的预测效果更好，然而此处也出现了可解释性的问题。随机森林不产生可见的决策树，并且在计算上随机森林可能花费相当长的时间，因为它们需要从许多变量中生成和优化很多棵树。有些人认为随机森林像个黑盒算法，因为有很多方法可以优化它，底层方法却不容易透明。但是，如果你的目标是极高的准确度，那么它是一种最优方法，可以非常准确。

变量重要性图

除了预测精度外，随机森林的另一个常用用法是使用 varImp() 函数进行变量选择。变量重要性图在有许多输入变量的情况下会很有用，但是我发现当变量数目尚可管理时，它的价值是有限的。

为了演示我们的示例数据，这里用 varImp() 函数把 Fare、Age 和 Pclass 按重要性的顺序显示。有好几种方法可以做到这一点，但是我将通过一个名为 MeanDecreaseGini 的统计量来显示它。这个统计量是如何计算的并不重要，但需要说明的是，此处计算的变量重要性与该变量出现在多少棵不同树中，以及它能够在多大程度上决定不同树叉间的走向相关联。我们将在后面的章节中继续讨论决策树和 Gini。

```
varImpPlot(fit,type=2)
```

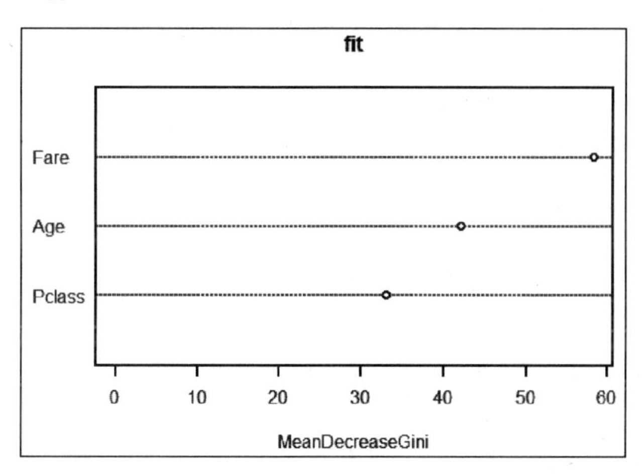

2.6.5 降维技术

你经常要检查数百甚至数千个变量。减少维度是一种可用于大幅度减少需要检查的行或变量数量的技术。维度减少的前提是存在重复，也就是说，有多个变量其实测量的是同样的事物。例如，阅读、写作、数学和音乐能力分数在预测大学 GPA 中都是重要的，但是如果你仅使用音乐能力分数与写作分数相结合，就可以实现与同时使用全部四项分数一样高的预测准确率。而且这样也可能更容易解释。这就是为什么要使用降维技术的一个例子。

当你要减少实际的变量数量时，请考虑使用主成分。你会使用相同数量的观察，但会控制查看的变量数量（主成分部分）。

当你想要降低行的维度时，请使用聚类方法。

2.6.6 主成分

主成分分析（PCA）在变量数量太多，并且希望将所有变化捕获到一个或两个变量中的情况下很有用。主成分分析使用矩阵代数来创建所有变量的线性组合。

PCA 还用于查看哪些变量在每个主成分中具有最大影响，因此通常当 PCA 分析表明某些变量对结果几乎没有影响时，它通常可以被丢弃。

使用身高和体重变量为例可以很好地说明这点。由于身高和体重是正相关的，选择仅使用身高或体重作为自变量来预测身体质量可能不会有太大差异。因此，我们可以创建一个新的变量，它是一个高度和重量的线性组合，并将其用作变量。

2.6.7 聚类

聚类是将数据分组到不同类中的方法，以达到每个类彼此相似的目标。可以使用多种方法来定义相似性。k 均值聚类或许是最流行的聚类方法。该方法使用测量的距离将数据观测值分配给最距离最近的类。聚类经常用于市场营销领域，用来开发不同的客户群。

聚类是一种无监督的算法，是主观的。你可以预先指定希望聚类的组数。这个数字在某种程度上是任意的，如果目标是具有可解释性，它可以产生不同的解释。

散点图通常用于显示仅有两个变量的数据的聚类（一个在 x 轴上，另一个在 y 轴上）。

下面是一些散点图的示例，可以通过查看哪些数据点聚集在一起来选择聚类。

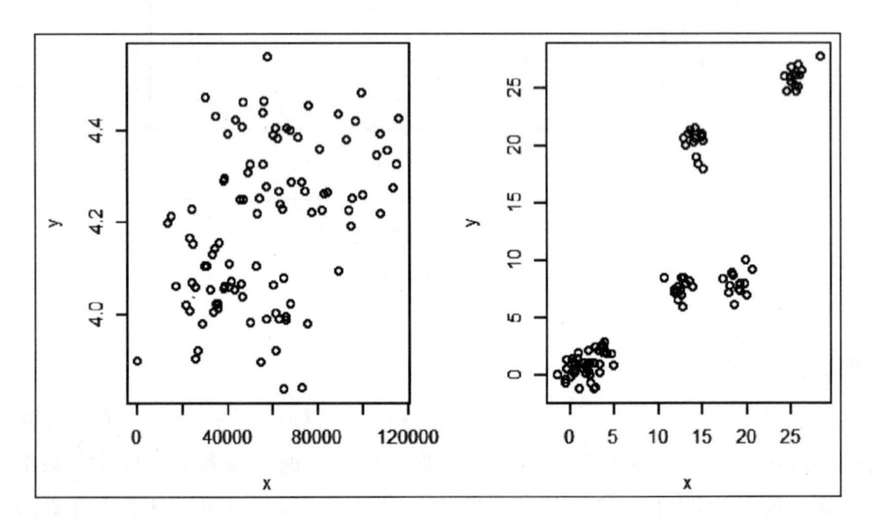

右图显示了 5 个不同的聚类。你可以看到，变量 x 的非常低的值往往其变量 y 的值也非常小。然而，左边的图里应该有哪些聚类，就有点不清晰了。有时，x 的低值与 y 的低值相关，但有时它们与 y 的高值相关。没有明显的分组。你看到了什么呢？你看到的是 2 个、3 个或者更多聚类，还是没有聚类？这真的是说不出来的，这就是主观性起作用的地方。

2.6.8 时间序列模型

包含相互之间不独立的数据观察的问题，例如基于时间的数据，需要做特殊处理，因为在时间上发生的事件表现出一种叫作**自相关**的属性。它的意思是自变量都取决于该变量的先前值。许多数据技术都基于假设所有值都是彼此独立的，因此人们开发了特殊的技术用于处理基于时间的数据。

指数平滑法基于一个简单的概念，即最近的数据是未来的最佳预测因子。指数平滑技术允许你调整参数，以便可以决定最近的数据与较旧数据的权重。它适用于许多时间序列问题。

时间序列模型也可以基于周期性、趋势性、季节性、一次性发生或因果因素。有一种更先进的时间序列方法叫作 ARIMA 或 Box-Jenkins 模型，它吸收了时间序列和回归模型的元素。

2.6.9 朴素贝叶斯分类器

朴素贝叶斯最初是一个流行的垃圾邮件检测方法。它的速度很快。朴素贝叶斯方法假设变量都是独立的，并且不相关（这是个坏假设，但正是这个假设使它是朴素的！）。它还具有一个优点是在添加新数据时不需要重新训练。朴素贝叶斯方法来源于贝叶斯定理。

下面这个简单的示例用实践演示了朴素贝叶斯算法。利用 Iris 数据集，朴素贝叶斯方法将使用前四列作为自变量对第五列进行预测：

```
#use 1st 4 columns to predict the fifth
library(e1071)
iris.nb<-naiveBayes(iris[,1:4], iris[,5])
table(predict(iris.nb, iris[,1:4]), iris[,5])
```

tablc() 函数输出的结果将显示在控制台上。这个输出是一个混淆矩阵，如下所示：

```
            setosa versicolor virginica
setosa          50          0         0
versicolor       0         47         3
virginica        0          3        47
```

这个问题的正确分类率为 96%。在控制台上，可以通过把正确的分类计数对应的值（即第 1 行 / 第 1 列，第 2 行 / 第 2 列和第 3 行 / 第 3 列）进行相加，然后除以总行数得到。

以下是使用 R 语言的计算器在控制台中进行的操作：

```
> nrow(iris)
[1] 150
> (50+47+47)/nrow(iris)
[1] 0.96
```

混淆矩阵还会告诉你哪些分类效果不佳。例如，在第二列中，你可以看到总共有 50 种花色。然而，对于 versicolor/virginia 组合共有 3 个错误分类（下表中带下划线的黑体字）：

```
            setosa versicolor virginica
setosa          50          0         0
versicolor       0         47         3
virginica        0          3        47
```

我们可以编写一些代码，确定哪些组合被错误分类，并使用 DataTable 对象检查不正确的分类行。使用 DataTable 对象可以对数据进行排序、搜索和过滤。

将预测与原始数据合并。然后，将正确或错误的标志赋值给数据帧，以表明预测是否正确。

```
mrg <- cbind(pred,iris)
mrg$correct <- ifelse(mrg$pred==mrg$Species,"Correct","Wrong")
```

加载 DT 库，并表明你想要用合并的数据创建一个交互式数据表。你还需要一些交互的过滤功能，因此请在输入参数中指定 filter ='top'。

```
library(DT)
datatable(mrg,filter='top')
```

交互式数据表将在 RStudio 的 viewer 中打开：

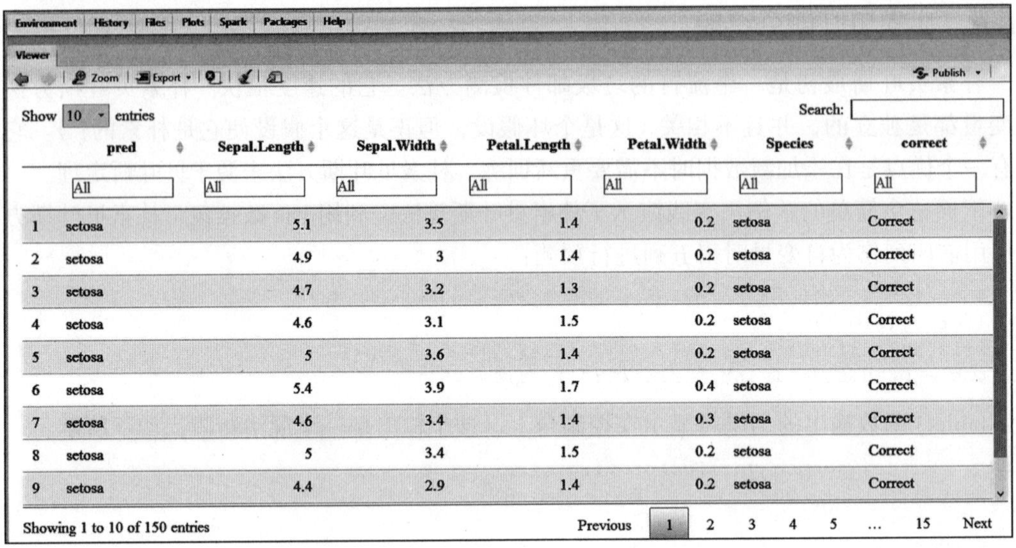

Environment | History | Files | Plots | Spark | Packages | Help

Viewer

Zoom | Export | Publish

Show 10 entries   Search:

	pred	Sepal.Length	Sepal.Width	Petal.Length	Petal.Width	Species	correct
	All	All	All	All	All	All	All
1	setosa	5.1	3.5	1.4	0.2	setosa	Correct
2	setosa	4.9	3	1.4	0.2	setosa	Correct
3	setosa	4.7	3.2	1.3	0.2	setosa	Correct
4	setosa	4.6	3.1	1.5	0.2	setosa	Correct
5	setosa	5	3.6	1.4	0.2	setosa	Correct
6	setosa	5.4	3.9	1.7	0.4	setosa	Correct
7	setosa	4.6	3.4	1.4	0.3	setosa	Correct
8	setosa	5	3.4	1.5	0.2	setosa	Correct
9	setosa	4.4	2.9	1.4	0.2	setosa	Correct

Showing 1 to 10 of 150 entries   Previous 1 2 3 4 5 … 15 Next

要找到错误的分类，请在搜索框中输入 Wrong。画面将自动更新以显示不正确的预测：

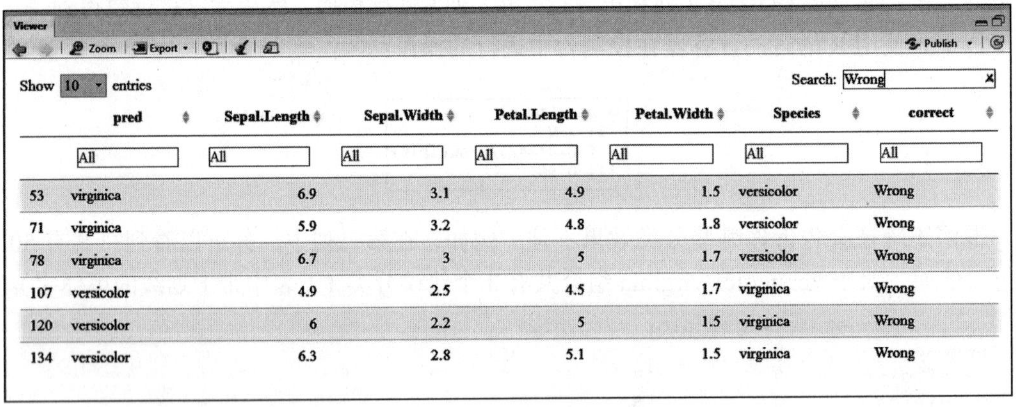

Viewer

Zoom | Export | Publish

Show 10 entries   Search: Wrong

	pred	Sepal.Length	Sepal.Width	Petal.Length	Petal.Width	Species	correct
	All	All	All	All	All	All	All
53	virginica	6.9	3.1	4.9	1.5	versicolor	Wrong
71	virginica	5.9	3.2	4.8	1.8	versicolor	Wrong
78	virginica	6.7	3	5	1.7	versicolor	Wrong
107	versicolor	4.9	2.5	4.5	1.7	virginica	Wrong
120	versicolor	6	2.2	5	1.5	virginica	Wrong
134	versicolor	6.3	2.8	5.1	1.5	virginica	Wrong

2.6.10 文本挖掘技术

大多数传统预测分析技术最初是为了用于结构化数据而设计的。然而，随着文本挖掘技术的出现，这些技术已经发生了变化，能够处理和可视化非结构化数据。下面是一些很流行的工具：

- **词云**：词云是词频或概念的图形表示，并且是一种可以将语料库（文本文档集合）中的重要词语呈现给管理层的简单工具。

下面是一个从林肯的葛底斯堡演说（Bliss Copy）（Gettysburg Address，1863 年）生成一个词云的例子。要限制显示的单词的数量，可以设置 min.freq = 2，表示只显示出现过两次以上的单词。请注意，输出也会消除一些常用词语（停止词，例如 a、and、it 等），通常不会增加解释。

```
install.packages("wordcloud")
install.packages("RColorBrewer")
library("wordcloud")
lincoln <- "Four score and seven years ago our fathers brought forth on
this continent, a new nation, conceived in Liberty, and dedicated to the
proposition that all men are created equal. Now we are engaged in a great
civil war, testing whether that nation, or any nation so conceived and so
dedicated, can long endure. We are met on a great battle-field of that war.
We have come to dedicate a portion of that field, as a final resting place
for those who here gave their lives that that nation might live. It is
altogether fitting and proper that we should do this. But, in a larger
sense, we can not dedicate -- we can not consecrate -- we can not hallow --
this ground. The brave men, living and dead, who struggled here, have
consecrated it, far above our poor power to add or detract. The world will
little note, nor long remember what we say here, but it can never forget
what they did here. It is for us the living, rather, to be dedicated here
to the unfinished work which they who fought here have thus far so nobly
advanced. It is rather for us to be here dedicated to the great task
remaining before us -- that from these honored dead we take increased
devotion to that cause for which they gave the last full measure of
devotion -- that we here highly resolve that these dead shall not have died
in vain -- that this nation, under God, shall have a new birth of freedom -
- and that government of the people, by the people, for the people, shall
not perish from the earth."
set.seed(123)
wordcloud(lincoln, min.freq=2,scale=c(3,.5),random.order = FALSE)
```

wordcloud 的输出以单词的大小来表示该词在文本中出现的频率高低：

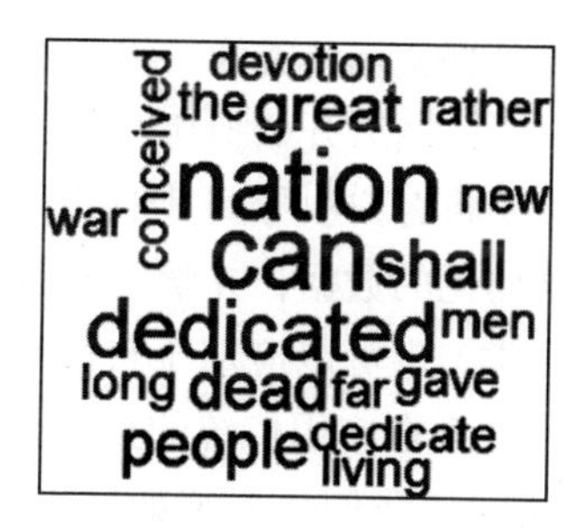

- **二元分析**：词云通常用来显示段落或文档中单个单词的频率，而不会分析这些单词周围的词语。与之相对的是，二元分析则是将两个连续词的频率看作一对。一般来讲，通过查看这些连续的单词在被分析的文档的各个部分中一起出现的次数，可以得出更多的信息。这个双词组的概念也可以扩展到一次 3 个词，一次 4 个词，等等。在这种情况下，它们被称为 ngrams，意味着分析在一起出现的任意数量的一系列单词。

例如，下表显示了在前面那段演讲中出现两次的 4 个双词，以及 1 个出现了三次的双词（连续词）。请注意，这个表中包括了通常在确定频率计数之前就被删除掉的标点符号。标点符号、数字和小部分词语（例如 the、them、a 或者 an）的统计通常在执行文本分析之前执行。这些被统称为停止词。

	ngrams	freq
1	consecutive words	3
2	appear together	2
3	a time,	2
4	at a	2
5	words at	2
6	parts of	1
7	time, etc.	1

- 下面是一个例子，它使用 ngram 包的 get.phrasetable 来提取所有可能的 ngram。我们使用 $n = 2$ 来指定一个 bigram。

```
install.packages("ngram")
library(ngram)
df <-get.phrasetable ( ngram(lincoln, n=2) )
View(df)
```

从 View 命令输出中可以看出，the people 出现了 3 次：

	ngrams	freq	prop
1	can not	3	0.010830325
2	the people,	3	0.010830325
3	to the	3	0.010830325
4	– that	3	0.010830325
5	we can	3	0.010830325

- **主题定义**：主题定义的目标是将文档分类为一组类别，就像我们在处理非文本问题时一样。例如，如果客户打电话，然后开始抱怨产品的可靠性，若他只是简单地获取有关产品的信息，我们可能希望将客户引导到其他的呼叫中心区域。文本挖掘的一个重要组成部分是能够解析非结构化的数据，并学习如何挖掘这些数据中的重要词汇。
- **聚类**：其他传统技术（如聚类）也可以应用于自由形式的文本。然而在许多情况下，文本数据将需要做些改装，并且在应用传统的预测分析技术（如聚类）之前，首先需要将它们预处理为结构化格式。我们会介绍如何将非结构化文本转换为被称为频率矩阵的结构化形式，这样你就可以执行传统的预测分析技术。
- 情绪分析是衡量个人或团体对产品、服务或政策的意见（无论是正面还是负面）的技术。

下面这个示例，将对呼叫中心的各种简短评论进行情绪分析预测。它使用朴素贝叶斯模型根据前 10 个评论预测最后 5 条评论，这些评论已被预先手动分类为属于正面的情绪或负面的情绪。

```
install.packages("RTextTools")
library(RTextTools)
library(e1071)

verbatim =
   rbind(
```

```
        c('Agent was very helpful', 'positive'),
        c('Would buy the product again', 'positive'),
        c('Satisfied with response', 'positive'),
        c('Helped me to choose between the two offers', 'positive'),
        c('Defintely would recommend to a friend', 'positive'),
        c('Terrible customer service', 'negative'),
        c('not recommended', 'negative'),
        c('Agent took too much time', 'negative'),
        c('Waiting a long time for customer service', 'negative'),
        c('Not satisfied with response', 'negative'),
        c('Not satisfied at all', 'negative'),
        c('Would not recommend', 'negative'),
        c('Helpful customer support', 'positive'),
        c('Great product support', 'positive'),
        c('excellent product', 'positive')

    )
# build Term document matrix
TDM.mat=
as.matrix(create_matrix(verbatim[,1],language="english",removeStopwords=TRU
E, removeNumbers=TRUE,stemWords=FALSE))
    classifier = naiveBayes(TDM.mat[1:10,], as.factor(verbatim[1:10,2]) )
    # test the model
    predicted = predict(classifier, TDM.mat[11:15,]);
```

Table() 函数会输出最后五次客户评论的预测。五个评论中有三个的分类是正确（正确率 60%）。60% 的正确率是不是应该看作足够好？这取决于你将用这个模型做什么事情。如果你能够识别负面评论，你可能希望通过各种渠道与客户联系，并尝试赢得客户。另一方面，积极评价意味着客户给予你应得的好评，也许你应该考虑给客户提供良好的折扣。

```
table(verbatim[11:15, 2], predicted)
```

```
> table(verbatim[11:15, 2], predicted)
          predicted
           negative positive
  negative        1        1
  positive        1        2
```

2.7 第五步：评估

模型评估涉及你刚刚开发的模型现在或者将来的准确性或有用性。模型评估可以采取不同的形式。有些比较主观，以领域为导向，例如由领域专家来监督其执行效果，有些则比较倾向于技术。有许多指标和流程可用于评估模型。在基本层面上，有许多统计数据（其中有些称为 AIC、BIC 和 AUC），旨在以单一指标表示模型的优点。然而，这些指标本身不能将预测模型的目的和应用传达给更大的受众，并且通常这些指标是互相冲突的。需要一些上下文才能理解。有人会认为，也可能有人会做出一个完美的预测模型，同时这个模型又不能向更大的受众传达其目的和应用。在我看来，不管评估指标怎么样，这都是一个坏的模型。然后还要考虑性能因素。模型可能在样本数据上工作得很好，但是在现实世界中应用的话速度太慢，无法实用。简而言之，你不应该用单一指标来进行模型评估。最好的方法是从多个角度来审视它，然后给出一个客观的结果。

2.7.1 模型验证

预测分析模型验证的基本前提是你在数据的一个子集（称为训练数据集）上开发你的模型，然后证明你的模型有能力在数据的另一个子集上成功预测类似的结果。数据的另一个子集很重要，一般称为测试数据集。测试数据集也叫作保留样本。训练和测试数据集在任何建模开始之前随机确定，数据从不改变。验证数据是第三个数据集，有时用于进一步测试数据的有效性。它通常是建模过程中没有使用过的数据，并在一个模型被开发并被确定为最佳模型之后引入使用。

下面的示例代码要创建一个简单的朴素贝叶斯模型，并创建一个 confusionMatrix（分类错误表），它显示了多少预测是正确的分类。对于 iris 数据集，92% 的预测是正确的。请注意，在这个例子中，我们使用的是混淆矩阵，它是 caret 包的一部分，因而我们不必像在前面的例子中那样手动计算精度：

```
require(caret)
require(e1071)
data(iris)
set.seed(123)
partition.index <- createDataPartition(iris$Species, p=.5, list=FALSE)
Training <- iris[ partition.index,]
test <- iris[-partition.index,]
model <- naiveBayes(Species~.,data = Training)
predictions <- predict(model, test[,1:4])
# summarize results
% confusionMatrix(predictions, test[,5])
```

```
> confusionMatrix(predictions, test[,5])
Confusion Matrix and Statistics

            Reference
Prediction   setosa versicolor virginica
  setosa         25          0         0
  versicolor      0         22         3
  virginica       0          3        22

Overall Statistics

               Accuracy : 0.92
                 95% CI : (0.834, 0.9701)
    No Information Rate : 0.3333
    P-Value [Acc > NIR] : < 2.2e-16

                  Kappa : 0.88
 Mcnemar's Test P-Value : NA

Statistics by Class:

                     Class: setosa Class: versicolor Class: virginica
Sensitivity                 1.0000            0.8800           0.8800
Specificity                 1.0000            0.9400           0.9400
Pos Pred Value              1.0000            0.8800           0.8800
Neg Pred Value              1.0000            0.9400           0.9400
Prevalence                  0.3333            0.3333           0.3333
Detection Rate              0.3333            0.2933           0.2933
Detection Prevalence        0.3333            0.3333           0.3333
Balanced Accuracy           1.0000            0.9100           0.9100
> |
```

2.7.2 曲线下面积

曲线下面积（AUC）是另一个流行的评估模型优劣的方法。历史上，这一度量方法是在第二次世界大战期间开发的。原来的术语是受试者工作特征曲线（ROC），其最初的目的是确定雷达屏幕上的可视信号是敌方舰只还是随机噪声。

AUC 告诉我们的一点是真阳性与假阳性的比例。AUC 的值是 0 和 1 之间的数字，通过数学公式来计算获得。0.5 的 AUC 可以认为是随机分类。需要找的是在左上象限附近的点。这个象限是有利条件趋同的区域：具有低假阳性和高真阳性。

AUC 是分类误差中涉及的权衡折中的一个很好的衡量标准。但是，不要把它视为绝对的标准。使用 AUC 时应该考虑一下分类错误的成本。

使用 titanic 数据集计算 ROC 曲线

下面这个示例是用于绘制泰坦尼克数据集上的 ROC 曲线的，它使用简单逻辑回归模型预测个体幸存与否：

```
install.packages("titanic")
install.packages("ROCR")

library(titanic)
library(ROCR)

titanic <- titanic_train[complete.cases(titanic_train), ]

 model <- glm(as.factor(Survived) ~ Sex+Age+Pclass, data=titanic,
family="binomial")
    pred <- prediction(predict(model), titanic$Survived)
    perf <- performance(pred,"tpr","fpr")
    plot(perf)
    abline(a=0,b=1)
```

AUC 曲线与预测结果的概率的各种截止点值一起绘制。对角线参考线代表一个随机模型。逻辑模型曲线下的面积约占总面积的 75%。

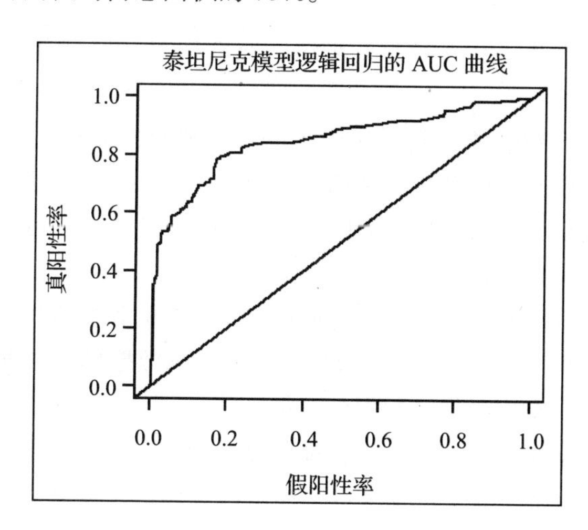

如前文所述，AUC 用于比较模型的优劣。以下是仅使用 Age 作为预测因子的逻辑模型的 AUC：

```
model2 <- glm(as.factor(Survived) ~ Age, data=titanic, family="binomial")
pred <- prediction(predict(model2), titanic$Survived)
perf <- performance(pred,"tpr","fpr")
plot(perf,main="AUC for Logistic Regression Titanic Model - Age Only")
abline(a=0,b=1)
```

从图形中可以一眼看出来，这个单变量模型几乎没有预测能力。AUC 曲线近似于随机对角线参考线，表示该模型无预测能力。

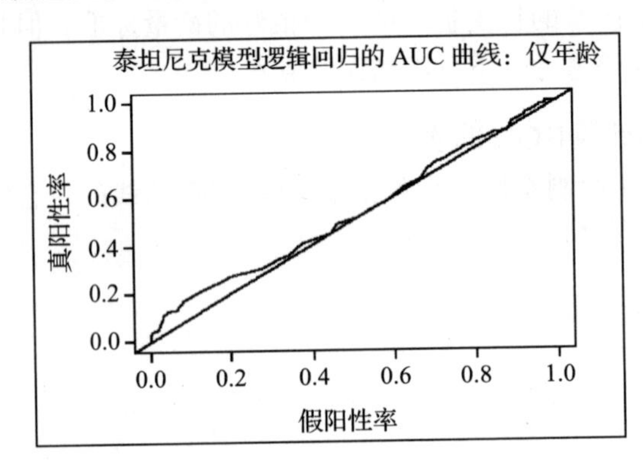

2.7.3 样本内和样本外测试、前进测试

在模型开发完成之后，我们认为最好的做法是使用其他数据来验证其结果。

2.7.4 训练 / 测试 / 验证数据集

训练数据是用于构建预测模型的数据。测试数据（也称为保留样本）是在训练过程中未使用的数据。测试数据用于查看训练后的模型是否能将其结果推广到另一个不参与模型训练的数据集。

然而，即使测试数据集不用于模型的训练，它的内容在模型开发过程中通常对建模者也是可见的。

验证数据集是第三个数据集，有时用于进一步对模型结果进行基准测试。验证数据也是模型之前从未见过的数据，这是在模型通过测试数据集的验证之后，在部署之前引入的。验证数据集通常来自与原始训练 / 测试数据源完全不同的来源，目标是对模型结果提供第二个佐证，或者也可能驳斥这个结果。

除了训练、测试和验证数据外，你还会听到一些其他的相关术语：

- 样本内数据是指用于拟合（建模）数据并用于训练数据集的数据；
- 样本外数据是指没有用于拟合数据的数据。

这意味着样本外数据通常仅在测试和验证数据集上使用。验证数据的另一种技术称为 k 折交叉验证。这种技术会使用多个折叠来定义样本内和样本外数据集的不同子集，以执行模型测试的多次迭代，以便随机选择训练和测试数据。

2.7.5 时间序列验证

当然时间序列模型也使用这个概念。然而，时间段可以单独用于分割测试和训练数据，例如，可以利用过去5年的历史数据（训练）来构建一个模型，然后对当前第6年的数据（测试或验证数据）进行预测。

这种变化是常见的。前进测试建模师将用第1～5年的数据开发时间序列模型，用第6年数据测试结果，然后用2～6年的数据开发同类模型，然后用第7年的数据测试结果。这个过程将一直重复下去，直到没有更多的数据来测试。在上述所有情况下，该模型都是建立在样本数据的基础上，并对类似于k折验证的样本外数据进行测试。

2.7.6 最佳冠军模型的基准测试

在冠军/挑战者模型的开发中，当前有部署好的稳定的冠军模式，并可以在其中对未来的任何结果进行基准测试。这允许你丢弃远远低于此基准的任何模型的结果。如果现在没有冠军模型存在，你可以使用诸如随机森林或SVM的算法开发一个理论最佳模型，并将其用作可能达到的但（假设）不可实施的基准。根据你刚开发了模型的结果，看看它是否接近这些基准。如果是这样，结果可能实际上是无法得到的，你可能需要再看看其他方法。

2.7.7 专家意见：人与机器

这通常是对于分类问题来做的，而且它实际上使人和机器对立起来。如果一位专家对你的模型的输出有很大的认同，那就是证明它有效的另一个理由。

2.7.8 元分析

有很多文章是关于垃圾科学，以及总是有另一项研究产生与之前研究相反的结果。P值操纵是执行此操作的一种方法。在前文中我们已经提到过元数据，就是关于数据的数据。

元分析是对研究的研究，该研究会研究所有以前的分析，并报告以前的分析在整体上都不得不同意的那些结论。如果你的分析与过去执行的其他类似分析结果一致，那么将有更多的证据支持你的模型。

2.7.9 飞镖板方法

在某些情况下，你不必只用一个模型来预测结果。如果你接受所有模型都是有用的这一观点，为什么不同时使用其中的若干个？这个思路广泛应用于营销活动管理和金融投资组合管理。有时不用把所有的鸡蛋放在一个篮子里。一个模型可能在一个月内无法做出有效预测，但可以被其他模型的积极结果抵消。类似的组合建模也可以同时纳入多种不同的模型，但经常会产生一个单一的结果，并且可能会导致过拟合。

2.8 第六步：部署

模型的部署是将模型置于现实生产环境中的过程。这取决于许多因素，如开发环境、选择的算法、关于模型开发时所做数据的假设，以及开发者的水平。模型经常无法扩大到生产环境的需求。如果你事先知道可能的生产环境，将有助于决定哪些问题或技术是可行的。

模型评分

模型评分使模型变得可以实施。如果你开发了一个模型，却无法将结果应用于新数据，那么你将无法在持续运行的基础上做任何预测。新的模型评分通常需要把正在开发的模型的输出发送到实时计分引擎。该引擎通常是用 Java 或 C++ 编写的。根据不同的建模技术，具体执行方式差别很大。有时，评分是单独执行的，因此可以优化效率。

回归类型模型相对比较容易进行评分，因为需要使用的所有数据只是模型的系数和截距。其他类型的模型需要做更多的工作。例如，决策树软件应该能够输出一组决策规则，这将使生产语言能够使用一系列 if/then/else 规则对其进行重新编码。软件包经常输出为每个节点确定的决策规则。

某些生产包可以接受 PMML 输入。PMML 是一种常用的语言，用于将一种语言的模型规范翻译成通用格式。

对于更复杂的模型，可能需要在单独的生产机器上生成模型的生产版本，并使用和开发时类似的代码来运行模型。

2.9 参考资料

下列文献可供参考：

- *Determine the Root Cause: 5 Whys*. Retrieved from `https://www.isixsigma.com/tools-templates/cause-effect/determine-root-cause-5-whys/`
- *Gettysburg Address, (1863, November 19)*. Retrieved from *Abraham Lincoln Online*: `http://www.abrahamlincolnonline.org/lincoln/speeches/gettysburg.html`
- *Stevens, S. (1946). On the Theory of Scales of Measurement. Science*
- Wikipedia. *Bias-variance tradeoff*. Retrieved from *Wikipedia*: `https://en.wikipedia.org/wiki/Bias%E2%80%93variance_tradeoff`

2.10 本章小结

在本章中，我们了解了预测分析的各种结构化方法，如何用有条理的方式实施分析项目，以及可以通过协作和沟通来增强分析项目的成功率。我们完整地介绍了 CRISP-DM 方法的各个步骤，并展示了可以帮助你沿着这些步骤前进的各种工具。

我们讨论了抽样的好处，以及如何加快项目进度。经证明，SQL可以用来绘制基本的图表，所以即使在创建第一个模型之前，你也可以开始深入了解和思考。我们还展示了即使在获得实际的公司数据之前，也可以在数据理解阶段将数据模拟当作初步建模工具来进行。

我们学习了可能会遇到的各种类型的数据，并展示了自变量和因变量的一些示例，以及进行初步的单向和双向变量分析作为建模的准备工作是很重要的。

最后，我们了解了稍后将要使用的一些基本预测模型，并讨论了在开始阶段决定你可能想要使用哪种类型的预测模型时，如何利用偏差/方差进行权衡。

在结尾处，我们讨论了一些评估模型的最佳实践、最终将模型部署到生产环境中时的规划，以及这些将会如何影响你的开发过程。

在下一章中，我们将更多地侧重于如何将数据转换为适合实际预测建模的形式。重点是数据清理、异常值、缺失值和一些数据简化与转换技术。

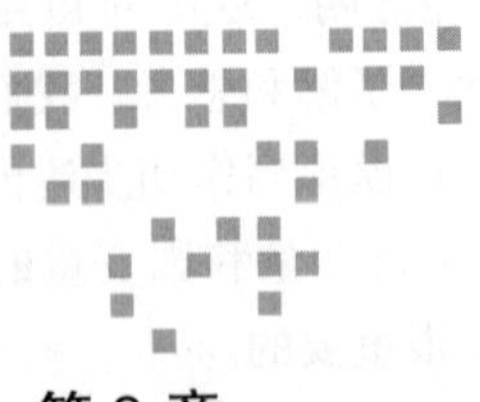

Chapter 3 第3章

输入和探索数据

"曾经有两次，有人问我：'请问，Babbage先生，如果你在机器中输入错误的图片，会出来正确的答案吗？'……我理解不了能问出这种问题的人是怎么想的。"

——Charles Babbage

本章会介绍数据输入和数据探索。前面两章介绍了如何处理已经在R包中的一些数据集。我们有意回避了读取外部数据源这个步骤，而现在我们要面对这个步骤了。3.1节会介绍多种方法来把你自己的数据读取到R中。

而3.3节会介绍一些技术，可以用来完成上一章中涉及的第二个步骤（数据理解），以及第三个步骤（数据准备）。

本章将涉及以下话题：

- 将数据导入到R中
- 产生你自己的数据
- 数据整理和数据连接
- 数据清理技术
- 数据转换
- 分析缺失值和异常值
- 各种数据简化技术

3.1 数据输入

数据本身只不过是一系列纯粹的数值形式的东西。分析、处理的过程把这些东西变成了知识，但是在我们开始理解它之间，必须先获取它。如今，产生数据的方式有很多，而且还在呈指数式增长。例如，从通过 HTML 协议传输的固定长度的格式，到自由形式的无结构的输入，到今天基于 schema 的读取技术，如今有太多不同的数据格式，而且非常有可能其中的很多种你还没有接触过，并且永远不会接触。读取数据、理解变量和数据代表的意义，可能会是很困难的工作。把数据和其他内部的和外部的资源整合，有时候就像是玩一个拼图游戏。有时候，数据看上去并不像你期待的那么容易使用。

然而，尽管有那么多原始的输入形式，大多数人还是只用一两种通用的形式完成他们的工作程序，所以知道怎么使用这一两种形式是很有用处的。

3.1.1　文本文件输入

在一个预测分析工程中，读入数据最方便的方法就是通过输入文本文件。文本文件不但方便，而且对小型和中型的工程非常好用。可以用很多种不同的程序来以人类可以阅读的形式检查文本文件。然而，随着数据越来越多，继续使用文本文件存储数据就会变得难以管理，你不得不转而直接从数据库获取数据，不管是 SQL 还是非 SQL 的数据库，很可能不适合像 Spark 或者 Hadoop 这样的生态系统，而你却要用这些生态系统来学习使用并行化处理、内存管理技术。

read.table 函数

读取文本文件的基本函数是 read.table。要提供给该函数的最重要的信息是一个文件名、一个分隔符，还有该文件是否包含一个行头。当使用 read.table 函数来读取文件时，还有一些其他的重要事项：

- header：如果输入数据中的第一行包含有列头信息，则设置 header=TRUE。
- col.name：如果你要使用自己的列名字，使用这个选项来用一个向量指定各列的名字。
- na.string：该选项的默认值是 NA；然而，输入数据包含多个代码，它们都可以表示 NA 的意思，甚至可以有多个 NA 值。有时候数值 0、9，或其他字符（例如“.”）也可以用来表示一个缺失值。
- colClasses：如果你想要指定以某种特定数据类型读取输入数据，例如 string、int 或者 factor，就使用这个选项。需要向 colClasses 提供一个字符类型的向量。这个选项经常在初始读取数据之后提供，如果你发现默认的数据类型不是你想要的，你就可以强制读取一些特殊变量，使用指定的特定数据类型。
- stringsAsFactors：如果这个选项的值指定为 TRUE，则它会强迫字符输入一个因子（factor）。因子是字符分类变量的特殊表达形式，在内部以整数的形式存在。把一个字符变量设置为因子，会提高把它作为分类变量的时候进行分析的效率。但也会使严格的文本处理（例如字符串的操作）变得稍微困难一点。然而，这就是通过使用函数来解决这些问题的方法，把数据类型强制转换成另外一种数据类型。

一般来说，如果你需要做很多字符串操作，那么把 stringsAsFactors 设置为 FALSE 比较好。但是，因子对于分析包更有用，而且分析包多数时候会要求把变量转变成因子的形式。有很多方法可以把变量从字符转换为因子，或者反向转换。如果你的代码要产品化，或者你想要降低成本，这一点就比较重要。

- sep：这个是分隔符，它的值使得函数可以把不同的域分开。一般会使用逗号或者制表符。

除了 read.table 函数以外，还有一些从 read.table 派生的其他的特定函数，有各种特定的用途：

- read.csv：read.csv 适用于用逗号来分隔的文件，并使用数值作为句号。CSV 数据是最为常见的文本文件格式。几乎所有的数据应用都有能力读或者写这种格式，所以熟练地使用这种格式是很有好处的。然而，CSV 输入速度可能会很慢，通常对多种机体通用的数据会表现得非常好。可能你会想要使用一些输入性能更好的函数（例如 fread 或者 scan 函数），但是如果你只是想要快速地上手，read.csv 对于读取 CSV 文件是一个很好的开始。
- read.csv2：这个函数和 read.csv 的功能相似，但是使用分号来作为分隔的值，并使用逗号作为十进制点占位符。例如，这种做法在读取欧元数据时候非常有用，因为欧元使用逗号来分隔整个十进制数字，如下面的例子所示：

```
#Read in a single pencil costing $1.20

cat("Product,Cost",file="outfile.txt",sep="\n")
cat("Pencil,1.20",file="outfile.txt",
sep="\n",append=TRUE)
read.csv("outfile.txt")

#Read in a single pencil costing €1,2
cat("Product,Cost",file="outfile.txt",sep="\n")
cat("Pencil;1,20",file="outfile.txt",
sep="\n",append=TRUE)
read.csv2("outfile.txt", sep=";")
```

- read.delim：这个函数使用制表符作为分隔符，使用句号作为十进制占位符的文件。
- read.delim2：这个函数和 read.delim 类似，不过使用逗号作为十进制占位符。
- read.fwf：这个函数处理数据时，按照预定义的字节数把数据分成列。从某种意义上来说，这是一种比较古老和低效率的数据存储方式，不过有些遗留数据仍然可以用这种格式，所以如果你还要在工作中接触这类数据，那么掌握这个函数还是有用处的。

3.1.2 数据库表格

数据库表格存储在企业数据仓库（EDW）（例如 MySQL、SQL 服务器、Oracle）中，也可能存储在本地 PC 中。只要提供正确的授权证明，这种数据可以使用 R 访问。企业数据包括一些你可能接触到的最好的数据。这种存储方式通常被看作官方数据源，在公司内通用。另外，在能力强大的企业数据仓库系统中，数据都是经过审查的，所以如果你要检验数据质量，会发现它可以减轻工作量。但是，从数据仓库中提取数据也可能会很复杂，经常需要一个好用的数据字典和元数据来配套使用。

数据仓库表格通常都做过速度方面的优化。然而，还是需要理解仓库的逻辑和物理数据结构，以及列索引结构。了解这些，可以提高你的查询效率。

在EDW中，数据经常用标题行的形式组织起来，针对不同的目的分离出不同的特殊表格。有时候这会造成冗余，但是其优点是，你需要的所有数据可能刚好在少数几个表格中。

从数据库表格中读取数据，在某种程度上可以规避R的内存限制，因为一些处理是在你的本地PC之外完成的。在一些例子中，可以使用并行处理，这样你就可以访问非常庞大的数据集。

通常访问相关数据库中数据的方法是通过SQL、ODBC或者JDBC连接。也有些系统会使用直接的访问连接。有些特定的包可以用来连接数据库，列举如下：

- RODBC包，提供访问SQL服务器的接口；
- RMySQL包，用来连接到MySQL数据库；
- ROracle、RJDBC和RODBC包都可以用来连接Oracle数据库。

企业数据库的通用连接器是ODBC连接器。由于它是通用的，且是单线程的，因此速度比较慢。RJDBC通过JDBC接口提供访问。JDBC比ODBC速度快，但是需要更多的修改。由于连接到一个数据库比起简单地读一个文本文件还是要复杂一点，你需要多花点时间，需要做登录账户、输入密码和优化查询这些工作。不过一旦你熟悉了环境，就值得多花一些时间来优化访问，这样就不会收到数据库管理员（DBA）的电话——告诉你“您的查询花费的时间太长”。

3.1.3　电子表格文件

R提供直接访问Excel表的接口，这些接口在XLConnect或者xlsx包里面。Excel在很多企业中广泛地使用，存储很多非常有用的数据和元数据。所以，学会使用访问电子表格的工具的相关知识，一定会物有所值。学习分析电子表格中的数据也是非常有用的，因为这样你可以领悟到在最初创建数据的时候的思路，这也是很有价值的思想。

然而，因为Excel是具有知识产权的产品，而且在市面上有很多版本，所以在使用这些包时还是会遇到复杂的问题。引入Excel数据最方便的途径是使用Excel程序本身，然后使用Excel命令，把数据另存为用特定符号分隔的文件，然后再用R的read.table或者read.csv包读取这些文件中的数据。如果你自己不能做这些操作，也可以要求电子表格的管理人员帮助你生成CSV文件。

3.1.4　XML和JSON数据

XML数据在金融行业和保险行业中用来做数据交换，所以如果你在这些行业工作，很可能你之前已经接触过这种格式的数据。XML中没有预先定义的schema，但是这也意味着，当读取数据以后，还要做大量的数据解析工作，才能把数据本身从这个格式中提取出来。XML()包是用来把XML数据读取到R中的。

JSON 是另外一种标准，最初它在 Web 技术中用于在不同的应用系统之间传输键值对。jsonlite 包可以用来解析 JSON 文件。

你是否还感觉这么多的文件格式令人眼花缭乱？可以试试用 Rio 包来读取输入文件。Rio 是一种特殊的封装包，可以自动识别你想要读取的文件是什么格式，然后调用对应的包来完成数据读取。

3.1.5 生成你自己的数据

在测试预测模型的时候，如果你不确定应该使用哪个数据源，也没关系。可以用内置函数 sample() 来生成你自己的数据，还可以生成基于不同分布的随机观察，例如 runif（均匀分布）、rnorm（正态分布）、mvrnorm（多元正态分布），或者 rpois（泊松计数）。我们还可以使用一个叫作 wakefield 的特殊包，来生成典型的随机数值，很多数据源是这种随机数值，例如，性别、教育程度、客户满意度打分，无须考虑它们是服从什么分布的。

3.1.6 处理大型文件的技巧

有些输入文件可能非常大，读取的时候效率很低。有些技巧可以加快读取的过程：

- 使用外部的 UNIX 工具把文件分割成多个部分，然后分别读取。通常，文件中都会有些区域，可以利用它们来分割文件。通常可以使用数据域来分割。
- 考虑使用外部工具，把大的字符串替换成数值或者较短的字符串。这样可以节省宝贵的内存空间。
- 读取文件时使用参数来控制读取的数据量。你可能想要读取文件的第 1 000 000 行之后的数据再进行处理，你并不一定总是需要从最开始处读取文件。
- 并不是所有的列都需要读取。一旦你确定了哪些列是真正有用的，只读取这些列就可以了；这样可以加快处理过程。例如，如果你使用的是 read.table，可以在 colClasses 选项中指定一些 NULL 值，表示这些列可以忽略。
- 使用 scan、fread 和 readlines 函数，通过输入参数可以在更大程度上控制读取，从而加快数据的输入。

3.1.7 数据整理

为分析准备数据的一个重要步骤，是把完全不同的信息按照一定的顺序组织到一起，生成最终的分析数据集，才能直接传给算法。这个过程有很多不同的名称，例如 data munging、data wrangling、ETL 或者 data prep。我们已经介绍过几种从单一来源读取数据的方法。如果你需要的所有数据都可以从一个数据源读取到，那真是太幸运了。实际中，如果你能够使用已经统一合并过的数据，那就尽量使用，因为已经有人把数据整理过了，你不用费心去想怎么将它们组织到一起。但是，大多数时候你还是需要把至少两个数据源的数据关联起来，以某种通用的数据元素的形式将它们合并。

3.2 连接数据

如果你需要把不同的数据源联合起来，SQL 是一种可以连接数据的方法。如前文所述，SQL 语法在很多种不同环境下是通用的，所以如果你掌握了 R 里面的 SQL 语法，就已经开始理解如何在其他的环境中处理数据了。但是不要把自己局限在 SQL 中。也有一些其他的连接数据的途径，例如使用合并语句。Merge 是一个 native 函数，可以达到合并的目的。还有一些其他的包对整合数据也很好用。我还喜欢使用 dplyr 包，来完成一些和 SQL 一样的任务。

sqldf 包是一个标准的 R 包，使用标准的 SQL 语法来合并或者连接两个表格。对于有相关关系的数据，它使用的方法是把其中一个表格的一个变量（原始键值）和另外一个表格的一个相似的变量关联起来。请注意，此处使用术语“表格”来表达一个有相关关系的数据库环境的上下文。在 R 环境中，一个 SQL 表格等价于一个 R 数据帧。一个 R 表格则是一个特定的 R 对象，表示一个交叉表格或者类似函数产生的表格。

3.2.1 使用 sqldf 函数

下面这个示例使用 sqldf 和 RSQLite 包来演示一些 SQL 连接方法，还使用它来演示如何读取一个 CSV 文件并使用过滤器。这个示例还使用 wakefield 包从一个购买交易文件生成一个假想的成员文件。

内务管理和加载必需的包

首先，清理工作空间（记得先保存所有你随后需要用到的 R 对象）：

```
rm(list = ls())
```

然后安装需要的包：

```
install.packages("dplyr")
install.packages("wakefield")
install.packages("sqldf")
install.packages("RSQLite")
```

在本书中有个约定，就是先使用 install.packages("packagename") 指令来安装所需的所有包，然后使用指令 library("packagename") 把它们加载进内存。一旦这些包安装完毕，可以把它们注释掉，也可以把上面的代码替换成下面这样有条件的安装代码：

```
try(require(dplyr) || install.packages("dplyr"))
```

但是这个语法可能不是对所有的 R 安装和 GUI 都奏效，所以我们用更简单的方法，显式地调用 install.package()。

```
library(dplyr)
library(wakefield)
library(sqldf)
library(RSQLite)
```

3.2.2 生成数据

接下来，生成一个具有1000个成员的成员文件，再把它赋给成员数据帧。wakefield包使用指定的函数，为每个指定的变量生成典型的数值：

- gender函数会生成M或者F，概率都是50%，这样每一行都代表一个女性或者男性。
- set.seed(1010)指令保证无论你重复运行这段代码多少次，结果都是一样的。
- r_sample_replace()函数生成一个唯一的成员ID，取值范围是1～1000。
- income、children、employment、level、grad、year、state和zip_code这些变量的值，都可以随机生成，无须提供任何特定的参数。

打开一个新的脚本窗口，运行以下代码：

```
#GENERATE MEMBER
set.seed(1010)
member <- r_data_frame(
  n=1000,
  r_sample_replace(x =   1:1000,replace=FALSE,name="memberid"),
  age,
  gender(x = c("M","F"), prob = c(.5,.5),name="Gender"),
  dob,
  income,
  children,
  employment,
  level,
  grade,
  year,
  state,
  zip_code
)
```

用类似的方法生成一个购买文件，并把它赋给购买数据帧。购买的总数目将服从正态分布，其平均购买数目是20 000，标准差是1000。Product这个变量是一个随机的产品名称，由字母A～Z构成。

下面的代码片段用来生成购买数据：

```
#GENERATE PURCHASES
set.seed(1010)

purchases <- r_data_frame(
  n=1000,
  r_sample_replace(x = 1:1000,replace=TRUE,name="memberid2"),
  purch=rpois(lambda=1),
  normal(mean = 20000, sd = 1000, min = NULL, max = NULL, name =
"TotalAmount"),
  upper(x = LETTERS, k=3, prob = NULL, name = "Product")
)
purchases$purch <- purchases$purch + 1
str(purchases)
```

生成购买数据帧之后，要把它写入一个外部的CSV文件中。这么做的目的是演示如何使用read.csv.sql来过滤一个外部文件中的各行：

```
#WRITE PURCHASES TO FILE

write.csv(purchases, "purchases.csv", quote = FALSE, row.names = FALSE)
```

现在要把 purchases.csv 文件重新读取到 R 中。但是并不读取整个文件，要读取的只是那些 TotalAmount > 20 000 的记录：

```
#read it back in

purchases_filtered  <- read.csv.sql("purchases.csv",sql = "select * from
file where TotalAmount > 20000 ")
```

你可能会问，为什么我不读取整个文件然后再过滤呢。答案是这样做效率更高。假设在现实中，这个购买文件的大小远远超过现在所有的 1000 条记录，并且还包含了很多比较小的购买记录。我们并不想花很多时间读取那些小的购买记录并处理它们，因为我们感兴趣的只是找出那些数值很高的成员。所以，可以在读取的同时就把那些数据过滤一下，只读取那些购买数日高于 20 000 的成员。

3.2.3　检查元数据

好的经验是：读取了任何一个文件之后，总是检验它的行数，并在创建了数据帧之后查看元数据。可以用函数 str() 来轻松地完成这个任务。str() 函数是个极其有用处的函数，它打包了第 2 章中提到过的很多元数据信息。每次你读取、合并、连接或者创建了一个新文件之后，都运行一下 str() 函数，肯定是有好处的。

```
str(member)
str(purchases)
str(purchases_filtered)
```

```
> str(member)
Classes 'tbl_df', 'tbl' and 'data.frame':       1000 obs. of  12 variables:
 $ memberid  : int  553 192 185 676 909 818 659 971 384 792 ...
 $ Age       : int  30 23 29 20 31 23 26 29 28 28 ...
 $ Gender    : Factor w/ 2 levels "M","F": 2 2 1 2 2 2 1 2 2 1 ...
 $ DOB       : Date, format: "2002-04-30" "2001-12-16" "2002-08-14" "2002-09-08" ...
 $ Income    : num  52826 53330 50949 31842 47418 ...
 $ Children  : int  2 1 5 1 3 1 1 7 0 3 ...
 $ Employment: Factor w/ 5 levels "Full Time","Part Time",..: 4 5 1 1 1 1 1 1 1 4 ...
 $ Level     : int  1 4 4 4 2 3 2 3 1 3 ...
 $ Grade     : num  88.6 78.3 88.7 82.8 83.2 85.8 89.2 91.6 84.4 94.2 ...
 $ Year      : int  2009 1998 2010 2015 2013 1997 2012 1998 2015 2012 ...
 $ State     : Factor w/ 50 levels "Alabama","Alaska",..: 43 5 43 38 43 17 6 4 35 36 ...
 $ Zip       : chr  "82942" "37189" "89850" "49835" ...
> str(purchases)
Classes 'tbl_df', 'tbl' and 'data.frame':       1000 obs. of  4 variables:
 $ memberid2  : int  553 192 185 678 912 822 663 977 387 799 ...
 $ purch      : num  2 1 2 1 2 1 2 2 2 2 ...
 $ TotalAmount: num  19457 21222 19469 20331 19003 ...
 $ Product    : chr  "B" "C" "C" "C" ...
> str(purchases_filtered)
'data.frame':    489 obs. of  4 variables:
 $ memberid2  : int  192 678 822 663 387 914 830 974 549 902 ...
 $ purch      : int  1 1 1 2 2 2 1 1 3 1 ...
 $ TotalAmount: num  21222 20331 21208 21151 21869 ...
 $ Product    : chr  "C" "C" "C" "A" ...
```

如果你切换到这个控制台，会看到成员和购买都有 1000 行，而 purchases_filtered 数据帧有 489 行。str(purchases_filtered) 函数里面的 TotalAmount 行显示：所有的购买都大于 20 000。

记得要查看一下缺失值（NA）的个数，以及为所有因子指定的水平。在这个数据中没有缺失值。查找一下所有的字符变量应该被看作因子的情况，以及相反的情况。例如在列表中，变量 Product 显示是一个字符类型的变量（chr），则它很可能被看作一个因子。随后还可以修改它的类型。

如果你只是想看一下创建了多少行，可以用 nrow 函数来代替 str() 函数：

```
nrow(member) #1000 members
nrow(purchases_filtered) #489
```

3.2.4 使用内部连接和外部连接来合并数据

现在要合并这个成员文件中所有的购买记录。在 SQL 里面，有两种合并方法可以用来联系两个数据帧。内部连接可以基于两个记录的一个或者多个共有的键值把它们统一起来。而外部连接也会根据键值来合并两个表格，但是也会把所有不匹配的行都包含进去。可以通过观察在匹配的键值里面有没有 NA 来判断它是不是一个外部连接。内部连接通常效率比较高，但是只有当你希望匹配的键值同时存在于两个连接文件里的时候才使用它。

join2 数据帧是一个内部连接，只包含那些有购买记录的成员。sqldf() 函数可以逐个成员来匹配所有的观察：

```
join2 <- sqldf("select * from 'member' inner join 'purchases_filtered' on
member.memberid=purchases_filtered.memberid2")
```

在完成连接之后，马上对 join2 数据帧调用 str() 函数：

```
str(join2)
```

str() 函数会显示一共有 489 个观察，表示并非所有的成员都有购买记录。

```
> str(join2)
'data.frame':   489 obs. of  16 variables:
 $ memberid   : int  192 676 909 971 384 963 541 9 79 272 ...
 $ Age        : int  23 20 31 29 28 20 33 26 26 24 ...
 $ Gender     : Factor w/ 2 levels "M","F": 2 2 2 2 2 1 1 2 1 1 ...
 $ DOB        : Date, format: "2001-12-16" "2002-09-08" "2001-07-24" "2002-03-26" ...
 $ Income     : num  53330 31842 47418 30076 10282 ...
 $ Children   : int  1 1 3 7 0 4 0 4 0 3 ...
 $ Employment : Factor w/ 5 levels "Full Time","Part Time",..: 5 1 1 1 1 3 1 5 1 1 ...
 $ Level      : int  4 4 2 3 1 4 3 1 3 4 ...
 $ Grade      : num  78.3 82.8 83.2 91.6 84.4 83.9 82.7 86.9 85.9 85.1 ...
 $ Year       : int  1998 2015 2013 1998 2015 1996 2008 1996 1999 1999 ...
 $ State      : Factor w/ 50 levels "Alabama","Alaska",..: 5 38 43 4 35 44 38 5 43 9 ...
 $ Zip        : chr  "37189" "49835" "45727" "68914" ...
 $ memberid2  : int  192 676 909 971 384 963 541 9 79 272 ...
 $ purch      : int  1 1 2 1 1 1 2 4 1 2 ...
 $ TotalAmount: num  21222 20239 20118 20439 20874 ...
 $ Product    : chr  "C" "C" "A" "C" ...
```

有时候，你并不是想要两个文件里面匹配的数据，那么使用外部连接可能就好一些。join3 数据帧会合并两个文件的购买记录，同时也会把所有不含购买记录的成员也都包含进来。这是通过使用外部连接从句来实现的。连接了数据帧之后，调用 str 和 nrow 函数来检验行数。数据帧里面应该有 1105 行。这比成员的数量要多。这是因为实际上有些成员含有多个购买记录：

```
join3 <- sqldf("select * from member left outer join purchases_filtered on
member.memberid=purchases_filtered.memberid2 order by member.memberid")
str(join3)
nrow(join3)

#View the output from join 3 for columns 1, and 8-16 corresponding # to the
order #given in str()

View(join3[,c(1,8:16)])
```

View() 函数是一个很方便的方法，可以细致地检查结果，并尝试消除可能遇到的异常数据。在数据帧 join3 中选择了一些列之后调用 View 命令，我们可以看到 memberid 4 有多个购买记录。也可以快速查看哪些成员没有购买记录（memberid 7 和 memberid 8）。当一个成员里面没有购买记录时，仍然存在一个变量表示购买信息，只是这个变量里面的各个域都赋值为 NA。

	memberid	Level	Grade	Year	State	Zip	purch	purch.f	TotalAmount	Product
1	1	4	93.2	2011	Georgia	49835	NA	NA	NA	NA
2	2	4	85.8	1999	Nebraska	91960	3	3	21428.89	C
3	3	2	85.1	1998	Massachusetts	45727	1	1	21493.89	B
4	4	1	90.1	1996	Texas	82942	2	2	20029.25	C
5	4	1	90.1	1996	Texas	82942	2	2	20153.52	B
6	5	1	86.7	2005	Florida	45727	2	2	20166.95	B
7	5	1	86.7	2005	Florida	45727	3	3	21016.57	C
8	6	1	81.8	2007	New York	22801	1	1	20394.55	B
9	7	3	85.1	2006	Alabama	49835	NA	NA	NA	NA
10	8	3	91.4	1997	Utah	49835	NA	NA	NA	NA

这种类型的连接叫作一对多连接。在这个示例中，只能有一个成员记录，但是可以有多个购买记录。

3.2.5 识别有多个购买记录的成员

尝试使用一个新的脚本来进行查询，找出哪些成员有多个购买记录。结果应该是有 89 个。在 SQL 查询语句中，count(*)>1 表示查询多个购买记录：

```
dups <- sqldf("select member.memberid,count(*) from
  member left outer join
  purchases_filtered on
  member.memberid=purchases_filtered.memberid2
  group by member.memberid having count(*) > 1")
```

3.2.6 清除冗余记录

在很多情况下，你可能只想要连接的数据中的一个记录保留下来。假如每个 memberid 我们只想保留一个记录，而且是每个成员中 TotalPuechase 值最高的记录。为了清除冗余的记录，可以先利用 memberid 和 TotalPurchase 数值对数据帧进行升序排序，然后使用 rev 和 duplicated 函数只保留每个 memberid 中最后一个购买记录。这样，对于最初的 1000 个成员，每个成员最后只剩下一条记录：

```
join3 <- join3[order(join3$memberid, join3$TotalAmount),]
View(join3)
dedup <- join3[!rev(duplicated(rev(join3$memberid))),]
nrow(join3)
nrow(dedup)

> nrow(join3)
[1] 1105
> nrow(dedup)
[1] 1000
```

3.3 探索医院数据集

探索性的数据分析是在数据建模之前的一个初步处理，在这个过程中检查数据所有的属性，以便得到一些关于数据分布、相关性、缺失值、异常值以及任何可能影响将要进行分析的因子的信息。这是一个非常重要的步骤，如果用心做好这一步，在随后的工作中你可能会节省大量的时间。

在下面的各个示例中，我们会读取 NYC 医院的出院数据集（医院住院病人出院（SPARCS De-Identified）：2012, n.d.）。这个示例使用 read.csv 函数来输入有分隔的文件，接着使用 View 函数以图形方式显示输出结果。然后，调用 str 函数来显示刚刚创建的 df 数据帧的内容。最后，用 summary() 函数来显示所有变量之间所有的相关统计。这些都是当你第一次查看数据的时候典型的第一步处理：

```
df <-read.csv("C:/PracticalPredictiveAnalytics/Data/NYC Hospital Discharged
2012 Medicare Severe.csv",na.strings= c(" ", ""))
str(df)
```

3.3.1 str(df) 函数的输出

在创建了一个新的数据对象之后，一件很重要的事情就是运行一下 str() 函数。如果你查看日志中 str(df) 函数的输出，会发现刚运行的默认 read.csv 函数把数据中的每个变量都定义为数值或者因子。在这个时间点，可以不用改变这个情况，不过我们最后需要改变一下这些变量的数据类型，因为 Length.of.Stay 并不是一个因子，它是一个整数。另外还有一个选择，可以使用另一个 read.csv 函数并在 colClasses 向量中精确地指定我们想要的数据类型。通常我喜欢先查看较小的抽样数据集，然后再决定数据类型都有哪些，随后再次读取数据。

使用 read.csv 语句还有一件需要注意的事项，如果指定了 na.strings 选项，缺失值会用空格值表示。

str() 函数还有一个重要作用，就是提供一些线索来判断哪些变量可以从分析中排除掉，甚至在运行频率分布之前就能做到这点。

例如，变量 APR.Severity.of.Illness.Description 和 Payment.Typology.1 都只有一个水平，我们在分析中不采用这两个变量，因为它们的数值一直不会有变化。

```
'data.frame':  40052 obs. of  24 variables:
 $ Hospital.County                    : Factor w/ 5 levels "Bronx","Kings",..: 1 1 1 1 1 1 1 1 1 1 ...
 $ Facility.Name                      : Factor w/ 54 levels "Bellevue Hospital Center",..: 13 13 13 13 13 13 13 13 13 13 ...
 $ Age.Group                          : Factor w/ 5 levels "0 to 17","18 to 29",..: 4 4 4 3 5 4 5 3 4 4 ...
 $ Zip.Code...3.digits                : Factor w/ 40 levels "100","101","103",..: 4 4 4 1 4 4 13 4 4 4 ...
 $ Gender                             : Factor w/ 2 levels "F","M": 1 2 2 2 2 2 2 2 2 2 ...
 $ Race                               : Factor w/ 4 levels "Black/African American",..: 4 4 2 2 2 1 2 2 2 2 ...
 $ Ethnicity                          : Factor w/ 3 levels "Not Span/Hispanic",..: 1 1 2 2 2 1 2 1 2 1 ...
 $ Length.of.Stay                     : Factor w/ 120 levels "1","10","100",..: 24 55 25 25 50 42 59 51 35 51 ...
 $ Admit.Day.of.Week                  : Factor w/ 7 levels "FRI","MON","SAT",..: 2 3 3 1 5 6 4 2 2 5 ...
 $ Patient.Disposition                : Factor w/ 17 levels "Another Type Not Listed",..: 4 16 17 17 17 12 17 8 7 4 ...
 $ Discharge.Day.of.Week              : Factor w/ 7 levels "FRI","MON","SAT",..: 3 7 6 6 5 6 2 6 2 1 ...
 $ CCS.Diagnosis.Description          : Factor w/ 217 levels "ABDOMINAL HERNIA",..: 3 37 30 190 136 190 95 113 21 190 ...
 $ CCS.Procedure.Description          : Factor w/ 192 levels "ABDOMINAL PARACENTESIS",..: 93 93 3 36 66 76 36 39 111 182 ...
 $ APR.DRG.Description                : Factor w/ 260 levels "ABDOMINAL PAIN",..: 49 82 246 230 172 89 246 89 57 247 ...
 $ APR.MDC.Description                : Factor w/ 24 levels "Alcohol/Drug Use and Alcohol/Drug Induced Organic Mental Disorders",..: 12 4 2 18 5 17 22 17 8 18 ...
 $ APR.Severity.of.Illness.Description: Factor w/ 1 level "Extreme": 1 1 1 1 1 1 1 1 1 1 ...
 $ APR.Risk.of.Mortality              : Factor w/ 4 levels "Extreme","Major",..: 1 1 1 1 1 1 2 1 1 1 ...
 $ APR.Medical.Surgical.Description   : Factor w/ 2 levels "Medical","Surgical": 1 1 2 1 1 1 2 1 1 2 ...
 $ Payment.Typology.1                 : Factor w/ 1 level "Medicare": 1 1 1 1 1 1 1 1 1 1 ...
 $ Payment.Typology.2                 : Factor w/ 9 levels "Blue Cross/Blue Shield",..: 5 NA 5 5 5 5 5 5 4 4 ...
 $ Payment.Typology.3                 : Factor w/ 9 levels "Blue Cross/Blue Shield",..: NA NA 4 4 4 4 4 4 NA NA ...
 $ Emergency.Department.Indicator     : Factor w/ 2 levels "N","Y": 2 2 2 2 2 2 2 2 2 2 ...
```

3.3.2　View 函数的输出

除了使用 head 命令和 tail 命令，还可以使用 View 命令来快速查看数据，这个方法很有帮助。上下左右滚动窗口，并检查那些有代表性的数据的类型，以及它们是否填充进去了。通过查看数据，还可以了解到这些数据可能是以什么样的方式来排序或者分组的。

	Hospital.County	Facility.Name	Age.Group	Zip.Code...3.digits	Gender	Race	Ethnicity	Length.of.Stay	Admit.Day.of.Week	Patient.Disposi
1	Bronx	Jacobi Medical Center	50 to 69	104	F	White	Not Span/Hispanic	12	MON	Expired
2	Bronx	Jacobi Medical Center	50 to 69	104	M	White	Not Span/Hispanic	4	SAT	Short-term Ho
3	Bronx	Jacobi Medical Center	50 to 69	104	M	Other Race	Spanish/Hispanic	120 +	SAT	Skilled Nursin
4	Bronx	Jacobi Medical Center	30 to 49	100	M	Other Race	Spanish/Hispanic	120 +	FRI	Skilled Nursin
5	Bronx	Jacobi Medical Center	70 or Older	104	M	Other Race	Spanish/Hispanic	35	THU	Skilled Nursin
6	Bronx	Jacobi Medical Center	50 to 69	104	M	Black/African American	Not Span/Hispanic	28	TUE	Left Against M
7	Bronx	Jacobi Medical Center	70 or Older	113	M	Other Race	Spanish/Hispanic	43	SUN	Skilled Nursin
8	Bronx	Jacobi Medical Center	30 to 49	104	M	Other Race	Not Span/Hispanic	36	MON	Home w/ Hom
9	Bronx	Jacobi Medical Center	50 to 69	104	M	Other Race	Spanish/Hispanic	21	MON	Home or Self

3.3.3　colnames 函数

运行 colnames() 函数可以很方便地获取每个变量对应的索引值。在 R 函数中，使用索引值是引用变量的便捷方式。

然而，改变文件格式可能会改变数据顺序，所以这种方法仅仅推荐在交互状态下使用：

```
> colnames(df)
 [1] "Hospital.County"             "Facility.Name"                    "Age.Group"               "Zip.Code...3.digits"
 [5] "Gender"                      "Race"                             "Ethnicity"               "Length.of.Stay"
 [9] "Admit.Day.of.Week"           "Patient.Disposition"              "Discharge.Day.of.Week"   "CCS.Diagnosis.Description"
[13] "CCS.Procedure.Description"   "APR.DRG.Description"              "APR.MDC.Description"     "APR.Severity.of.Illness.Description"
[17] "APR.Risk.of.Mortality"       "APR.Medical.Surgical.Description" "Payment.Typology.1"      "Payment.Typology.2"
[21] "Payment.Typology.3"          "Emergency.Department.Indicator"   "Total.Charges"           "Total.Costs"
```

为了简化示例，要在分析中去掉变量 12、13、16、19、20 和 21。

3.3.4 summary 函数

summary() 函数是一个取得变量分布快照的便捷方法。对数值性的变量，它会给出 6 个重要的分布统计数据（均值、最小值、最大值、第一个四分位数、第五个分位数、第三个四分位数）。该函数能快速返回很多信息。当变量个数很多时，summary() 函数的输出可能是巨大的（而且不好看！）。

为了限制输出，在运行 summary() 函数时，要使用之前获得的列索引号来排除列 12、13、16、19 和 21：

```
summary(df[,-c(12,13,16,19,20,21)],maxsum=7)
```

或者，如果你不想使用索引号，而想使用变量名字，可以用下面的代码得到跟上面一样的结果，此处使用的是 NOT sign(!) 来指定向量中不包含哪些变量：

```
exclude_vars <- names(df) %in%
c('CCS.Diagnosis.Description','CCS.Procedure.Description','APR.Severity.of.
Illness.Description','Payment.Typology.1','Payment.Typology.2','Payment.Typ
ology.3')

summary(df[!exclude_vars],maxsum=7)
```

查看 summary() 函数的输出，并观察变量的分布。找一找那些看上去可能表达不足或者表达过多的变量。Hospital Country 变量的分布是否反映了纽约市 5 个行政区的人口？年龄组变量向老年人口倾斜，那么 0 ～ 17 年龄组的 5 个案例的原因是什么？

当你观察汇总统计数据时可以获得很多信息，在当下应该考虑的是以下几个方面的问题：

```
> summary(df[,-c(12,13,16,19,20,21)],maxsum=7)
 Hospital.County                                                    Facility.Name          Age.Group       Zip.Code...3.digits Gender
Bronx     : 6667  Maimonides Medical Center                               : 2513  0 to 17     :    5  112    :12839       F:20865
Kings     :11952  Montefiore Medical Center - Henry & Lucy Moses Div      : 2002  18 to 29    :  176  104    : 7343       M:19187
Manhattan:11457   New York Presbyterian Hospital - New York Weill Cornell Center: 1899  30 to 49    : 1251  100    : 7043
Queens    : 7258  Staten Island University Hosp-North                     : 1770  50 to 69    : 9071  113    : 4049
Richmond  : 2718  New York Presbyterian Hospital - Columbia Presbyterian Center : 1689  70 or Older:29549  103    : 2819
                  New York Hospital Medical Center of Queens              : 1633                    (Other): 5942
                  (Other)                                                 :28546                    NA's   :   17
               Race                    Ethnicity       Length.of.Stay   Admit.Day.of.Week                     Patient.Disposition Discharge.Day.of.Week
Black/African American:11256  Not Span/Hispanic:32763  7      : 2399  FRI:5805          Skilled Nursing Home                :13991   FRI:8050
Other Race            :11311  Spanish/Hispanic : 6193  8      : 2255  MON:6440          Expired                             : 9556   MON:6196
Unknown               :   65  Unknown          : 1096  6      : 2206  SAT:4856          Home w/ Home Health Services        : 6789   SAT:2733
White                 :17420                           5      : 2118  SUN:4668          Home or Self Care                   : 4735   SUN:2050
                                                       9      : 2085  THU:5987          Hospice - Medical Facility          : 1262   THU:6901
                                                       10     : 2027  TUE:6215          Inpatient Rehabilitation Facility: 1192   TUE:7198
                                                       (Other):26962  WED:6081          (Other)                             : 2527   WED:6924
                                              APR.DRG.Description                                                             APR.MDC.Description
SEPTICEMIA & DISSEMINATED INFECTIONS                        :10256   Infectious and Parasitic Diseases, Systemic or Unspecified Sites:12585
HEART FAILURE                                               : 1450   Diseases and Disorders of the Respiratory System               : 6356
PULMONARY EDEMA & RESPIRATORY FAILURE                       : 1365   Diseases and Disorders of the Circulatory System               : 5702
TRACHEOSTOMY W MV 96+ HOURS W/O EXTENSIVE PROCEDURE         : 1274   Diseases and Disorders of the Digestive System                 : 3411
OTHER PNEUMONIA                                             : 1131   Diseases and Disorders of the Nervous System                   : 2504
INFECTIOUS & PARASITIC DISEASES INCLUDING HIV W O.R. PROCEDURE: 1066   Diseases and Disorders of the Kidney and Urinary Tract         : 2394
(Other)                                                     :23510   (Other)                                                        : 7100
APR.Risk.of.Mortality APR.Medical.Surgical.Description Emergency.Department.Indicator Total.Charges      Total.Costs
Extreme :29274        Medical :32205                   N: 4414                        Min.   :    999   Min.   :    947
Major   :10060        Surgical: 7847                   Y:35638                        1st Qu.:  36927   1st Qu.:  14183
Minor   :  108                                                                        Median :  69117   Median :  26725
Moderate:  610                                                                        Mean   : 109712   Mean   :  43188
                                                                                      3rd Qu.: 130770   3rd Qu.:  50827
                                                                                      Max.   :5166411   Max.   :3719936
```

将输出另存为 HTML 文件

由于变量很多的时候 summary 函数的输出并不好看，因此可以把输出格式化为 HTML 并存储到文件中，这样你就可以用浏览器来查看结果了。我们要介绍一种通过 R2HTML 包来实现这一点的方法。

在下面这段代码中，在 HTMLStart 和 HTMLStop 之间的输出都会存储进指定的路径和文件中：

```
Install.packages("R2HTML")
library(R2HTML)
HTMLStart(outdir="C:/PracticalPredictiveAnalytics/Outputs",file="MedicareNY
CInput",extension="html",HTMLframe=FALSE")
summary(df[,-c(12,13,16,19,20,21)],maxsum=7)
HTMLStop()
```

写下 HTMLStop() 命令之后，从 log 中可以看出输出已经被写入 HTML 文件：

```
HTML> HTMLStop()
[1] "C:/PracticalPredictiveAnalytics/Outputs/MedicareNYCInput.html"
> |
```

3.3.5　在浏览器中打开文件

下一步，选择一个浏览器打开那个文件。你可以看到汇总数据的显示如下，每个变量占据一列，对应之前 summary 函数产生的输出。你可能得使用上下、左右滚动条来查看所有的变量：

Hospital.County	Facility.Name	Age.Group	Zip.Code...3.digits	Gender	Race	Ethnicity	Length.of.Stay	Admit.Day.of.Week	Patient.Disposition	Discharge.Day.of.Week	APR.DRG.Description	APR.MDC.Description	APR.Risk
Bronx : 6667	Maimonides Medical Center : 2513	0 to 17 : 5	112 :12839	F:20865	Black/African American:11256	Not Span/Hispanic:32763	7 : 2399	FRI:5805	Skilled Nursing Home :13991	FRI:8050	SEPTICEMIA & DISSEMINATED INFECTIONS :10256	Infectious and Parasitic Diseases, Systemic or Unspecified Sites:12585	Extreme :
Kings :11952	Montefiore Medical Center - Henry & Lucy Moses Div : 2002	18 to 29 : 176	104 : 7343	M:19187	Other Race :11311	Spanish/Hispanic : 6193	8 : 2255	MON:6440	Expired : 9556	MON:6196	HEART FAILURE : 1450	Diseases and Disorders of the Respiratory System : 6356	Major : 10
Manhattan:11457	New York Presbyterian Hospital - New York Weill Cornell Center: 1899	30 to 49 : 1251	100 : 7043	NA	Unknown : 65	Unknown : 1096	6 : 2206	SAT:4856	Home w/ Home Health Services : 6789	SAT:2733	PULMONARY EDEMA & RESPIRATORY FAILURE : 1365	Diseases and Disorders of the Circulatory System : 5702	Minor : 1
Queens : 7258	Staten Island University Hosp-North : 1770	50 to 69 : 9071	113 : 4049	NA	White :17420	NA	5 : 2118	SUN:4668	Home or Self Care : 4735	SUN:2050	TRACHEOSTOMY W MV 96+ HOURS W/O EXTENSIVE PROCEDURE : 1274	Diseases and Disorders of the Digestive System : 3411	Moderate
Richmond : 2718	New York Presbyterian Hospital - Columbia Presbyterian Center : 1689	70 or Older:29549	103 : 2819	NA	NA	NA	9 : 2085	THU:5987	Hospice - Medical Facility : 1262	THU:6901	OTHER PNEUMONIA : 1131	Diseases and Disorders of the Nervous System : 2504	NA
NA	New York Hospital Medical Center of Queens : 1633	NA	(Other): 5942	NA	NA	NA	10 : 2027	TUE:6215	Inpatient Rehabilitation Facility: 1192	TUE:7198	INFECTIOUS & PARASITIC DISEASES INCLUDING HIV W O.R. PROCEDURE: 1066	Diseases and Disorders of the Kidney and Urinary Tract : 2394	NA
NA	(Other) :28546	NA	NA's : 17	NA	NA	NA	(Other):26962	WED:6081	(Other) : 2527	WED:6924	(Other) :23510	(Other) : 7100	NA

Generated on: *Wed May 10 09:20:16 2017* - **R2HTML**

3.3.6　绘制分布图

在初级的步骤中，为变量绘制一个矩阵图形也是很有帮助的，你可以一眼就看出变量的形状和分布，还能指出数据中有哪些缝隙。之前我们已经从数据帧中去除了一些不会再使用的列，所以现在数据集已经相当干净了，变量按照我们想要的样子组织起来了。例如，Admit.Day.of.Week 是一个很好的正态分布，但是我们可以看到在周中有一个关于出院人数的数据是 null。成本的分布是倾斜的，其极值的数值很高（但发生次数很少）：

```
df <- df[,-c(12,13,16,19,20,21)]
```

3.3.7 变量的可视化绘图

有时候你可能想要给所有的变量都绘制分布图，而且布局在一个矩阵中。一方面有很多包可以用来自动地完成这个任务，另一方面你也可以自己编写代码来实现，例如下面的示例代码。我还限制了直方图的分级要小于等于 20。我可能以后想要看一下其他的，而且可能想要精简其中一些分类，不过作为一个开端，这样已经显示了足够多的变量了：

```
colors = c("blue","green3","orange")
numcols <- length(names(df))
par(mfrow=c(3,5))
for(i in 1:numcols){
  if(is.factor(df[,i])){
    if( as.integer(nlevels(df[,i]) <= 20) )
plot(df[,i],main=names(df)[i],col=colors)
  }
else{hist(df[,i],main=names(df)[i],xlim=c(0,300000),breaks=100,xlab=names(d
f)[i],col=colors)
  }
}
```

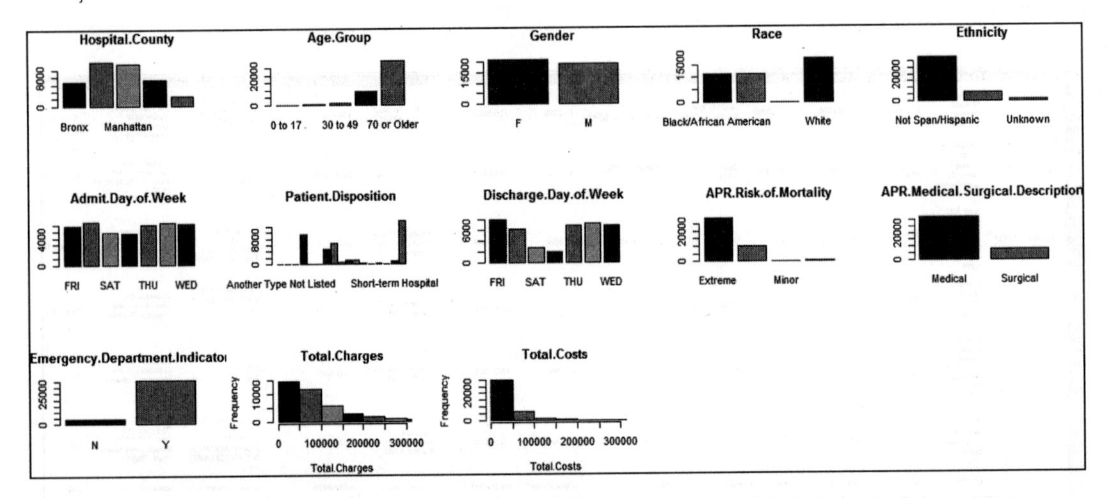

将汇总按组拆分

在初步查看数据之后，有个很好的想法就是按照某些类别（或因子）来拆分目标变量，然后再看它们的各种汇总统计。可以用 SQL 来做到这点；然而，在当前的示例中要使用一个有用的包 dplyr，它的语法和 SQL 风格很像，对任何熟悉 SQL 和 Linux 的人来说，都很容易上手。

我们的目标之一就是根据一些因子对 Total.Costs 做拆分，以便看一下是否能在成本的不同水平之间找出些不同之处。先做些比较简单的事情，如按照一星期的各天来拆分 Total.Costs。为此，用命令把数据帧 df 用管道输入到 dplyr 组里面，然后用 summarize() 函数计算 Total.Costs 的个数、均值和总和。最后，用 %>% 操作符把输出送到（或者用管道输送）View 函数：

```
library(dplyr)
df %>% group_by(Admit.Day.of.Week) %>%
summarize(total.count=n(),sum(Total.Costs),mean(Total.Costs)) %>% View()
```

	Admit.Day.of.Week	total.count	sum(Total.Costs)	mean(Total.Costs)
1	FRI	5805	258461087	44523.87
2	MON	6440	278940375	43313.72
3	SAT	4856	197503874	40672.13
4	SUN	4668	195987045	41985.23
5	THU	5987	262899265	43911.69
6	TUE	6215	263160240	42342.76
7	WED	6081	272822899	44864.81

Total.Costs 这个变量看起来在一周的每一天都是基本相等的。如果你现在正在以某种方法论运行你的项目，此时很适合开始持续跟踪你的某个结果文件夹中的结果，而且需要注意的是，你需要做一个统计测试（例如 t-test 或者 ANOVA）来测试一周各天的明显不同之处。

标准化数据

对于医院数据集，还有一两种转换可以尝试。

可以把两个变量 Total.Costs 和 Total.Charges 做一下标准化，这样可以更方便地比较两者。预测性模型希望看到标准化的变量，因为标准化的变量有差不多一样大的变化幅度，这样不容易产生对某一种变量的倾斜。

标准化就是把数据归一化成均值为 0，标准差为 1。计算方法是取每个数据，减去均值，再把结果除以标准差。

在前面的示例中，显式地引用了变量的完整名称（例如 df$Total.Costs，引用在数据帧 df 里面的变量 Total.Costs）。如果你要引用一个数据帧中的多个变量，有时候可以使用一个 attach 语句来实现，如果你的目的是总引用同一个数据帧，有了这个语句就可以不使用 $ 符号来引用变量。

在开头使用 attach(df) 命令，这样就可以使用 df 数据帧里面变量较短的名字：

```
attach(df)
```

计算一个新的标准化变量，用每一个 Total.Costs 变量减去所有 Total.Costs 变量的均值，再除以 Total.Costs 的标准差：

```
Total.Costs.z <- mean((Total.Costs - mean(Total.Costs)) / sd(Total.Costs))
```

也可以用 scale() 函数来达到相同的目的，而且稍微简化了计算：

```
Total.Costs.z <- scale(df$Total.Costs)
Total.Charges.z <- scale(df$Total.Charges)
```

为了证明刚才做的转换是精确的，输出新变量的 mean 和 df，验证均值是 0，标准差是 1。请注意，结果会有一些小的四舍五入：

```
mean(Total.Costs.z)
sd(Total.Costs.z)
mean(Total.Charges.z)
sd(Total.Charges.z)
```

把变量改成其他类型

如果你查看一下前面的 str() 函数的输出，会看到目前 Length.of.Stay 定义为一个因子。需要用 as.integer 函数把它转换成一个新的变量。把它转换成一个整数，并用 str() 和 summary() 函数来检验一下转换结果是否正确：

```
los.int <- as.integer(Length.of.Stay)
head(los.int)
summary(los.int)
```

把变量附加到现存的数据帧

我们现在要用刚才创建的 3 个新变量，在现存的数据帧末尾添加新的向量，并给它一个新的名字：

```
df2 <- cbind(df,Total.Charges.z,Total.Costs.z,los.int)
str(df2)
```

提取一个子集

你可能想要尝试一下另外一个典型的任务：首先，从数据中提取一个特别的属性（例如已经“ Expired”的病人)，然后执行一个相似性分组来尝试理解它们有什么不同。在这个示例中，还要使用 dplyr 包，先提取那些进入医院之后过世的病人，然后根据各病人的主要诊断分类来汇总其 TotalCosts。最后，要对花费进行排序，找出最贵的诊断分类。正如你从结果中看到的，与传染性疾病相关联的花费是最贵的：

```
df %>% filter(as.character(Patient.Disposition) == "Expired") %>%
group_by(APR.MDC.Description) %>%
summarize(total.count=n(),TotalCosts=sum(Total.Costs)) %>%
arrange(desc(TotalCosts)) %>% head()
```

```
                                     APR.MDC.Description total.count TotalCosts
                                                  (fctr)       (int)      (dbl)
1 Infectious and Parasitic Diseases, Systemic or Unspecified Sites   4020  163413560
2            Diseases and Disorders of the Respiratory System       1556   59766742
3            Diseases and Disorders of the Circulatory System       1126   56659503
4              Diseases and Disorders of the Digestive System        635   37725309
5                Diseases and Disorders of the Nervous System        723   30941505
6        Diseases and Disorders of the Kidney and Urinary Tract      351   17718863
>
```

3.4 转置数据帧

有时候你拿到的数据是纵向排列的，但是你想把它旋转一下，这样变量就是横向排列的了。这种区别也称作长格式和宽格式。大多数预测分析包是设置为使用长格式的，但你还是经常会遇到一些情况需要把行和列互相转换一下。也许输入的时候是以一组键值对的形式，而你希望可以把它们映射为一个实体的特征。还有，如果一些时间序列数据的数值是以长格式输入的，需要重新格式化一下以便时间值呈水平方向显示，那么也需要这种转换。

此处有一个数据帧，包含了第一个季度中每个成员每个月份的销售数据。把数据直接粘贴到代码中，然后在调用 read.table() 函数时使用 text = ' 选项来读取表格数据。例如，下面就是从一个 Excel 表格中直接粘贴过来的数据：

```
sales_vertical <- read.table(header=TRUE, text='
                                   memberid  Month  sales
                                   1         1         17
                                   1         2         15
                                   1         3         11
                                   2         1          6
                                   2         2         20
                                   2         3         11
                                   3         1          9
                                   3         2         33
                                   3         3         43
                                   4         1         11
                                   4         3         13
                                   4         4         12
                                   ')
```

运行上面这段代码之后，用 sales_vertical 命令来显示控制台里的数据，格式类似于调用 read.table() 函数时在代码里写的那样：

```
>sales_vertical
   memberid Month  sales
1         1     1     17
2         1     2     15
3         1     3     11
4         2     1      6
5         2     2     20
6         2     3     11
7         3     1      9
8         3     2     33
9         3     3     43
10        4     1     11
11        4     3     13
12        4     4     12
```

为了把行和列互相转化，要使用 tidyr 包里面的 spread 函数：

```
install.packages("tidyr")
library(tidyr)
sales_horizontal <- spread(sales_vertical, Month, sales)
sales_horizontal
```

上面的最后一行把转置的结果输出到控制台。查看一下控制台上的输出，验证原先的行（memberids）现在已经变成了列。每个销售数据也都呈现为列，每列的名字就是各个月份。另外，有些月份的销售数据是不存在的，所以用 NA 来表示。例如，在原始数据中，成员 12 是唯一一个在第 4 个月有销售数据的人。在第 4 个月的列中这个数据为 12，但是因为其他成员在这个月都没有销售数据，所以他们的数据表示为 NA。

```
>sales_horizontal <- spread(sales_vertical, Month, sales)
>sales_horizontal
  memberid  1  2  3  4
1        1 17 15 11 NA
2        2  6 20 11 NA
3        3  9 33 43 NA
4        4 11 NA 13 12
```

虚设变量编码

虚设变量是一个二进制的标志（0 或者 1），用来表示一个特征是存在还是缺失的。如果你使用了虚设变量，那么你需要的虚设变量数目为：所有已知的等级再减去 1。举个例子，如果你有一个分类，表示两个等级的湿度，比如 High 和 Low，你只需要创建一个虚设变量。假设这个变量名为 is.humid。如果湿度的值是 High，那么 is.humid=1。如果湿度的值是 Low，那么 is.humid=0。然而，很多预测分析函数创建虚设变量的操作是在内部进行的，所以现在需要手动创建虚设变量的情况比以前少了。但是你可能还需要创建标志来表明一个分类变量的等级，这可能有助于布局，创建定制转换，以及在一个统计模型中手动创建交互。有若干种方法可以使用；可以用 Dummies 包，它能自动创建虚设变量。但是也可以用 Model Matrix 函数在编程中实现这一点。

下面的示例使用 Segment 分类变量，它包含 5 个等级（A ～ E），并扩展为 4 个不同的虚设变量。

```
set.seed(10)
model <- data.frame(y=runif(10), x=runif(10),
segment=as.factor(sample(LETTERS[1:5])))
head(model)

A <- model.matrix(y ~ x + segment,model)
head(A)

> head(model)
           y         x segment
1 0.50747820 0.6516557       E
2 0.30676851 0.5677378       C
3 0.42690767 0.1135090       D
4 0.69310208 0.5959253       A
5 0.08513597 0.3580500       B
6 0.22543662 0.4288094       E

> A <- model.matrix(y ~ x + segment,model)

> head(A)
  (Intercept)         x segmentB segmentC segmentD segmentE
1           1 0.6516557        0        0        0        1
2           1 0.5677378        0        1        0        0
3           1 0.1135090        0        0        1        0
4           1 0.5959253        0        0        0        0
5           1 0.3580500        1        0        0        0
6           1 0.4288094        0        0        0        1
```

分箱 ：数值和字符

数值形式的变量经常会分箱到一些类别，例如高、低、中等，或者高风险和低风险。尽管这样做会丢失一些信息，但可以使一个变量能在逻辑回归中使用，或者仅仅达到简化使用的目的。有很多不同的方法可以用于决定在哪些点将变量分段，但是最简单的方法就是把变量分成两个相等的部分。以 sales_horizontal 数据为例，可以创建一个新的分类变量把销售数据分成高和低两个类别。要调用 cut() 函数创建一个新变量 sales_cat，把销售数据分成两个部分。

```
sales_vertical$sales_cat <- cut(sales_vertical$sales, 2, labels =
c('L','H'))
sales_vertical
   memberid Month sales sales_cat
1         1     1    17         L
2         1     2    15         L
3         1     3    11         L
4         2     1     6         L
5         2     2    20         L
6         2     3    11         L
7         3     1     9         L
8         3     2    33         H
9         3     3    43         H
10        4     1    11         L
11        4     3    13         L
12        4     4    12         L
```

字符数据的分箱

字符数据经常根据一些分层来分组。但是偶尔也可能想根据一些文本模板把含有这些模板的字符串进行分组。这里有一个对字符数据进行分箱的示例，根据年份（cats 的最开始 4 个字符）来分箱：

```
cats <- as.factor(c('2016-1','2016-2','2016-3'))
sales <- c(10,20,30)
x <- cbind.data.frame(cats,sales)
x
str(x)
binned <- x
binned
levels(binned$cats) <- substring(levels(binned$cats), 1, 4)
binned
> cats <- as.factor(c('2016-1','2016-2','2016-3'))
> sales <- c(10,20,30)
> x <- cbind.data.frame(cats,sales)
> x
    cats sales
1 2016-1    10
2 2016-2    20
3 2016-3    30
> str(x)
'data.frame':   3 obs. of  2 variables:
 $ cats : Factor w/ 3 levels "2016-1","2016-2",..: 1 2 3
 $ sales: num  10 20 30
```

```
> binned <- x
> binned
    cats sales
1 2016-1    10
2 2016-2    20
3 2016-3    30
> levels(binned$cats) <- substring(levels(binned$cats), 1, 4)
> binned
  cats sales
1 2016    10
2 2016    20
3 2016    30
```

现在，根据其包含的文本字符串，所有的数据都被分箱到了适合的年份：

```
aggregate(binned$sales, by=list(binned$cats), sum )
```

结果显示在控制台：

```
> aggregate(binned$sales, by=list(binned$cats), sum)
  Group.1  x
1    2016 60
```

3.5 缺失值

缺失值表示一个变量是没有赋值的。因为数据收集总是不可能完美的，所以经常会有一些数值是缺失的，由于人们的忽视，或者由于一些系统性的流程接触了数据而造成。可能由于一个调查问卷的答题人没有完成一个问题，或者如我们所见，可能由于把一个成员文件和一个事务文件连接起来而造成。在这种情况下，如果一个成员在某一年没有购买数据，就会出现一个 NA 或者缺失。

处理缺失值的第一个行动是理解它是由什么造成的。在布局缺失数据的过程中，你不仅想要知道缺失值的数量，还想要确定哪些子段是造成缺失值的原因。

在研究原因时，可以尝试突破原来的分析，根据时间周期和其他属性，使用前面提及的一些双变量分析技术。这样做有助于识别出那些缺失的数据是在哪里被藏起来了。

3.5.1 建立缺失值测试数据集

我们要从两组生成的数据开始。一组是关于男性的，其中以 3% 的概率没有回答调查中关于年龄的问题；另外一组是关于女性的，其中没有回答年龄问题的概率是 5%：

```
library(wakefield)
library(dplyr)

#generate some data for Males with a 5% missing value for age

set.seed(10)
f.df <- r_data_frame(
  n = 1000,
  age,
```

```
  gender(x = c("M","F"), prob = c(0,1),name="Gender"),
  education
) %>%
  r_na(col=1,prob=.05)

#str(f.df)
summary(f.df)
set.seed(20)
#generate some data for Females with a 3% missing value for age

m.df <- r_data_frame(
  n = 1000,
  age,
  gender(x = c("M","F"), prob = c(1,0),name="Gender"),
  education
) %>%
  r_na(col=1,prob=.03)
summary(m.df)

all.df=rbind.data.frame(m.df,f.df)
```

请注意，把 r_data_frame() 函数的输出通过管道送到 r_na() 函数，这个过程产生了数据缺失，并按照指定的百分比来生成缺失值。在脚本运行完之后，切换到控制台，验证一下 age 变量中生成了一些 NA。一共会有 80 个：

```
summary(all.df)
```

```
> summary(all.df)
      Age           Gender                                     Education
 Min.   :20.00   M:1000   Regular High School Diploma              :522
 1st Qu.:23.00   F:1000   Bachelor's Degree                        :323
 Median :28.00            Some College, 1 or More Years, No Degree:295
 Mean   :27.54            9th Grade to 12th Grade, No Diploma      :169
 3rd Qu.:32.00            Master's Degree                          :150
 Max.   :35.00            Associate's Degree                       :140
 NA's   :80               (Other)                                  :401
> |
```

3.5.2　缺失值的不同类型

在实践中你应该熟知的缺失值有三种不同的类型。理解缺失值的类型有助于你决定如何应对它们。

完全随机缺失

有些部分的缺失值总是自然而然地发生。当出现这种情况时，缺失的数据叫作完全随机缺失（MCAR）。举个例了来说，一个调查中有 2% 的数据因为调查回答系统的小缺陷而没有被记录。在这种情况下，可以假设这种缺失和数据中任何其他变量都无关。MCAR 变量和其自身的数据取值也没有关系，与数据中的任何其他非缺失值也是没有关联的。

MCAR 的检验

如果你怀疑数据有 MCAR，有多种不同的统计测试可以帮助你确定 MCAR 是否真的发生了。有一种重要的检验是 Little 检验，现在要在检验用的缺失值数据集上运行它。

首先，安装 BaylorEdPsych 包，它包含了 LittleMCAR 检验：

```
try(require(BaylorEdPsych) ||
install.packages("BaylorEdPsych",dependencies=TRUE))
library(BaylorEdPsych)
```

现在，运行 LittleMCAR 检验：

```
test_mcar<-LittleMCAR(all.df)
```

输出检验中发现的缺失值。发现有 4% 的数据是缺失的。这个结果非常合理，因为在生成的数据中，1000 名男性中有 5%、1000 名女性中有 3% 都是 NA。

```
print(test_mcar$amount.missing)
print(test_mcar$p.value)
```

```
> print(test_mcar$amount.missing)
                  Age Gender Education
Number Missing  80.00      0         0
Percent Missing  0.04      0         0
```

输出测试统计值。p 的高值表示该数据属于 MCAR，而低值表示有一些模板存在。如果显著性水平为 0.05，它可以通过 MCAR 检验（但是很险）。我们知道在这个模拟中还是使用了自己的 NA 模板，所以会产生 0.07 的 p 值。

```
> print(test_mcar$p.value)
[1] 0.06782777
```

还有，可以使用卡方检验和回归检验来确定一个数据的缺失是否和另一个变量有关联。如果你发现在缺失的变量和任何其他变量之间没有统计显著性，可以考虑把该变量看作 MCAR。这些检验可能非常有价值，虽然这些方法并不是防误措施。关于产生缺失的过程，还需要做一些假设。一般来说，最好的做法是调查一下产生了缺失值的流程，看看是怎么产生的。

随机缺失

随机缺失（MAR）表示数值的缺失和分析中的另外一个变量有关联。这是一个不太恰当的名称，因为这种缺失根本就不是随机产生的。

所以在处理缺失值的时候，需要问的另一个问题就是："是否存在这样的事实，即这个变量的缺失值和某个其他变量的动态变化有关系？"还使用我们的模拟调查来作为例子，这次缺失值是关于"你期望的薪水是多少"的。这个可能发生在某个年龄段的分组没有回答这个问题的时候。如果你发现缺失值在某个因子的一个水平上有一个统计显著性数值，但是在其他的水平上没有那么多，这可能表示数据是随机缺失的。使用前面用过的相同技术可以发现一个 MAR 的变量，也就是卡方检验、回归和 Little 检验。如果发现有不同之处，可以考虑该变量可能是 MAR。对我们的测试用缺失数据集，我们会考虑 MAR，因为男性和女性缺失值的数量不同。

完全非随机缺失

一个变量既不是完全随机缺失，也不是随机缺失，那它可能是完全非随机缺失（NMAR）。

这基本上是说缺失值和其自身的取值有关系，或者和一个不在模型中的变量有关系。NMAR 值经常在调查研究和医学研究中出现，因为研究对象是根据时间来测量的。例如，一个调查对象在研究开始的时候报告了几次抑郁，在研究结束时候可能已经退出了调查，所以如果他们的抑郁程度得分很高，那可能跟他们在后来的一些日期中的得分缺失有关联，因为他们可能更倾向于退出。

NMAR 是最难以检测的情况，因为一个变量可能看起来是 MAR 或者 MCAR，但其实是 NMAR。缺失值分析并不是一个精确的方法，所以需要再次强调，在这个方面，懂得领域知识，了解底层的数据生成方法，是非常重要的。

3.5.3 纠正缺失值

尽管弄清楚你的缺失值的原因很重要，但最终还是得根据你用于分析数据集的技术来应对这些缺失值。例如，一些分类方法（决策树、随机森林等）知道怎么处理缺失值，因为它们会把缺失值看作一个独立的分类，你可以把缺失值安全地留在模型中。然而，如果一个变量有大量的缺失值，例如超过 20%，那么你可能想要看看那些替换技术，或者尝试用别的更好的变量来测量同一个对象。

存在缺失值删除

对于 MCAR，删除那些含有缺失值的行是可以接受的。在下面这个例子中（来自 https://en.wikipedia.org/wiki/Listwise_deletion），观察值 3、4 和 8 都会在进行分析之前删除掉。

标题	年龄	性别	收入
1	29	M	$40 000
2	45	M	$36 000
3	81	M	-- 缺失 --
4	22	-- 缺失 --	$16 000
5	41	M	$98 000
6	33	F	$60 000
7	22	F	$24 000
8	-- 缺失 --	F	$81 000
9	33	F	$55 000
10	45	F	$80 000

然而，存在缺失值删除的负面影响是你可能最后删除了一些非缺失的变量，而它们本可能对模型产生重大的影响。但是因为预先假设缺失值是随机的，删除一些行不应该产生大的影响，前提是你的假设是正确的。

另一个需要考虑的是，你需要处理的数据量。你肯定不想由于一个缺失值而不得不抛弃所有的数据，或者删除掉大部分的数据！如果遇到这种情况，那么看看是否能把这个变量删除，然后用余下比较完整的变量来分析。

例如，如果你的多数记录里面都有邮政编码，但是只有 50% 左右的记录里面有州名称变量，那么你可以不用把邮政编码和州名称两个变量一起用到算法里去，然后由于至少有 50% 的数据有缺失值而进行存在缺失值删除（例如回归）。所以，首选的应对方法是看看这个变量是不是还需要使用（可能使用某种变量重要性测量），或者看看是否有其他的、数据更完整的变量，可以作为替代品来使用。主成分分析和相关分析可以帮助你识别这种情况。

替换方法

替换一个缺失值表示用另一个合理的值来替换那个确实值。合理的意思可能是把缺失值替换为均值、中值，或者变量到回归技术的模式，或者更先进的技术（例如蒙特卡罗仿真）。

用 mice 包来做替换缺失值

在下面这个例子中，我们要使用 mice 包来替换 all.df 数据帧中的 age 变量的一些缺失值。用两种其他的现存变量来替换 age 变量的值：gender 和 education。

开始时，安装和加载 mice 包：

```
install.packages("mice")
library(mice)
```

现在运行 md.pattern() 函数，来显示缺失值在数据帧的其他列中的分布。md.pattern() 函数的输出很有用处，从中可以看出那些变量可以很好地代替缺失值来使用。

```
md.pattern(all.df)
```

md.pattern() 函数的输出在后面将会展示。每一行都会显示一个观察计数，后面跟着一个 1 或者 0 标志，表示这个计数是否包含了完整生成的数据。

- 第一行表示有 1920 个观察中 Gendr、Education 和 Age 都没有缺失值。
- 第二行表示有 80 个观察中也有 Gendr 和 Education 的值，但是没有 Age 的值。

查看 md.pattern() 函数输出很重要，可以看出在其他的变量里面是否有足够的非缺失值，以便决定它们是否有能力替换缺失值。

```
> md.pattern(all.df)
     Gender Education Age
1920      1         1   1  0
  80      1         1   0  1
          0         0  80 80
> |
```

在替换过程开始时，调用 mice() 函数，并赋值给一个新的 R 对象：

```
imp <- mice(all.df,m=5,maxit=50, seed=1010,printFlag = TRUE)
```

- 在调用函数时，确保提供一个随机数种子值，以便你再次运行这段代码时可以得到相同的结果。
- 参数 m=5 指定了你最终需要 5 个合理的替代品来替换变量。
- 参数 maxit=50 指定了这个算法最多迭代 50 次来收敛到一个解决方案，并可以根据需要的精确度来上下微调这个迭代次数。

在运行完 mice() 函数之后，你会看到替换在实时运行，所以可能它会花一段时间，这取决于你指定的迭代次数。

```
head(imp$imp$Age)

> head(imp$imp$Age)
     1   2  3  4  5
 38  29  35 20 33 27
 49  25  23 30 32 21
 79  25  23 25 25 25
 99  31  30 22 26 24
157  24  30 24 23 22
180  29  22 26 28 29
```

为了切实地完成替换，你必须运行 complete() 函数并把它的结果赋值给一个新的数据帧。这个版本的 complete() 函数如果指定了"long"参数的话，就会把数据帧里面的所有的替换都收集起来。

```
all_imputed_df <- complete(imp, "long", include=TRUE)
```

在新得到的数据帧上运行 table() 函数，计算所有替换掉的缺失值的数量，再加上原来的初始数据。原来含有 NA 的数据帧用 imp=0 来表示。

还有其他 5 个年龄值被替换了，分别称作 imp 1-5：

```
table(all_imputed_df$.imp,is.na(all_imputed_df$Age))
```

```
> table(all_imputed_df$.imp,is.na(all_imputed_df$Age))

   FALSE TRUE
 0  1920   80
 1  2000    0
 2  2000    0
 3  2000    0
 4  2000    0
 5  2000    0
```

为了看到替换的动作，我们要过滤新数据帧，针对初始的其中一个 ID（#216），它含有一些缺失值。

然后我们可以看到，age 的值如何被每个替换 age 的动作改变。替换值之间会有一些不同。例如，它可能在 25 ～ 34 之间取一个值。

```
all_imputed_df %>% filter(.id == 216)
>all_imputed_df %>% filter(.id == 216)
  .imp .id Age Gender                                Education
1    0 216  NA      M Some College, 1 or More Years, No Degree
2    1 216  25      M Some College, 1 or More Years, No Degree
3    2 216  29      M Some College, 1 or More Years, No Degree
4    3 216  22      M Some College, 1 or More Years, No Degree
5    4 216  34      M Some College, 1 or More Years, No Degree
6    5 216  34      M Some College, 1 or More Years, No Degree
```

当然，这是一个简单的观察，如果你查看 imp=1-6 的均值，会发现它们很相近：

```
all_imputed_df %>% group_by(.imp) %>% summarize(MeanAge=mean(Age))
> all_imputed_df %>% group_by(.imp) %>% summarize(MeanAge=mean(Age))
# A tibble: 6 × 2
.imp MeanAge
<fctr> <dbl>
1  0   NA
2  1 27.5300
3  2 27.5780
4  3 27.5230
5  4 27.5855
6  5 27.5325
```

3.5.4 使用替换过的值运行回归

既然你已经替换了 age 中的缺失值，现在应该可以运行一些诸如线性回归之类的模型，并且不用抛弃缺失值了。

让我们尝试使用替换方案 #2 来运行回归。

首先，提取替换 #2 的数据：

```
impute.2 <- subset(all_imputed_df,.imp=='2')
```

然后，在控制台运行 summary() 函数，确保数据中没有 NA：

```
> summary(impute.2)
.imp    .id    Age   Gender
0: 0 1   : 1 Min. :20.00 M:1000
1: 0 10   : 1 1st Qu.:23.00 F:1000
2:2000 100 : 1 Median :28.00
3: 0 1000 : 1 Mean :27.58
4: 0 1001 : 1 3rd Qu.:32.00
5: 0 1002 : 1 Max. :35.00
  (Other):1994
        Education
Regular High School Diploma    :522
Bachelor's Degree      :323
Some College, 1 or More Years, No Degree:295
9th Grade to 12th Grade, No Diploma   :169
Master's Degree       :150
Associate's Degree       :140
(Other)        :401
```

最后，运行回归：

```
lm(Age ~ Education + Gender,data=impute.2)

> lm(Age ~ Education + Gender,data=impute.2)

Call:
lm(formula = Age ~ Education + Gender, data = impute.2)

Coefficients:
         (Intercept)
          26.85358
 EducationNursery School to 8th Grade
          0.86901
 Education9th Grade to 12th Grade, No Diploma
```

```
        1.02452
EducationRegular High School Diploma
        0.33593
EducationGED or Alternative Credential
        1.26967
EducationSome College, Less than 1 Year
        1.53750
EducationSome College, 1 or More Years, No Degree
        0.69232
EducationAssociate's Degree
        0.95965
EducationBachelor's Degree
        0.82072
EducationMaster's Degree
        0.84928
EducationProfessional School Degree
        0.11744
EducationDoctorate Degree
        0.87017
        GenderF
        -0.03037
```

3.6 替换分类变量

替换分类变量可能比替换数值变量要复杂一些。数值替换是基于随机变量的，而替换分类变量是基于一些能量较小的统计检验，例如卡方检验，而且可能基于一些规则，所以如果你要替换分类变量，请小心使用，并且需要把结果给领域专家检验，看是否合理。你可以使用决策树或者随机森林来为你的缺失值做一个预测方法，然后使用决策树产生的真实决策规则把它们映射到一个合理的预测值。

3.7 异常值

异常值是数据中超出了预期范围的那些值。“预期范围是什么？”当然是主观的。一些人会把分布中超过 3 个标准差之外，或者超过四分位的 1.5 倍的任何值都看作异常值。当然，这种做法不失为一个很好的开端，但实际中有很多情况下数据不服从任何的统计分布模式。这些经验法则也高度依赖于数据的形式。对正态分布来说，可能的异常值不会服从对数正态分布或者泊松分布。

除了可能存在的单个变量的异常值之外，异常值还可能以多个变量的形式存在，如果在高维空间对数据进行更仔细的检查，会发现这种情况更为普遍。

当出现异常值的时候，需要对它们进行仔细检查，因为它们可能是简单的错误，也可能会提供宝贵的见识。当你怀疑正常数据中存在偏差的时候，最好还是请教一下其他的合作者。

3.7.1 异常值为什么重要

异常值检验的重要性是由于以下几个原因。首先，通过它你可以了解数据中的极值信息。

典型的数据通常是很容易解释的。如果在同一个特定的类别里有很多数值，通常是比较容易跟踪和解释的。而那些出现极值的地方可以让你得到典型数据之外的洞见，或者发现需要修复的流程缺陷。

另外，在有些算法里，异常值具有重要的影响。特别是回归方法可能由于异常值的存在而产生偏差，因此失去预测能力。

3.7.2 探测异常值

绘制图形是初步扫描数据发现异常值的最好方法。箱线图、柱状图和正态分布图都是很有用的工具。

在下面的代码示例中，销售数据的平均值是 $10 000，标准差是 $3000。箱线图显示了有一些数据在图表的线上方或者下方。另外，柱状图还显示，最高的柱形和第二高的柱形之间有明显的差距。这些都是线索，代表着可能有异常值存在，需要深入仔细地检查：

```
set.seed(4070)
#generate sales data
outlier.df <-data.frame(sales=rnorm(100,mean=10000,sd=3000))
#plot the data, to possible outliers
par(mfrow=c(1,2))
boxplot(outlier.df$sales, ylab="sales")
hist(outlier.df$sales)
```

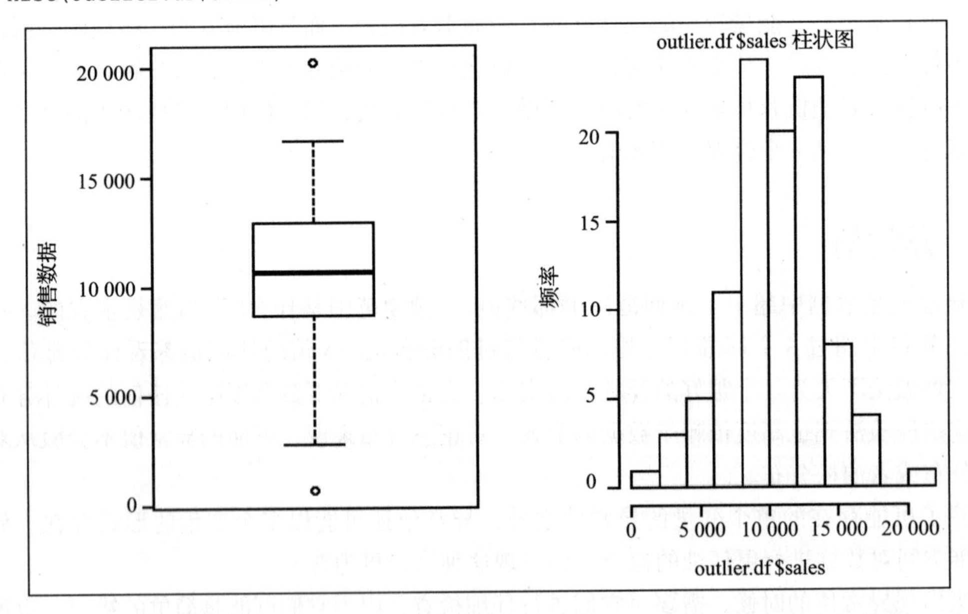

另一个寻找异常值的方法是检查实际的四分位数、百分位数，或者十分位数。这些度量是用来把数据划分成相等的若干个部分，然后观察各个部分之间的差异。

```
deciles <- data.frame(quantile(outlier.df$sales,
       prob=c(0.1,0.2,0.3,0.4,0.5,0.6,0.7,0.8,.9,1)))
deciles
```

```
>deciles
     quantile.outlier.df.sales..prob...c.0.1..0.2..0.3..0.4..0.5..
10%                                                       5548.897
20%                                                       7409.263
30%                                                       8621.341
40%                                                       9090.793
50%                                                       9741.979
60%                                                      10364.654
70%                                                      11019.190
80%                                                      12175.635
90%                                                      13164.274
100%                                                     15363.606
```

转换数据

另一个查看异常值的方法是先把数据标准化成正态分布，令其均值为 0，标准差为 1。使用标准正态形式有其便利性，因为该分布的性质不会改变，而且一些关键的截止点可以记住。比如说，对一个标准正态分布，四分位 1 永远是 –0.67，四分位 3 永远是 +0.67，所以很容易计算出这两个四分位之间的范围以便记住：1.34。使用这个四分位间距离来识别异常值的方法是，我们把这个值乘以 1.5，得到的值是 2.01，然后把任何高于 0.67 + 2.01 = 2.68 的数据，或者任何低于 –0.67–2.01 = –2.68 的数据，都看作可能的异常值。这个例子说明了我们如何使用分布的统计特性来识别异常值。你还可以用其他的规则，例如识别偏离平均值 3 倍标准差以上的数据，或者使用卡方检验来决定你这个分组的数据和理论上的分布是不是有显著的差异。处理异常值的包还含有一些其他的方法和统计学检验，包括 Grubbs 检验，可以用来检验异常值。

此处我们首先要把数据做标准化，然后寻找那些在正负 2.68 的范围之外的数据。

1）首先，使用 scale() 函数来标准化销售向量，并创建一个新的向量 v1，该向量包含标准化之后的数值（或者标准分数）：

```
outlier.df$v1 <- scale(outlier.df$sales)
```

2）接下来，我们要使用 order() 函数把标准分数按照从低到高的顺序排序。这样便于用函数 head() 和 tail() 查找极值。我们马上就可以看到，有两个数值超出了 –2.68 到 +2.68 的范围。

```
#sort from lowest to highest
outlier.df <- outlier.df[order(outlier.df$v1),]
head(outlier.df)

>head(outlier.df)
       sales        v1
59  672.6731 -2.917263
88 2776.8597 -2.295223
39 3034.5596 -2.219042
69 3041.7867 -2.216905
63 4363.3742 -1.826217
75 4894.2080 -1.669292

tail(outlier.df)
>tail(outlier.df)
      sales        v1
```

```
77 15434.46 1.446619
22 16286.14 1.698392
71 16319.01 1.708109
26 16455.81 1.748549
66 16624.87 1.798528
35 20176.17 2.848362
```

3）最后，我们要使用 boxplot() 函数给转换后的数据绘制图形。注意，分布图形的形状是和原始数据完全一致的。唯一不同的是数据的范围在 y 轴方向上改变了：

```
boxplot(outlier.df$v1, ylab="v1")
```

我们仍然可以在 boxplot 图的顶端看到可能的异常值（就是那个小圆点）：

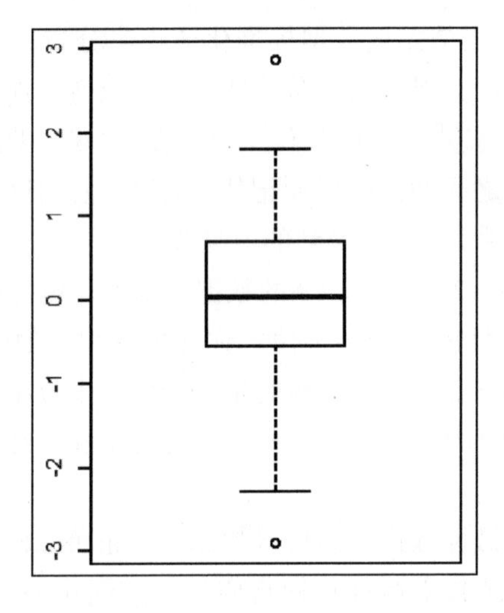

追踪异常值的成因

一旦你识别出了一个可能的异常值，最好的应对就是找出这个异常值为什么会发生。我们已经展示了一个在数据集中出现的异常值；然而，你更可能经常做的是把数据分割成不同的子集，来试图追踪异常值发生的原因。假设的前提是你有足够的数据供使用。对小样本数据做异常值检验要困难得多。

处理异常值的一些方法

此处列出了一些处理异常的方法：

- 删除异常值，或者把它们改成 NA。如果你的数据中异常值不是太多，这样做是可以的，并且能使你的模型更容易解释。这样做的代价是你有可能删除的是非常重要的数据，所以这个方法要谨慎使用。
- 使用某种转换来减少可变性。根据数据的偏斜情况选择一个合适的转换方法，或者尝试 Box-Cox Power 转换。这样做的一个优点是，正确的转换方法可以减少观察中的极值带来的影响。
- 把异常值降低到一个可预先控制的水平。可以用一个修整过的或者 winsorize 变换后的均值来实现这点。使用这种方法必须有能够精确计算的专业性，因为如果变量超出了一定水平，可能一些风险会被掩盖。

- 选择一种分类算法代替回归类型的算法，这样对异常值不会那么敏感。对决策树来说，异常值倾向于出现在少量的只有它自己的叶子上。出现这种情况时，你可以选择忽略那些异常值，修剪决策树，把它折叠到其他类别中。
- 对于回归类型的算法，你可以选择一种对大系数有惩罚措施的算法，例如 ridge 或者 lasso 回归，这些算法在对抗异常值方面有比较好的鲁棒性。

示例：把异常值设置为 NA

理所当然，下一步就是如何入手检查那些异常值。在我们的示例中，极值是随机数产生过程的一个部分，所以它们其实并不是真的异常值。然而，如果你在自己的数据中遇到了这种情况，就应该开始追溯这些极值产生的原因。开始时，可以尝试把这些极值和其他数据元素联系起来。比如说，也许这些异常值只在某些年龄组中产生，而在其他年龄组里面没有。

在我们的示例中，我们要简单地把这些极值都设置成 NA。我们还要创建一个新的变量 vlx 来容纳这些新变量，并且不会把原先的变量值给覆盖了。当你研究新的异常值检验方法时，可以把新的数值存储在另外的变量中，这样可以保证你总是能回头来使用原始的变量。

```
outlier.df$v1x<-ifelse( (outlier.df$v1 >= 2.68 | outlier.df$v1 <=
-2.68),NA,outlier.df$v1)
tail(outlier.df)
head(outlier.df)
```

请查看控制台上显示的 head() 函数和 tail() 函数的输出，请注意数据中的变化。之前被看作异常的数据（–2.917 263）现在映射成了 NA。

```
>tail(outlier.df)
      sales       v1      v1x
77 15434.46 1.446619 1.446619
22 16286.14 1.698392 1.698392
71 16319.01 1.708109 1.708109
26 16455.81 1.748549 1.748549
66 16624.87 1.798528 1.798528
35 20176.17 2.848362       NA
>head(outlier.df)
       sales        v1       v1x
59  672.6731 -2.917263        NA
88 2776.8597 -2.295223 -2.295223
39 3034.5596 -2.219042 -2.219042
69 3041.7867 -2.216905 -2.216905
63 4363.3742 -1.826217 -1.826217
75 4894.2080 -1.669292 -1.669292
```

再运行一下 boxlot() 函数，观察一下，原先过高的异常值现在已经被消除了。

```
boxplot(outlier.df$v1x, ylab="v1 new")
```

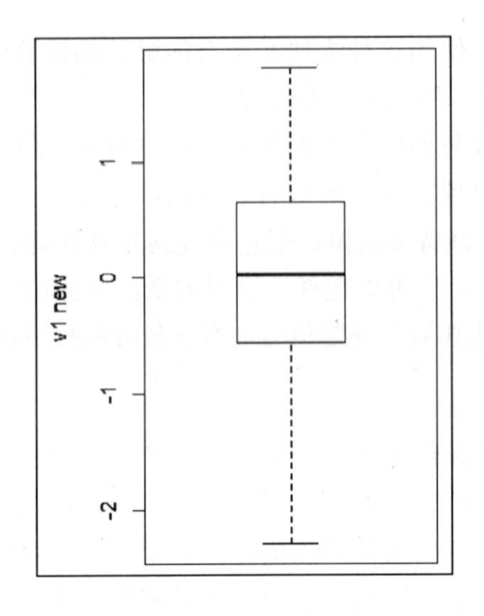

多变量异常值

前面的示例是一个关于如何从单变量的角度来检测异常值。然而，异常值也可能以多变量或者联合体的形式出现。在这类情况下，可以从把异常值在二维空间可视化来入手，但是当维度增加时，把异常值隔离出来可能会变得更加困难。对于多变量异常值，你可以使用距离或者影响度量，例如 Cook 的 D 或者 Mahalanobis 距离来测量它们距离回归线有多远。主成分分析可以在一开始就有助于减少维度，然后检查排序较高的主要成分，其中可能含有异常值。

3.8 数据转换

如果你需要处理连续倾斜的数据，考虑一下对数据做一下转换，这样可以把数据转变成符合某些特定统计分布的形式，并具有特定的属性。一旦你把数据强制变成某种形状，你会发现使用起某些模型来更轻松。一个简单的转换通常是对数据应用一个数学计算函数来完成。

一些常用的典型数据转换有 log、exp 和 sqrt。有些转换对不同类型的倾斜数据有较好的效果，但并不能保证总是有效，所以最好的做法是尝试几个不同的基本转换，判断那些转换在模型的上下文中是否有效。最好的转换总是最简单的转换，我们来研究一下转换的工作机制，并看看哪些转换对哪些特定类型的数据效果最好。

为了阐述转换的概念，我们首先从生成一个对数分布开始，这是一个非线性分布的示例。参见在下面图表象限的第一行的 X 的柱状图和正态 Q-Q 图。这两种图表的数据都显示了很高的倾斜度。你可以看到柱状图在 x 越低的范围的权重越重，而 Q-Q 图显示的并非一条直线。所以我们需要找出一种转换，来平滑这种倾斜。我们将要使用 Box-Cox 算法，它会决定使用哪种算法是最优的。

3.8.1　生成测试数据

如果需要，安装下面的包：

```
install.packages("car")
install.packages("MASS")
```

把包赋值到库：

```
library(car)
library(MASS)
```

生成倾斜的数据：

```
set.seed(1010)
x<-rexp(1000)          # exponential sample with parameter 1
par(mfrow=c(2,3))
```

绘制柱状图和正态概率图。par() 函数指定了它们是在下个部分所示的图表的第一行的一部分。

```
hist(x)
qqnorm(x)
# Normal probability plot for original variable
```

3.8.2　Box-Cox 转换

现在我们要介绍 Box-Cox 转换（也称作 Power 转换）。这是一种通用转换，可以搜索最优的算法来转换你的数据。这种转换优化一个叫 Lambda 的指数，它随后会应用到你的数据。其做法是迭代所有 –5 和 +5 之间的指数，直到找到一个最好的指数来把你的数据转换成正态分布。

```
boxcox(x~1)
```

正如你在 boxcox() 函数产生的图表中可以看到的（第三个图表），应用到数据的最优的指数将会在 0 ～ 1 的范围之内。

下一步，应用 power 函数。powerTransform() 函数将会把最优的 lambda 用来对原始数据进行计算：

```
p<-powerTransform(x)
```

切换各个控制台，你会看到数值的情况，并可以找到 p$lambda 的值。控制台显示，这个值是 0.287 363 8。

```
p$lamda
```

下一步是把 power 函数应用到现存数据上，并把结果赋值给一个新的向量 y：

```
y<-bcPower(x,p$lambda) # Box-Cox transformation
```

新数据的柱状图（下图中 y 的柱状图）显示，数据被转换成了正态分布，而用来度量正态性的 Q-Q 图显示出一条很好的直线：

```
qqnorm(y)
# Normal probability plot for transformed variable
hist(y)
```

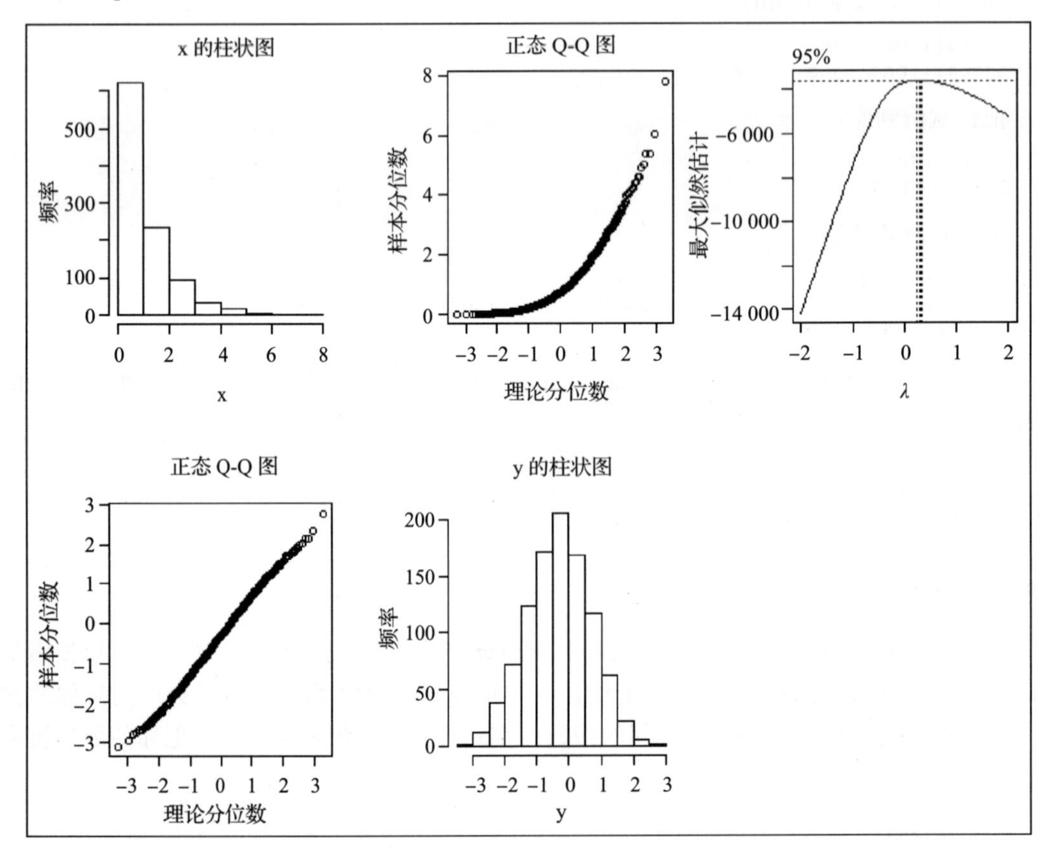

3.9 变量化简 / 变量重要性

变量化简技术使你可以精简模型需要指定的变量的数目。我们将要讨论可以实现这一目的三种不同方法：

1）主成分分析法（PCA）。

2）全部子集回归。

3）变量重要性。

3.9.1 主成分分析法

主成分分析（PCA）是一种变量化简技术，也可以用于判断变量的重要性。PCA 有一个有趣的优点，它产生的所有新成分变量，互相之间都是没有相关性的。在预测模型中需要无相关性的变量，因为如果相关的变量过多，就会使预测出错，并且很难判断哪个自变量的影响是最大的。所以，如果你开始时对你的数据做了探索性质的分析，并且发现存在大量的相关性，那么使用 PCA 是一个很好的想法。

模型对于相关的变量有一定程度的容忍性。我现在所说的情况是指你需要考虑很大数目的变量，而且仅仅是直接把它们扔到模型里去，希望算法能自己产生一个模型出来。大多数时候这样是行不通的。

对很多模型来说，如果你一开始有大量变量，会发现有很多变量互相之间非常相似，预测能力也是一样的。

这种情况的一个经典案例是标准化测试分数的预测因子。有些预测因子是用来度量特定的东西，例如阅读或者计算的能力，很多预测因子之间具有很高的相关性。底线是用一两个预测因子在一个预测模型里面得到的结果，与用八九个预测因子得到的结果可能有些是一样的。

PCA 的能力是识别数据中的冗余，可以认为这种方法能够使用最少数量的变量，而对模型的变化做出最大的贡献。如果你可以简化数据中的可解释的变量，得到仅仅两三个成分，这样就可以帮你减少数据的维度。当你决定了主要成分之后，可以在下面的方法中使用它们：

- 用主要成分替代初始的变量。
- 使用主成分分析来简单地识别和保持最有用的初始变量。在这种情况下，“有用的”意思是那些具有最高的变化性的变量，与目标变量有最高的相关性变量，最具有意义的变量，等等。

所以，主成分分析的一个目标是识别出一个小的子集，其中的变量可以解释初始数据中很大一部分的变化性。

在何处使用 PCA

主成分分析在社会科学、市场营销和广告业中应用得很多。与 PCA 相关的因子分析是利用主成分分析的结果来创建潜在变量。潜在变量试图客观地描述数据的行为，与只是简单地把初始数据做线性组合的主成分分析相对照，它差不多算是线性方程。

PCA 示例：美国逮捕数据

此处的示例是美国逮捕数据的相关性矩阵图表，根据 1973 年 50 个州的每 100 000 个公民中发生的攻击、他杀、强奸逮捕事件的数量绘制。同时还给出了市区居住人口的组成百分比。USArrests 数据集将会自动地作为 datasets 包的一部分来完成加载。

在控制台上，输入帮助信息？你就可以看到对 USArrests 数据集的描述。

```
library(datasets)
pairs(USArrests)
```

输出如下所示：

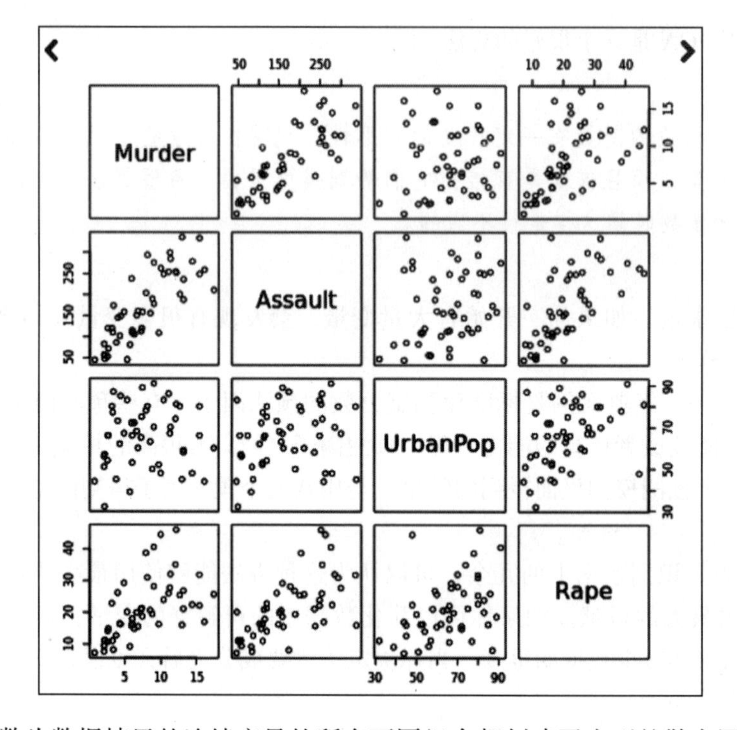

pairs() 函数为数据帧里的连续变量的所有不同组合都创建了小型的散点图。如果想查看某一对变量的相关性，在这两个变量对应的行和列交叉处可以看到，变量的标签在图表的对角线上。例如，Murder 和 Assault 的散点图就在这两个标签交叉的格子处。那么就有两个这样的格子：分别在矩阵的第 1 行第 2 列和第 2 行第 1 列。请注意，这些变量大多数都互相之间有很高的相关性。市区人口变量（UrbanPop）看起来是相关性最低的变量，至少从这些散点图上看起来是如此。谋杀和攻击之间具有很高的相关性。这种情况让我开始考虑，我们是否需要在一个预测模型中使用所有变量。

为了对这些数据运行主成分分析，我们使用 prcomp() 函数。请注意，在代码中对成分进行幅度调整（标准化）是适当的，因为这些变量的幅度都不一样：

```
require(graphics)

## the variances of the variables in the
## USArrests data vary by orders of magnitude, so scaling is appropriate

prcomp(USArrests, scale = TRUE)
```

下面所示是 prcomp() 函数的输出。这个输出描述了在每个主成分上面，对每个变量有多少负载。初始变量在各行中，新变量也就是主成分在各列中。新变量的默认名称是 PC1、PC2、PC3 和 PC4：

```
Standard deviations: (1, .., p=4):
[1] 1.5748783 0.9948694 0.5971291 0.4164494

Rotation (n x k) = (4 x 4):
```

```
             PC1        PC2        PC3         PC4
Murder   -0.5358995  0.4181809 -0.3412327  0.64922780
Assault  -0.5831836  0.1879856 -0.2681484 -0.74340748
UrbanPop -0.2781909 -0.8728062 -0.3780158  0.13387773
Rape     -0.5434321 -0.1673186  0.8177779  0.08902432
```

在每一列下面的数值是实际使用的系数，在决定线性组合时使用。所以我们可以通过下面的方法计算第一个也是最重要的一个主成分：

```
PC1=Murder * 0.5358995 + Assault*-0.5831836 + UrbanPop*-0.2781909 +
Rape*-0.5434321.
```

由于在开始时变量经过了幅度调整（或标准化），系数的幅度可以让你对各个变量对成分的贡献有多大有个粗略的估计。例如说，PC1 可以说是谋杀、强奸和攻击这几个变量的变形，而 PC2 更多的是市区人口的变形。PC3 可能是关于市区人口内的强奸的情况，而 PC4 可能是不考虑攻击的时候，谋杀的情况。

PC1 的重大影响力可以在下面的图表中看出来。每个后面的主成分都是度量前面一个成分没有解释的那剩下一部分变化性。

```
plot(prcomp(USArrests))
```

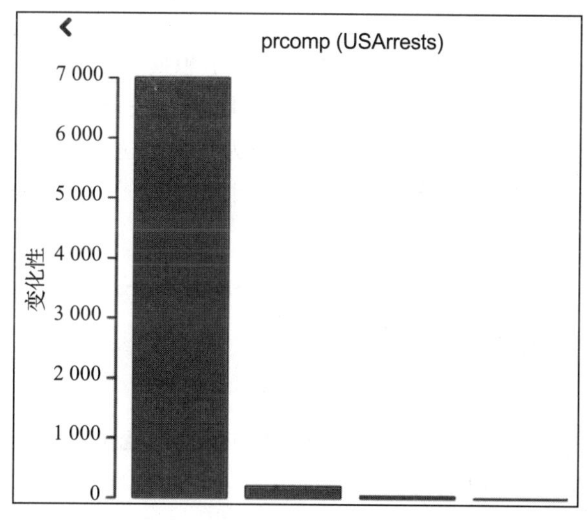

prcomp summary 函数显示经过解释的变化性的累计百分比：

```
summary(prcomp(USArrests, scale = TRUE))
```

也就是下面的输出：

```
Importance of components%s:
                          PC1    PC2     PC3     PC4
Standard deviation     1.5749 0.9949 0.59713 0.41645
Proportion of Variance 0.6201 0.2474 0.08914 0.04336
Cumulative Proportion  0.6201 0.8675 0.95664 1.00000
```

在输出的最后一行 Cumulative Proportion，你可以看到第一个成分解释了 62% 的变化性，而前两个主成分解释了总共 87% 的变化性。

这是基于4个初始变量的。主成分分析简化了50%的变量数目。设想一下，假如你的特征集里面刚开始有100多个的变量，将会简化多少个变量啊！

3.9.2 全子集回归

全子集回归是另外一种可以用于选择变量的方法。它的工作原理是每次为1个变量、2个变量、3个变量的不同组合运行单独的回归，直到所有的变量都使用过，或者直到一个指定的停止点。作为输出的一部分，它会计算每一组变量的最佳模型。这样你可以得到关于单变量、双变量、三变量等的最佳模型是什么的想法，从而可以用一些绘图和输出统计把一个数量很大的变量清单缩减为一个较小数量的清单，仅包含重要的那些变量。

示例：空气质量

在这个示例中，我们将使用leaps包中的regsubsets()函数来决定哪些变量在预测温度中有重要的作用：

```
install.packages("leaps")
library(leaps)
data(airquality)
str(airquality)
```

在以下对regsubsets()函数的调用中，我们指定了想要得到单变量、双变量、三变量的各种组合下各自的最优模型。默认地，该函数将会用模型中所有的变量来计算最优模型。在这个函数调用中，我使用了指定最大值来演示，因为我想要这个算法在处理的变量数目达到指定数量的时候就停止运行。当你使用的变量数目很大的时候，这一点会变得很重要，你可不想把宝贵的内存都耗尽吧。

```
out <-regsubsets(Temp ~ .,data=airquality,nbest=1,nvmax = 99)
```

在输出上运行summary()函数：

```
summary(out)
```

下面的输出显示了在最优的1～5变量模型中包含的变量。请注意，一共只有5个变量，所以你不可能得到五变量以上的模型。

```
Subset selection object
Call: regsubsets.formula(Temp ~ ., data = airquality, nbest = 1, nvmax =
99)
5 Variables (and intercept)
        Forced in Forced out
Ozone       FALSE      FALSE
Solar.R     FALSE      FALSE
Wind        FALSE      FALSE
Month       FALSE      FALSE
Day         FALSE      FALSE
1 subsets of each size up to 5
Selection Algorithm: exhaustive
        Ozone Solar.R Wind Month Day
1 ( 1 ) "*"   " "     " "  " "   " "
```

```
2 ( 1 ) "*"    " "     " "  "*"  " "
3 ( 1 ) "*"    "*"     " "  "*"  " "
4 ( 1 ) "*"    "*"     " "  "*"  "*"
5 ( 1 ) "*"    "*"     "*"  "*"  "*"
```

此处有必要解释一下在输出表格中的星形符号的含义。每一行表示模型中变量的数目，而在各列中的 * 符号表示该变量是组合中的一部分。所以我们可以看到 Ozone 是最优的单变量预测因子，而 Ozone 和 Month 是最优的双变量预测因子：

模型中的变量	Ozone	Solar.R	Wind	Month	Day	
1	Ozone	"*"	""	""	""	""
2	Ozone, Month	"*"	""	""	"*"	""
3	Ozone, Month, Solar.R	"*"	"*"	""	"*"	""
4	Ozone, Month, Solar.R, Day	"*"	"*"	""	"*"	"*"
5	Ozone, Month, Solar.R, Day, Wind	"*"	"*"	"*"	"*"	"*"

如果想要查看各个变量组合的调整 R-Square 值，可以运行下面这一行命令：

```
summary(out)$adjr2
```

下面是输出：

```
[1] 0.4832625 0.5746686 0.5801736 0.5836452 0.5823619
```

你可以看到单变量模型的调整 R-Square 值是 0.48，双变量模型的调整 R-Square 值是 0.57。对三变量以上的模型，看上去好像 R-Square 值的增长是越来越快。所以，看起来 Ozone 和 Month 的双变量模型比较适合用于预测空气质量。

调整 R-Square 绘图

调整 R-Square 绘图也有助于模型的选择。下面的图表中，每一行代表一个单独的模型，与之相交的各列则是所有的变量。plot 函数显示了模型中的 R-Square 值（如 y 轴所示）是如何随着变量而变化的。

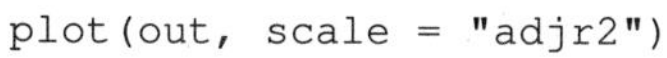

```
plot(out, scale = "adjr2")
```

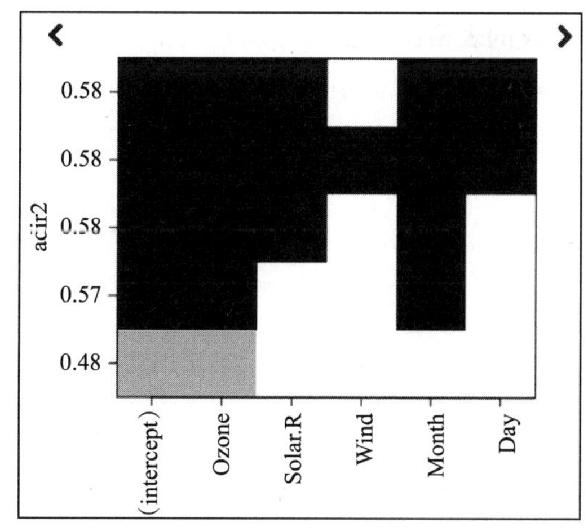

选择最优的模型时，注意看哪些变量的黑色方块最靠近 y 轴的最高点。

在我们的示例中，用这个方法找到的是四变量 Ozone、Month、Solar.R 和 Day 的模型，而在前面我们提示过，双变量模型和四变量模型之间的区别是很小的。然而，你可以看到，使用这个方法是如何把你的变量数从 5 个精简到 2 个，而且对回归模型的负面作用最小。

3.9.3 变量重要性

为了实现分类目标，你可以使用随机森林算法来判断变量重要性。

下面这个示例生成了一个仿真的抽样，使用吸烟和家族病史作为关键因子来决定男性患心脏病的概率：

```
set.seed(1020)
#construct a 50/50 sample of Males, and Females
gender <- sample(c("M","F"), 100, replace=T,prob=c(0.50,0.50))

#assign a higher probability of smoking to the Males (95%, WAY to high!)
smokes <- ifelse(gender=="M",
                 sample(c("N","Y"), 100, replace=T,prob=c(0.05,0.95)),
                 sample(c("N","Y"), 100, replace=T,prob=c(0.45,0.55))
)

#assume they also have a 60% chance of family history of heart disease

familyhistory <- ifelse(gender=="M",
                 sample(c("N","Y"), 100, replace=T,prob=c(0.40,0.60)),
                 sample(c("N","Y"), 100, replace=T,prob=c(0.50,0.50))
)


HighChol <- sample(c("Y","N"), 100, replace=T,prob=c(0.50,0.50))
heartdisease <- sample(c("Y","N"), 100, replace=T,prob=c(0.05,0.95))

#bind all of the variables together

heart<-
as.data.frame(cbind(smokes,HighChol,familyhistory,gender,heartdisease))
```

用交叉表来验证一些生成的表格：

```
#row percentages for smoking by gender. Males who smoke came out little bit
higher than the 95%
prop.table(table(heart$gender,heart$smokes),1)
```

下面所示是输出：

```
> prop.table(table(heart$gender,heart$smokes),1)

           N          Y
  F 0.42592593 0.57407407
  M 0.04347826 0.95652174
```

请看以下的代码：

```
#row percentage for family history by gender. Males with family history of
heart disease came out also a bit higher than 60%
prop.table(table(heart$gender,heart$familyhistory),1)
```

它的输出如下所示：

```
> prop.table(table(heart$gender,heart$familyhistory),1)
           N         Y
  F 0.5370370 0.4629630
  M 0.3913043 0.6086957
```

最后，查看两种性别各自的心脏病发病率：

```
> prop.table(table(heart$gender,heart$heartdisease),1)
            N          Y
  F 0.96296296 0.03703704
  M 0.93478261 0.06521739
```

变量影响力绘图

现在我们可以运行变量影响力绘图了。下面的图表显示了高胆固醇和家族病史是最重要的两个变量：

```
require(randomForest)
fit <- randomForest(factor(heartdisease)~., data=heart,ntree=1000)
(VI_F <- importance(fit))
varImpPlot(fit,type=2,main="Random Forest Variable Importance Plot - Heart
Disease Simulation")
```

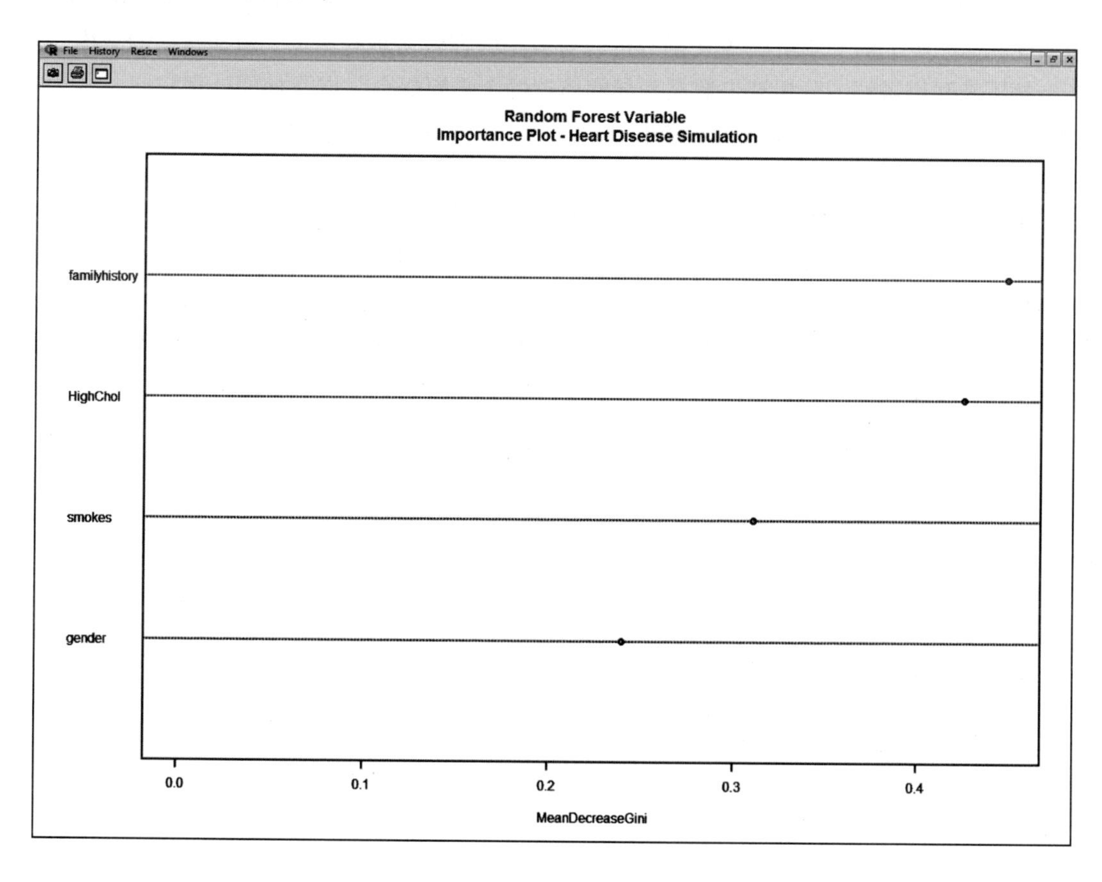

这个方法的缺点是，它对各个变量是分别处理的，并不考虑任何两个变量之间的相关性。

3.10 参考资料

Hospital Inpatient Discharges (SPARCS De-Identified): 2012. (n.d.). Retrieved from `https://health.data.ny.gov/Health/Hospital-Inpatient-Discharges-SPARCS-De-Identified/u4ud-w55t`.

3.11 本章小结

在本章中，我们学习了所有关于获取数据、为分析做准备的方法，以便你能够开始运行模型。从输入原始格式的外部数据开始，我们还了解到有若干种可以实现这些方法的途径。你还学习了如何生成自己的数据，以及两种不同的连接或者融合数据的方法：一种是使用 SQL，另一种是使用 dplyr 函数。

然后我们继续讲解了在数据输入之后，有时候需要做的一些基本的数据清理和数据探索技术，例如标准化和转置数据，改变变量类型，创建虚拟变量，分箱，以及清除随机数据。现在你已经了解了使用哪些 R 函数可以对数据内容做初步的浏览，包括数据的结构。

接下来我们讲解了分析缺失数据和异常值这两个重要概念，以及如何处理它们。

我们展示了几种方法来把变量数目简化到一个可管理的水平，使用的技术包括主成分分析和全子集回归。

最后，我们学习了使用随机森林算法识别模型中最重要的若干个变量。

以上就是数据准备的部分，我们对那些可以用来为建模准备数据的方法做了浮光掠影的介绍。

在下一章里，我们将会介绍关于随机森林的更多细节，还有回归、决策树、SVM 和其他一些知识，为你打造一个基础算法的坚实基础，使你能够使用它们来建立你自己的核心模型。

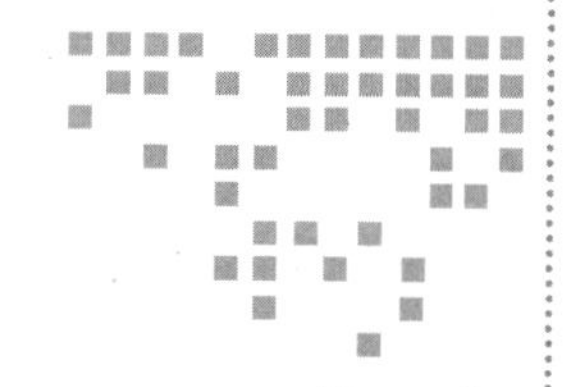

第4章 Chapter 4

回归算法导论

“不是无知造成了这么多的麻烦；而是人们知道了太多根本不是这么回事的事。”

——Billings

预测分析技术的数量似乎每一天都在增加。人们一直在争论我们是否需要更好的算法，或者是否需要更多、更好的数据来攻克某个预测分析问题。

不管怎样，了解所有可用算法的最新情况以供自己任意使用总是好的。同样重要的是，通过三四种常用预测分析算法来提高你的技能，这些算法足以解决你可能会遇到的90%的问题，还要理解透彻在什么情况下合理使用算法。

本书通过两章内容介绍4种基本算法，这4种基本算法涵盖了许多你可能遇到的典型的业务情况，本章就是其中第一章。事实上，对于多数数据科学调查报告，投票分析人员通常会把这些技术包含在每个数据科学家都应该知道的顶尖技术中，而在这些技术中，我们将在本章详细讨论回归算法，剩下的3种核心算法会在之后的章节中讨论。我们先来介绍有哪4种核心算法：

- 回归技术是解决问题的标准参数方法，它把一个系数或权重分配给每一个自变量。这些变量通过线性函数与结果变量关联起来。
- 决策树是一类重要的算法，当变量的关系可能不再是线性关系时，决策树可以作为回归技术的一种备选方法。
- 聚类分析也被认为是无监督学习的一种形式，本质上更具有探索性，但不一定具有预测性。

- 在分析的对象是高维数据的情况下，支持向量机会非常有效。当数据中出现大批的变量时，高维数据开始发挥作用，并且你得选择在模型中使用全部或大部分的变量，而不必先应用某种数据压缩技术。当你以原始形式对一些实时数据应用进行分析时，常常会出现分析模型即刻需要再次应用的情况。

4.1 监督学习模型和无监督学习模型

我们已经讨论了目标变量（因变量）和自变量 / 特征的概念。特征（或自变量）用于描述和目标变量的关系，或者用于描述预测目标变量值的关系。定义自变量和因变量之后，再生成模型。从数据中学习生成的模型的其中一种分类方法是，将其分为监督学习模型和无监督学习模型。

4.1.1 监督学习模型

当目标变量的可能值被指定并标记时，模型被视为监督模型，也就是说，我们知道我们要预测什么，并且目标是找到最适合的预测模型来预测结果。

举个例子，如果我们正在预测产品的支持率，我们知道我们预测的是什么（产品的支持率），并且通常也知道可能的结果范围。它可以是 0 ～ 100 的百分比，也可以是一些分类，比如高支持率或者低支持率。

当预测的问题是可被监督的类型时，选择哪种模型通常取决于目标变量的类型，也就是说，目标变量是连续类型还是分类类型。它也可以取决于某些因素，如偏差 / 方差（在第 2 章中讨论）以及我们想要对模型做的各种假设。回归算法和决策树算法被认为是监督算法，因为在预测模型开始之前，指定了目标变量或者目标类（就决策树来说）。

4.1.2 无监督学习模型

无监督的预测问题本质上更具探索性。在无监督学习环境中，不会指定目标变量，甚至不知道变量应该是什么。通常是给数据科学家一组属性，然后要求他们提取一些关系，或者发现一些从数据中不会明显看出的新属性。

例如，在探索性客户分析过程中，你可以查看客户的不同属性，如年龄、性别和销售历史，这些属性可以引导你创建新的变量（过去不存在的），从而将每个客户描述为最佳客户、优质客户或一般客户。然后你可以选择一个合适的算法来解决该问题，可能是一个聚类算法、一棵决策树或者一个支持向量机。

另一个例子是使用一个神经网络算法，配合一些金融交易数据来发现某些潜在的欺诈或异常。

通常情况下，你会找到一个无监督算法（如神经网络算法），对应到无监督设置（发现欺诈），但并非总是这样。或许你会发现可以利用传统的监督技术（如回归技术）以及利用诊断后的工具检查误差项和离群值，找到完全出乎意料的结果。这可能把你引向导致重新制定分析问题的其他探索。

最后，监督学习和无监督学习经常紧密合作。你可能发现自己通过无监督学习过程创建了一个新变量，反过来又导致将这个变量作为一个潜在变量，集成到一个传统的监督算法（如决策树）中。

4.2　回归技术

回归分析（被认为是一种监督学习算法）可以追溯到 19 世纪早期，高斯（Gauss）和勒让德（Legendre）利用这些技术来测量行星绕太阳的运动轨迹（https://en.wikipedia.org/wiki/Regression_analysis）。由于其庞大的文献基础和适应各种问题的能力，回归算法的用法在预测分析界仍然很有优势。

当目标变量是连续变量时，线性回归是基本的回归技术。线性回归建立在普通最小二乘法的概念上，模型的函数形式是：

$$y_i = \beta_0 + \beta_{1xi1} + \beta_{2xi2} + \cdots\beta_{pxip} + \varepsilon_i$$

上述公式表明，线性回归模型是累加性的，也就是说，预测的结果是通过计算所有自变量的交叉积值来计算，然后添加一个截距（公式的第一项）和错误项（公式的最后一项）。该计算针对因变量或目标变量（y）产生了预测。线性回归线通过**普通最小二乘法**（ordinary least squares，OLS）进行拟合，其中，回归线上的观测值和预测距离之间的最小二乘法（误差项）的差别最小。使用平方差，而不是实际的差异，是因为我们真正感兴趣的是差异的幅度，而不是差异的方向。对结果求平方值则消除了正负符号。误差项通常用于检验预测模型产生的误差。

回归技术的优势

使用线性回归的其中一个优点是，它便于解释每个变量的线性系数。具体来说，每个变量在回归模型中的斜率（在每个回归项之前的 β），将显示出在相应的自变量中每个单位变化预测的变化，并且模型中所有其他变量保持不变。使用线性模型有相当大的灵活性，在这种模型中，你也可以对名义上的自变量以及连续变量进行建模，并通过变量变换和交互，将一定程度的非线性关系并入到其中。线性回归的知识主体非常庞大，并且很大程度上以概率论为基础。

虽然正确使用线性回归的话，它可以非常强大，但是要注意有些线性回归的主要假设：

- **独立性**：观察结果互不相关。处理时间序列数据时，这一假设常常会被推翻。了解如何对数据取样，将有助于理解该数据是否为独立数据，以及该数据是否是随机抽样。

- **线性**：自变量和因变量之间存在线性关系。也可能存在其他类型的关系；例如，变量之间可能存在曲线关系。在维基百科参考的第一行的第二节中，可以找到用于分析安斯科姆（Anscombe）的四组数据是如何发生的。
- **正态性**：回归模型中的误差项是呈正态分布的。直观地说，通常正态分布的误差项是有作用的，因为它们暗示着正确的变量在你的模型中都已存在，也就没有什么还需要你解释的。你只剩下一个随机误差。
- **误差的相等方差**：误差项也有常数方差。例如，不相等的方差意味着预测值的误差随着自变量值变大或变小而增加或减少。

如果其中任何一个假设都被推翻，你可能不应该使用线性回归。我说得比较严重，因为任何模型对这些假设都有一定程度的容忍，还有一些统计测试可以用于衡量某些假设的容忍程度。然而，如果你的数据符合线性回归的假设，预测效果就相当不错。

4.3 广义线性模型

广义线性模型（generalized linear model，GLM）是指一个较大的预测技术框架，包括线性回归、逻辑回归（用于预测二进制结果）以及泊松回归（用于预测计数）。它们是线性回归技术的一种广义化，允许你处理具有非正常误差项的其他分布。广义线性模型 GLM 可以利用 glm 包并通过 R 语言来实现，比如你提供链接函数指定了正在建模的分布情况。使用标准语法，则一个包中不同类型的模型更容易一起协同合作。

利用广义线性模型 GLM 的线性回归

在第 1 章中，最初使用的例子是，基于 lm 包，使用女性体重来预测女性身高。我们也可以使用 glm 包，指定 family=Gaussian 来起到关联作用：

```
lm_output <-  lm(women$height ~ women$weight)
```

或者：

```
glm_output <-  glm(women$height ~ women$weight,family=gaussian)
```

4.4 逻辑回归

一个非常普遍的 GLM 应用可以通过逻辑回归来实现。也就是说，当目标变量是一个二进制值时，使用的回归类型只能是两个值。这两个二进制值通常采用这种形式：

- 发生了某件事（二进制值为 1）
- 某件事没有发生（二进制值为 0）

这两个值通常根据行业类型而有所不同。以下是在不同行业中一些二进制响应的例子：

- **市场营销**：顾客对某个特定报价是否做出响应？

- **医疗**：是否是一种治疗疾病的特效药物？
- **财务**：某个具体的交易策略是否会带来利润？
- **网络追踪**：顾客是否会在结账时放弃准备购买的商品？

几乎每一个行业都会有一些能够用二进制结果来表述的问题。事实上，某些情况下，标准线性回归问题经常被改写，因此不再是预测对应目标值的特定值，而是将问题转化为二进制问题。通常这样做是为了利用逻辑回归的某些宽松假设。

你可能会问，"为什么不使用正则线性回归来解决这些问题呢？"不幸的是，由于多种原因，当你有一个二进制结果变量时，线性回归本身不可行。以下是两个重要的原因：

- 首先，如果使用正则回归，结果将超出0和1的界限范围，因为两个方向间连线的两端是无限延伸的。
- 其次，正则回归的其中一个要求是，误差项须是正态分布的，并且在逻辑回归的情况下并不成立。误差项和条件伯努利分布有关。

不过，逻辑回归确实包含了回归模型的很多特性：

- 逻辑回归是一个低方差的算法，因此非常容易实施和解释，并且没有某些其他算法因为过拟合而带来的那么多问题。
- 逻辑回归具有良好的特征选择性能、增加转换变量的性能以及和线性回归共享交互的性能。然而，逻辑回归预测的内容（事件发生的可能性）恰恰又将其与标准回归技术区分开来。

4.4.1 比率

线性回归会预测因变量的实际输出结果，而逻辑回归并不能预测实际输出结果或实际事件。逻辑回归预测的是某一事件发生的可能性或比率。这有些许不同，因为是与事件发生的概率有关（而不是事件本身的预测）。

比率是事件A发生的概率除以事件A没有发生的概率的比值。在函数方程中，该比值表示为一个自然对数：

$$\ln\left(\frac{P}{1-P}\right) = a + \beta_1 X_1 + \beta_2 X_2 + \cdots \beta_1 X_1$$

4.4.2 逻辑回归系数

从逻辑回归返回的系数是标准化的，它们测算的是比率日志中自变量的单位变化的影响，而不是变量本身的变化。

要确定这些系数，该算法使用的不是线性回归中的OLS方法，而是通过使用一种叫作**最大似然估计**（maximum likelihood estimation）的方法来确定。简单地说，这意味着算法从系数的任意值开始，进而提出一个初始模型。然后该算法测量出模型中的误差，并把系数调整为新的值，这样，下一个模型的结果就能更好地适应包含在数据中的值。该方法需要迭代执行，直到误差收敛到一个最优解。

由于一个线性模型的预测是通过从模型中求出的交叉乘积和截距来确定的。所以该结果好比 0.5% 的截止值，用于一个决策规则，将事件划分到两个目标变量值其中的一个。

4.4.3 示例：在医疗中使用逻辑回归来预测疼痛阈值

该例子从一项研究中获得数据，该研究预测了一个受试者在接受各种治疗后是否经历了疼痛减轻的情况。已经存在的疼痛表中 Gender 列、Age 列和 Duration 列也用作模型中的自变量。结果变量为 Pain，编码为 1 代表疼痛，编码为 0 代表没有疼痛。Treatment 列指的是 2 种治疗方法中的其中一种（A 治疗方法或 B 治疗方法），以及一个控制组（P）。

读取数据

我们将使用 read.table 附带 text= 选项来读取内联原始数据，也就是说，不必先创建一个外部文件。对于分析你从其他源复制、粘贴的数据，该方法是有用的，例如以下表格：

```
df <- read.table(text = 'Treatment  Gender  Age  Duration  Pain
                          P          F      68        1      0
                          P          M      66       26      1
                          A          F      71       12      0
                          A          M      71       17      1
                          B          F      66       12      0
                          A          F      64       17      0
                          P          M      70        1      1
                          A          F      64       30      0
                          B          F      78        1      0
                          B          M      75       30      1
                          A          M      70       12      0
                          B          M      70        1      0
                          P          M      78       12      1
                          P          M      66        4      1
                          A          M      78       15      1
                          P          F      72       27      0
                          B          F      65        7      0
                          P          M      67       17      1
                          P          F      67        1      1
                          A          F      74        1      0
                          B          M      74       16      0
                          B          F      67       28      0
                          B          F      72       50      0
                          A          F      63       27      0
                          A          M      62       42      0
                          P          M      74        4      0
                          B          M      66       19      0
                          A          M      70       28      0
                          P          M      83        1      1
                          P          M      77       29      1
                          A          F      69       12      0
                          B          M      67       23      0
                          B          M      77        1      1
                          P          F      65       29      0
                          B          M      75       21      1
```

```
                                        P       F      70          13      1
                                        P       F      68          27      1
                                        B       M      70          22      0
                                        A       M      67          10      0
                                        B       M      80          21      1
                                        P       F      67          30      0
                                        B       F      77          16      0
                                        B       F      76           9      1
                                        A       F      69          18      1
                                        P       F      64           1      1
                                        A       F      72          25      0
                                        B       M      59          29      0
                                        A       M      69           1      0
                                        B       F      69          42      0
                                        P       F      79          20      1
                                        B       F      65          14      0
                                        A       M      76          25      1
                                        B       F      69          24      0
                                        P       M      60          26      1
                                        A       F      67          11      0
                                        A       M      75           6      1
                                        P       M      68          11      1
                                        A       M      65          15      0
                                        P       F      72          11      1
                                        A       F      69           3      0',header =
TRUE)
```

获得一些基本统计

现在已经得到了数据，切换到控制台窗口。在控制台提示符下，输入命令 table (df$Pain)。该函数会提供给你关于有经历疼痛和没有经历疼痛的病人数量的初步统计数据：

```
> table(df$Pain)
```

结果将出现在控制台窗口中：

```
 0  1
35 25
```

prop.table 函数可以提供经历疼痛和没有经历疼痛的人数的百分比：

```
> prop.table(table(df$Pain))
```

输出如下：

```
        0         1
0.5833333 0.4166667
```

保存数据

在开始做其他事之前，我们将该数据帧保存在磁盘，因为在本章中还会使用到它。保存文件之前，请确保将工作目录设置为数据目录：

```
setwd("C:/PracticalPredictiveAnalytics/Data")
save(df,file="pain_raw.Rda")
```

4.4.4 GLM 模型拟合

现在我们使用 glm 包拟合逻辑模型。逻辑回归通常预测事件 1 的概率，所以要确保事件 1 对应于你想要预测的内容。通常，对于消极条件，如没有或者不存在的条件，变量被编码为 1 时，理解起来会有一些混乱。对于我们的模型，Pain=1 表示疼痛减轻。确保指定选项 family="binomial"，因为这就是告知 GLM 模型，你将运行一个逻辑模型：

```
PainGLM <- glm(Pain ~ Treatment + Gender + Age + Duration, data=df,
family="binomial")
```

summery 函数将列出系数（估计），以及标准误差、标准化 z 值和 p 值。p 值（最后一列）包含一个星号（* 或者 **），这通常指定了一个特征变量，通常这也是你应该首先看到的变量。但是请不要只看自动加上星号的变量。你应该查看所有变量的系数和统计数据，因为 P 值不该被视为绝对值，特别是在处理人体健康数据时：

```
summary(PainGLM)
```

产生的结果如下：

```
Call:
glm(formula = Pain ~ Treatment + Gender + Age + Duration, family =
"binomial",
    data = df)

Deviance Residuals:
    Min        1Q    Median        3Q       Max
-2.7638   -0.5904   -0.1952    0.6151    2.3153

Coefficients:
              Estimate Std. Error z value Pr(>|z|)
(Intercept) -20.588282   7.102883  -2.899  0.00375 **
TreatmentB   -0.526853   0.937025  -0.562  0.57394
TreatmentP    3.181690   1.016021   3.132  0.00174 **
GenderM       1.832202   0.796206   2.301  0.02138 *
Age           0.262093   0.097012   2.702  0.00690 **
Duration     -0.005859   0.032992  -0.178  0.85905
---
Signif. codes:  0 '***' 0.001 '**' 0.01 '*' 0.05 '.' 0.1 ' ' 1

(Dispersion parameter for binomial family taken to be 1)
    Null deviance: 81.503  on 59  degrees of freedom
Residual deviance: 48.736  on 54  degrees of freedom
AIC: 60.736

Number of Fisher Scoring iterations: 5
```

如前所述，将输出系数表示为比率日志。在原有的规模中表示系数，你需要应用 exp() 函数。另外，在下面的代码中，我们将把置信区间和指数系数算入其中，从而了解范围的概念。请寻找任何包含 0 在范围内的置信区间，因为这意味着可能没有效果或者只有轻微的效果。

在下面的例子中，TreatmentB 和 Duration 都在它们各自的置信区间中包含了 0 值。

```
cbind(exp(coef(PainGLM)),confint(PainGLM))
```

输出为以下结果：

```
                                          2.5 %      97.5 %
(Intercept)      0.000000001144518 -36.68451736  -8.30307052
TreatmentB       0.590460426864162  -2.47589653  1.28411227
TreatmentP       24.087421759279735  1.38534008  5.45845778
GenderM          6.247629578965714   0.38227954  3.58627713
Age              1.299647808771851   0.09349231  0.48146218
Duration         0.994158449470197  -0.07338820  0.05768555
```

针对每一个变量，exp() 函数将为你提供实际的似然比率。这会使你能够观察到每个变量对预测器发生的可能性的影响。在之前的例子中，Age 年龄每增加 1 岁使得 Pain 疼痛的可能性增加了 1.3 倍。这个数字很大吗？让我们先别思考数字，而是考虑一下，如果你恰巧患有某种慢性疾病，对于这个结果，你有何感受？

4.4.5　检验残差项

我在看到系数之后会做的第一件事就是查看残差项。可以通过 residuals() 函数看到所有残差项：

```
residuals(PainGLM, type="deviance") # residuals
```

许多好的模型的误差项几乎为 0，并且在所有级别上，残差项的方差大致相同。该模型的残差项的偏差列在之前展示的小节部分。我们可以看到偏差分布均衡，因为最小和最大的绝对值近似相等，1Q（第一个四分位数）和 3Q（第三个四分位数）也一样。

```
Deviance Residuals:
    Min       1Q    Median       3Q      Max
-2.7638  -0.5904  -0.1952   0.6151   2.3153
```

如果我们想看平均数，可以在 residuals() 函数中使用 mean() 函数。注意 –0.04 的平均值大于 –0.195 的中间值。这意味着误差项有轻微的正偏态。

```
mean(residuals(PainGLM, type="deviance"))
```

在控制台中出现的结果如下：

```
[1] -0.04269042
```

误差项分布图

分布图在展示误差项方面非常有用，并且通常在诊断一个模型的问题时是非常关键的：

```
plot(residuals(PainGLM, type="deviance"))
```

输出的分布图给出了一个灵活分布的误差项的好例子。在指数范围内，误差项看上去分散在 0 左右，而且似乎没有大的向上或向下的延伸趋势，除了前面提到的轻微倾斜：

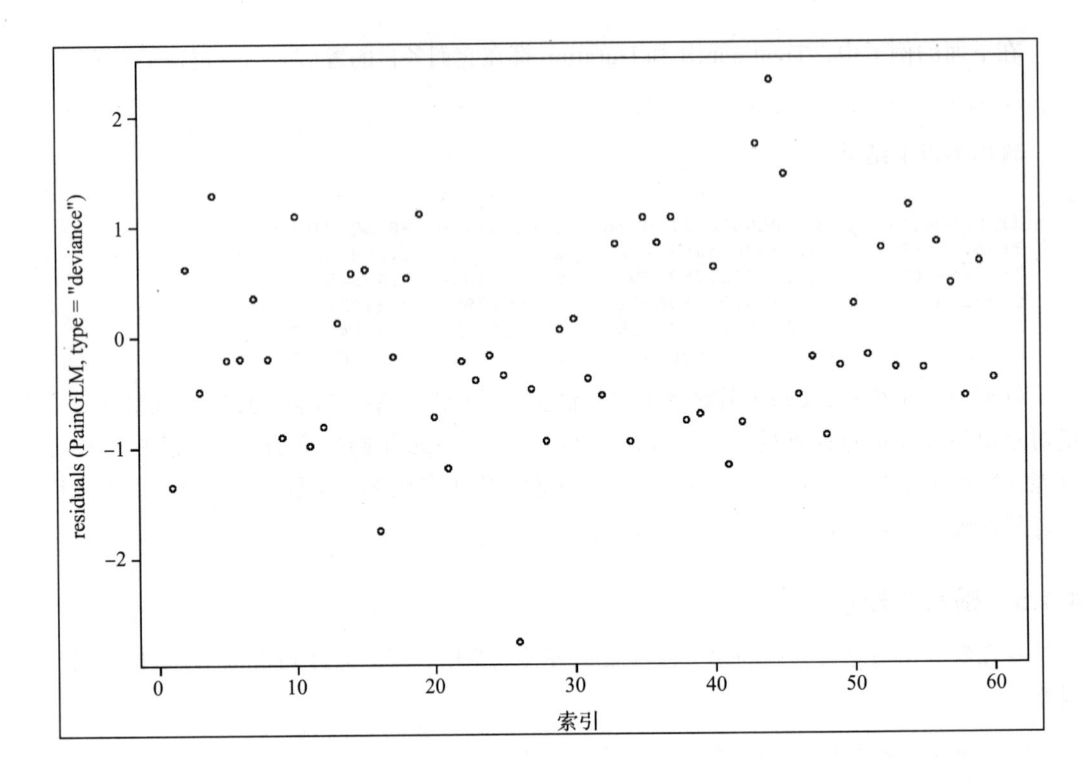

4.4.6 添加变量的分布图

你可以通过添加变量的分布图检查特定变量的影响，同时保持其他变量的系数不变。换句话说，它直观地描述了当你向模型添加变量时会发生什么。它也可以看作一种检验一个特定变量的影响效果的方法，该方法通过在一个2维空间上投影多个回归线来完成。你可以用该方法检查哪些变量相对于其他变量具有更大的影响。

在下面的分布图中，我们将使用car包的avPlots()函数。你可以看到Age年龄的强线性效应，Duration持续时间效应可以忽略不计。这也反映在之前展示的逻辑回归模型的系数和特性之中。

```
library(car)
library(car)
avPlots(PainGLM, id.method="mahal", id.n=2)
```

回归中的异常值

注意，之前每一个分布图也识别了数据集中极端的数据点，这些数据点可能对回归线产生影响（通过该数据绘制的线）。计算值在分布图中用黑体表示。

例如，在所有之前的分布图中，你都可以看到观测值26被认为是一个相对于其他协变量而言的异常值。

将这一观察结果及其相邻的值输出到控制台。通过检查，你可以看到它们是如何被认定为异常值的，两个变量（Duration和Treatment）的变化一目了然地和其他观测结果不同：

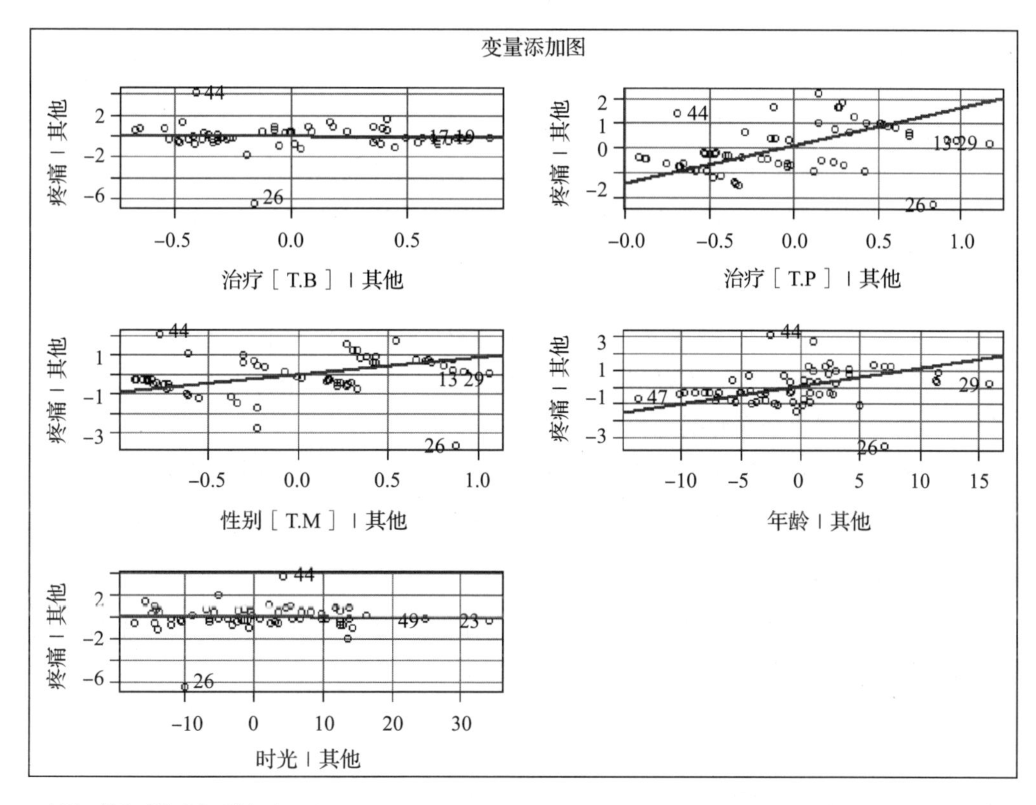


```
df[c(26,27,28,25),]
```

以下是从控制台输出的结果：

```
   Treatment Gender Age Duration Pain
26         P      M  74        4    0
27         B      M  66       19    0
28         A      M  70       28    0
25         A      M  62       42    0
```

4.4.7　p 值及其效应量

在输出统计上，p 值一直是进行假设检验的传统方式，但是最近几年，p 值受到批评，因为在多数情况下，这不是恰当的措施。

如今的数据集比以前大得多。一个具有大量变量的大数据集可以表现出明显的 p 值，即使该值不存在。

也有很多不同种类的算法可以产生 p 值，这是一个好机会，你可以选择能给你想要的 p 值的算法。

分析师可以根据不同的 p 值临界水平来强调其重要性。

更棘手的情况是你可以选择或更改数据来影响 p 值。这种情况很微妙，可以通过非随机抽样、一层到一层的数据转换、保留缺失值或者删除 / 输出缺失值而表现出来。所有由建模者在应用统计测试之前做的决定，都会影响到 p 值。

不得不说的是，对于识别可能的重要预测因子，以及了解数据是否适合该预测模型，p值还是很有用的。但是p值应该被当作一个工具来看，就像你使用的每一个算法，都只是你用来协助揭示真相的一个工具而已。我们已经论证的其他工具（如置信区间、随机抽样以及变量影响分布图）应该连同p值计算使用，提供一个完整的数据图片。

这是一个来自美国统计协会（American Statistical Association）有关p值用法的重要声明（2016年美国统计协会发布声明）：

- p值可以表明数据与指定统计模型是如何不兼容的；
- p值不会测算研究假设为真的概率，或者数据是随机偶然产生的概率；
- 科学结论和业务或政策决定不应该只根据p值是否到达一个特定的阈值而决定；
- 正确的推断需要全面的报告和相关透明性；
- p值或者统计显著性不会衡量一个影响的大小或者一个结果的重要性；
- 就其本身而言，p值不提供关于模型或假说的一个良好的衡量证据。

4.4.8 p值及其影响范围

虽然经常有关于小样本p值的疑问，但是使用大样本数据同样也可以产生糟糕的结果，即使p值可能是正确的，但是影响/变化的幅度还是微乎其微。

举个例子，你正在测算彩票中每1 000 000美元或1 000 001美元中奖的效果。

我们将生成两个概率样本：

- *X*包含100万个观测值，平均值为1 000 000；
- *Y*包含100万个观测值，但是平均值为1 000 001，与另一个样本的平均值只有一个单位的差别。

生成一个带有*X*和*Y*的数据帧，打印汇总统计：

```
set.seed(1020)
lottery <- data.frame(
  cbind(x=rnorm(n=1000000,1000000,100),y=rnorm(1000000,1000001,100)  )
)
  summary(lottery)
```

输出显示的正是我们期望的模拟*X*和模拟*Y*。它们都具有相同数量的观测值，但平均值只有一个单位之差：

```
        x                  y
Min.   : 999503    Min.   : 999513
1st Qu.: 999933    1st Qu.: 999934
Median :1000000    Median :1000001
Mean   :1000000    Mean   :1000001
3rd Qu.:1000067    3rd Qu.:1000068
Max.   :1000526    Max.   :1000489
```

如果我们对平均值之间的差别执行一个统计性t-test，p值会显示一个基于p值的非常显著的差别。但是如果只针对1美元的差额：

```
t.test(lottery$x,lottery$y)
```

控制台的输出如下：

```
   Welch Two Sample t-test

data:  lottery$x and lottery$y
t = -7.4518, df = 2000000, p-value = 9.209e-14
alternative hypothesis: true difference in means is not equal to 0
95 percent confidence interval:
 -1.3303374 -0.7762632
sample estimates:
mean of x mean of y
 999999.9 1000001.0
```

现在，我们重复这个模拟，但是这次使用一个相对较小的 n 值来运行同一段代码，也就是 $n = 100\ 000$：

```
 set.seed(1020)
 lottery <- data.frame(
  cbind(x=rnorm(n=100000,1000000,100),y=rnorm(n=100000,1000001,100)  )
 )
summary(lottery)
```

控制台的输出如下：

```
       x                  y
Min.   : 999545   Min.   : 999590
1st Qu.: 999933   1st Qu.: 999934
Median :1000000   Median :1000000
Mean   :1000000   Mean   :1000001
3rd Qu.:1000068   3rd Qu.:1000068
Max.   :1000446   Max.   :1000450
```

现在，再运行一遍 t-test，注意，我们得到了一个更大的 p 值 0.2492：

```
t.test(lottery$x,lottery$y)
```

控制台的输出如下：

```
  Welch Two Sample t-test

data:  lottery$x and lottery$y
t = -1.1522, df = 200000, p-value = 0.2492
alternative hypothesis: true difference in means is not equal to 0
95 percent confidence interval:
 -1.3899758  0.3607735
sample estimates:
mean of x mean of y
  1000000   1000001
```

以下是这段练习操作的要点。

如果这是彩票中奖的金额，大多数人不会在意他们是赢得了 1 000 000 美元还是 1 000 001 美元（不管样本大小），所以起作用的是效应量，也就是在本例中两个平均值的差额（1 美元）。很显然，对于大额金钱来说，1 美元并不重要，但重要的是你需要准确知道，在你的分析工作中变化的多少所带来的意义。

4.4.9　变量选择

在有大量变量的情况下，逐步回归可以作为变量选择的方法，你需要定义一个起点，该起点可以让你从一个有限变量集开始查看。不过，所有有关于 p 值的注意事项也都需要考虑在内。使用此方法只是查看模型测试的候选变量列表。使用逐步回归来决定最终的模型不是一个好的想法，这个最终的模型会产生人为的高偏结果。有几种方法可以用来确定最佳变量。

不过，让我们从识别 PainGLM 模型（疼痛广义线性模型）的潜在变量列表开始，该模型很小但是能够很好地诠释这个过程。在下面的例子中，stepwise() 函数通过逐步回归的 forward/backward 选项来确定最大的 AIC。

变量选择过程从每次添加一个变量开始，然后实现变量交换的形式，也就是说，考虑是否要通过删除已经存在于模型中的所有变量来改进 AIC。直到 AIC 不能再改进，选择过程就可以停止了。

- 在 PainGLM 实例中阐述了该算法，列出了所有的步骤，执行一遍这些步骤来决定最终选择的变量。从初始 AIC 统计量为 83.5（只截取模型）开始。将所有变量添加到模型中产生值为 73.48 的 AIC。然而，AIC 可以通过删除 Duration 持续时间来改进。因此，可以结束于一个 AIC 值为 58.77 的 Treatment、Age 和 Gender 模型，因为 AIC 已经不能再继续改进了。

```
install.packages("RcmdrMisc")
library(RcmdrMisc)
stepwise(PainGLM, direction='forward/backward',
criterion='AIC')
```

控制台中 stepwise 函数的输出结果如下：

```
Direction:  forward/backward-
Criterion:  AIC
Start:  AIC=83.5
Pain ~ 1
            Df Deviance    AIC
+ Treatment  2   67.480 73.480
+ Age        1   73.056 77.056
+ Gender     1   75.849 79.849
<none>           81.503 83.503
+ Duration   1   79.886 83.886

Step:  AIC=73.48
Pain ~ Treatment
            Df Deviance    AIC
+ Age        1   55.044 63.044
+ Gender     1   59.886 67.886
<none>           67.480 73.480
+ Duration   1   66.688 74.688
- Treatment  2   81.503 83.503

Step:  AIC=63.04
Pain ~ Treatment + Age
            Df Deviance    AIC
+ Gender     1   48.767 58.767
<none>           55.044 63.044
+ Duration   1   55.036 65.036
- Age        1   67.480 73.480
```

```
- Treatment  2   73.056 77.056
Step:  AIC=58.77
Pain ~ Treatment + Age + Gender
            Df Deviance    AIC
<none>           48.767 58.767
+ Duration   1   48.736 60.736
- Gender     1   55.044 63.044
- Age        1   59.886 67.886
- Treatment  2   68.900 74.900
Call:  glm(formula = Pain ~ Treatment + Age + Gender,   family =
"binomial",
    data = df)
Coefficients:
   (Intercept)  Treatment[T.B]  Treatment[T.P]                Age
Gender[T.M]
      -20.8694          -0.5474          3.1790            0.2650
1.8235
Degrees of Freedom: 59 Total (i.e. Null);  55 Residual
Null Deviance:      81.5
Residual Deviance: 48.77   AIC: 58.77
```

4.4.10 交互

我们已经看出回归是可叠加的，即预测多数是通过增加独立单变量和系数的乘积而计算得来。然而通常单个变量本身不足以充分预测简单回归模型中的结果。通常来说，预测变量 A 影响预测变量 B，可以改善输出结果。在解释使用某些变量背后的原理方面，这也有很长的路要走。两个或多个变量相互影响的方式称为交互，使用模型中的交互可以产生大于各自效应总和的效果。通常涉及两个或多个交互的变量，一个变量影响自变量的方式取决于其他变量的不同级别或范围。

在此例中，我们将采用原来的 Pain 疼痛模型，并确定不同的治疗方法是否对年龄有不同的作用。可以通过使用“：”分隔符（冒号）在模型中指定交互影响。如果我们也想包含自变量影响以及交互，我们将使用“*”分隔符。

首先，我们将像之前那样建立模型，但是要在模型中指定一个 Age:Treatment 影响。这样做是因为我们已经知道 Age 年龄和治疗 Type 类型在某种程度上可以独立地预测出 Pain 疼痛的结果，不过我们有兴趣看看，如果知道参与者的 Age 年龄以及他们接受的治疗类型，是否会改善模型。如果确实会改善，我们可以研究管理各种年龄组的不同治疗方法，从而影响输出变量（Pain 疼痛）：

```
install.packages("effects")
library(effects)
output <- glm(Pain ~ Treatment + Gender + Age + Duration + Age:Treatment
              ,data=df, family="binomial")
summary(output)
```

控制台中 summary 函数的输出结果如下：

```
glm(formula = Pain ~ Treatment + Gender + Age + Duration + Age:Treatment,
    family = "binomial", data = df)
```

```
Deviance Residuals:
     Min        1Q    Median        3Q       Max
-2.21745  -0.38598  -0.05829   0.44605   2.53761

Coefficients:
                    Estimate Std. Error z value Pr(>|z|)
(Intercept)       -39.420723  20.276062  -1.944   0.0519 .
TreatmentB      -9.012876      31.965793  -0.282       0.7780
TreatmentP      38.338070      21.827078   1.756       0.0790 .
GenderM          1.957605      0.872107   2.245       0.0248 *
Age              0.524314   0.283665   1.848   0.0646 .
Duration         0.003562   0.036643   0.097   0.9226
TreatmentB:Age   0.100597   0.433846   0.232   0.8166
TreatmentP:Age  -0.504315   0.307248  -1.641   0.1007
---
Signif. codes:  0 '***' 0.001 '**' 0.01 '*' 0.05 '.' 0.1 ' ' 1

(Dispersion parameter for binomial family taken to be 1)

    Null deviance: 81.503  on 59  degrees of freedom
Residual deviance: 41.928  on 52  degrees of freedom
AIC: 57.928

Number of Fisher Scoring iterations: 7
```

注意，在出现的输出结果中，这里不是一个 Treatment 治疗的系数，而是两个分别针对 TreatmentB 和 TreatmentP 的分离系数，以及它们和 Age 年龄的相互作用。请注意，在最后一列中没有一个新的交互项有显著的代码。

交互效应分布图：交互效应可以用 effect() 函数的分布图来展示。

```
plot(effect("Treatment*Age", output, xlevels=list(age=0:99)),
ticks=list(at=c(.001, .005, .01, .05, seq(.1,.9,by=.2), .95, .99, .995)))
```

正如分布图所示，TreatmentP（安慰剂）和 Age 之间没有交互，这是你在对照研究中所期望的。这些分布图也表明了对于其他两种治疗，Age 年龄和 Pain 疼痛之间的关系，不过这里没有足够的显著差异（在 0.05 级）来证明可以将此作为一个个性化的因素考虑：

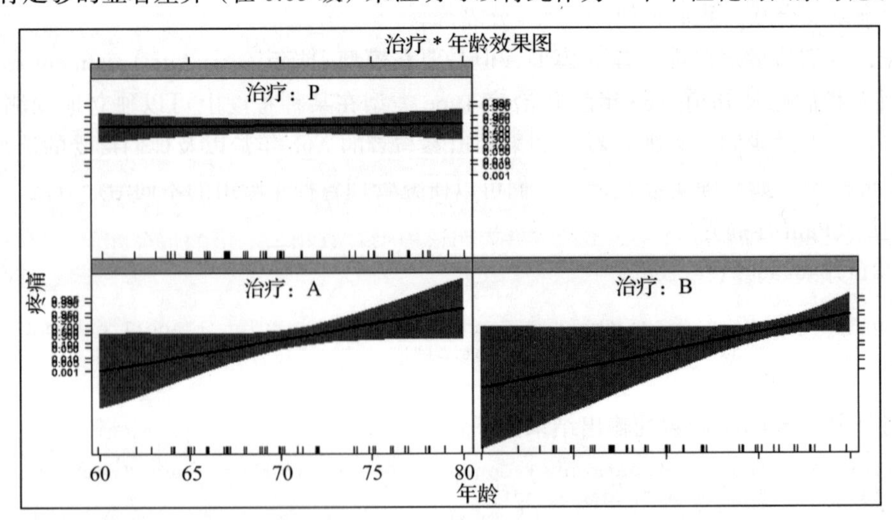

4.4.11　拟合优度统计量

拟合优度检验确定一个模型拟合数据的程度。有几种方法可以判断数据和逻辑回归模型的拟合程度：

- **数据分区**：我们已经学过一种方法，将数据划分为训练数据集和测试数据集，并测量它们产生的相似结果的程度。第 2 章展示了该方法。
- **单项指标**：另一种方法是提出一个定量的方法来衡量自变量，从 0 到 1 表示预测因变量的能力，0 意味着没有预测能力，1 意味着最佳预测能力。**曲线下面积**（Area Under the Curve，AUC）和 R-square 就是这类**拟合优度检验**（Goodness of Fit，GOF）的例子。
- R-square 是一种评估拟合优度的常用方法，它粗略地测量了模型中总变异量中的可解释变量。在线性回归中，它首先计算误差项平方和与总平方和的比值，然后减去 1 的结果。(决定系数，Coefficient of Determination)

$$R^2 \equiv 1 - \frac{SS_{\text{res}}}{SS_{\text{tot}}}$$

- 最有趣的是，逻辑回归没有 R square 统计。因为 R-square 是基于拟合的模型是线性模型的假设而来的，正如我们所见，逻辑回归没有做过这类假设。不过，伪 R-square 测量已经发展到包含相同的 0-1 幅度。这些测量中包括麦克法登统计（McFadden Statistic）。

麦克法登统计

麦克法登统计近似计算了 R-square 类型测量，通过查看完整模型的对数似然比（类似于先前定义的 OLS R-square 公式中的误差平方和），除以一个截距模型（intercept-only model）的对数似然（类似于 R-square 总平方和的分母）。近似于在截距空模型（intercept-only null model）基础上的逻辑模型的改良。麦克法登统计被认为是一个伪 R-square，因为麦克法登统计试图测量同一件事，并且产生类似于 R-square 的结果，在 0 ～ 1 范围内。

以下是麦克法登方程，来自 UCLA（加利福尼亚大学洛杉矶分校）的数字研究和教育学院。(常见问题：什么是伪 R-square ？)

$$R^2 \equiv 1 - \frac{\text{In}\,\hat{L}(M_{\text{Full}})}{\text{In}\,\hat{L}(M_{\text{intercept}})}$$

在以下代码中，0.40 的麦克法登统计表明该模型具有相当不错的拟合度：

```
install.packages("pscl")
library(pscl)
pR2(PainGLM)
```

pR2() 函数在控制台的输出如下：

```
        llh     llhNull          G2    McFadden        r2ML
-24.3678589 -40.7515960  32.7674742   0.4020392   0.4208099
       r2CU
  0.5664233
```

4.4.12 置信区间和 Wald 统计

Wald 检验用于评估模型中各个系数的统计意义，通过计算回归系数平方与系数标准误差平方的比来计算。该想法检验了模型中自变量的系数和零没有显著差异的假设。

输出显示了 95% 的置信区间（下限为 2.5%，上限为 97.5%）。给出的两个区间，其中一个是实际模型的系数，另一个是指数系数。我们可以再次看到，0 包含在 Duration 持续时间范围里，因此我们可以考虑从模型中删除变量：

```
confint(output, level=0.95, type="Wald")
```

confint() 函数在控制台的输出如下：

```
                   Estimate         2.5 %       97.5 %   exp(Estimate)
(Intercept)    -20.588282035 -34.50967776 -6.66688631    1.144518e-09
Treatment[T.B]  -0.526852662  -2.36338765  1.30968232    5.904604e-01
Treatment[T.P]   3.181689786   1.19032495  5.17305463    2.408742e+01
Gender[T.M]      1.832202124   0.27166722  3.39273703    6.247630e+00
Age              0.262093311   0.07195380  0.45223282    1.299648e+00
Duration        -0.005858679  -0.07052171  0.05880435    9.941584e-01
                      2.5 %       97.5 %
(Intercept)    1.029526e-15 1.272354e-03
Treatment[T.B] 9.410090e-02 3.704997e+00
Treatment[T.P] 3.288150e+00 1.764530e+02
Gender[T.M]    1.312150e+00 2.974726e+01
Age            1.074606e+00 1.571818e+00
Duration       9.319075e-01 1.060568e+00
```

4.4.13 基本回归诊断图

要诊断拟合度以及任何关于回归模型的潜在问题，分布图至关重要。这 4 个分布图可以帮助你识别出与回归无关的观察结果，并且可以逐个观察，看看它们是否有什么特别之处。这只是迭代过程的其中一部分，而迭代过程又是开发模型过程中的一部分，这个过程本身并不意味着会出现一个不适合的模型。

生成 PainGLM 疼痛广义线性模型的基本分布图。请注意，我们将这 4 个分布图表示在四个象限中。

```
oldpar <- par(oma=c(0,0,3,0), mfrow=c(2,2))
plot(PainGLM)
par(oldpar)
```

4.4.14 分布图类型描述

误差项与拟合：误差项与拟合分布图有助于确定误差项中是否存在任何模式。理想情况下，模式（或者非模式）会是在水平线周围的误差项的随机散射。

如果有任何明显的模式，那么再次审视某些双变量间的关系或者偏回归分布图，尝试把这些审视过的区域和原来的散点图关联上，会是一个好主意：

- **正态概率单位分布图**：该分布图将显示误差项是否为正态分布。

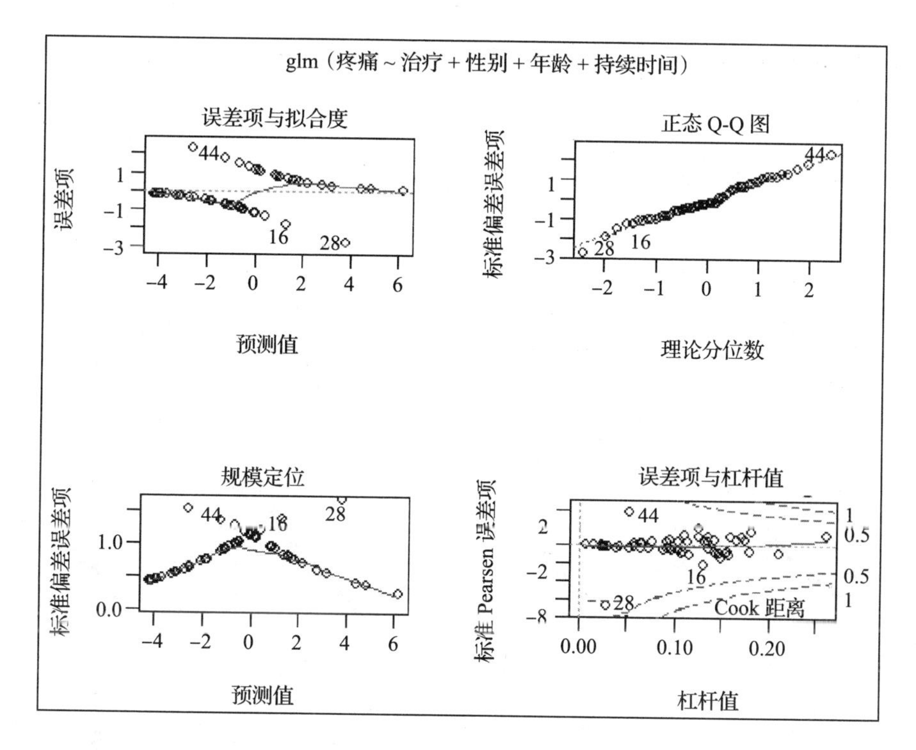

- **规模定位**：该分布图用于检查等方差假设。如果分布图显示误差项在预测范围内均匀分布，这也是一个很好的迹象。即如何检查等方差性（同方差性）假设。如果你看到一条水平（红色）参考线，以及线旁边随机等距的点，那就再好不过了。
- **误差项与杠杆值**：该分布图有助于确定哪些异常值会影响回归估值。并非所有的异常值都会影响回归，即使它们远离回归线。虚线之外的异常值会影响回归系数，如果把这些异常值从分析中去掉，结果可能会发生变化。

一种互动游戏：猜测误差项是否是随机的

查看诊断分布图时，你只看到了误差项的一种分布可能。TeachingDemos 库有一个有趣的互动函数名为 vis.test，会对从进行的回归中获得的误差项提出质疑，该函数从同一个回归中获得另外一组随机生成的误差项。牢记，因为误差项是随机的，所以该检验本质上会把误差随机化。如果你能够从它产生的其他误差项中筛查出你自己的误差项，则误差项检验失败，检验得出的结论（当然有一个 p 值）是，实际上误差项不是随机的，并且会把你带回到模型绘制面板。

为了进行该检验并参与该游戏，需要运行以下代码：

```
install.packages("TeachingDemos")
library(TeachingDemos)
set.seed(1)
if(interactive()) {vis.test(residuals(PainGLM, type="response"), vt.qqnorm,
nrow=4, ncol=4, npage=1)}
```

在以下模式出现后，点击你认为符合正态概率单位分布图的模式，即之前所列第1行第2列的分布图：

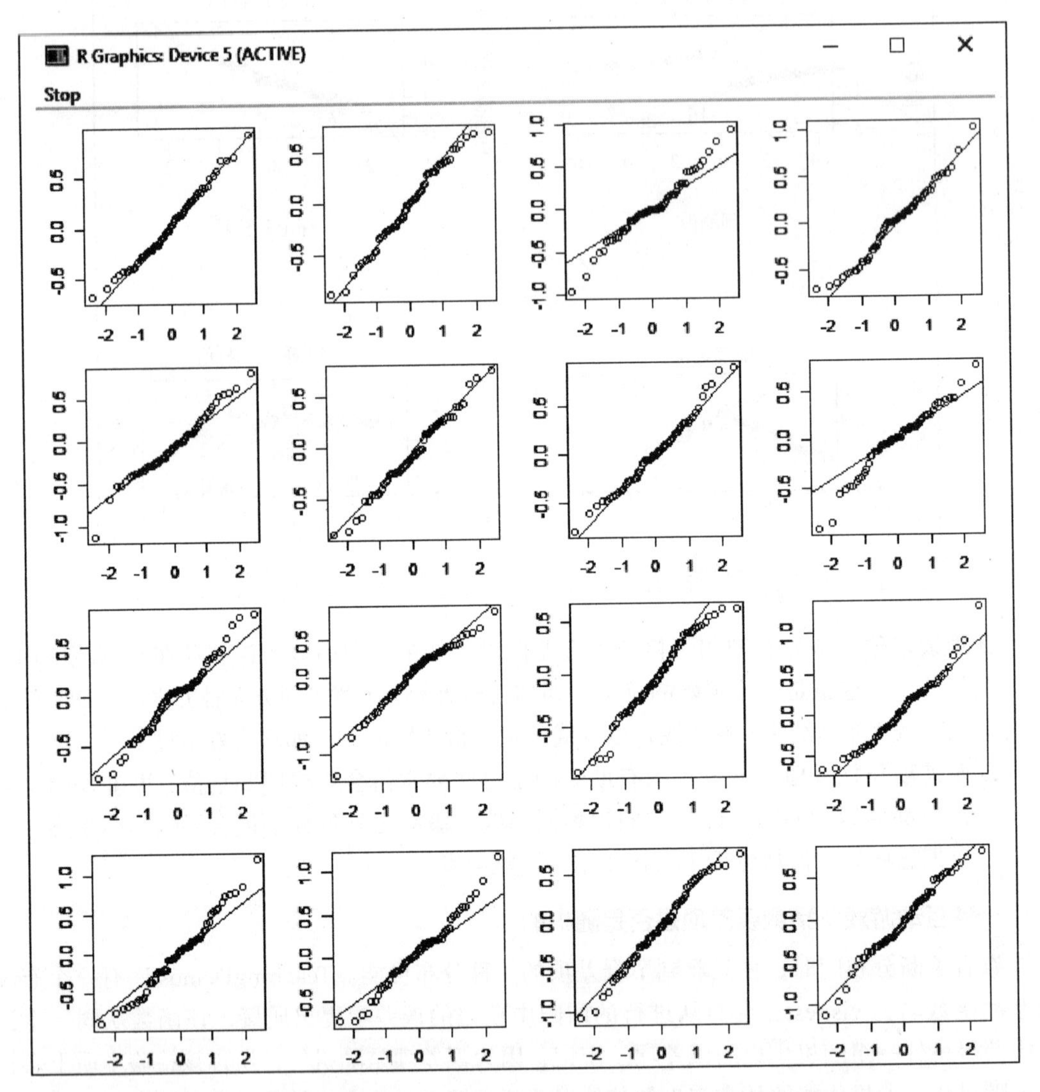

点击你的判断答案后，该函数会检验你是否匹配正确以及此概率是多少。如果你一直判断错误，则会减少行数和列数，直到你能找到匹配的正态概率单位分布图。

4.4.15 拟合优度：Hosmer-Lemeshow 检验

拟合优度检验会查看预测概率子群，例如，概率范围在10（10%）的概率组，并且测量响应变量预测是否和偶然预期要发生的预测有明显的不同。

第一个数据有它们的预测概率从最低到最高进行分组，然后被分级置于同样大小的组中。

然后使用卡方检验对每一个分级组的预测概率和它们预期的概率进行比较。在一个满意的模型中，预测应该优于大多数分级组所预期的概率。如果没有优于，则有疑问的组将在预测与预期分布图中显示，并且你可以返回，在此尝试找出任何潜在的模型问题。

基于 PainGLM 数据的拟合优度示例

在以下示例中，我们将在 PainGLM 数据集中运用 Hosmer-Lemeshow 检验。我们会通过 ResourceSelection 包中的 hoslem.test() 函数来实施 Hosmer-Lemeshow 检验。

为了设置该检验，提供观测值，并且把拟合的（预测）值作为 hoslem.test() 函数的一部分：

```
install.packages("ResourceSelection")
library(ResourceSelection)
hoslem.test(PainGLM$y,fitted(PainGLM))
```

hoslem.test 函数在控制台的输出如下：

```
  Hosmer and Lemeshow goodness of fit (GOF) test

data:  PainGLM$y, fitted(PainGLM)
X-squared = 8.4981, df = 8, p-value = 0.3864
```

从 p 值统计（0.38）的检验表明，没有拟合问题。

以下的分布图表明某些预测概率优于预期概率（在性能上，相对于理想直线，某些分级组比预期的要好，而其他的则比预期的要差）。

使用 cbind() 函数，我们可以看到分组的、预期的以及观察的值：

```
cbind(hoslem$observed,hoslem$expected)
```

第一列显示每一个概率范围定义的分组。第 2列和第 3 列展示了每一个分组的观测频率和预期频率：

```
> cbind(hoslem$observed,hoslem$expected)
               y0 y1     yhat0     yhat1
[0.0143,0.02]   6  0 5.8984765 0.1015235
(0.02,0.0668]   6  0 5.7762161 0.2237839
(0.0668,0.128]  5  1 5.4894519 0.5105481
(0.128,0.246]   5  1 4.9134095 1.0865905
(0.246,0.353]   5  1 4.1805425 1.8194575
(0.353,0.502]   4  2 3.4564716 2.5435284
(0.502,0.632]   2  4 2.6816122 3.3183878
(0.632,0.807]   1  5 1.5600375 4.4399625
(0.807,0.903]   0  6 0.9008531 5.0991469
(0.903,0.998]   1  5 0.1429292 5.8570708
```

4.4.16　正则化

在某些情况下，大量的变量会产生过度拟合的模型。这会引起一个偏差模型，其中有的变量对预测的影响比合理预期的要多。

处理此问题的其中一个方法是，选择原始变量的子集。我们展示了所有子集的回归，这些回归只考虑用其中少数几种变量来产生最终模型。但是，在某些情况下，你可能想要保留模型中所有的或者大多数的变量。例如，如果你通过过去的研究了解到，这个过程应该始终包含特定的变量，你会想要把该变量保留在模型中，即便在变量筛选过程执行后，该变量可能会被筛选出去。

回归正则化是一种减少某些系数，甚至将某些系数设置为 0 的方法，这样做可以减少这些系数的影响。虽然我认为，对于重要的变量，通过减少模型来简化模型始终是好方法，但是正则化确实也能帮助减少多重共线性（multicollinearity），或者减少自变量之间的相关性，还有一些我们已经讨论过其主要构成的其他技术。

如果选择正则化的方法，可以有许多正则化的选择。其中一些正则化的方法有岭回归、LASSO 或者 LARS。

4.4.17 示例：ElasticNet

要说明 PainGLM 数据的正则化，我们将使用 ElasticNet 正则化算法（包含在 glmnet 包内），该算法结合了几种不同的正则化方法。

通过创建一些虚拟变量开始，使用我们之前利用的 model.matrix() 函数。然后，将 Duration 变量合并形成一个新的矩阵：

```
dummy.vars <- model.matrix(df$Pain ~ df$Treatment + df$Gender + df$Age +
df$Duration)[,-1]
x <- as.matrix(data.frame(df$Duration,dummy.vars))
head(x)
```

输出如下：

```
  df.Treatment.T.B. df.Treatment.T.P. df.Gender.T.M. df.Age df.Duration
1                 0                 1              0     68           1
2                 0                 1              1     66          26
3                 0                 0              0     71          12
4                 0                 0              1     71          17
5                 1                 0              0     66          12
6                 0                 0              0     64          17
```

接下来，在模型上执行 Lasso 正则化（alpha=1），使用 x 矩阵作为输入并设置。Pain 作为目标变量。注意，glmnet 的语法类似于我们较早使用的 glm 函数：

```
install.packages("glmnet")
library(glmnet)
options(scipen = 999)
mod.result<-glmnet(x,y=as.factor(df$Pain),alpha=1,family='binomial')
```

4.4.18 选择一个正确的 Lambda

该模型将输出一个 lambda（λ）的区间（正则化参数），会缓和不同系数对不同程度的影响。

一张 mod.results 的分布图显示了 lambda（λ）变化时系数的大小：

```
plot(mod.result,xvar="lambda")
```

lambda（λ）参数控制系数的收缩总量。注意，当 lambda（λ）变大时，更多的系数会收缩到 0：

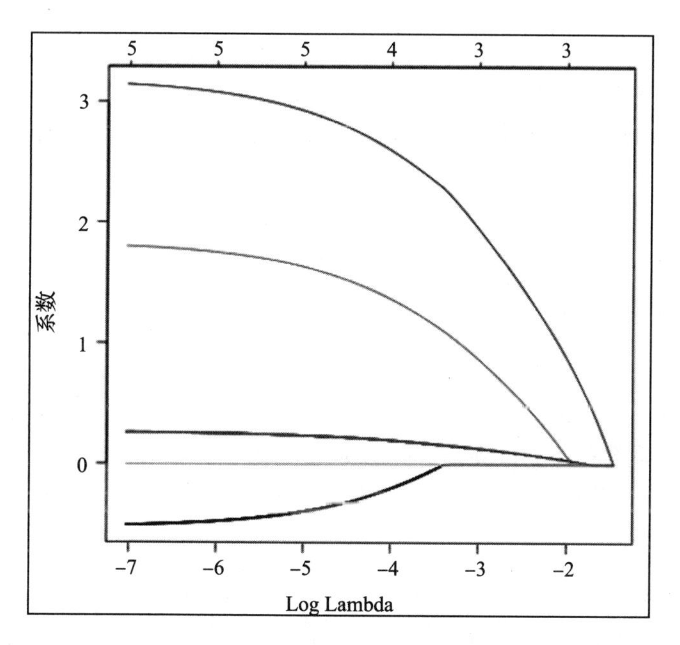

如果输出一些结果，你将看到每个 lambda（λ）模型中包含了多少非零系数，以及每个模型的百分偏差。这有助于你给自己的模型选择一个合适的 lambda（λ）值：

```
head(print(mod.result))
```

lambda（λ）表被写入控制台：

```
     Df                    %Dev Lambda
[1,]  0 -0.0000000000000004904 0.2357
[2,]  1  0.0284499999999999996 0.2148
[3,]  1  0.0519700000000000023 0.1957
[4,]  2  0.0739900000000000002 0.1783
[5,]  2  0.1071000000000000008 0.1625
[6,]  2  0.1351999999999999869 0.1480

tail(print(mod.result))
      Df   %Dev    Lambda
[56,]  5 0.4019 0.0014130
[57,]  5 0.4019 0.0012870
[58,]  5 0.4020 0.0011730
[59,]  5 0.4020 0.0010690
[60,]  5 0.4020 0.0009739
[61,]  5 0.4020 0.0008874
```

4.4.19 基于 Lambda 输出可能的系数

利用一些 lambda（λ）值，你可以输出每个模型不同的系数。

这也将帮助你选择适合模型的 lambda（λ）值：

```
coef(mod.result,s=0.1957000)      #  4 of 5 coefficient are at 0, too much
shrinkage
coef(mod.result,s=0.0131800)      #  only 1 coefficient is set to 0
coef(mod.result,s=0.0120100)      #   All coefficients are included
coef(mod.result,s=0.01)
```

通过 0.01 的 lambda（λ）将使用所有的变量，所以让我们通过该值输出系数：

```
> coef(mod.result,s=0.01)
7 x 1 sparse Matrix of class "dgCMatrix"
                                       1
(Intercept)        -17.57297008856023268208
df.Duration         -0.000962546
df.TreatmentB       -0.33638216397784859168
df.TreatmentP        2.82134076268210698402
df.GenderM           1.54779351031200929079
df.Age               0.22139548722788335300
df.Duration.1        .
```

比较正则化的系数和原 glm 系数，可以观察到系数的幅度有所减小。作为练习，尝试用不同的 lambda（λ）值检验试验，观察系数是如何变化的：

```
Coefficients:
              Estimate Std. Error z value Pr(>|z|)
(Intercept) -20.588282   7.102883  -2.899  0.00375 **
TreatmentB   -0.526853   0.937025  -0.562  0.57394
TreatmentP    3.181690   1.016021   3.132  0.00174 **
GenderM       1.832202   0.796206   2.301  0.02138 *
Age           0.262093   0.097012   2.702  0.00690 **
Duration     -0.005859   0.032992  -0.178  0.85905
```

4.5 本章小结

在本章中，我们从讨论监督和无监督学习开始，并强调了纯预测和探索性分析之间的区别。接着我们引入了第一个核心算法（一般线性模型），该算法在预测分析领域很重要。然后，我们讨论了各种回归算法，以及它们的优缺点，值得注意的是，回归是一种极其灵活并且研究充分的基于统计的建模工具。我们还利用疼痛阈值的研究展示了逻辑回归和正则化回归的例子，并讨论了回归中一些重要的概念，如相互作用、p 值以及影响范围。

在下一章中，我们将通过讨论另外 3 种算法，即决策树、聚类和支持向量机，继续讨论有关核心预测分析的算法。

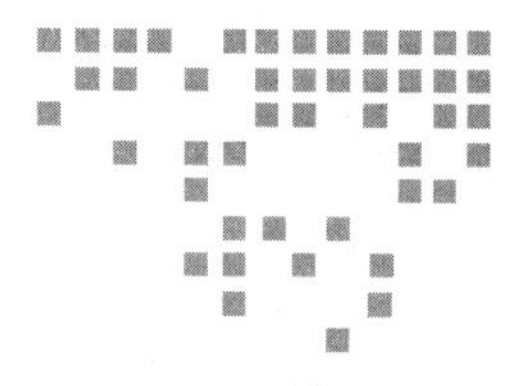

第5章 Chapter 5

决策树、聚类和SVM导论

“我的兴趣在未来，因为我将在那里度过余生。”

——Charles F. Kettering

5.1 决策树算法

决策树是一个很好的预测模型，具有很多优势。它拥有的可解释性、变量选择、变量交互以及选择决策树复杂程度的灵活性，都可以发挥作用。

决策树方法是一种分类方法，因此决策树的典型用途是预测一个类或类别。然而，也有一些类型的决策树，称为回归树，它们的输出是连续变量，而不是类别。利用这种特性，我们可以研究使用数值和分类变量混合的开发模型。

决策树广泛应用于市场营销和广告，以及任何需要将客户分成不同群体的其他行业。它们也用于疾病的医疗保健和风险分类。

5.1.1 决策树的优点

决策树有很多优点。技术人员和业务人员都能轻松理解，并且能够以非常简便或非常详细的方式来呈现相关的解决方案。

该算法可以专门针对用户及其问题的类型来进行调整，具体地说，包括领域特定的变量的包含、排除，以及算法的复杂程度。当面对通常意义上的小到中等数量的变量时，决策树是最有用的，目标是了解变量之间的相互作用。决策树也是讲故事的好工具，因为树的自然呈现、分裂机制与业务规则决策相适应，每个特定节点都可以根据需要进行检查和质疑。

决策树可以处理分类和数字变量，还能够处理缺失值。没有必要丢弃或插补任何缺失值。

5.1.2 决策树的缺点

大多数决策树利用的都是所谓的贪婪算法。关于贪婪的意思，有很多定义，不过我喜欢的定义是：它总是根据当时可用的所有信息做出最佳的选择。创建树的时候并不会有所谓“事后的认识”。数据的任何轻微变化都可能改变结果，如果你使用后来加入的样本运行算法，结果可能不会以完全相同的方式复现出来。当以自动化方式运行时，也不能强制树选择你想要的路径。如果要完全控制选择，你最好用交互式决策树。通过这种方式你可以使用点击来控制节点的选择。不幸的是，这种方法没有很多开源的程序可以选择。

此外，在决策树算法中存在内置的偏差，因为它们倾向于具有大量类别的变量。这使得这种算法能够分裂出大数量的类别，即使结果没有任何意义（我们将在示例中看到这一点）。大决策树可以产生无效或愚蠢的结果，特别是当树的规模非常巨大的时候。很容易出现过拟合，但是有一种叫作修剪的技术，可用于减少这种现象。随机森林树有助于改善这些缺点，因为它不是在每棵树中包含所有的变量，而是使用建立共识来产生结果。

尽管决策树存在着这些缺点，但我依然主张将其更多地用作一种探索性工具（无监督学习），你将发现，当使用有组织、有条理的方法进行分析时，它会发现数据中存在的许多重要关系。它也是验证从其他类型的模型获得结果的好方法。如果你发现其他模型获得了更好的结果，但是无法在决策树模型中可视化复制，那么这说明有很大的可能，该复杂模型的结果将来不能重现。

5.1.3 决策树的基本概念

决策树算法类似于“20个问题”的游戏，或者说答案是动物、植物还是矿物质这样的问题。一个基本的决策树算法将从树的根节点开始——根节点代表所有的数据，并且继续将每个节点代表的类别分裂为两个基于最优方法的子类别，以便能够猜出最佳特征来识别每一个子类别。这被称为分裂节点。然后，算法将继续分裂数据，直到节点不能再分裂，或者以基于控制参数的其他方式停止分裂。

例如，如果我们要根据骨质疏松症、缺血性心脏病和处方的平均数量来分类性别，我们可以开发一种看起来像这样的树：

你会注意到，第一个问题是“患者是否患有骨质疏松症”。然后根据答案，再询问一系列问题，最终会将病人放入树的一个末端节点，在这个节点中，不再提出任何可以改善结果的问题。

5.1.4 扩展树

我们的原始节点总是从树的根部开始。在上图中，第一个节点只是从性别角度描述人口的分类。在这个示例里，女性占人口的58%。决策树算法的目标是：持续扩展一棵树，并改善预测。所以，在这一点上，我们要做得比58%的性别预测更好一些。

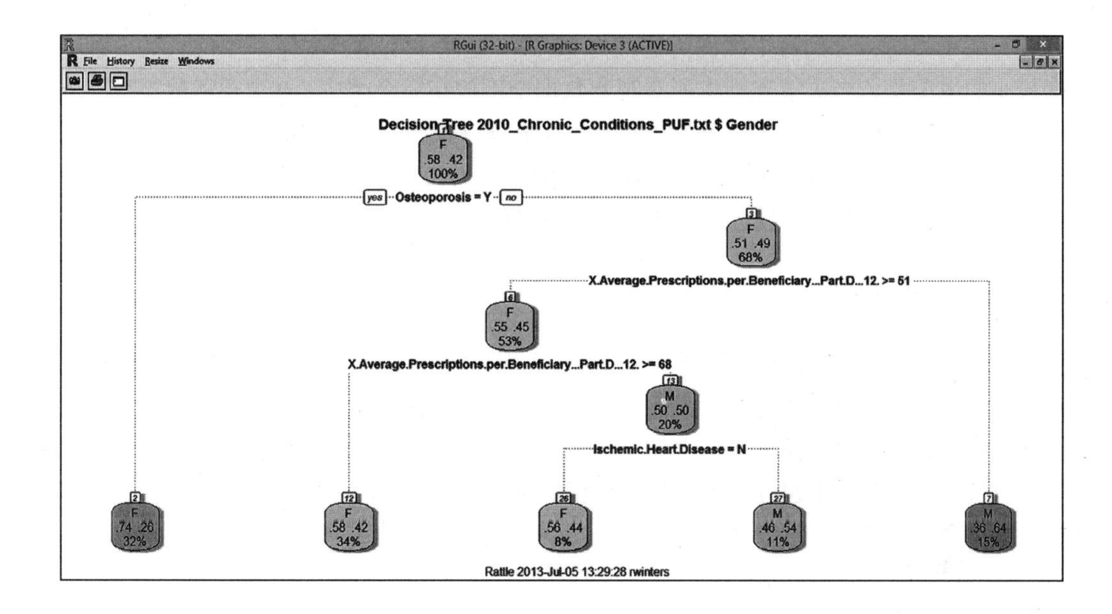

当我们扩展决策树时，总是需要考虑两个问题：

- 在该节点上，哪一个变量最有可能改善目标变量在分类上的预测？
- 对于该变量来说，将分类变量分为两部分，或将连续变量分为两部分，将改进该类的预测，这个最佳分裂点是什么？

这个决策的结果，将是一个新的树节点或叶节点。在经典的决策树中，通常有两条路径（是或否，高或低），但有些算法可以有多于两条路径。

在我们前面的示例中，算法将首先运行所有变量，并确定哪个变量可以改进预测。该变量恰好是“是否患有骨质疏松症”。如果有骨质疏松症，那么预测患者是女性会有 74% 的准确性。然而，当没有骨质疏松症时，女性的概率实际上下降到 51%，这比研究中女性原始 58% 的表现略差。

但是请等一下。分区算法将继续尝试再次分裂数据。这次将平均处方变量视为改进预测的一种方式。每个受益人每年处方的平均处理次数约为 15 ～ 200 次。算法尝试将此数据中的所有值分成两部分。例如，可能会尝试首先比较 10 个或更多处方的患者，以及 9 个或更少处方的患者。然后看看该截断值的预测结果如何。接着，继续修改截断值，直到找到能使两个类之间的间隔最大的最优截断值。

在这个示例里面，我们已经发现，51 个处方是优化“没有骨质疏松症的患者”的最优分裂截断值。当处方数大于 50 时，患者为男性的概率为 64%。

5.1.5　不纯度

当一个节点根据最佳标准进行分裂之后，需要对得到的子节点进行不纯度检验。不纯度根据在这一节点上预期的频率是多少来衡量分类的效果。不纯度最大的情况是，当一个节点分裂为两个类时，分到每个类的可能性为50/50。这基本上是产生了一个随机类分配。不纯度最小的情况是，当决策规则将所有观测数据全部放在一个类中，0个观测数据被放置在另一个类中。这是理想的情况，因为我们在节点上可以做出完美的预测。

计算完了不纯度的测量值之后，算法就会运行一个信息增益测量，该测量计算每个变量分裂带来的不纯度的减少量，进而计算连续变量所有可能的分裂点。

5.1.6 控制树的增长

购物车的一个特征（在R语言中通过rpart实现）是它将尝试所有可能的变量和分裂点，直到找到最好的。根据算法的配置方式，可以实现最高信息增益。然而，在现实世界中，几乎没有一棵树可以无限生长。树的生长是受到限制的。限制的示例包括指定可以生长的分支的最大数目，或者叶子中包含的最小观测数据数量。因此，预测建模者可以根据需要，把一棵树构造得简单一些或复杂一些。

5.1.7 决策树算法的类型

在R语言中有两种类型的决策树算法。我们首先来看传统的算法，叫作rpart，并使用这种算法来分析state.x77数据，根据其中的一些属性来确定预期寿命。

以下是对state.x77数据的元数据的描述。你还可以通过在R控制台输入?x77.data来获取有关这个表格的更多信息。

Population	1975年7月1日估计的人口数量
Income	人均收入(1974)
Illiteracy	文盲率（1970，占总人口的百分比）
Life experience	多年的预期寿命（1969～1971）
Murder	每10万人谋杀和非疏忽误杀率（1976）
HS graduate	高中毕业生比例（1970）
Frost	首都或大城市中最低温度在零下的天数（1931～1960）
Area	以平方英里为单位的土地面积

首先，我们将这个数据和另外两个参考数据集连接起来。使用R帮助系统，可以获取有关那两个辅助表格的更多信息：

- ❑ state.abb：获得州的缩写
- ❑ state.region：获得州的地理位置

```
statedf <- as.data.frame(state.x77)
x <- data.frame(statedf,state.abb,state.region)
summary(x)
```

summary()函数的输出显示在控制台中：

```
> summary(x)
   Population       Income       Illiteracy       Life.Exp        Murder          HS.Grad          Frost
 Min.   :  365   Min.   :3098   Min.   :0.500   Min.   :67.96   Min.   : 1.400   Min.   :37.80   Min.   :  0.00
 1st Qu.: 1080   1st Qu.:3993   1st Qu.:0.625   1st Qu.:70.12   1st Qu.: 4.350   1st Qu.:48.05   1st Qu.: 66.25
 Median : 2838   Median :4519   Median :0.950   Median :70.67   Median : 6.850   Median :53.25   Median :114.50
 Mean   : 4246   Mean   :4436   Mean   :1.170   Mean   :70.88   Mean   : 7.378   Mean   :53.11   Mean   :104.46
 3rd Qu.: 4968   3rd Qu.:4814   3rd Qu.:1.575   3rd Qu.:71.89   3rd Qu.:10.675   3rd Qu.:59.15   3rd Qu.:139.75
 Max.   :21198   Max.   :6315   Max.   :2.800   Max.   :73.60   Max.   :15.100   Max.   :67.30   Max.   :188.00

      Area          state.abb          state.region
 Min.   :  1049   AK     : 1   Northeast    : 9
 1st Qu.: 36985   AL     : 1   South        :16
 Median : 54277   AR     : 1   North Central:12
 Mean   : 70736   AZ     : 1   West         :13
 3rd Qu.: 81163   CA     : 1
 Max.   :566432   CO     : 1
                  (Other):44
```

5.1.8　检查目标变量

目标变量 Life.Exp 的快速直方图显示了相当大的变化。因此，可以认为它是一个很好的潜在目标变量。

```
hist(x$Life.Exp)
```

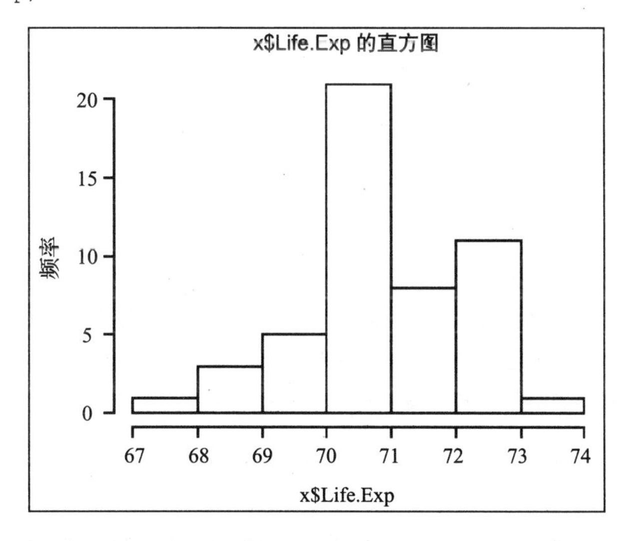

5.1.9　在 rpart 模型中使用公式符号

我们已经见过，在 R 语言中，如何使用公式表示法指定回归模型。例如，我们使用 lm(women$height ~ women$weight) 这样的语句，根据体重来预测身高。

回归模型中公式符号的一般形式是：

因变量～自变量

其中因变量位于波浪号（～）的左侧，而自变量位于波浪号的右侧。

使用公式表示法也可以设置一个 rpart 模型，只是术语略有变化。在 rpart 模型中，我们可以在波形符（～）的左侧指定目标变量（Life.Exp），并在波形符的右侧指定预测变量。我们将使用点号 (.) 来指定需要考虑所有的变量。

点号是指定所有变量的一种方便的方法；但是，当你建立模型时，也可以不使用点号，而是指定你感兴趣的变量的具体列表，这将加快处理速度，避免不必要的分裂。

在接下来的示例中，你可以看到 rpart 将选择 state 作为最佳的初始分裂变量。虽然这可能最终生长为一个非常准确的决策树，但就预测能力而言，最初在像州这种高维度的变量上分裂，并不能使我们很好地了解什么因素影响预期寿命的变化。确实有可能将这些州分裂成若干地理区域。但是，通常你只会看到对州产生的分裂结果没有任何意义。

下面的示例中，我们将使用 rpart() 函数来生成一棵简单的决策树。我们还将使用 rpart.plot 包里面的 prp() 函数，可视化这棵决策树：

```
install.packages("rpart")
install.packages("rattle")
install.packages("rpart.plot")
install.packages("RColorBrewer")

library(rpart)
library(rattle)
library(rpart.plot)
library(RColorBrewer)
set.seed(1020)
y1 <- rpart(Life.Exp ~ .,data=x,cp=.01)
prp(y1, type=4, extra=1)
```

5.1.10 图的解释

下面的图中，节点的分裂纯粹基于 state，对 state 如何分组没有任何的进一步考虑。请注意，state.region 在分裂算法中根本不是考虑因素，所以最好的猜测是大部分的分裂是纯粹机械的和视觉的，没有明显的分组反映在哪个分裂中：

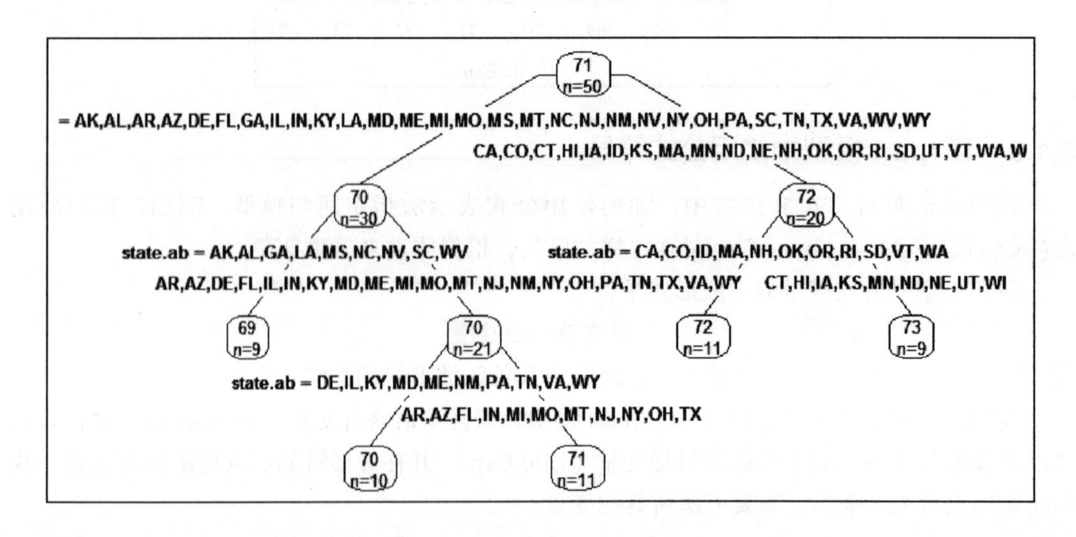

5.1.11　输出决策树的文本版本

输出 rpart 对象也会给出文本输出，将显示每次分裂节点后产生的每个类的成员。具有星号（*）的条目是终端节点。终端节点不能进一步分裂。通常，仅基于终端节点才能进行分段，假设终端节点大小足够大，这样基于它们做出决策是可行的：

```
> print(y1)
```

print() 函数将下面的输出显示在控制台：

```
n= 50

node), split, n, deviance, yval
      * denotes terminal node

1) root 50 88.2990000 70.87860
2)
state.abb=AK,AL,AR,AZ,DE,FL,GA,IL,IN,KY,LA,MD,ME,MI,MO,MS,MT,NC,NJ,NM,NV,NY
,OH,PA,SC,TN,TX,VA,WV,WY 30 21.0890000 69.98000
4) state.abb=AK,AL,GA,LA,MS,NC,NV,SC,WV 9  2.2790220 68.82556 *
5) state.abb=AR,AZ,DE,FL,IL,IN,KY,MD,ME,MI,MO,MT,NJ,NM,NY,OH,PA,TN,TX,VA,WY
21  1.0747240 70.47476
10) state.abb=DE,IL,KY,MD,ME,NM,PA,TN,VA,WY 10  0.1656400 70.21400 *
11) state.abb=AR,AZ,FL,IN,MI,MO,MT,NJ,NY,OH,TX 11  0.2109636 70.71182 *
3) state.abb=CA,CO,CT,HI,IA,ID,KS,MA,MN,ND,NE,NH,OK,OR,RI,SD,UT,VT,WA,WI 20
6.6488550 72.22650
6) state.abb=CA,CO,ID,MA,NH,OK,OR,RI,SD,VT,WA 11  0.7760909 71.78091 *
7) state.abb=CT,HI,IA,KS,MN,ND,NE,UT,WI 9  1.0192890 72.77111 *
```

如果从模型中删除 state，我们将从一个可理解性更好些的模型开始。在 prp() 函数绘制结果之后，你可以看到树的所有左分支都是基于较高的谋杀率。该分支的两个终端承载的数据表明，谋杀率≥ 11% 的地区的预期寿命，要比谋杀率 <11% 的地区少 1 年。

决策树右侧的分支集中在谋杀率较低的部分。对于这些分支，我们还要考虑区域。北部和南部地区预期寿命比西部或北中部地区低 1 年：

```
y2 <- rpart(Life.Exp ~ Population + Income + Illiteracy +
              Murder +
              HS.Grad +
              Frost +
```

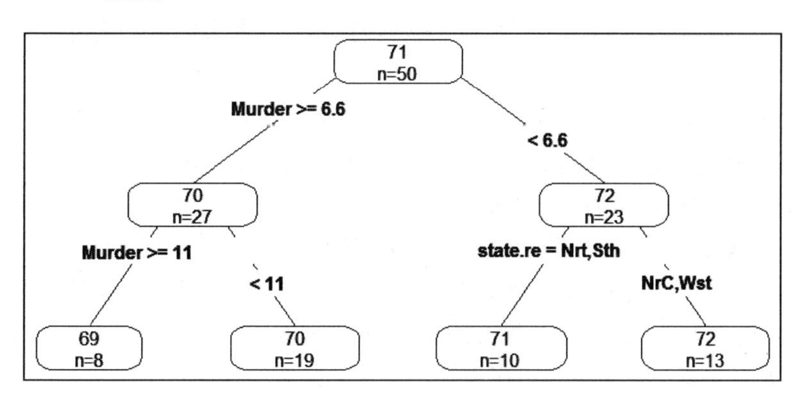

```
                Area +
                state.region,method='anova',
data=x
)

prp(y2, type=4, extra=1)
```

ctree 算法

ctree 函数跟 rpart 相比有一些优点，它产生的结果可能更直观。ctree 使用统计假设检验来确定分裂结果是否具有统计学意义，而不是纯粹基于所得节点的纯度来优化结果节点。它使用卡方检验统计来测试关联，只保留重要的关联，从而消除由于大量类别引起的偏差。所以虽然在某些情况下准确性可能会受到损害，但其结果具有更强的可解释性，也是很有益处的：

```
install.packages("partykit")
library(partykit)
y2 <- ctree(Life.Exp ~ .,data=x)
y2
plot(y2)
```

从下面的图形可以看出，ctree 采用和 rpart 相同的方法进行第一次分裂（谋杀率），截断点非常相似。这可以为第一个分裂添加额外的凭据，因为两种不同的算法都证实了它：

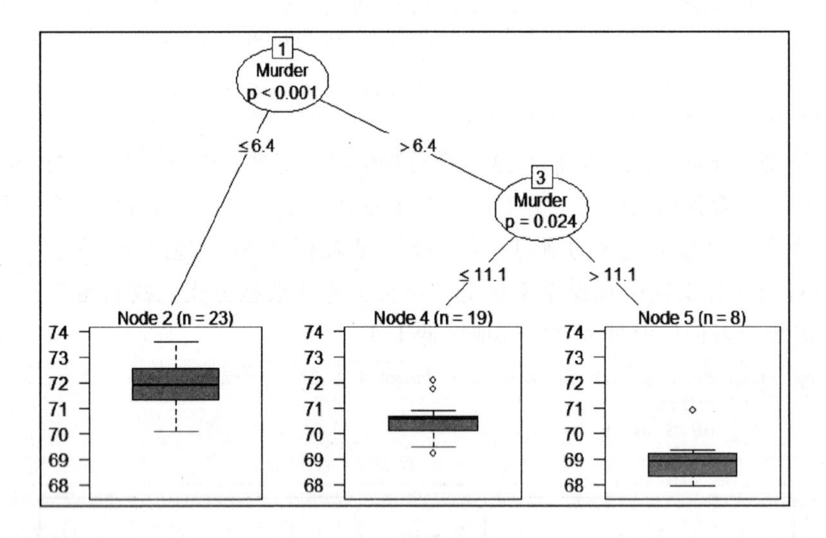

5.1.12 修剪

修剪是另一种防止过拟合的方式。如果你检查一棵决策树的图形，并发现你想要在特定节点处停止分支的增长，则可以修剪该节点下的所有分支，以便将该节点下的所有结果折叠成单个节点。这可能会为这个节点显示的决策规则提供更多可解释的结果。

rpart 具有一个独特的交互式修剪功能，使用 prp() 函数可以帮助你执行这个操作。

在以前的 state 示例中，你可能想去掉节点 70 下面的所有节点，以平衡决策树，并将其深度保持在两层。平衡的决策树也可以看作一个令人满意的现象：

```
PrunedTree <- prp(y1,type=4, extra=1,snip=TRUE)$obj
```

单击节点70并观察控制台，等待Delete node 5这条消息。看到该消息后，单击图中的Quit：

```
> PrunedTree <- prp(y1,type=4, extra=1,snip=TRUE)$obj
Click to snip ...
Delete node 5       state.ab = DE,IL,KY,MD,ME,NM,PA,TN,VA,WY
        var  n wt dev yval complexity ncompete nsurrogate
5 state.abb 21 21 1.7   70      0.015        4          5
```

显示新的决策树的结果，请注意，节点已被删除：

```
prp(PrunedTree, type=4, extra=1)
```

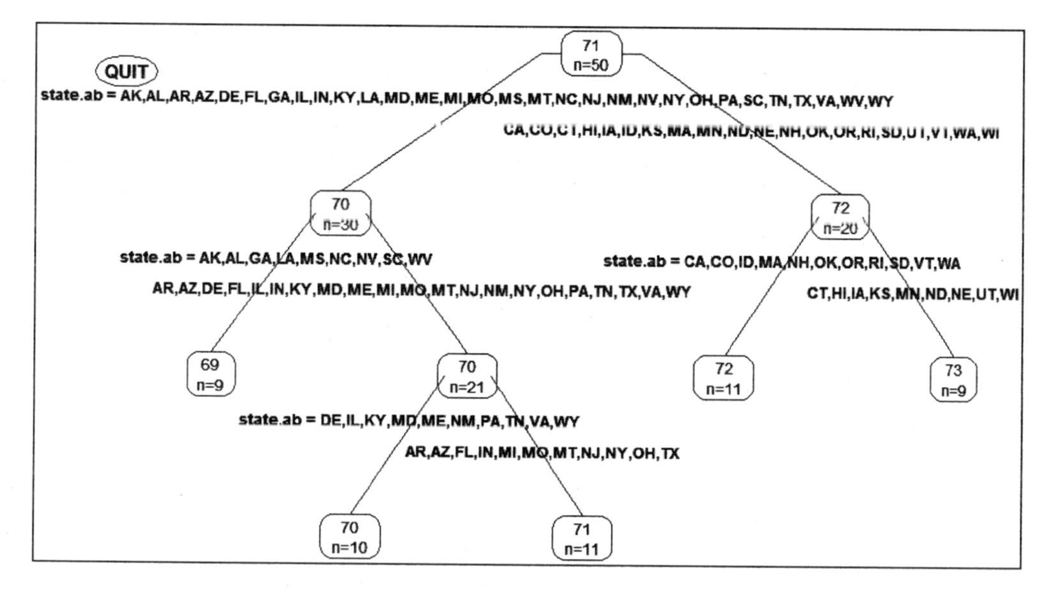

5.1.13 渲染决策树的其他选项

以下是rpart用来生成决策树的重要控制参数。学会使用这些参数，可以获取合理的树形渲染，并控制其复杂性：

- cp参数：cp（复杂性参数）是rpart中的一个选项，用于控制在决定是否拆分节点时，分裂算法的自由度。利用小的cp值（<0.01）可以产生一棵巨大的决策树，其中允许有不可解释的分割，而较大的cp值（> 0.05）可以产生仅包含明显信息的决策树。因此，将cp级别设置成适当的数字很重要，以便产生适当数量的节点，但仍然具有较高的解释性。
- 最大深度：如果你希望决策树的层数在某一个级别上停止，请在函数调用中指定最大深度选项的值。有些人会在决策树10层左右的某个时候停止计算，并假设在这一点之后不会有可解释的信息。但是，如果你怀疑产生的单个节点可能包含你要查找的信息，你就应该继续扩展决策树。但是请别忘记，当你扩展层数时，相应地也会增加所需的计算时间和内存。给决策树的增长设置一个限制总是一个好主意，即使这个限制是个很大的数字。

- Minbucket：许多分析师喜欢把注意力集中在终端节点上。然而，终端节点必须是具有统计意义的最小尺寸。唯一的例外是你其实是想寻找离群值或异常值。但一般来说，为了能进行分段，我们希望得到的具有意义的分组能足够大。
- Minsplit：该选项指定了节点必须具有多少个观测数据，才能考虑对它进行分裂。

5.2 聚类分析

聚类分析有很多用途。在其基本层面上，聚类是一组具有相似特征的人或对象。在市场营销和销售行业，聚类是很重要的，因为客户（或潜在客户）可以按照平均支出、购买频率和近期购买等特征进行分组，并分配到一个聚类，这个聚类中所有属性都有各自的级别，不过所有实例在同一个属性上的指标都是相同的。因此，对于我们的 RFM 示例，聚类 A 可能代表了花费大量资金并频繁消费（每个营销人员的梦想）的客户。聚类 B 可以代表那些在 RFM 这三个指标中都处于平均水平左右的客户，甚至可能有一个聚类 Z 代表了一些似乎是不可能出现的人群，例如仅在星期二购买万圣节服饰的客户。

数据分析人员通常可以通过使用诸如 SQL 之类的工具，或者通过对客户行为的深入了解，来获得良好的结果。因此，尽管聚类分析本身并不一定是目的，但是聚类算法可以让你快速地直接开始，并使你能够以一些不同的方式看待分组这件事。

5.2.1 聚类分析应用于多种行业

聚类这个词，经常与不同行业的其他术语有关联：

- 在市场营销和销售方面，你可能听到过产品细分这个词，这是指如何按照各个方面的产品偏好对人群进行聚类。它也可以指客户购买产品的意愿，其最终目的是能够将客户都分到两个组中（愿意和不愿意），并且仅对预测显示愿意购买的客户进行营销。
- 保险公司可以根据客户提出索赔的频率或者按照一定的风险特征将客户分类。

5.2.2 什么是聚类

聚类可以定义为具有相似特征的一组对象。聚类的大小可以有所不同。聚类并不是必须具有一定数量的成员才行，它甚至可以仅有一个成员。这可能在你想要识别数据异常的欺诈应用程序中很有用。在这种情况下，非常小的聚类可以作为异常值对待。

在构造聚类时，经常会使每个组（例如在分区聚类）中具有相同数量的成员。在这种情况下，每个聚类中的所有成员都是同构的。

此外，构建聚类的时候，需要使每个聚类与其余聚类具有明显的差异。这些差异通常基于各个聚类质心之间的测量来计算，每个聚类质心是这个聚类的中间值，可以认为它表示的是该聚类包含的属性的平均值。

聚类通常只用在数值变量上。这是因为聚类利用距离测量，而正如我们已经知道的，分类变量之间没有办法进行距离测量。然而，有些别的方法可以使用分类变量来结合相似性，我们稍后将会介绍。

5.2.3 聚类的类型

有两种经常使用的聚类类型，分区聚类和层次聚类。

分区聚类

分区聚类也称为非层次聚类。在分区聚类中，所有对象被分成具有相似特征的较小的非重叠子集（分区）。一个观测数据只能属于一个聚类。

这是一个三群分区模型的典型示例。你可能会想知道，为什么黄色的观测数据会在黄色聚类而不是红色聚类中。这是因为 k 均值已经确定了每个聚类的线性边界在何处（右图），并且落在任何特定决策边界内的任何点都由该聚类的边界定义：

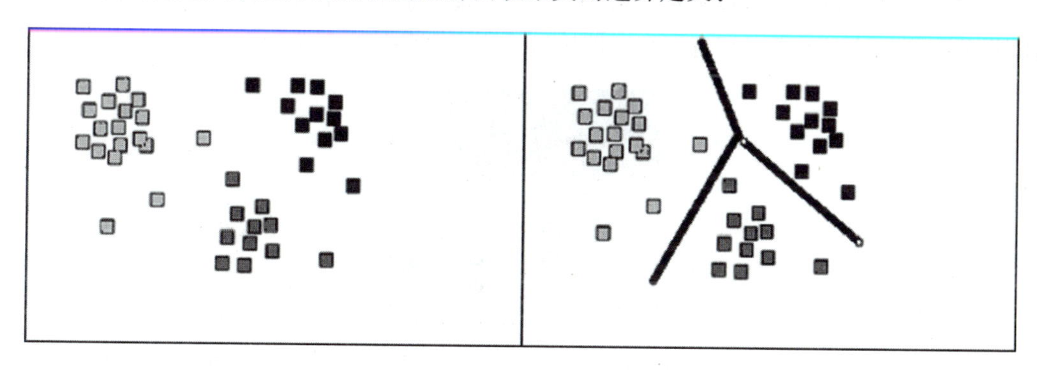

5.2.4 k 均值聚类算法

k 均值聚类算法是用于分区聚类的最流行的算法。在 k 均值聚类算法中，聚类之间的相似性部分地基于距离测量。通常，一个目标是将相似的聚类组合在一起，每个观测数据距离相同聚类中的其他观测数据距离相对较小。另一个目标是使一个聚类到另一个聚类之间的距离最大化，以便得到可以识别的距离。它本质上是一种平衡，权衡在群体之间定义的相似性和差异性。

k 均值算法

k 均值算法基于迭代的过程。

首先，得决定我们想要多少个聚类。有多种方法可以用来确定聚类的数量，但是请记住，聚类的数量并没有固定的所谓正确值。通常我们可以使用 3 ～ 20 个聚类。

在一开始，要把聚类成员随机分配到已指定的 3 个聚类中的 1 个。在下面的示例中，我们有 12 个观测数据（灰色）和 3 个质心（实体颜色），这些都是随机生成的。对于这个示例，我们假设只有 2 个变量，比如年龄和身高。我们将在 x 轴和 y 轴上表示它们，但是不会标记它们：

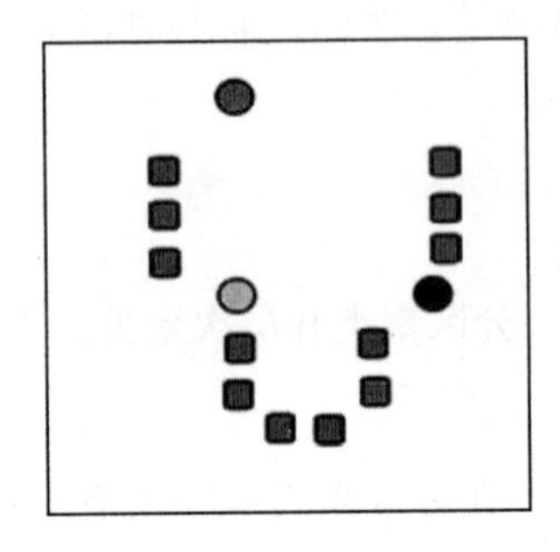

下一步是将每个观测数据分配给最近的聚类。下一节将讨论各个聚类的接近度，但现在我们假设每个观测值被随机分配给 3 个聚类中的其中 1 个，如下图所示。图中的实线定义了聚类的边界。你可以看出，做一些调整有助于改善这个随机分配结果。例如，红色和绿色聚类边界之间的绿色观测数据分配到红色（上方）聚类是不是更好？这可能是对的，因为比起随机分配到的这个聚类，它看起来可能更接近于上部的那个聚类：

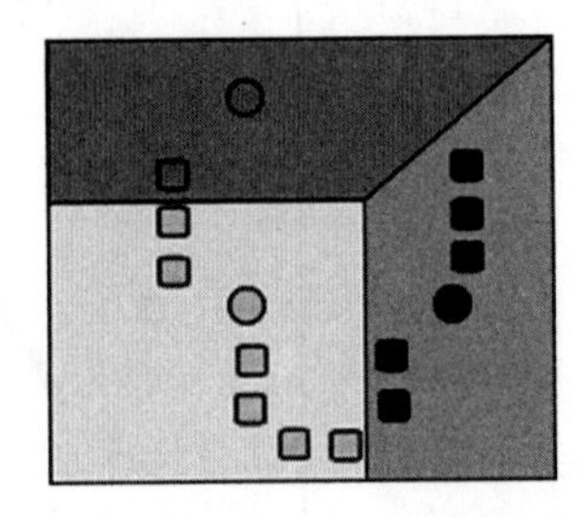

随机分配之后，我们将重新校准聚类的分配。这意味着每个聚类的质心将要重新计算（稍后会介绍如何完成计算），然后将每个数据点分配到新的最接近的质心。这个动作在下图中展示，它显示了质心的移动：

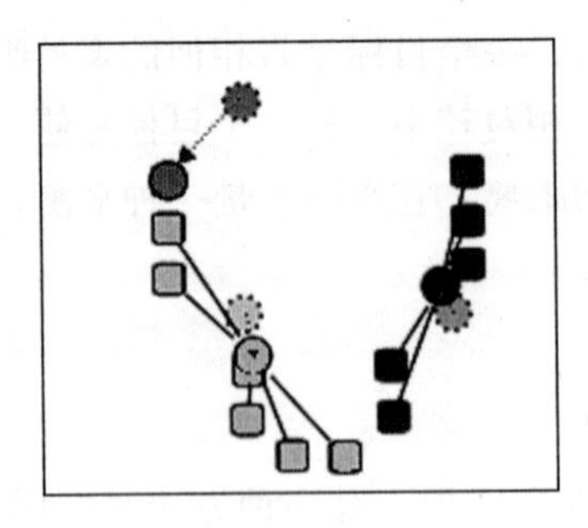

重复这个过程。重新计算质心，数据点再次移动到最近的质心，直到不能改进为止。所有过程完成后，计算出最终质心，分类好的聚类如下图所示。你可以看到观测数据的分配比原始的随机分配略好一些。请注意，每个聚类中的数据点倾向于比原始随机分配更紧密，并且至少有两个聚类之间的距离更远了（左侧的那个聚类和中间的那个聚类）：

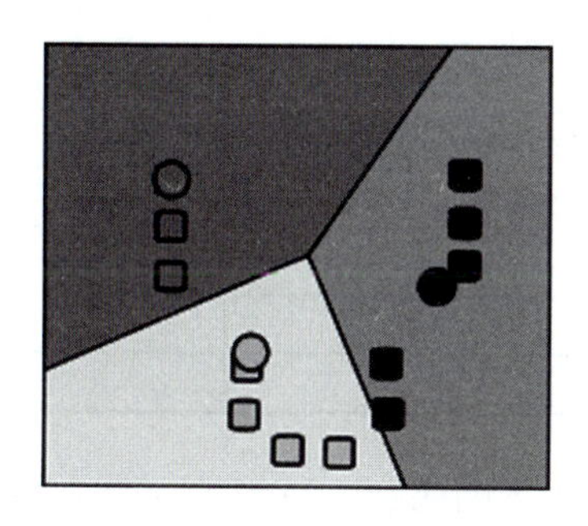

5.2.5　测量聚类之间的距离

k均值聚类使用欧氏距离来确定每个聚类彼此之间有多远。对于只有一个变量的聚类，计算量是微不足道的。你只需从任意两个聚类中取出质心，然后用它们做减法就可以了。当你添加更多的变量时，计算会变得更加复杂，因为需要把两个聚类的所有变量之间的平方差相加来确定总距离。

下面是一个示例，说明如何确定已经分配给聚类1的三个聚类成员的质心。质心1已经计算出来了，即向量［186，45］。其中186是三个成员1、2、3的体重的平均值，而45是成员1、2和3的平均年龄。这些不是最终的聚类分配，而仅仅是计算过程中某时刻的一个最佳猜测：

成员	体重	年龄
1	146	25
2	175	43
3	236	68
质心1	186	45

下一步是为每个聚类的质心找到一个更好的估计值。然后将每个成员的各维度与所有聚类的质心进行比较，重新分配到最接近的聚类。这是使用欧氏距离的概念来完成的。

欧氏距离计算公式如下：

$$\sqrt{\sum_{i=1}^{n}(q_i - p_i)^2}$$

对于只包含两个变量的聚类，这相当于：

$$\sqrt{(q_1 - p_1)^2 + (q_2 - p_2)^2}$$

在我们之前定义的年龄和体重范例中，成员1在聚类1（成员当前所属的第一个成员聚类）和聚类2之间的欧氏距离已经计算出来。该距离是使用上述公式计算的，下表的最后一列给出了最后的平方和的结果。正如你所看到的，由于聚类2的质心到成员1的距离较小，表示它们更靠近，因此成员 1 被移入聚类 2：

	体重	年龄		体重平方	年龄平方	总平方根
成员 1	146	25	到聚类 1 的距离	1 600	400	45
	146	25	到聚类 2 的距离	16	1 225	35
聚类 1	186	45				
聚类 2	150	60				

在为所有成员计算了到各质心的距离，且每个成员已经移动到最近的聚类中之后，每个聚类的质心都会改变，因为已经被添加或删除了成员。然后，继续重复这个过程，直到没有更多的成员可以移动到更适合的聚类中为止。

使用 k 均值的聚类示例

下面我们要展示一个简单的 RFM 聚类的示例。RFM 分析是一个简单的数据库营销方案，可以用来细分你最好的（和最差的）客户。对于演示聚类分析来说，这是一个很好的示例，因为它只有三个变量，并且在理论上可以分割成更多数量的市场细分。

数据来自 CDNOW 数据库，该数据库中有 23 570 人的截止到 1998 年 6 月底的所有购买历史，这些人全部都是在 1997 年第一季度首次在 CDNOW 有购买记录的（Fader，2001）。

下面是我们要用到的 3 个变量：

- Date of purchase：这是购买产品的日期，用于确定 RFM 分析的最近购买部分。
- Units bought：这对应于购物车中购买的物品的数量，大致对应于客户的频率。
- Total paid：这是购买的总金额。这反映了 RFM 的货币部分。

首先，我们将读取数据，将日期转换为数值，然后计算购买后的天数。

接着为变量分配列名：

```
library(graphics)
library(dplyr)
x <- read.table("C:/PracticalPredictiveAnalytics/Data/CDNOW_master.txt",
quote="\", stringsAsFactors=FALSE)
```

接下来我们会将购买日期转换为数值格式，并计算购买后的时间。以 1998 年 7 月 1 日为参考日期：

```
x$xd <- as.Date(as.character(x$V2), "%Y%m%d")
x$diffdate <- as.integer(as.Date("1998-07-01")  - x$xd)
#rename the columns

colnames(x) <-
c("id","orig.date","units.bought","TotalPaid","purch.date","Days.since")
str(x)
summary(x)
```

我们将演示 k 均值函数如何在变量 units.bought、TotalPaid 和 Days.since 上执行 k 均值

聚类。k均值聚类的一个特征是：每个观测值可以归于一个，并且只能归于一个聚类。k均值要求所有的变量都是数值，不能在k均值函数中使用分类变量。

你需要做出的一个决定是指定让k均值产生多少个聚类。我通常喜欢把目标定在5～15个聚类。超出这个范围之外的数量，会对解释每个聚类背后的含义造成困难，但是你当然也可以试试这么做。增加聚类数量还有一个问题，k均值算法倾向于产生大小相等的聚类，所以当你增加聚类数量时，一些离群聚类的成员数量就会变得很少。

k均值的输出将会给你一个关于聚类的好坏程度的总体描述。聚类内平方和表示每个聚类内各个数据点的分离程度。这个数字越小，表明聚类越均匀。betweenss/totss比率是一个度量标准，可以用来衡量所有聚类是如何作为群组分隔的。这个数字越高，表示聚类的分离越好。

对于这个示例，我们将生成大小为3、5和7的聚类：

```
attach(x)
#cluster on the RFM variables
y <- subset(x, select = c(units.bought,TotalPaid,Days.since))

#perform kmeans producing 3 and 5 clusters
```

k均值需要一个随机数种子，以便最开始的时候产生一个伪随机的聚类分配。改变这个种子可能会改变聚类结果。由于聚类结果在一定程度上需要人去解释，通常会使用不同的种子来运行该算法几次，并且观察这些结果彼此是否一致（或不一致）。

```
#always set seed before clustering

set.seed(1020)
clust3 <- kmeans( y,3)
clust3$betweenss/clust3$totss
clust5 <- kmeans( y,5)
clust5$betweenss/clust5$totss
clust7 <- kmeans( y,7)
clust7$betweenss/clust7$totss
```

创建三个聚类后，打印聚类之间的平方和与聚类的总平方的比例。这会产生一个评价聚类的指标。比例数字越大意味着聚类之间的分离越好：

```
> set.seed(1020)
> clust3 <- kmeans( y,3)
> clust3$betweenss/clust3$totss
[1] 0.8706681
> clust5 <- kmeans( y,5)
> clust5$betweenss/clust5$totss
[1] 0.9178001
> clust7 <- kmeans( y,7)
> clust7$betweenss/clust7$totss
[1] 0.9381889
```

所以，根据上面的输出结果，当聚类数为7时具有最高的betweenss/totss比率，所以7个聚类将被视为最佳数量。但是，如果你继续运行分析，每次都增加聚类的数量，你会看到这个比率也增加了。所以，我们需要确定这种增长趋势变成递减趋势的转折点发生在什么地方。

5.2.6 聚类的肘形图

确定这个转折点的一种途径是使用一种称为 elbow 方法的自动化方法，在该方法中，可以绘制在一定范围内的聚类数量对应的聚类平方和，然后在绘制的图形中查看 elbow 方法的结果：

```
#elbow method
set.seed(1020)
# Compute and plot wss for k = 3 to k = 15
df <- sapply(3:15,function(k){kmeans(y,k)$tot.withinss})
plot(3:15, df,type='b',xlab="# of clusters",ylab="Total Within Clusters
SS")
```

在下面的图中，你可能会看到两个肘部：一个在 5 ～ 6 个聚类，另一个在 8 ～ 9 个聚类。我们现在假设 5 是最佳的聚类数量，因为在那个位置有一个肘部，而且聚类数量较少时也更容易解释：

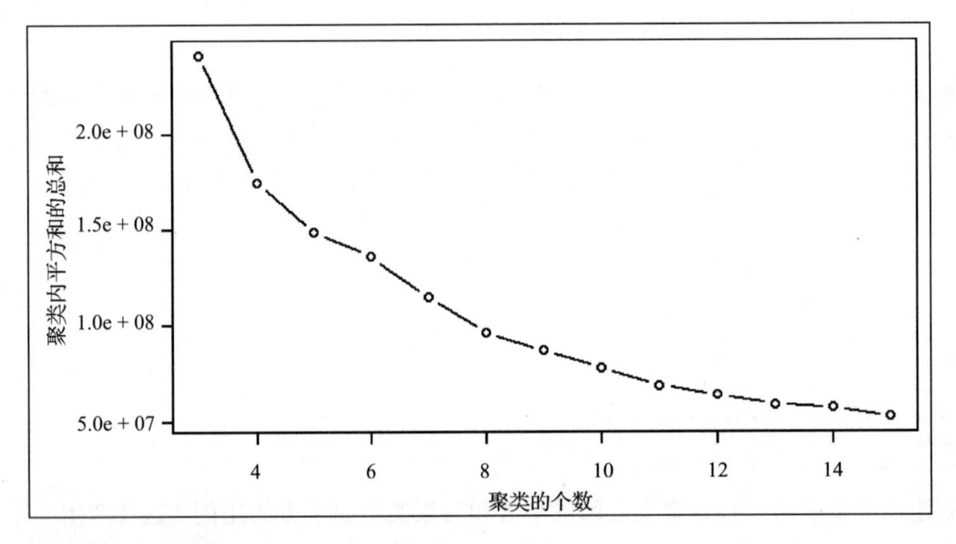

提取聚类的分配结果

我们从 clust 对象中提取聚类分配结果，然后比较聚类尺寸为 3、5 和 7 的时候，产生各个聚类的计数：

```
#cluster assignments
clusters3 <- clust3$cluster
clusters5 <- clust5$cluster
clusters7 <- clust7$cluster
```

以图形方式显示聚类

我们可以用许多不同的方式绘制聚类。首先要看的是聚类的直方图。记住，k 均值倾向于产生大致相等的聚类：

```
#usually but now always the middle cluster is the average cluster
par(mfrow=c(1,3))
hist(clusters3)
hist(clusters5)
hist(clusters7)
```

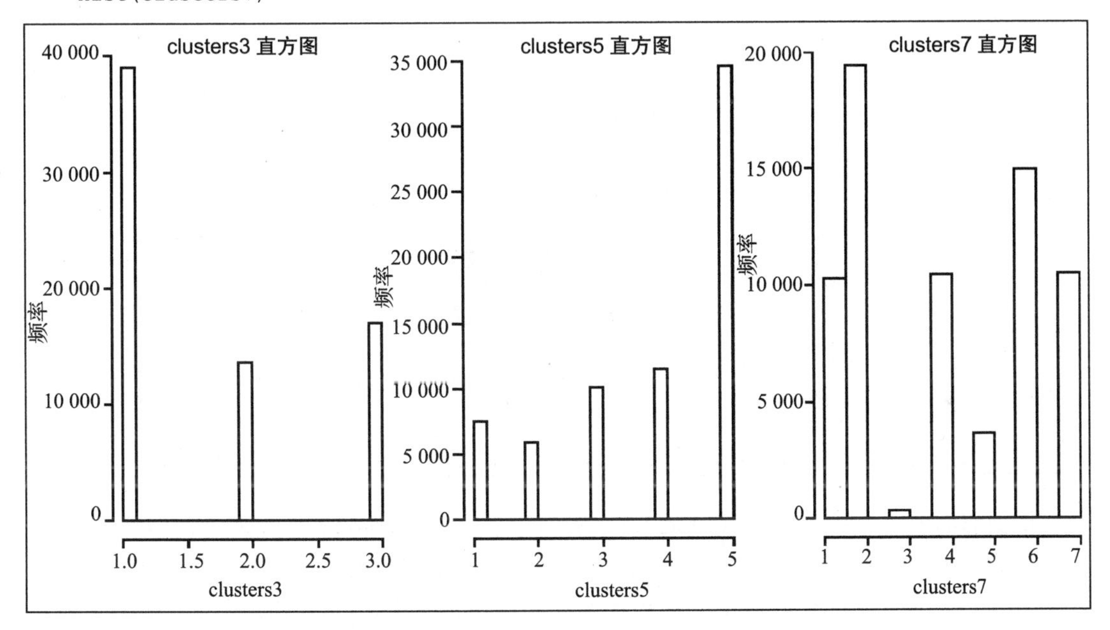

聚类图

我们还可以用原始数据绘制分配的聚类，看看聚类的分配是否有问题。

首先，需要将聚类的分配附加到原始数据集中：

```
#append the clusters the original data
append.clust <- data.frame(x, clusters3,clusters5,clusters7)
```

为了便于说明，我们从 append.clust 数据集中进行抽样。我们会将样本大小设置为 100，你也可以将其设置为任何数字，只要能够产生可理解的图表：

```
library(cluster)
set.seed(1020)
sampleit <- append.clust[sample(nrow(append.clust), 100), ]
```

生成聚类图

我们将使用 cluster 库中的 clusplot 包根据前两个主要成分绘制聚类的分配。如果你回忆一下，会记起主成分是一种化简变量方法，可以将这个练习中变量的数量减少到 2，主要是为了在二维的 x 轴和 y 轴上绘制它。

如果运行以下命令，你将看到第一个主成分是价格和购买数量的度量，第二个主成分是自上次购买以来的一个时间度量。这就是在 x 和 y 轴上表示的内容。变量化简对本示例来说并不是那么重要，因为原本也只有三个变量作为聚类模型的输入。但如果你使用的变量数量很多，这种化简会变得更加重要：

```
prcomp(append.clust[,c(3,4,6)], scale = TRUE)
```

```
par(mfrow=c(1,3))
clusplot(sampleit[,c(3,4,6)], sampleit$clusters3, color=TRUE,
shade=TRUE,labels=2, lines=0)
clusplot(sampleit[,c(3,4,6)], sampleit$clusters5, color=TRUE,
shade=TRUE,labels=2, lines=0)
clusplot(sampleit[,c(3,4,6)], sampleit$clusters7, color=TRUE,
shade=TRUE,labels=2, lines=0)
```

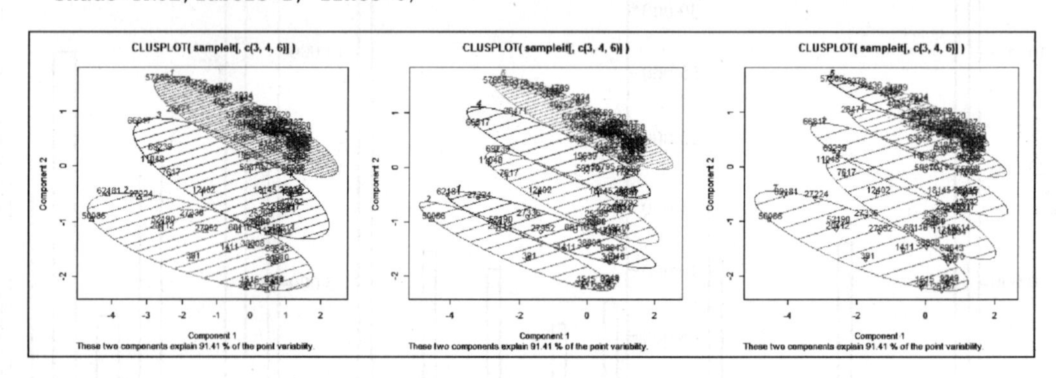

根据前面的图，我会去掉 clusters7，因为第三个质心的 count.p 看起来比较小。

让我们来观察每个聚类的组成，看看它们如何与原始变量相关联。

请看一下 head() 函数的输出。你会注意到每行包含三个不同的聚类分配。我们来看看每个聚类分配的原始变量的平均值和计数：

```
head(append.clust)
```

```
> head(append.clust)
  id orig.date units.bought TotalPaid purch.date Days.since clusters3 clusters5 clusters7
1  1  19970101            1     11.77 1997-01-01        546         1         5         2
2  2  19970112            1     12.00 1997-01-12        535         1         5         2
3  2  19970112            5     77.00 1997-01-12        535         1         5         5
4  3  19970102            2     20.76 1997-01-02        545         1         5         2
5  3  19970330            2     20.76 1997-03-30        458         1         5         6
6  3  19970402            2     19.54 1997-04-02        455         1         5         6
```

我们使用 dplyr 函数来获取每个聚类的平均值和计数：

```
library(dplyr)
attach(append.clust)
append.clust %>% select(units.bought,TotalPaid,Days.since,clusters3) %>%
  group_by(clusters3) %>%
    summarise_each(funs(n(),mean))
append.clust %>% select(units.bought,TotalPaid,Days.since,clusters5) %>%
  group_by(clusters5) %>%
  summarise_each(funs(n(),mean))
append.clust %>% select(units.bought,TotalPaid,Days.since,clusters7) %>%
  group_by(clusters7) %>%
  summarise_each(funs(n(),mean))
```

下面的输出显示了以下变量的总数和平均值：购买数量、支付总额以及自上次购买以来的天数。每一行都列出了与特定聚类相关的特定统计信息。这三组统计信息分别属于聚类

3、5 和 7：

```
>
> append.clust %>% select(units.bought,TotalPaid,Days.since,clusters3) %>%
+   group_by(clusters3) %>%
+     summarise_each(funs(n(),mean))
Source: local data frame [3 x 7]

  clusters3 units.bought_n TotalPaid_n Days.since_n units.bought_mean TotalPaid_mean Days.since_mean
      (int)          (int)       (int)        (int)             (dbl)          (dbl)           (dbl)
1         1          39001       39001        39001          2.273942       34.36202       485.85334
2         2          13657       13657        13657          2.558102       37.02813        98.91748
3         3          17001       17001        17001          2.603317       38.49593       293.54491
> append.clust %>% select(units.bought,TotalPaid,Days.since,clusters5) %>%
+   group_by(clusters5) %>%
+   summarise_each(funs(n(),mean))
Source: local data frame [5 x 7]

  clusters5 units.bought_n TotalPaid_n Days.since_n units.bought_mean TotalPaid_mean Days.since_mean
      (int)          (int)       (int)        (int)             (dbl)          (dbl)           (dbl)
1         1           7561        7561         7561          2.608121       38.06974        138.7954
2         2           5948        5948         5948          2.505884       35.89042         45.8228
3         3          10089       10089        10089          2.587075       37.91040        250.6387
4         4          11521       11521        11521          2.619651       39.12428        376.5500
5         5          34540       34540        34540          2.228547       33.75117        495.1166
> append.clust %>% select(units.bought,TotalPaid,Days.since,clusters7) %>%
+   group_by(clusters7) %>%
+   summarise_each(funs(n(),mean))
Source: local data frame [7 x 7]

  clusters7 units.bought_n TotalPaid_n Days.since_n units.bought_mean TotalPaid_mean Days.since_mean
      (int)          (int)       (int)        (int)             (dbl)          (dbl)           (dbl)
1         1          10298       10298        10298          2.391532       35.17277       342.13138
2         2          19416       19416        19416          1.748146       25.58429       512.46127
3         3            330         330          330         18.075758      305.69979       371.37273
4         4          10461       10461        10461          2.522417       36.73229       216.94523
5         5           3668        3668         3668          6.151854      101.58269       485.78190
6         6          14969       14969        14969          1.843142       26.49776       456.32394
7         7          10517       10517        10517          2.548636       36.79511        77.25055
```

我们可以从原始变量的角度来解释这些聚类：

对于有 3 个聚类的情况：

- 聚类 1 具有 3 个聚类中最低的 TotalPaid 值，即平均购买数量。而且包含很久以前购买过产品的客户。
- 聚类 2 是最近购买的客户分类，因为它们具有最低的 Day.since 平均值。
- 聚类 3 是那些购买次数相对较多的客户分类，并具有较高的总购物金额，但不一定是最近的买家。

根据这些聚类的定义，营销部门可以为每个客户群定制不同的产品。

层次聚类

你也可以使用层次聚类作为 k 均值的替代方法，且不需要事先指定聚类的数量。在层次聚类中，你可以从一个聚类开始，然后继续把它细分为两个聚类，也可以从自己的聚类中的记录入手，然后将它们合并为一个更大的聚类。在任何情况下，都可以很容易地上下扫描称为树状图的树状结构，并确定满足你的需要的聚类分组，而不必一次将聚类运行完毕。但是，对于大规模的计算处理，分区聚类（k 均值）无疑有性能优势，这就是它之所以在业界备受青睐的原因。

我们将在 Pain 数据帧上使用 R 语言的 hclust 函数来演示层次聚类。在读取数据之后，通过将变量的均值集中到0来对数据进行缩放或归一化。这样做的原因是我们不希望聚类过程由于大小或方差的性质而偏向任何一个变量，所以试图尽可能地使各个变量的幅度相同。

首先，把之前保存的pain_raw数据加载到一个数据帧对象中：

```
require(graphics)
setwd("C:/PracticalPredictiveAnalytics/Data")
load("pain_raw.Rda")
df2 <- subset(df, select=c(Age,Duration,Pain))
df2 <- scale(df2)
head(df2)
```

接下来计算一个距离矩阵，并使用组平均连接法运行层次聚类算法：

```
fit <- hclust(dist(df2), "average")
```

在绘制树状图之前，我们将指定要在最相似的三组聚类上显示红色的边框：

```
groups <- cutree(fit, k=3)
rect.hclust(fit, k=3, border=""red"")
```

树状图绘制完毕，它应该看起来类似于下面的图。观察值的编号显示在垂直线的末端，因此可以很容易地对原始的数据帧进行分组并检查数据：

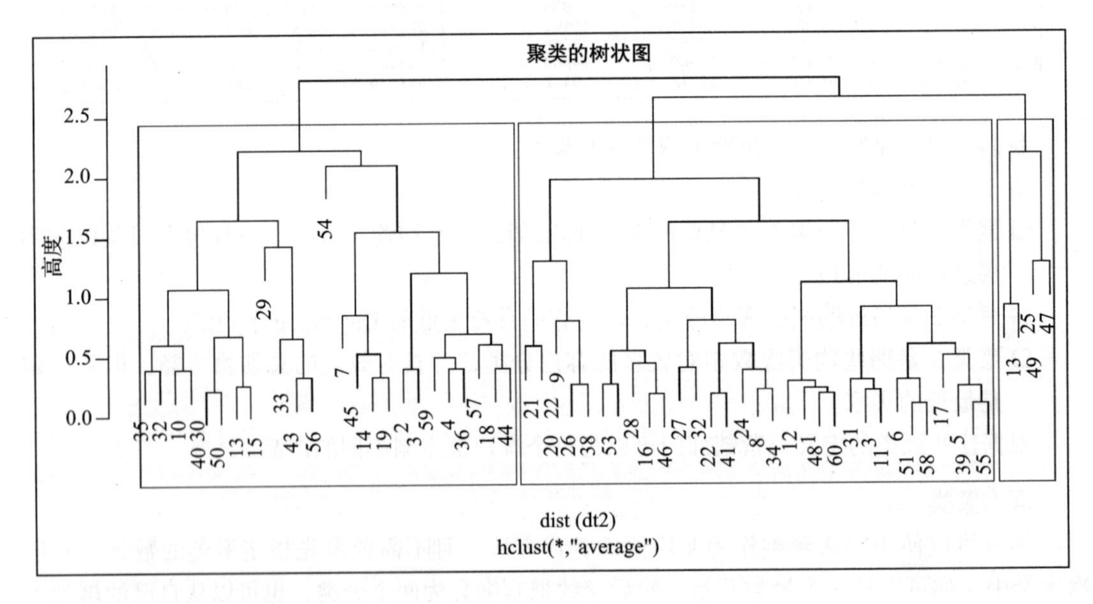

检查cluster1中的示例

从树状图的底部，我们可以看到一些与cluster1相关联的观察值。从原始数据帧（df）中抽取出它们：

```
cluster1 <- df[c(35,52,10,30),]
```

使用View命令检查输出。结果显示cluster1可能与70岁以上的男性有关，他们在

21 ～ 29 天之间的观察时间里报告过疼痛：

```
View(cluster1)
```

	Treatment	Gender	Age	Duration	Pain
35	B	M	75	21	1
52	A	M	76	25	1
10	B	M	75	30	1
30	P	M	77	29	1

检查 cluster2 中的示例

同样，从 cluster2 中抽取一些观察值，并查看它们：

```
cluster2 <- df[c(23,49,25,47),]
View(cluster2)
```

这个聚类看起来可能与那些在 59 ～ 72 岁的年龄范围内接受治疗 A 和 B 的人有关，他们没有报告疼痛：

	Treatment	Gender	Age	Duration	Pain
23	B	F	72	50	0
49	B	F	69	42	0
25	A	M	62	42	0
47	B	M	59	29	0

检查 cluster3 中的示例

从 cluster3 中提取并查看一些示例：

```
cluster3 <- df[c(20,26,38,53),]
View(cluster3)
```

第 3 组看起来也是没有报告疼痛的患者。但是，它们的特点是观察时间比 cluster2 更短：

	Treatment	Gender	Age	Duration	Pain
20	A	F	74	1	0
26	P	M	74	4	0
38	B	M	70	22	0
53	B	F	69	24	0

请注意，在前面的示例中，我们只从每个聚类中提取了 4 个观测值。但是你并不是一定只能取 4 个值。反之，你应当尽可能多地取值观察，并尝试给每个聚类取一个具有特征的名称。

5.3　支持向量机

我们已经看到了一些用直线来分隔各个类别的示例。

随着模型的维度或特征空间的增加，可能有许多不同的线性和非线性的方式来分隔类别。

在支持向量机的用例里，我们首先使用称为内核的映射函数，将数据变换到更高维的空间，并且使用最优超平面来分割这个高维空间。超平面使用的维度要比测量的空间维度小1，也就是说我们要使用直线来分割二维空间，使用二维平面来分割三维空间。超平面可以是线性的，也可以是非线性的。

超平面使用支持向量，它是用于定义每个类的边界的重要训练元组。它们是数据中最关键的点，也是支持超平面定义的最重要的点。超平面用来确定不同类别之间的界限。一个类通常是一个二元类，比如0或1。类之间的边界可以宽，也可以窄。这个特性是由边界来衡量的，这些边界定义了对这些类之间进行距离优化之后的最大分离。

下图是一个包含两个特征x和y的数据集的示例。直线A和直线B可以被认为是两个独立的线性分类器，它们都是将红色观测值与蓝色观测值分开的判定规则。直线A应该优先选择，因为它具有比较大的边界，而且决策线和最近的观察之间的分离值也比较大。接近该线的观测值被称为支持向量：

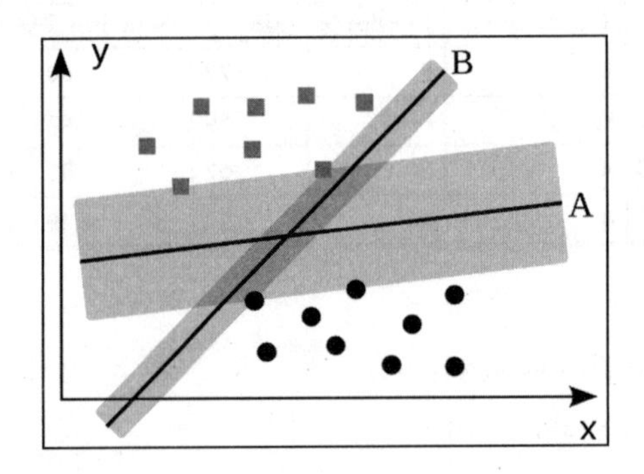

5.3.1 映射函数的简单说明

为了说明内核映射函数如何帮助定义线性边界，请看下面的图，看看创建新的变量z是如何帮助区分多项式函数t2$Latitude^2*t2$High.Low.Temp^2在二维空间中映射为新的变换点。内核映射将会在更高的维度上发生，并且将映射的结果反向映射回原始空间：

```
#generate a non-linear circle of point

radius <- 2
t2 <- data.frame(x=radius * cos(seq(0,6,length = 20)),y = radius *
sin(seq(0, 6, length = 20)))
names(t2) <- c("Latitude","High.Low.Temp")
plot(t2$Latitude,t2$High.Low.Temp)

# create a new variable and plot it against on the original points
t2$z = (t2$Latitude^2*t2$High.Low.Temp^2)

plot(t2$High.Low.Temp,t2$z)
```

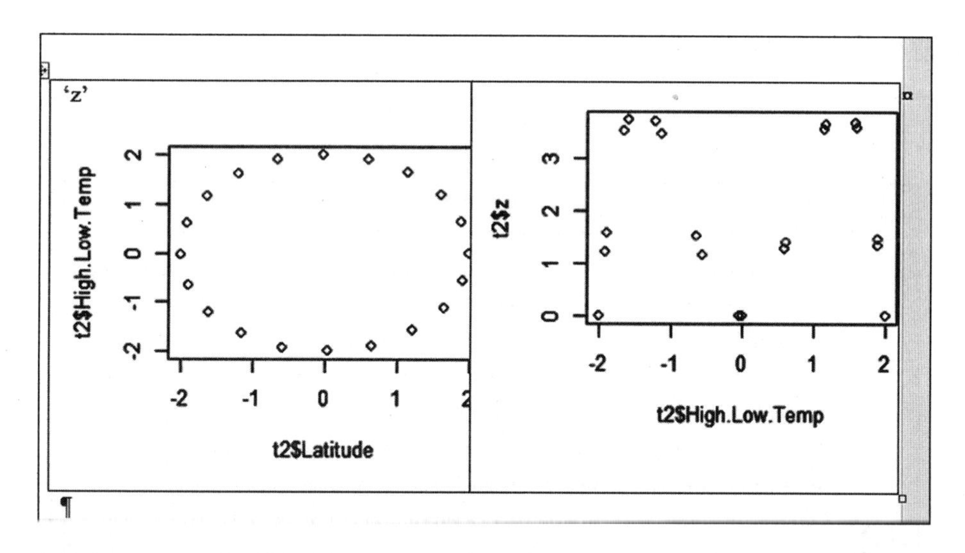

通常情况下，SVM 与维度非常高的数据一起使用。比如说，涉及对象和面部识别的应用程序。SVM 的结果可以非常准确，但其短板在于可解释性和性能。由于决策边界高度依赖于用于执行映射的内核函数的选择，所以 SVM 也可能过度拟合数据。有大量的内核函数可供选择，而内核的选择不应该基于最佳的模型拟合。这与使用高阶多项式函数来拟合回归模型是不一样的。

5.3.2 使用 SVM 分析消费者投诉数据

在这个示例中，我们将使用文本分类模型来定义一个线性 SVM 模型。非结构化文本数据是阐释 SVM 的完美方式，因为数据的维度非常高。

为了说明 SVM 分类器，首先读入一些有关学生贷款的消费者投诉数据。我们将使用两个包，e1071 和 RTextTools：

```
install.packages("e1071")
install.packages("RTextTools")
library(e1071)
library(RTextTools)
```

我们从 CSV 文件加载数据开始。数据框架很简单，包括了一些关于学生贷款的消费者叙述，以及这些投诉如何分类的情况。我们的目标是开发一个 SVM 模型，将未来的客户投诉分为不同的问题类别：

```
data <-
read.csv("C:\\PracticalPredictiveAnalytics\\Data\\Consumer_Complaints.csv",
sep=",")
str(data)
```

取数据的子集并仅保留我们需要的列：

```
data <- subset(data,l select=c(Issue,Consumer.complaint.narrative))
```

以前 50 个记录和视图为例：

```
 data.samp <- subset(data[1:50,],
select=c(Issue,Consumer.complaint.narrative))
View(data.samp)
```

	Issue	Consumer.complaint.narrative
1	Dealing with my lender or servicer	Was not contacted 4 years later about some private l...
2	Can't repay my loan	This is a continuation of a previous issue with Citiba...
3	Can't repay my loan	Navient informed me that I can afford nearly {$150.0...
8	Dealing with my lender or servicer	My husband lost his job in XX/XX/XXXX and was une...
9	Dealing with my lender or servicer	Mohela called me on XXXX/XXXX/15, I told the rep I ...
4	Dealing with my lender or servicer	In 2008 I attended XXXX University in XXXX off XXXX ...
7	Dealing with my lender or servicer	I was behind on my loans, and I called about two mon...
5	Dealing with my lender or servicer	I received a private student loan from XXXX XXXX (n...
6	Can't repay my loan	I have a private loan with Sallie Mae. I called them to ...
10	Can't repay my loan	I ca n't pay for my private student loans. They have b...

5.3.3 将非结构化数据转换为结构化数据

请注意，这些投诉数据是非结构化的格式。某些文本挖掘算法将非结构化文本视为“一袋词语”，这意味着在分析文档时，会忽略语义和语法，将每个词视为自己的特征或变量。

文本挖掘中一个重要的数据结构是术语文档矩阵（TDM），它简单地表示每个文档中出现了哪些词。

create_matrix() 函数将为我们创建这个术语文档矩阵。但是，在做这件事之前，先要清理数据，并对创建术语文档矩阵施加一些约束条件。

首先，我们不希望包括那些不会给 TDM 增加任何价值并且会使它变得非常大的词，如“the”“an”或“it”。这些被称为停止词。所以，我们将使用 removeStopwords = TRUE 选项来过滤这些单词。同样，我们也会消除任何数字和标点符号，只考虑长度至少为 4 的单词。这些选项不是随意选择的。文本挖掘者可以将这些选项设置为最佳值，以达到从数据中获取最大价值的需求，同时将数据的大小保持在最小。在设置这些选项时，领域知识是非常有用的。例如，如果我设置了 minwordLength = 5，那么就不会包含诸如 Paid 之类的词：

```
# Create the document term matrix
dtMatrix <-
create_matrix(data.samp[""Consumer.complaint.narrative""],minDocFreq = 1,
removeNumbers=TRUE,
minWordLength=4,removeStopwords=TRUE,removePunctuation=TRUE,stemWords =
FALSE)
```

TDM 是针对文本挖掘进行优化的数据结构。随着文件和单词数量的增加，查看难度可能会增大。不过，在我们的示例中只有 50 个文档，而且由于在开始时已经对数据进行了抽样，只有有限的一些单词，所以可以使用 transpose() 函数查看一个小的 TDM：

```
xx = as.data.frame( t(as.matrix(  dtMatrix )) )
head(xx)
```

请注意，即使在这个小样本中，我们也可以看到文档中包含了多个“access”“able”和“ability”。每一列表示该单词出现的文档和提及该单词的次数。每个文档都对应着一列，即使文档中没有出现任何特定的单词（每个单词对应一行）：

```
> head(xx)
                 1 2 3 4 5 6 7 8 9 10 11 12 13 14 15 16 17 18 19 20 21 22 23 24 25 26 27 28 29 30 31 32 33 34 35 36 37 38 39 40 41 42 43 44 45 46 47 48 49 50
ability          0 0 0 0 0 0 0 0 0 0 0 0 0 0 0 0 0 0 0 0 0 0 0 1 0 0 0 0 0 0 0 0 0 0 0 0 0 2 0 0 0 0 0 0 0 0 0 0 0 0
able             0 0 0 0 0 0 0 0 0 0 0 0 0 0 0 0 0 0 0 0 0 0 0 0 0 0 0 3 0 0 0 3 0 0 0 0 0 1 1 0 0 1 0 0 0 0 0 1 0 0
abovementioned   0 0 0 0 0 0 0 0 0 0 0 0 0 0 0 0 0 0 0 0 0 0 0 0 0 0 0 0 0 0 0 0 0 0 0 0 0 0 0 0 0 0 1 0 0 0 0 0 0 0
accept           0 0 0 0 0 0 0 0 0 0 0 0 0 0 0 0 0 0 0 0 0 0 0 0 0 0 0 0 0 0 0 0 0 0 0 0 0 0 0 0 0 0 1 0 0 0 0 0 0 0
access           0 0 0 0 0 0 0 0 0 0 0 0 0 0 0 0 0 0 0 0 0 0 0 0 0 0 0 0 0 0 0 0 0 1 0 0 0 5 0 0 0 0 0 0 0 0 0 0 0 0
accomplish       0 0 0 0 0 0 0 0 0 0 0 0 0 0 0 0 0 0 0 0 0 0 0 0 0 0 0 0 0 0 0 0 0 0 0 0 0 0 0 0 0 0 0 0 0 0 0 1 0 0
```

我们已经看了一个 TDM 样本，现在，在整个数据帧上面运行 TDM 计算。

```
dtMatrix <- create_matrix(data[""Consumer.complaint.narrative""],minDocFreq
= 1, removeNumbers=TRUE,
minWordLength=4,removeStopwords=TRUE,removePunctuation=TRUE,stemWords =
FALSE)
```

这次我们不查看 TDM 本身（在这种情况下，TDM 将相当大），让我们通过加总术语出现的次数来查看它的频率。在滚动显示数据帧时，会看到一个个术语不断蹦出来。我们还要计算这些术语的组合（bi-gram 和 N-gram），这将使你深入了解客户投诉的事情的种类：

```
freq <- colSums(as.matrix(dtMatrix))
length(freq)
head(freq)
freq.df <- as.data.frame(freq)
View(freq.df)
```

View 命令的输出将按字母顺序在 TDM 中显示以下术语。使用滑动块来滚动查看列表：

	freq
aaron	1
abhorrent	1
abide	2
abided	2
abiding	2
abilities	1
ability	82
able	771
ablethe	1
ableye	1

RTextTools 包使用容器来容纳不同种类的 R 对象。我们将创建一个容器，将其用作持有对象来训练前 500 个客户的评论：

```
container <- create_container(dtMatrix, data$Issue,
trainSize=1:500,virgin=FALSE)
str(container)
```

容器创建完以后，就可以使用它来训练许多不同类型的模型。我们将使用具有线性内核函数的 SVM。

这意味着我们将使用线性超平面将数据分为高维文本空间中的片段：

```
# train a SVM Model
model <- train_model(container, ""SVM"", kernel=""linear"", cost=1)
str(model)
head(model)
summary(model)
```

模型摘要的输出显示如下；我们创建了 349 个支持向量，它们将数据分为三类：

```
Call:
svm.default(x = container@training_matrix, y = container@training_codes,
kernel = kernel, cost = cost, cross = cross, probability = TRUE,
    method = method)


Parameters:
   SVM-Type:  C-classification
 SVM-Kernel:  linear
       cost:  1
      gamma:  9.832842e-05

Number of Support Vectors:  349

 ( 189 143 17 )


Number of Classes:  3

Levels:
 Can''t repay my loan Dealing with my lender or servicer Getting a loan
```

现在数据已经训练完毕，我们将使用接下来的 500 个观测值来做测试，看看模型执行的效果如何。和训练模型时所做的一样，我们将为测试数据创建一个 TDM，使用的标签或术语和为训练数据创建的一样：

```
predictionData <- data$Consumer.complaint.narrative[501:1000]

# create a prediction document term matrix
predMatrix <- create_matrix(predictionData, originalMatrix=dtMatrix)

# create the corresponding container

plength = length(predictionData);
predictionContainer <- create_container(predMatrix, labels=rep(0,plength),
testSize=1:plength, virgin=FALSE)
```

为了查看模型执行的效果，我们将使用分类模型函数根据模型对测试数据集进行评分。然后根据问题类型和平均 SVM 概率来聚合数据。正如输出结果所显示的那样，这个模型在识别“ Dealing with my lender or servicer”方面做得最好，而不会识别“ Getting a loan”。这一切都为贷款出借人提供了有价值的信息，因为我们现在可以看到客户正在讨论什么类型的主题：

```
# predict
results <- classify_model(predictionContainer, model)
head(results)
aggregate(results$SVM_PROB, by=list(results$SVM_LABEL), FUN=mean,
na.rm=TRUE)

> head(results)
```

输出显示在控制台中，如下所示：

```
                              SVM_LABEL  SVM_PROB
1 Dealing with my lender or servicer 0.5436438
2 Dealing with my lender or servicer 0.7521835
3 Dealing with my lender or servicer 0.5153998
4 Dealing with my lender or servicer 0.7611152
5 Dealing with my lender or servicer 0.7225702
6 Dealing with my lender or servicer 0.7590674
> aggregate(results$SVM_PROB, by=list(results$SVM_LABEL), FUN=mean,
na.rm=TRUE)
                              Group.1         x
1                  Can''t repay my loan 0.6211851
2 Dealing with my lender or servicer 0.6967735
3                      Getting a loan 0.4779246
```

5.4　参考资料

- *AMERICAN STATISTICAL ASSOCIATION RELEASES STATEMENT ON STATISTICAL SIGNIFICANCE AND P-VALUES. (2016, March 7)*. Retrieved from ASA news: http://www.amstat.org/asa/files/pdfs/P-ValueStatement.pdf
- *Anscombe's quartet*. Retrieved from Wikipedia: https://en.wikipedia.org/wiki/Anscombe%27s_quartet
- *Coefficient of determination*. Retrieved from Wikipedia:https://en.wikipedia.org/wiki/Coefficient_of_determination
- *Fader, P. S. (2001, May-June). Forecasting Repeat Sales at CDNOW. Interfaces, 31 (May-June), Part 2 of 2, S94-S107.*
- *FAQ: WHAT ARE PSEUDO R-SQUAREDS?* Retrieved from UCLA Institute for Digital Research and Education: http://stats.idre.ucla.edu/other/mult-pkg/faq/general/faq-what-are-pseudo-r-squareds/

5.5　本章小结

在本章中，我们又学习了三种算法，这三种算法和回归算法一起，形成了核心的基本算法，它们可以涵盖大量预测分析师将面临的基础典型问题。我们看到，对决策树方法的深入了解使你可以快速开发模型，它们易于解释，并且是随机森林等更高级技术的基础。然后我们学习了聚类。聚类使你可以开始掌握相似和不相似的概念，并引入距离度量。然后，我们用对支持向量机的基本介绍以及其在文本挖掘中的应用来结束本章。

在下一章中，我们将看看一些创建模型的示例，这些模型可以预测客户会使用一个公司的服务多长时间，或者预测患者发展到一定的身体状况会有多长时间。

Chapter 6 第6章

使用生存分析来预测和分析客户流失

“在一个无尽的宇宙里什么事都可能发生，”福特说，“即使是生存。很奇怪但这是真的。”

——Douglas Adams，《宇宙尽头的餐馆》

6.1 什么是生存分析

生存分析囊括了很大范围的话题。下面是本章将要讨论的一系列话题：

- 生存分析
- 基于时间的变量和回归
- R 生存对象
- 客户消耗或流失
- 生存曲线
- cox 回归
- 绘图方法
- 变量选择
- 模型一致性

通常，预测分析问题要根据对某个客户的记录中重要事件的追踪来解决各种情况，并且预测这类事件什么时候会发生。生存分析是一种基于事件发生时间的概念的分类形式。事件发生时间就是指在某些事情发生之前经过了多少个时间单位。事件则可以是任何事情，比如一次车祸、一次证券市场崩溃，或者一种灾难性现象。

生存分析起源于致命疾病患者的研究，例如癌症患者，所以使用了“生存”这个术语。

然而，这个概念也可以用于市场应用，因为你会在某个客户的整个生命周期里面追踪某个事件的发生。在这种情况下，事件的时间可能指的是某次客户响应或者购买。

在本章的示例中要使用一个客户流失的例子。客户流失是一个术语，在讨论到一个公司如何保持它的客户时，你会经常听到这个术语。流失是非常重要的事，因为获得新客户所花的成本通常要更高，相比之下，用折扣和促销来取悦和笼络已有客户要花的成本低些。

对于流失分析，有很多不同的统计建模技术可供选择，包括回归、决策树、随机森林、朴素贝叶斯和神经网络。

生存分析在客户流失问题上是一种很好用的技术，因为它可以针对性地处理两个方面的市场数据，而其他的技术在这两方面就有些问题。于是就引出了依赖时间的数据和删失的概念。

6.1.1　依赖时间的数据

在很多分析技术中，在分析时会把所有的数据看作静态的，所以这些技术不太适合处理随着时间改变的数据。任何事件如果用一个随时间变化的变量（例如年龄）来衡量，或者通过调查问卷得到的态度变化，都可以看作依赖时间的变量，而且可以用生存技术进行很好的处理。用生存技术处理依赖时间的变量，在市场的概念中效果很好，因为对各个客户细分群的待遇可能会变化，而我们需要一种机制来衡量促销和广告等介入会对客户行为产生什么样的随着时间变化的效果。

6.1.2　删失

一般来说，删失这个术语用来描述仅有部分已知的数据。为什么说仅有部分已知，因为完整的数据是指在观察性研究的开始到结束之间的所有数据。它可能是研究开始之前或研究结束之后发生的信息。如果所有的信息都包含在研究周期之内，则数据是无删失的。不过这种情况很少发生。

删失的数据可能是左侧删失，也可能是右侧删失。

左侧删失

在市场环境下，研究通常开始于客户已经存在时，并不知道这些客户是如何获得的。

另外，并非所有的客户开始时间都是一样的。当一个客户的开始时间早于研究或者分析的时间时，有些客户属性就可能被看作左侧删失。如果你开始分析的时候就包含了所有的客户，你就不知道研究开始前发生了哪些事件。而那些事件却可能携带有非常重要的信息，例如某个客户可能对以前的客户政策非常不满，该政策是在研究开始前执行过的，但是既然我们不知道那些信息，就无法对此做些什么。在生存分析中，每个人都是基于事件来入手的。

右侧删失

研究也都有一个结束的时候，即使某个客户在研究结束第二天就离开，研究中还是把它看作活跃的客户。这是另外一类不会存在于记录中的数据。所以，如果一个客户在研究结束之后才离开，该客户就被看作右侧删失。不过，右侧删失也包括其他一些特殊情况，例如某个客户在研究结束时仍然活跃，或者某个客户丢失了，但是原因是一些跟研究中的变量无关的事件。

例如，一个客户只活跃了10天，但如果研究在其后很短的时间内结束了，就会仍然把该客户看作活跃的；再比如，如果一个客户没有对随后的调查问卷做出响应，是因为客户的地址改变了，他们也会从研究里剔除出去。这些都是自然发生的事件。

在下面的图表中，黑色的竖线表示一个假设的流失研究的开始和结束日期。每一行的第一个点表示获得该客户的时间，而最后一个点表示该客户离开的时间。只有在周期开始和结束之间可以获得的数据才能用于分析。该图标也用竖线表示了某个客户是左侧删失或者右侧删失的情况：

- 最上方的横条表示一个客户在研究开始之后才获得，在研究结束之前就离开。所以，我们拥有这个客户整个生产过程中完整的信息，该客户是无删失的。
- 中间的横条表示一个客户是在研究开始之前获得的；不过，该客户在研究结束之后仍然是活跃的，而在靠近右侧竖线右边的那个点，表示该客户在研究结束之后很短时间内就离开。然而，这个流失动作不会反映在数据里，所以这是一个右侧删失的例子。
- 最下方的横条表示一个客户在研究开始之前获得，而开始日期是未知的。这是左侧删失观察的例子：

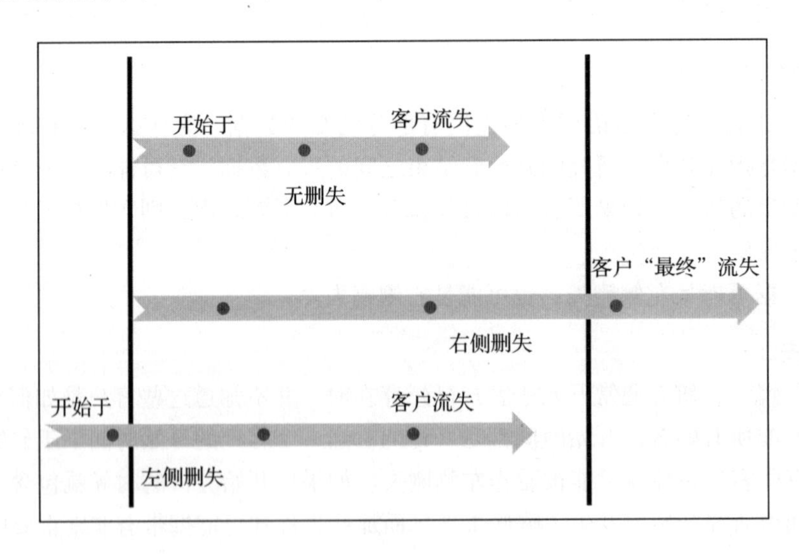

6.2 客户满意度数据集

本章我们要查看一个数据集，里面的虚拟客户都订阅了一个在线服务，并且都在研究开始之前响应了一个客户满意度调查问卷。这个调查随后会匹配到业务以及统计数据，以便产生一个简单的分析数据集，其中包含一个事件变量（流失），它代表着客户是否取消了对该服务的订阅。我们还要加入一些业务数据（上个月的购买数量），还有一些统计数据（性别、教育程度），以及另一个在研究开始前进行的总体满意度调查数据：

变量	描　述
Monthly.Charges	之前所有购买的平均美元数值
Purch.last.Month	在研究开始前的一个月购买的数量
Satisfaction	用李克特量表进行的对服务的总体满意度调查
Satisfaction2	后来的另一次满意度调查
Gender	男性或女性
Education Level	本科 / 硕士 / 博士
Churn	1 代表客户在研究结束前离开；0 代表客户在研究结束时仍然活跃

6.2.1　利用概率函数生成数据

我们不使用已经存在的数据集，而是利用一些内建抽样和概率函数生成我们自己的数据。对于学习如何展开分析来说，这是一种很有价值的方法，因为这样你就有能力改变你自己的数据构造，并观察随之产生的模型有什么变化。随后展示的一些代码也使用了第 1 章中提到过的可重复研究的概念。

为了保证这些示例能正确运行，请确保 setwd() 函数设置到了你电脑上的正确文件夹。这个函数在下面的示例中的开头几行代码中使用了。除了 setwd()，你还会在代码示例中看到其他函数，它们有助于提高可重复性：

- set.seed()：该函数需要输入一个常量。这样可以保证在不同的电脑上运行时会使用同样的种子，在此基础上生成抽样数据。在这个示例中，我使用数字 1 作为种子。
- dev.copy()：该函数把屏幕上显示的图表拷贝下来，并保存在 setwd() 函数指定的路径和文件名里面。这样，你就可以把所有的图像都保存在跟你正在从事的项目或者子项目相关的正确的文件夹里。执行完 dev.copy() 函数以后，记得用 dev.off() 函数重置所有的图像。请注意，你可能需要调用 dev.off() 函数两次，才能完成这项工作。
- cleanhistory()、savehistory()：在这两个函数之间所有的代码会保存在 savehistory() 指定的文件名里面。这样你就可以永久地在代码编辑器之外的地方保存你的代码。这一点很重要，如果你需要手动保存不同的版本，或者需要用别的语言处理程序来使用你的代码。
- 代码标签：你会看到一些代码标签，从 # 符号开始，以 ====（4 个等号）符号结束。从技术上说，这些就是代码注释，同时，也能够起到标签的作用，可以用作指定代码段的名称的标记。例如，这里的第一个代码段在开始时使用了 #simulate churn==== 标签，如下图所示。

在 RStudio 中，使用源代码面板底部的上 / 下箭头可以在用标签定义的代码区域之间跳跃。

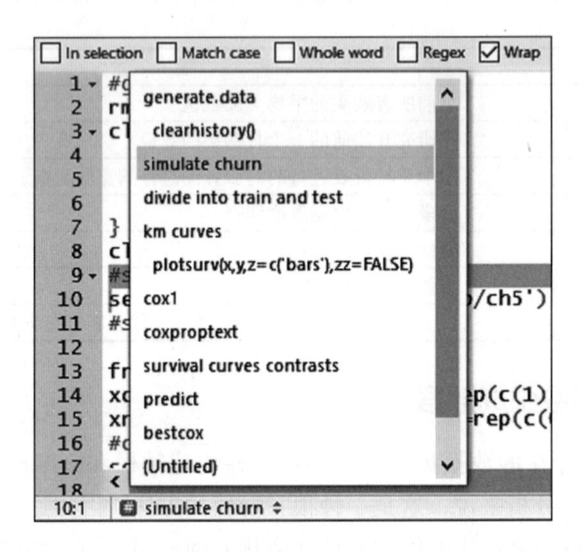

当定位了下一个代码段之后，可以选择并运行它。此处为各个加标签的代码段做了哪些事给出了一个简短的介绍。列表中每个项目可以根据标签表明的内容跳到那个代码段。

创建流失和未流失数据帧

代码在一开始就模拟了响应变量的数据（xchurn）。请记住，这个变量只有两个值：0 和 1。因为我们希望这两个组表现出不同的行为，所以要分别为两个组生成数据：一个是流失的客户（xchurn），另一个是在 12 个月的周期结束时仍然活跃的客户（xnochurn）：

```
#simulate churn data====
setwd('C:/PracticalPredictiveAnalytics/Outputs')
frame.size <- 1000
xchurn <- data.frame(Churn=rep(c(1),frame.size))
xnochurn <- data.frame(Churn=rep(c(0),frame.size))
```

创建和验证新的模拟变量

本节要模拟一些自变量：Xeducation、Xgender、Xsatisfaction、Xpurch.last.month，还有 Xmonthly.charges。代码中使用 sample() 函数，基于一个概率向量，为两个数据帧生成略微不同的数据。这些产生的数据中，有些数据在流失客户和未流失客户之间差别不大（例如教育程度），而有些数据则用来显示留下的成员和离开的成员之间的差别（tenure2 和上个月的购买数量）。

```
#create new vars====
# set the seed for reproduceability

set.seed(1)
```

```
#set the gender and Education Vectors.
ed.vector <- c("Bachelor's Degree", "Master's Degree", "Doctorate Degree")
gen.vector <- c("M", "F")
#sample from each of the vector elements with the associated probabilities
given in the probability vector.

xchurn$Xeducation <- sample(ed.vector, nrow(xchurn),replace = TRUE, prob =
c(.8,.15,.05))
xnochurn$Xeducation <- sample(ed.vector, nrow(xnochurn),replace = TRUE,
prob = c(.7, .10, .05))
xchurn$Xgender <- sample(gen.vector, nrow(xchurn),replace = TRUE, prob =
c(.8,.2))
xnochurn$Xgender <- sample(gen.vector, nrow(xnochurn),replace = TRUE, prob
= c(.75,.25))

#do the same for the service vector. 1=not at all satisfied, 5=very
satisfied.

serv.vector <- c("1","2","3","4","5",NA)
#make the churners not very satisfied. Note that the probability is higher
for the lower service categories than for the higher satisfaction scores.
(e.g .35 vs. .01)

xchurn$Xsatisfaction <- sample(serv.vector, nrow(xchurn),replace = TRUE,
prob = c(.35,.35,.2,.2,.2,.01))
#non churners get an increased probability of a higher satisfaction score

xnochurn$Xsatisfaction <- sample(serv.vector, nrow(xnochurn),replace =
TRUE, prob = c(.2,.2,.2,.35,.35,.01))

# simulate incremental increase in satisfaction after the 2nd survey for
the churners category (by adding 1 across the board).  This is to simulate
something the company did to get them to stay.

xchurn$Xsatisfaction2 <- as.integer(xchurn$Xsatisfaction) + 1

#For the 2nd survey. keep the satisfaction level the same for the others

xnochurn$Xsatisfaction2 <- sample(serv.vector, nrow(xnochurn),replace =
TRUE, prob = c(.2,.2,.2,.35,.35,.01))

#simulate a higher increase in calls to customer service for the churners.

xchurn$Xservice.calls <- sample(c(0,1,2,3,4,5), nrow(xchurn),replace =
TRUE, prob = c(.80, .20, .05, .03, .05, .01))
xnochurn$Xservice.calls <- sample(c(0,1,2,3,4,5), nrow(xnochurn),replace =
TRUE, prob = c(.80, .10, .05, .03, .02, .01))

#Simulate tenure of 12 months to 1 month. Notice, for example, that
churners have a lower probability of being assigned a tenure of 12 months
(.8) than the nonchurners do. (.9)
xchurn$Xtenure2 <- sample(c(12:1), nrow(xchurn),replace = TRUE, prob =
c(.8,.7,.7,.6,.5,.4,.3,.2,.1,.3,.3,.1))
xnochurn$Xtenure2 <- sample(c(12:1), nrow(xnochurn),replace = TRUE, prob =
c(.9,.8,.7,.6,.5,.4,.3,.2,.1,.1,.1,.1))
#simulate the number of purchases last month. We do the simulation a bit
differently this time, since there is no predefined vector to sample from.
```

```
The rep() function is used to repeat a value a specified number of time.
For churners, 1 purchase last month has the highest probability of being
selected since it is repeated 150 times.
xchurn$Xpurch.last.month <-
sample(c(rep(10,5),rep(1,150),rep(3,10)),nrow(xchurn),replace = TRUE)
xnochurn$Xpurch.last.month <-
sample(c(rep(0,5),rep(1,20),rep(3,10)),nrow(xnochurn),replace = TRUE)
#monthly charges are selected via a normal distribution. Churners will end
up having average monthly charges of $215.  This is used to simulate "High
Charges" as a reason for leaving

xchurn$Xmonthly.charges <- rnorm( nrow(xchurn), mean=215,sd=70)
xnochurn$Xmonthly.charges <- rnorm( nrow(xnochurn), mean=75,sd=50)
#also convert to a list
xchurn.list <-lapply(xchurn, function(x) sample(x,replace=TRUE))
xnochurn.list <-lapply(xnochurn, function(x) sample(x,replace=TRUE ))
```

生成数据之后，可以用其他 R 函数验证数据是否与你预期的一样。例如，在命令行中，可以使用 prop.table() 函数来验证生成的百分比是正确的：

```
> prop.table(table(xchurn$Xeducation))
```

下面是输出：

```
Bachelor's Degree  Doctorate Degree   Master's Degree
            0.802             0.053             0.145
```

请看下面的代码：

```
> prop.table(table(xnochurn$Xeducation))
```

其输出如下所示：

```
Bachelor's Degree  Doctorate Degree   Master's Degree
            0.819             0.060             0.121
```

这显示了代码中 sample(ed.vector) 这行指定的原始参数可以正确地生成流失的客户数据。在流失 / 未流失两个组之间只有很小的差异。

但是，请注意，由于这只是模拟数据，因此可以在 sample() 函数中改变 prob= 选项来使它适用于具体行业中的任何场景。这一点是很有必要的，因为这告诉你，当假设的条件改变时，你的模型有多强的鲁棒性。如果你愿意，可以做些实验，根据一些其他的场景来改变概率向量。

例如，如果我们想要彻底改变教育程度数据的构造，增加博士学位的出现次数，就得增加概率向量里面第三个元素的概率：

```
Xeducation_PHD <- sample(ed.vector, 1000,replace = TRUE, prob = c(.7, .10,
.95))
```

通过绘制百分比图，可以看到如下变化：

```
par(mfrow=c(1,3))
barplot(table(xchurn$Xeducation),names.arg=c('B.A','Ph.D','Masters'),cex.na
mes=.75,ylim=c(0,800),main='Slightly higher proportion of Bachelors and
Masters Degree',cex.main=1)
```

```
barplot(table(xnochurn$Xeducation),names.arg=c('B.A','Ph.D','Masters'),cex.
names=.75,ylim=c(0,800),main='Slightly lower  proportion of Bachelors and
Masters Degree',cex.main=1)
barplot(table(Xeducation_PHD),names.arg=c('B.A','Ph.D','Masters'),cex.names
=.75,ylim=c(0,800),main='Exaggered number of Doctorate Degrees',cex.main=1)
```

输出如下所示：

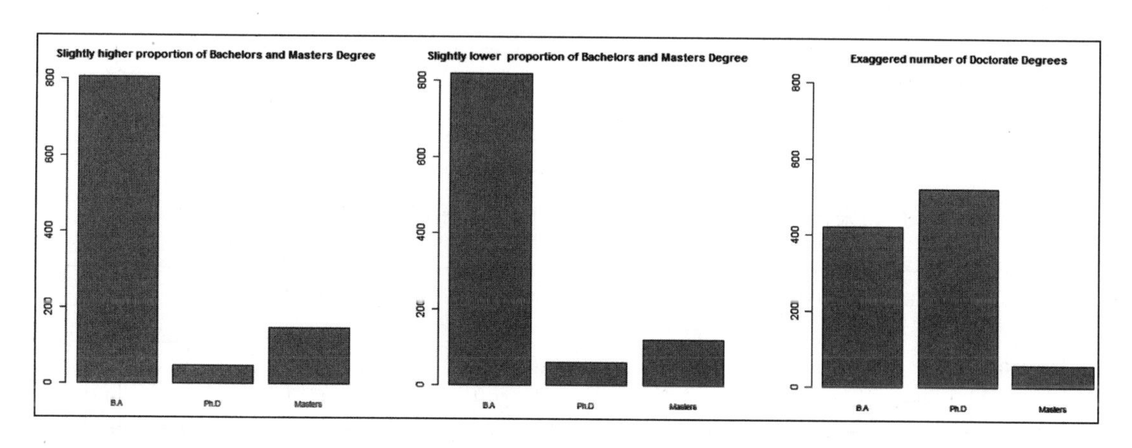

重新合并流失客户和未流失客户

既然我们已经分别模拟了两个组的变量，接下来就要重新合并它们，并且消除掉一些 NA 值：

```
#bind them back together====

d1 <- data.frame(xchurn.list)
d2 <- data.frame(xnochurn.list)
ChurnStudy <- rbind(d1,d2)
ChurnStudy <- na.omit(ChurnStudy)
summary(ChurnStudy)
nrow(ChurnStudy)
savehistory (file="ch5 generate churn data")
```

str、summary 和 nrow 三个函数将会在控制台显示输出，而 savehistory() 函数会把所有运行过的命令保存在外部文件里。

```
'data.frame': 1984 obs. of  9 variables:
 $ Churn            : num  1 1 1 1 1 1 1 1 1 1 ...
 $ Xeducation       : Factor w/ 3 levels "Bachelor's Degree",..: 1 3 3 1 1 3 2 1 1 3 ...
 $ Xgender          : Factor w/ 2 levels "F","M": 2 2 1 1 2 2 2 2 2 2 ...
 $ Xsatisfaction    : Factor w/ 5 levels "1","2","3","4",..: 1 1 4 1 4 5 1 1 5 3 ...
 $ Xsatisfaction2   : chr  "3" "6" "2" "2" ...
 $ Xservice.calls   : num  0 0 0 1 0 1 0 0 0 0 ...
 $ Xtenure2         : int  12 5 11 12 6 7 6 11 6 10 ...
 $ Xpurch.last.month: num  1 1 1 1 1 3 1 1 1 1 ...
 $ Xmonthly.charges : num  233 217 269 168 299 ...
 - attr(*, "na.action")=Class 'omit'  Named int [1:16] 19 86 398 554 676 743 993 996 1207 1297 ...
  .. ..- attr(*, "names")= chr [1:16] "19" "86" "398" "554" ...
> summary(x3)
     Churn                   Xeducation     Xgender    Xsatisfaction Xsatisfaction2      Xservice.calls       Xtenure2      Xpurch.last.month Xmonthly.charges
 Min.   :0.0   Bachelor's Degree:1593   F: 452    1:419         Length:1984        Min.   :0.0000   Min.   : 1.000   Min.   : 0.000   Min.   :-97.53
 1st Qu.:0.0   Doctorate Degree : 122   M:1532    2:448         Class :character   1st Qu.:0.0000   1st Qu.: 7.000   1st Qu.: 1.000   1st Qu.: 67.80
 Median :0.5   Master's Degree  : 269             3:304         Mode  :character   Median :0.0000   Median : 9.000   Median : 1.000   Median :131.48
 Mean   :0.5                                      4:456                            Mean   :0.4718   Mean   : 8.449   Mean   : 1.479   Mean   :143.74
 3rd Qu.:1.0                                      5:357                            3rd Qu.:1.0000   3rd Qu.:11.000   3rd Qu.: 1.000   3rd Qu.:221.42
 Max.   :1.0                                                                       Max.   :5.0000   Max.   :12.000   Max.   :10.000   Max.   :381.82
> nrow(x3)
[1] 1984
> savehistory (file="ch5 generate churn data")
> |
```

请注意，summary 的输出显示了 satisfaction 是一个因子，而 satisfaction2 是一个字符类变量。在本章后面讨论到随访调查问卷的时候，要改变这个格式以及 satisfaction2 的取值。

现在试一下绘制一个直方图，显示流失客户和仍活跃客户两个组中保有期和上月购买数量之间的差别：

```
par(mfrow=c(2,2))
hist(xchurn$Xtenure2,main="Churners Tenure")
hist(xnochurn$Xtenure2,main="Non-Churners Tenure")
hist(xchurn$Xpurch.last.month, col = "grey", labels = FALSE,main="Churners
Purch last Month")
hist(xnochurn$Xpurch.last.month, col = "black", labels = FALSE,main="Non-
Churners Purch last Month")
dev.copy(jpeg,'Ch5 - Plots after dataset creation.jpg'); dev.off()
```

比较流失客户和未流失客户的保有期和上月购买数量的情况：

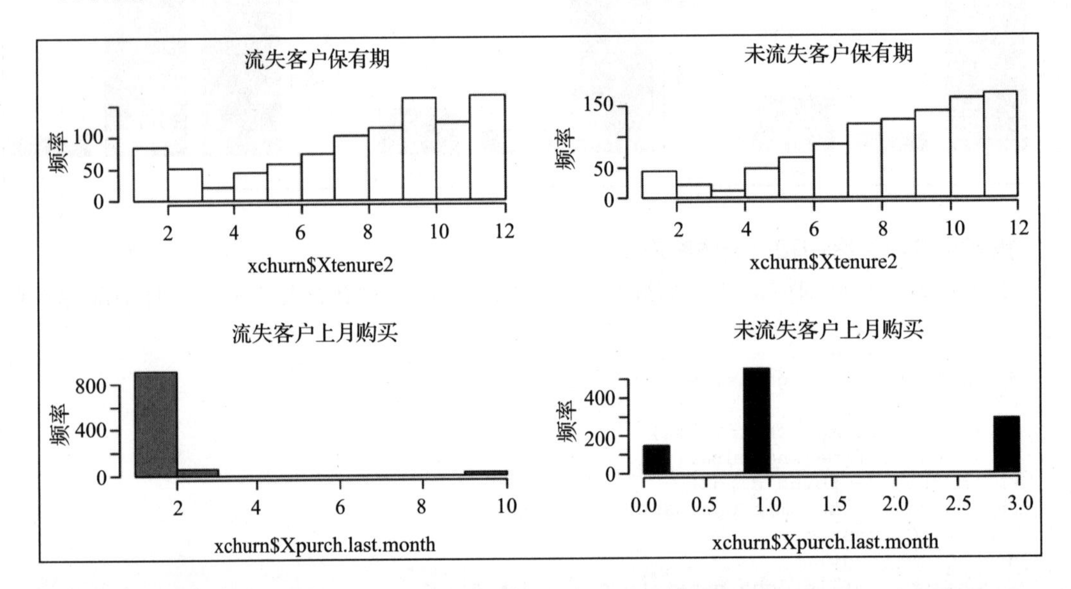

在图表中我们可以看到，上个月流失的客户总体上比仍活跃的客户购买数量要少。在流失客户中，看起来在一个或者两个月之后有一些流失活动，但对此下结论有点草率，因为我们不知道这些客户加入的时间点是在哪里。

6.2.2 创建矩阵图表

如果我们想要更进一步探索流失客户的保有期，还要建立一个矩阵图表，显示保有期和我们选择的其他变量之间的关联。在这个示例中，要使用 ggpairs() 函数来绘制 tenure、gender、satisfaction 和 monthly charges 这几个变量之间的矩阵图表：

```
str(xchurn)
install.packages("GGally")
library(GGally)
library(ggplot2)
ggpairs(xchurn,c(3,4,7,8),lower=list(combo=wrap("facethist",binwidth=30)))
```

从图表中我们可以看到，男性客户流失得比女性客户快。从矩阵图表的第 1 行第 3 列中可以看出这点。请注意，这里产生的图是箱线图，因为此处比较了一个连续变量（tenure）和一个类别变量（性别）。和成对的图一样，矩阵图表是一种快速查看单变量分布情况的好方法。单变量自身行列交叉的那条对角线上，连续地用典型方法显示了该变量的密度图形。例如第 4 行第 4 列是每月费用，清楚地表现出正态分布，而且每月费用的平均值是 240 美元。对计数变量，典型地使用了直方图来显示。不过，也可以改变默认的表现方式，参见 ggpairs() 函数的相关文档：

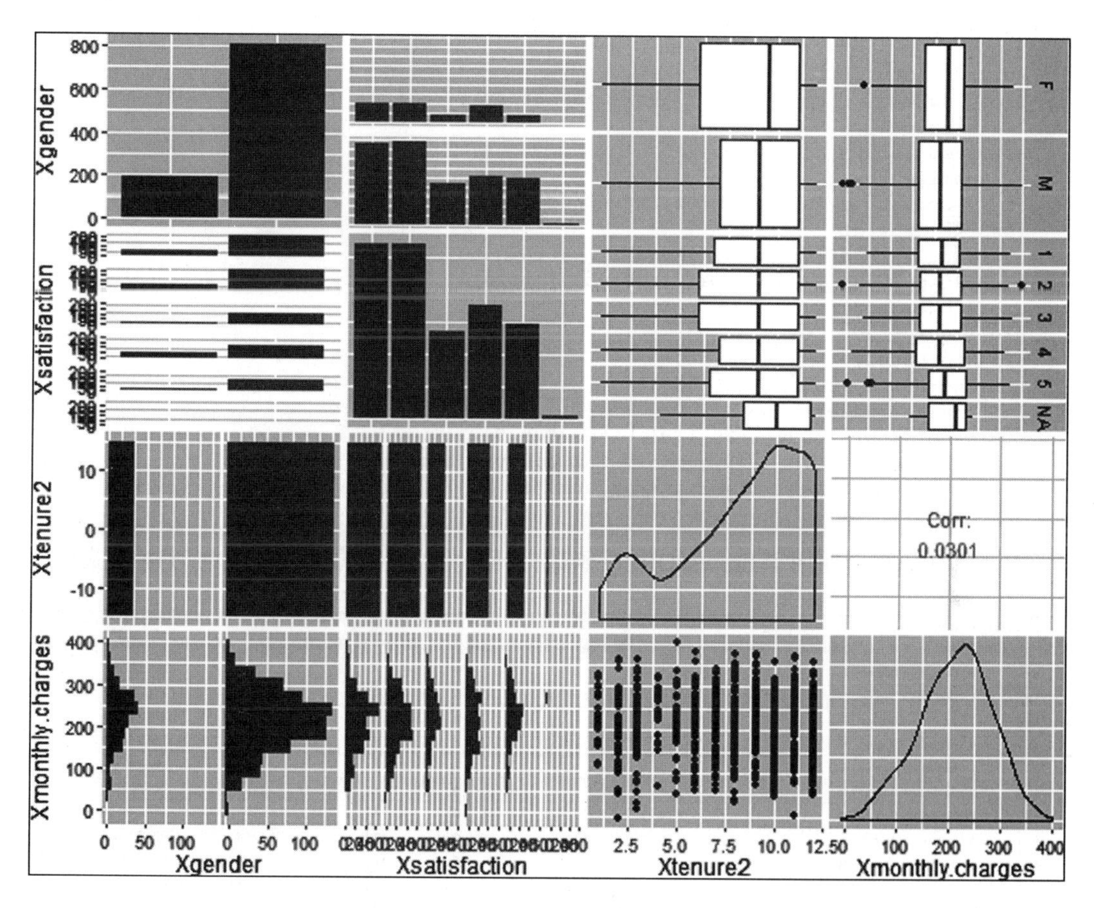

6.3 划分训练和测试数据

下一步，要生成测试和训练数据集，以便我们可以验证产生的任何模型。有很多方法可以生成测试和训练数据集。

在前面的章节中，使用过 createDataPartition 函数。在这个示例里，要用本地的 R 函数生成测试和训练数据集。请看一看下面的代码说明，然后运行后面的代码：

- ❑ 设置一个变量，指定有多少百分比的数据要成为训练数据（TrainingRows）。在这个示例中，指定的是 75%。
- ❑ 使用 sample() 函数随机选择一些行，并赋值给一个名叫 ChurnStudy 的新数据帧。
- ❑ 然后选择 TrainingRows 中前面的一些行。因为 df 数据帧已经进行过抽样，所以在一个随机样本中逐个选出一定百分比的行是一个选择训练样本的方便且有效的方法。
- ❑ 余下的行（TrainingRows+1 到末尾）就会作为测试数据集。并赋值给 ChurnStudy.test。

一旦生成了测试和训练验证数据集，就使用 stargazer 包（在第 1 章中使用过）为原始的 ChurnStudy 数据集生成一个 HTML 输出，如下所示：

```
#divide into train and test====
TrainingRows <- round(.75 * nrow(ChurnStudy))
TrainingRows
set.seed(1020)
#randomize rows
df <- ChurnStudy[sample(nrow(ChurnStudy)), ]
rows <- nrow(df)
ChurnStudy <- df[1:TrainingRows, ]  #training set
ChurnStudy.test <- df[(TrainingRows+1):rows, ]    #test set
nrow(ChurnStudy)
nrow(ChurnStudy.test)
str(ChurnStudy)
str(ChurnStudy.test)
library(stargazer)
stargazer(ChurnStudy[1:10,1:9],out=c("ch 5
AnalysisDataFrame.html"),summary=FALSE,type='html')
browseURL("ch 5 AnalysisDataFrame.html")
savehistory (file="ch5 generate test and train")
```

在示例代码最后使用了 browseURL() 函数打开浏览器，查看刚才生成的 HTML 文件：

Filter

	Churn	Xeducation	Xgender	Xsatisfaction	Xsatisfaction2	Xservice.calls	Xtenure2	Xpurch.last.month	Xmonthly.charges	SurvObj
43	1	Bachelor's Degree	F	1	5	0	7	1	295.502908	7
219	1	Bachelor's Degree	F	3	5	0	9	1	215.769268	9
44	1	Bachelor's Degree	M	4	5	0	6	1	230.142292	6
1412	0	Bachelor's Degree	M	3	2	4	11	1	84.775160	11+
12	1	Bachelor's Degree	F	4	3	1	11	1	167.735122	11
1458	0	Bachelor's Degree	M	3	1	0	1	0	174.883747	1+
519	1	Bachelor's Degree	M	1	5	0	4	1	154.264568	4
562	1	Doctorate Degree	M	4	3	0	12	1	212.801643	12
668	1	Bachelor's Degree	M	4	2	0	12	1	291.822605	12
135	1	Bachelor's Degree	M	4	2	1	3	10	318.343811	3
1979	0	Bachelor's Degree	M	2	4	0	12	3	71.934505	12+

6.4 通过创建生存对象来设置阶段

用 R 语言来编写生存分析，通常开始的时候要用 Surv() 函数创建一个生存对象。生存对象包含的信息比常规的数据帧要多一些。生存对象的用途是追踪每个观察的时间和事件状态（0 或者 1）。它也用来指定哪个变量是响应变量（因变量）。

当定义一个生存对象时，最少需要提供一个时间变量和一个事件。在这里的示例中，将会使用保有期时间（Xtenure2）作为时间变量，还用一个公式来指定那个用来定义生存对象的事件。在本示例中用的公式是 Churn == 1，因为这意味着该客户在那个月流失了：

```
install.packages("survival")
library(survival)
ChurnStudy$SurvObj <- with(ChurnStudy, Surv(Xtenure2, Churn == 1))
```

正如前面的章节中提到的，在创建了一个新的数据帧之后，我总是喜欢执行一下 str() 命令，只为确保结果和预期的一样：

```
> str(ChurnStudy$SurvObj)
 Surv [1:1488, 1:2]  7   9   6  11+ 11   1+  4  12  12   3  ...
 - attr(*, "dimnames")=List of 2
  ..$ : NULL
  ..$ : chr [1:2] "time" "status"
 - attr(*, "type")= chr "right"
```

在前面的输出中我们可以看到，所创建的 survival 对象中含有 1488 行，而它的两个列分别是时间和状态。请注意，在月份数后面的那个 + 号，它表示这个成员在研究周期结束时是右侧删失的，也就是说，该订阅者仍然活跃，没有流失。而 attr(*,"type") 这一行表示这个模型包含右侧删失。

一旦 survival 对象创建完成，就可以在它上面执行一些初步的操作。在控制台中输入下面这行命令，查看最开始的几个元素：

```
> head(ChurnStudy$SurvObj)
[1]  7   9   6  11+ 11   1+
```

还可以把生存对象看作一个矩阵，并显示其数据的一个子集。此处要显示开始的 10 个观察：

```
> ChurnStudy$SurvObj[1:10,1:2]
      time status
 [1,]    7      1
 [2,]    9      1
 [3,]    6      1
 [4,]   11      0
 [5,]   11      1
 [6,]    1      0
 [7,]    4      1
 [8,]   12      1
 [9,]   12      1
[10,]    3      1
```

还可以根据时间和事件把数据列成表。我们可以看到，在研究周期结束时，大约有 50% 的客户已经流失了：

```
> table(ChurnStudy$SurvObj[,1],ChurnStudy$SurvObj[,2])
      0   1
  1  18  15
  2  10  52
  3  17  34
```

```
  4    7  20
  5   31  39
  6   47  42
  7   76  60
  8  102  68
  9   96  89
  10 115 115
  11 105 105
  12 113 112
```

如果你更喜欢用列的名字而不是列的成员来工作，可以尝试先把生存对象转换成数据帧。这样会产生和示例中一样的结果，但是你能够使用列的名字代替索引值。这种方法在引用数量很大的列时会更加方便：

```
Surv.df <- data.frame(ChurnStudy$SurvObj[,1:2])
table(Surv.df$time,Surv.df$status)
```

让我们来试着总结一下。summary() 函数显示平均的保有期大约是 8.5 个月。

```
> summary(ChurnStudy$SurvObj)
      time             status
 Min.   : 1.000   Min.   :0.000
 1st Qu.: 7.000   1st Qu.:0.000
 Median : 9.000   Median :0.000
 Mean   : 8.474   Mean   :0.495
 3rd Qu.:11.000   3rd Qu.:1.000
 Max.   :12.000   Max.   :1.000
```

在创建生存对象时，是用原始的 ChurnStudy 数据帧的一部分来创建它的。如果想要查看附加了生存对象的完整数据帧，可以使用 View(ChurnStudy) 命令。

请注意，SurvObj 时间是根据 Xtenure2 时间确定的。不过，在数字后面的 + 号表示该客户在研究周期结束时仍然是活跃的。

6.5 检查生存曲线

如果想要查看不同的单个因子对于生存率的影响，通常使用 Kaplan Meir 生存曲线是一个很好的切入点，因为它们很容易构建和可视化。随后，会在一个 cox 回归的示例中演示如何检查多个因子。

Kaplan Meir（KM）曲线通常是一些阶跃函数，它在一些离散的时间点上评估 survival 对象或者风险率。生存率的计算是通过计算出成功生存（依然活跃的）的客户数量除以有风险的客户数量得到的。有风险的客户数量（分母）排除了所有已经流失的客户，或者在任何特殊的时间点还没有达到保有期的客户。

举例来说，如果用 table 展示 ChurnStudy 中活跃的月份数（Xtenure2），可以看到，从第一个月开始，有 44 个成员的存活率用（1984-19）来计算（在 1984 年 1 月之后剩余的数量）：

```
table(ChurnStudy$Xtenure2,ChurnStudy$Churn)
       0   1
  1   25  19
```

```
2    12   69
3    24   45
4     9   29
5    50   50
6    63   61
7   100   73
8   124   98
9   132  114
10  150  159
11  144  129
12  159  146
```

构建一个 KM 曲线需要以下三个元素：

- 一个连续的时间，仅是从研究开始时的时间间隔（月，日，年）。这对于客户保留度的意义是，如果研究是从一个月前开始的，那么一个 5 年前就开始订阅的人和 1 个月前开始订阅的人都被同等对待。之前的 5 年都看作删失的信息。
- 一个事件标志，一般是 0 或者 1，用于指出在上述时间周期中是否发生了该事件。一个客户会有多个事件标志，对应到研究的每个月份。
- 一个分类或者分组变量。这通常是一个单变量。

随后用 survfit() 函数就可以生成 KM 生存曲线，该函数在 survival 包里面。

可以从检查整个数据集的生存曲线入手，不进行分组。在这种情况下，使用一个 unity 操作符或者公式符号的 1 来指定整个数据集是一个分组：

```
km <- survfit(SurvObj ~ 1, data = ChurnStudy, conf.type = "log-log")
plot(km,col='red')
title(main = "Survival Curve Baseline")
dev.copy(jpeg,'Ch5 - Survival Plot Baseline.jpg'); dev.off()
```

该曲线显示，在研究开始的时候所有的成员都是活跃的。随着成员逐渐离开，绘出的图形显示了单向的数值下降。你可以看到，每一个估计值的方差（用估计值的上方和下方的虚线表示）随着时间周期越来越长，变得越来越大。这是因为随着客户数量减少，样本的尺寸也变小了，而估计值的准确性也变低了。对于基准线估计值，我们可以看到在 6 个月的时候，（理论上的）估计值显示，大约还有 86% 的客户：

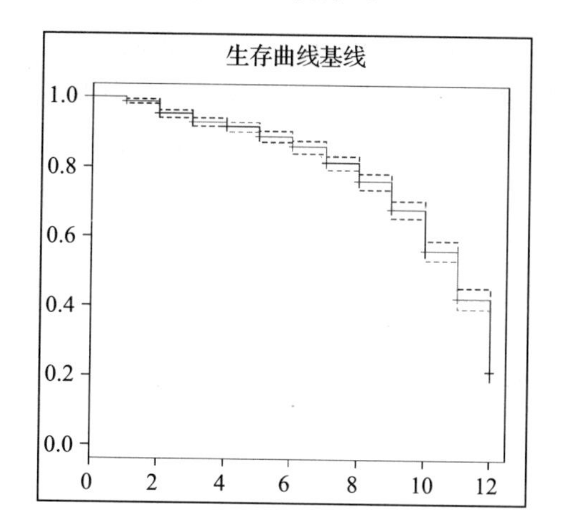

用图表可以很直观地观察到重大的客户流失发生在什么地方，但是你还是想要查看底层的数据。

首先，查看一下 summary(km) 是如何描述 survival 对象的。其输出和 summary 对象对普通的 R 数据帧的描述会有一些不同之处：

- 输出中首先列举了用来产生 km 生存对象的函数调用：

```
> summary(km)
Call: survfit(formula = SurvObj ~ 1, data = ChurnStudy, conf.type =
"log-log")
```

- 接下来，输出中列举了图表中绘制的数据点，以及在这些数据点上的生存概率和 95% 置信区间：

```
time n.risk n.event survival std.err lower 95% CI upper 95% CI
   1   1488      15    0.990 0.00259        0.983        0.994
   2   1455      52    0.955 0.00543        0.943        0.964
   3   1393      34    0.931 0.00660        0.917        0.943
   4   1342      20    0.917 0.00720        0.902        0.930
   5   1315      39    0.890 0.00820        0.873        0.905
   6   1245      42    0.860 0.00914        0.841        0.877
   7   1156      60    0.815 0.01032        0.794        0.835
   8   1020      68    0.761 0.01155        0.738        0.783
   9    850      89    0.681 0.01307        0.655        0.706
  10    665     115    0.564 0.01472        0.534        0.592
  11    435     105    0.428 0.01608        0.396        0.459
  12    225     112    0.215 0.01638        0.184        0.248
```

通过观察生存百分比，你可以看出，生存率呈现逐渐加快的单向下降趋势。这意味着，在每个连续时间间隔中的生存概率都比上一个时期降低了。

你还可以计算出给定月份的生存率，该客户当时在保留状态下。例如，第 12 个月的生存率是 48%（146 个流失的客户 /305 个面临流失风险的客户）。

6.5.1 更好的绘图

还有另外一个函数可供使用，它可以画出更好的图形，并且比通用的绘图函数要多一些可定制性。这就是 rms 库中的 survplot() 函数。由于我们可能想要用几种不同方法和参数来阐述这个函数，因此我们要把一些本地函数封装成一个新的函数，名叫 Plotsurv()，它允许我们定制一些绘图。

首先，定义这个函数：

```
library(rms)
plotsurv <- function(x,y,z=c('bars'),zz=FALSE){
  objNpsurv <- npsurv(formula = Surv(Xtenure2,Churn ==1) ~ x, data =
ChurnStudy)
  class(objNpsurv)
survplot(objNpsurv,col=c('green','red','blue','yellow','orange','purple'),
label.curves=list(keys=y),xlab='Months',conf=z,conf.int=.95,n.risk=zz)
  mtext(date(),side=3,line=0,adj=1,cex=.5)

}
```

要再次调用基准线绘图函数，不过这次要把有风险的成员的数量包含进去，这些数量可以在水平时间访问的顶端找到。可以验证一下，这些数量与早些时候运行的 summary(km)函数相吻合。这些数量指的是在每个指定的时间周期结束的时候仍然活跃的订阅者的数量。在每个标记点，置信区间也被替换为短的错误直条：

```
#baseline plot again
par(mfrow=c(1,1))
ChurnStudy$unity <- 1
plotsurv(ChurnStudy$unity,c(1),c('bars'),TRUE)
title(main = "1 KM Curve with Bands and number at risk")
dev.copy(jpeg,'Ch5 - baseline again.jpg');
dev.off()
```

现在产生了一个更简单的图形，它包含更多的数据，而且看起来更易懂：

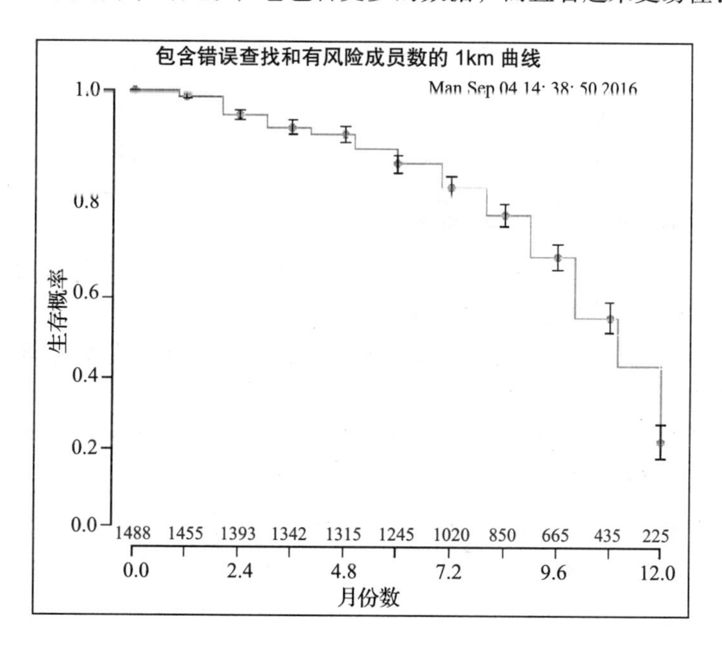

6.5.2 对比生存曲线

生存曲线基准线本身是有用的，但是最有意义的分析来自对不同的分组生成的不同曲线之间的比较。这样，你可以看出在什么地方需要一些干预。为了生成性别的曲线，要再次使用 survfit() 函数，并在 ~操作符的右侧指定 XGender 参数。这段代码会为男性和女性分别生成一条曲线：

```
km.gender <- survfit(SurvObj ~ Xgender, data = ChurnStudy, conf.type =
"log-log")
km.gender
plot(km.gender,col=c('red','blue') ,lty=1:2)
legend('left', col=c('red','blue') ,c('F', 'M'), lty=1:2)
title(main = "Survival Curves by Gender")
dev.copy(jpeg,'Ch5 - Survival Plot by Gender.jpg'); dev.off()
```

此处绘制的两条曲线表明，在所有的时间周期内，女性客户更有可能保留下来，这给出的建议是，在早期有用的营销激励应该以男性为目标：

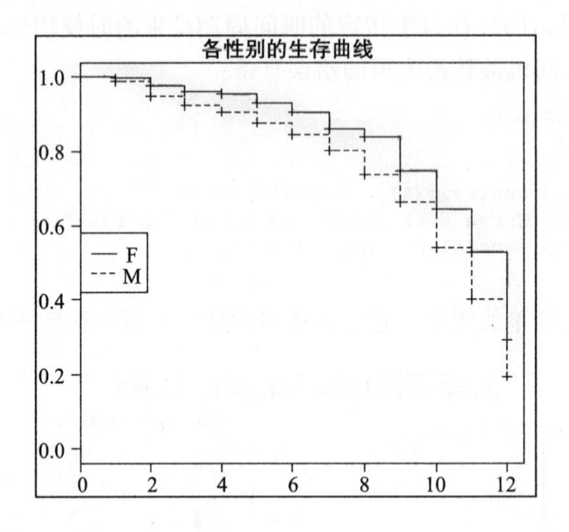

6.5.3 检验生存曲线之间的性别差异

在检查生存曲线时，很明显在每个时间周期，女性都比男性的生存时间要长。不过，我们是单纯地通过视觉观察来做出这个判断的。很多时候，结果并不会这么明显。即使结果很明显，最好的做法还是为此构建一个统计假设检验。我们将要使用时序检验，在 R 语言的 survdiff() 函数里面实现了这种检验。

该函数的输出显示了与检验相关的卡方统计数据，这些数据会展示两个曲线之间任何显著的差异，以及相关的 p 值。

对于性别，在 0.01 水平上有一处显著的差异，比临界值小很多的低 p 值显示了这一点：

```
> survdiff(SurvObj ~ Xgender, data = ChurnStudy)
Call:
survdiff(formula = SurvObj ~ Xgender, data = ChurnStudy)

             N Observed Expected (O-E)^2/E (O-E)^2/V
Xgender=F  341      137      177      9.24      14.5
Xgender=M 1147      614      574      2.86      14.5

 Chisq= 14.5  on 1 degrees of freedom, p= 0.000143
```

6.5.4 检验生存曲线之间的教育程度差异

现在要运行 survdiff() 函数检验教育程度的差异：

```
> survdiff(SurvObj ~ Xeducation, data = ChurnStudy)
Call:
survdiff(formula = SurvObj ~ Xeducation, data = ChurnStudy)

                                  N Observed Expected (O-E)^2/E (O-E)^2/V
Xeducation=Bachelor's Degree 1186      592    594.8   0.01291   0.07392
Xeducation=Doctorate Degree    88       45     45.4   0.00301   0.00382
```

```
Xeducation=Master's Degree    214      114    110.9   0.08896   0.12417

 Chisq= 0.1  on 2 degrees of freedom, p= 0.94
```

现在看看 p 值。卡方检验的 p 值是 0.94。这就意味着，我们不能认为在教育程度生存曲线之间存在着显著的差异；

这也建议我们要在下面的绘图中做更仔细的观察。可以看到，很多时候，这三个教育程度分组都在点估计值的一个标准差之内。在置信区间之间互相交叠的数据点表示，它们表示的意义之间并无足够的分离性。

```
#
plotsurv(ChurnStudy$Xeducation,c(1:3),c('bars'))
title(main = "3 KM Curve Education")
dev.copy(jpeg,'Ch5 - 3 KM Curve Education.jpg'); dev.off()
```

时间 12（在研究结束时）可以完美地说明这一点。这三个置信区间包含一个很大的样品，这个样品里有二个教育程度的生存概率，所以很难辨别出任何差异。作为后续，可以把硕士和博士学位合并成一个高等学位分类，然后衡量两个而不是三个分类之间的差异，这也是有意义的：

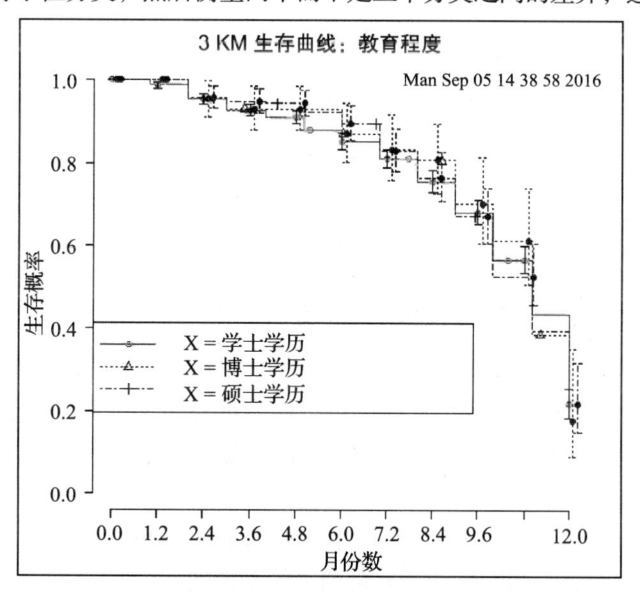

6.5.5 绘制客户满意度和服务电话数量曲线

根据客户满意度和服务电话数量这两个变量，还要生成两条曲线：

```
par(mfrow=c(1,1))
plotsurv(ChurnStudy$Xsatisfaction,c(1:5),c('bars'))
title(main = "2 KM Curve Satisfaction")/
dev.copy(jpeg,'Ch5 - 2 KM Curve Satisfaction.jpg'); dev.off()
plotsurv(as.factor(ChurnStudy$Xservice.calls),c(1:6),c('none'))
dev.copy(jpeg,'Ch5 - 4 KM Curve Service Calls.jpg');
title(main = "4 KM Curve Service Calls")

dev.off()
```

这些曲线的图形显示在输出窗口上，然后又拷贝到前面的代码指定的文件中：

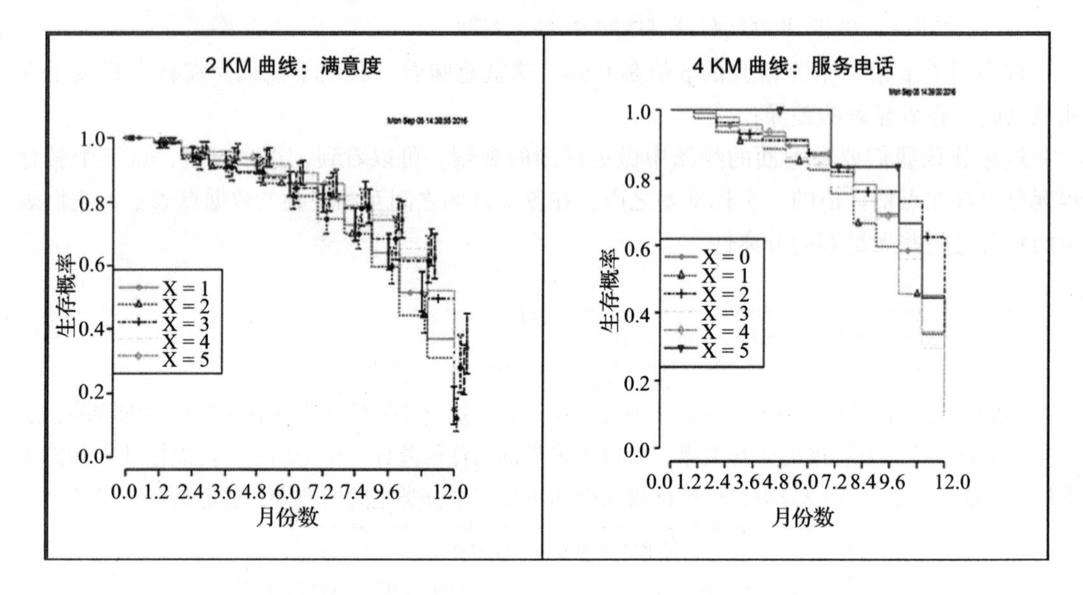

用户练习：绘制前面所说的那些曲线，用 survdiff() 函数运行时序检验，看看有没有显著的差异。

```
survdiff(SurvObj ~ Xsatisfaction, data = ChurnStudy)
survdiff(SurvObj ~ Xpurch.last.month, data = ChurnStudy)
survdiff(SurvObj ~ Xservice.calls, data = ChurnStudy)
```

6.5.6 添加性别来改进教育程度生存曲线

正如我们已经看到的，我们不能说教育程度之间存在着显著的差异。很多时候，加入其他的协变量，然后分析相互作用的影响，可以揭示重要性。如果我们想知道加上性别因素教育程度之间会不会呈现差异，可以创建一个新的变量，里面包含各个教育程度和各个性别的组合对应的虚设变量。

- 首先要使用 interaction() 函数创建一个新的变量（factorC）。然后使用新的 plotsurv() 函数基于所有的教育和性别的相互影响来绘制曲线。
- 接着，使用 survdiff() 函数来检验这些影响的重要性：

```
#create a new factor with interaction between education and gender
#first check the number of satisfaction levels
#
levels(ChurnStudy$Xsatisfaction)
#
#create and store it in the data frame
#
ChurnStudy$factorC <- with(ChurnStudy,      interaction(Xeducation,
Xgender))
#
```

现在，绘制各个水平的生存曲线：教育程度（三个水平）和性别（两个水平）。这样，总共有6个图表。不过，不是所有的组合都能生存到月份12，因为到最后只有5个水平了。

```
plotsurv(ChurnStudy$factorC,c(1:6),c('none'))
title(main = "4 KM Curve Gender*Education")
#
dev.copy(jpeg,'Ch5 - 4 KM Curve Gender Education.jpg');
dev.off()
```

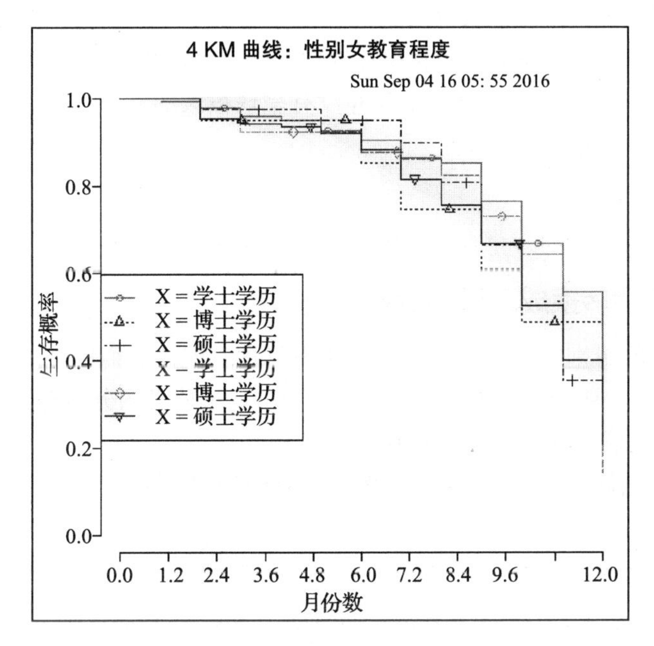

调用 survdiff() 函数查看在各个曲线之间有没有显著差异。下面是 survdiff() 函数的输出：

```
options(scipen=3)
survdiff(SurvObj ~ ChurnStudy$factorC, data = ChurnStudy)
#
#
> survdiff(SurvObj ~ ChurnStudy$factorC, data = ChurnStudy)
Call:
survdiff(formula = SurvObj ~ ChurnStudy$factorC, data = ChurnStudy)


                                    N Observed Expected (O-E)^2/E (O-E)^2/V
ChurnStudy$factorC=Bachelor's Degree.F 279      111    150.49 10.361225
15.550628
ChurnStudy$factorC=Doctorate Degree.F   22        8      8.21  0.005201
0.006050
ChurnStudy$factorC=Master's Degree.F    40       18     18.81  0.034461
0.041049
ChurnStudy$factorC=Bachelor's Degree.M 907      481    444.28  3.034267
8.884136
ChurnStudy$factorC=Doctorate Degree.M   66       37     37.16  0.000714
0.000903
ChurnStudy$factorC=Master's Degree.M   174       96     92.05  0.169101
0.230200

 Chisq= 16.3  on 5 degrees of freedom, p= 0.00597
```

卡方检验一起检查了所有的分组，而且会用显著性显示是否其中有一个组呈现出与其他组的差异。为了看看哪个特别的组有不一样的行为，需要检查观察值的列和期望值的列，以及在最后两列里面的平方误差项。如果数值较高，说明观察值偏离期望值较多。在检查输出时，我们看到有两个交互作用影响看起来好像是比较显著的组：

- 女性和大学学历。我们期望的是 150 个流失者，但观察到的是 111 个。这个组的流失人数相对其他的组是比较少的。
- 男性和博士学历。观察到的生存率比期望的生存率要高。

早些时候，我们看到过大学学历本身并没有呈现很大的差异。但是加上性别之后，就可以识别出可以作为目标的一群人。

保存命令历史：

```
savehistory (file="ch5 interaction plot km curves.log")
```

6.5.7 把服务电话转换成二进制变量

那些具有较多的级别的变量通常都比较难以管理，即使它们的曲线显示出了统计学的显著差异。这是因为分组比较小的缘故。与其努力一次把所有的分组都分析完，不如先找出一个分割点把变量变成一种二进制的输出。

例如，在服务电话（从 1 ～ 5 个）上面运行 survdiff() 函数，各个生存曲线之间显示出显著差异：

```
> survdiff(SurvObj ~ Xservice.calls, data = ChurnStudy)
Call:
survdiff(formula = SurvObj ~ Xservice.calls, data = ChurnStudy)

                       N Observed Expected (O-E)^2/E (O
E)^2/V
Xservice.calls=0 1103      507   542.87     2.371    10.322
Xservice.calls=1  222      154   116.77    11.873    16.992
Xservice.calls=2   58       23    32.72     2.888     3.711
Xservice.calls=3   51       33    28.43     0.734     0.923
Xservice.calls=4   47       31    25.95     0.985     1.215
Xservice.calls=5    7        3     4.26     0.373     0.448

 Chisq= 23.3  on 5 degrees of freedom, p= 0.000301
```

最后两列给出了卡方值，而你可以看出多数的较高数值对应着较低的服务电话次数。看起来在 Xservice.calls 1 和 2 之前有一个裂隙，可以把它当作一个自然的断点。

于是，可以构想出一个假设，即较低和较高的服务电话次数之间会有差异；可以创建一个二进制变量，简单地指定有或没有服务电话。

可以绘制出结果，并使用时序检验再次检验是否有差异：

```
ChurnStudy$called.binary <- as.factor(ifelse(ChurnStudy$Xservice.calls
==0,'NONE','CALLED'))
survdiff(SurvObj ~ ChurnStudy$called.binary, data = ChurnStudy)
plotsurv(ChurnStudy$called.binary,c(1:2),c('none'))
```

```
title(main = "5 KM Curve Called")
dev.copy(jpeg,'Ch5 - 5 KM Curve Called.jpg'); dev.off()

survdiff(SurvObj ~ ChurnStudy$called.binary, data = ChurnStudy)
```

此处指定调用 plotsurv 函数生成以下图表：

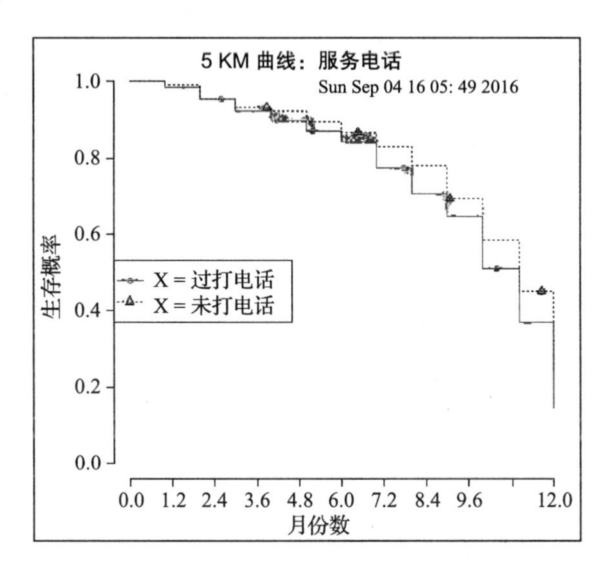

6.5.8　检验打过和没打过服务电话的客户

调用 survdiff() 函数产生了如下卡方检验：

```
> survdiff(SurvObj ~ ChurnStudy$called.binary, data = ChurnStudy)
Call:
survdiff(formula = SurvObj ~ ChurnStudy$called.binary, data = ChurnStudy)

                                  N Observed Expected (O-E)^2/E (O-E)^2/V
ChurnStudy$called.binary=CALLED  385      244      208      6.18      10.3
ChurnStudy$called.binary=NONE   1103      507      543      2.37      10.3

 Chisq= 10.3  on 1 degrees of freedom, p= 0.00131
```

这表明，在打过服务电话和没打过服务电话的客户之间有清晰的差异，而且说明了，对打过服务电话的客户可能需要一个干预计划，以便于识别可能发生的流失。

6.6　cox 回归建模

KM 检验在很多情况下是令人满意的，尤其是在初步分析中。然而，KM 检验是无参数的，比起有参数的检验，其能力要弱一些。cox 回归扩展了 KM 检验，使之变成一种有参数的回归类型框架，以期获得更多的能力。如果需要在建模中使用多个自变量，而且其中有些变量是连续的，那么比起 KM 检验来说，进行 cox 比例失效建模有更多的好处。

6.6.1 我们的第一个模型

正如在前面的示例中做的一样，cox 建模也是从创建 survival 对象开始的。除此以外，一个 cox 模型看起来非常像标准的回归模型，它的因变量在~符号的左边指定，自变量在右边指定。

在 cox 回归建模中，在 surv() 函数之后使用 coxph() 函数来指定因变量。可以直接用公式来指定，也可以把它赋给一个新的变量，并把新的变量放在～符号的左边。

请回忆一下，在定义生存对象的时候，定义了 Xtenure2 作为时间变量，定义了 Churn 作为考察的目标。在示例中，客户满意度、拨打服务电话的次数、月度费用和上月购买次数都作为自变量：

```
clearhistory()
#start CoxModel.1====
rm(CoxModel.1)
ChurnStudy$SurvObj <- with(ChurnStudy, Surv(Xtenure2, Churn == 1))
CoxModel.1 <- coxph(Surv(Xtenure2, Churn) ~
                      Xeducation + Xgender + Xsatisfaction + Xservice.calls
+
                      Xpurch.last.month + Xmonthly.charges,
                    data=ChurnStudy)
```

使用 stargazer 库来查看结果：

```
library(stargazer)
stargazer(CoxModel.1,single.row=TRUE,multicolumn=TRUE,font.size='large',
no.space = TRUE,column.separate = c(1,2,3),
out=c("CoxModel1.html"),type='html')
browseURL("CoxModel1.html")
```

用 browseURL 命令可以在浏览器中显示从 stargazer 写入的输出：

	因变量
	Xtenure2
XeducationDoctorate Degree	−0.007(0.157)
XeducationMaster's Degree	−0.041(0.103)
XgenderM	0.281***(0.095)
Xsatisfaction2	−0.003(0.101)
Xsatisfaction3	−0.231*(0.124)
Xsatisfaction4	−0.250**(0.111)
Xsatisfaction5	−0.188(0.125)
Xservice.calls	0.030(0.034)
Xpurch.last.month	−0.016(0.024)
Xmonthly.charges	0.008***(0.0004)
Observations	1.488
R^2	0.298
Max.Possible R^2	0.999
Log Likelihood	−4.611.885
Wald Test	494.750**(df = 10)
LR Test	526.196***(df = 10)
Score(Logrank)Test	551.558***(df = 10)
Note:	*p<0.1;**p<0.05;***p<0.01

（续）

	因变量 Xtenure2
XeducationDoctorate Degree	−0.007(0.157)
XeducationMaster's Degree	−0.041(0.103)
XgenderM	0.281***(0.095)
Xsatisfaction2	−0.003(0.101)
Xsatisfaction3	−0.231*(0.124)
Xsatisfaction4	−0.250**(0.111)
Xsatisfaction5	−0.188(0.125)
Xservice.calls	0.030(0.034)
Xpurch.last.month	−0.016(0.024)
Xmonthly.charges	0.008***(0.0004)
Observations	1.488
R^2	0.298
Max.Possible R^2	0.999
Log Likelihood	−4.611.885
Wald Test	494.750***(df=10)
LR Test	526.196***(df=10)
Score(Logrank)Test	551.558***(df=10)
Note:	*p<0.1;**p<0.05;***p<0.01

还有一种方法，可以运行 summary(CoxMode1.1) 命令在控制台输出更详细的报告：

```
> summary(CoxModel.1)
Call:
coxph(formula = Surv(Xtenure2, Churn) ~ Xeducation + Xgender +
    Xsatisfaction + Xservice.calls + Xpurch.last.month + Xmonthly.charges,
    data = ChurnStudy)

  n= 1488, number of events= 751

                                 coef  exp(coef)  se(coef)       z  Pr(>|z|)
XeducationDoctorate Degree -0.0067422  0.9932804 0.1568365 -0.043   0.96571
XeducationMaster's Degree  -0.0411774  0.9596589 0.1031115 -0.399   0.68964
XgenderM                    0.2809885  1.3244384 0.0954112  2.945   0.00323
**
Xsatisfaction2             -0.0031029  0.9969019 0.1010203 -0.031   0.97550
Xsatisfaction3             -0.2305492  0.7940974 0.1240880 -1.858   0.06318
.
Xsatisfaction4             -0.2503191  0.7785523 0.1105464 -2.264   0.02355
*
Xsatisfaction5             -0.1879801  0.8286312 0.1247098 -1.507   0.13172
Xservice.calls              0.0303329  1.0307976 0.0336934  0.900   0.36798
Xpurch.last.month          -0.0160869  0.9840418 0.0243041 -0.662   0.50803
Xmonthly.charges            0.0082750  1.0083093 0.0003928 21.064   < 2e-16
***
---
Signif. codes:  0 '***' 0.001 '**' 0.01 '*' 0.05 '.' 0.1 ' ' 1
```

6.6.2 检查cox回归的输出

因为cox回归本质上是一种改进的逻辑回归，所以其模型中的系数总是对数形式的。为了把系数转换成似然比，需要使用指数。这也是summary输出的一部分。

首先，请查看在exp(coef)这一列里面取幂的系数的值。如果系数稍微比1大一点，表示这个客户倾向于流失，而不是留下。系数偏离1越多，表示单方面的倾向性越强。

模型结果表示gender(males)、satisfaction和monthly charges是重要变量。

男性客户和那些月度费用额度较高的客户有较高的流失倾向，因为他们的似然分数大于1而p值较低。

满意度分数为4的客户有较小的流失倾向，因为他们的似然分数小于1，但p值较低。尽管满意度分数为5的那些客户并不是重要变量，但是把他们考虑进去也是有道理的，因为他们的系数表示他们比较可能留下，而且从某种程度上说他们的p值也较低（但是在0.05水平上并不重要）。也值得把这些客户单独拿出来，看看是否还有其他的因素导致其中一些人流失。我们认为在这个模型中可能还需要一些交互因子。

6.6.3 比例风险测试

在cox回归运行完之后，有时还需要进一步测试。cox回归的假设之一需要进行测试，就是检验一个事件的风险是纯粹依赖于变量的，而不依赖于时间。如果这个假设成立，那么时间就不会作为一个自变量来使用。所以，我们需要做一种名为比例风险的测试。这可以用cox.zph来完成。

运行下面的示例代码，即#coxproptext====这行以下的部分。

这段代码会做以下事情：

- ❑ 把比例风险测试的输出赋值给temp对象；
- ❑ 把测试结果输出在控制台界面；
- ❑ 遍历temp对象中包含的所有模型变量，并绘制它们的比例风险图：

```
#coxproptext====
#test for proportional hazards
temp <- cox.zph(CoxModel.1, transform = 'log')
print(temp)
par(mfrow=c(2,5))
for (i in 1:10){
plot(temp[i])
}
dev.copy(jpeg,'Ch5 - Coxmodel1 zph.jpg');
dev.off()
savehistory (file="Ch5 CoxModel zph.txt")
```

首先，查看print(temp)命令的输出：

```
> print(temp)
                                   rho    chisq      p
XeducationDoctorate Degree     0.02283  0.40067 0.5267
```

```
XeducationMaster's Degree      0.06161   2.88733 0.0893
XgenderM                      -0.05593   2.36508 0.1241
Xsatisfaction2                -0.01517   0.17429 0.6763
Xsatisfaction3                -0.06778   3.47926 0.0621
Xsatisfaction4                 0.01274   0.12252 0.7263
Xsatisfaction5                -0.00120   0.00111 0.9735
Xservice.calls                 0.02364   0.41897 0.5175
Xpurch.last.month              0.00987   0.10354 0.7476
Xmonthly.charges               0.01265   0.07633 0.7823
GLOBAL                              NA  11.43649 0.3245
```

在输出中，你会注意到卡方检验（第 4 列）和相关的 p 值（第 5 列）用来测试如下假设：每个回归协变量是不依赖于时间的。为了让模型通过这个假设，你需要看到较高的 p 值，全部都要在关键显著性水平以上。在这个案例里面，p 值全部高于 0.05，所以全部的变量都通过了比例风险测试的假设。

6.6.4　比例风险绘图

以上代码绘制出的图形也显示：随着时间的推移，所有变量都呈现一种统一风格的分散性。如果变量随时间变化，在图中会对应一条明显向上或者向下倾斜的线。

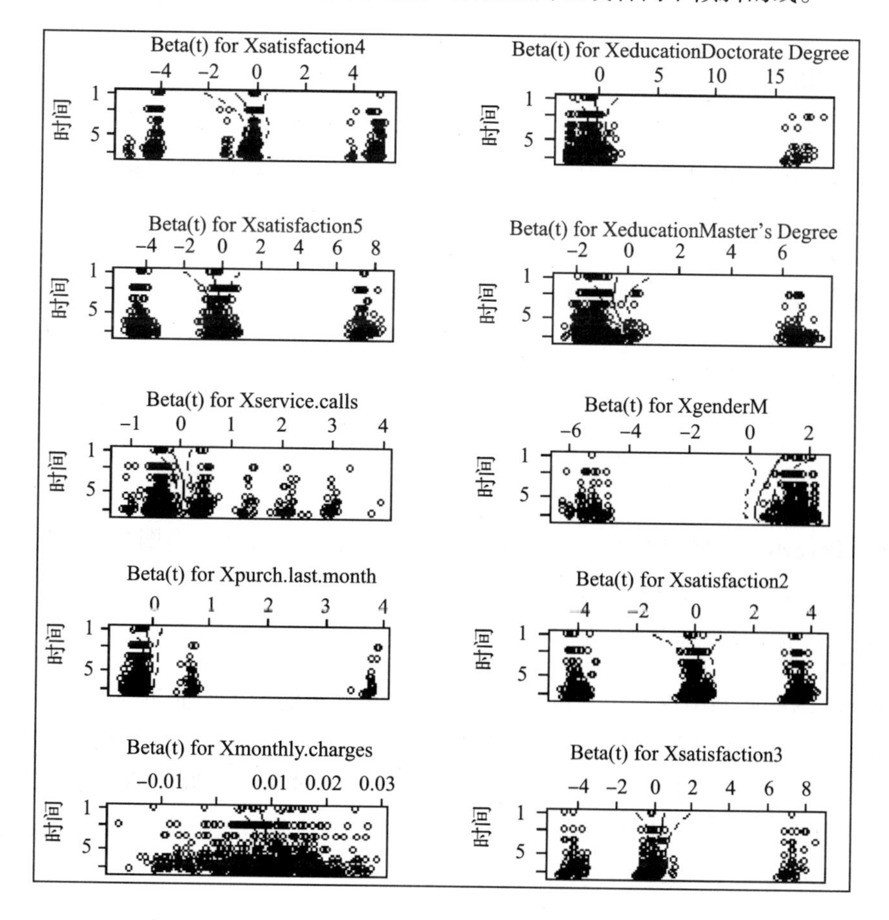

6.6.5 获取 cox 生存曲线

可以获取 cox 模型的生存曲线，方法和获取 KM 模型的生存曲线一样。为了获取曲线需要的数据点，请使用 summary(survfit(CoxModel.1))，它也会显示置信区间、流失的成员数量(n.event)，还有面临风险的成员的数量（n.risk）：

```
> summary(survfit(CoxModel.1))
Call: survfit(formula = CoxModel.1)

 time n.risk n.event survival std.err lower 95% CI upper 95% CI
    1   1488      15    0.993 0.00185        0.989        0.996
    2   1455      52    0.967 0.00404        0.960        0.975
    3   1393      34    0.950 0.00505        0.940        0.960
    4   1342      20    0.940 0.00559        0.929        0.951
    5   1315      39    0.919 0.00655        0.906        0.932
    6   1245      42    0.896 0.00752        0.881        0.911
    7   1156      60    0.861 0.00884        0.844        0.879
    8   1020      68    0.818 0.01033        0.798        0.838
    9    850      89    0.754 0.01233        0.731        0.779
   10    665     115    0.657 0.01500        0.628        0.687
   11    435     105    0.536 0.01789        0.502        0.572
   12    225     112    0.278 0.02226        0.237        0.325
```

6.6.6 绘制曲线

可以用通用的绘图函数来绘制曲线：

```
plot(survfit(CoxModel.1),col=c('red','blue') ,lty=1,xlab="Months",
ylab="Hazard")
title(main = "Model Survival Curve")
dev.copy(jpeg,'Ch5 - Coxmodel1 plot.jpg'); dev.off()
```

还可以用 ggplot 和 ggfortify 函数来绘制一条更漂亮的曲线：

```
library(ggplot2)
library(ggfortify)

autoplot(survfit(CoxModel.1), surv.linetype = 'dashed', surv.colour =
'blue',
         conf.int.fill = 'dodgerblue3', conf.int.alpha = 0.5, censor =
FALSE)
```

下页并排显示并比较了本地绘图函数（左图）和 autoplot 函数（右图）绘制曲线的结果。主要的区别就是，左图中虚线表示的置信区间在右图中用阴影来显示。

6.6.7 偏回归绘图

偏回归绘图在回归中很有用，可以用来观察各个变量的效果，而不受其他变量的影响。使用 termplot() 函数分别查看模型中的各个变量。termplot 的曲线大致上和回归线的斜度相符合，所以你可以直观地观察各个变量随着水平的变化，或者连续取值的变化有什么效果。

在我们刚运行过的回归中，输出表明男性、满意度 3 和 4、月度充值都标记为重要变量，所以我们可以通过图像观察它们各自的斜率。

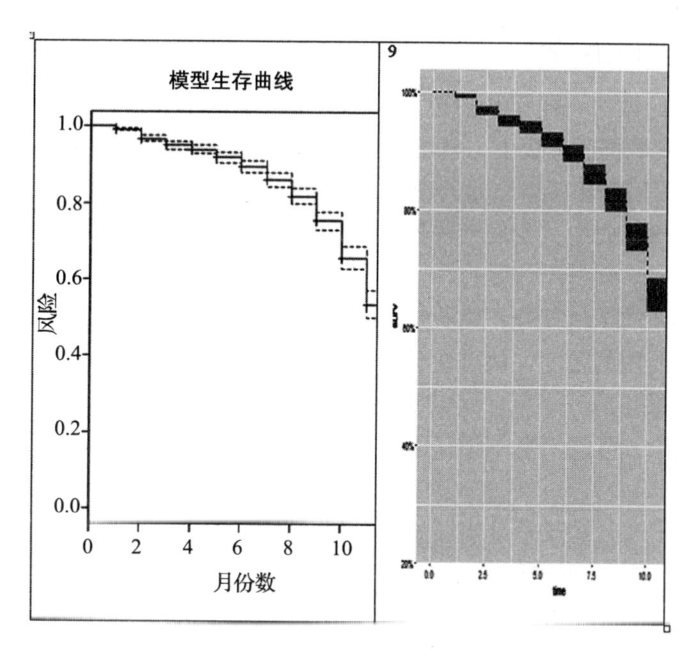

下面的代码将在循环中处理模型中所有的变量，并生成下方的图表。第 6 个项目（月度充值）是一个连续变量，会生成标准差横线。请注意随着月度充值的增加而发生的变化：

```
par(mfrow=c(3,3))
for(i in 1:5)
termplot(CoxModel.1,term=i,col.se='grey',se=TRUE,partial.resid
=FALSE,smooth=panel.smooth)
termplot(CoxModel.1,term=6,col.se='grey',se=TRUE,partial.resid
=TRUE,smooth=panel.smooth)
dev.copy(jpeg,'Ch5 - Coxmodel1 termplot.jpg');
dev.off()
```

每次调用 termplot() 函数都会生成如下所示的 3×3 矩阵形式的 3 个图表，这是在指定 mfrow 的值时候定义的：

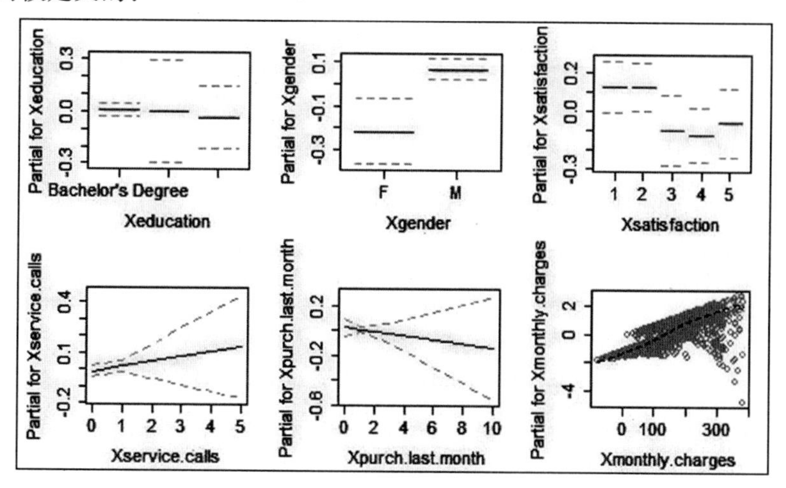

6.6.8 检查子集的生存曲线

正如KM曲线的做法一样，我们也可以给数据的子集生成各自的曲线。使用前面得到的回归系数，应用到数据的子集上，就可以做到这点，前提是每个子集包含的行数是大致相等的。那样我们就可以对比各组之间的密度：

- 在下面的示例代码中，我们要首先根据性别来给原始的数据集（ChurnStudy）划分出子集；
- 然后给这些新的子集打分，用的是CoxModel.1的系数；
- 接下来减少绘图的密度，从男性和女性子集里面分别抽取300个观察；
- 最后绘制结果

运行下面的代码，可以产生一些有趣的子集生存曲线：

```
par(mfrow=c(1,2))
#
males <-subset(ChurnStudy,Xgender=='M')
males.nrow <- nrow(males)
females <-subset(ChurnStudy,Xgender=='F')
nrow(females)
females.fit <- survfit(CoxModel.1, newdata=females)
plot(females.fit,col=c('blue') ,lty=1,xlab="Months", ylab="Hazard")
title(main = "Females Survival Curve")
mtext(paste("Observations=",nrow(females)),side=3,line=0,adj=1,cex=1)
#
males.fit <- survfit(CoxModel.1, newdata=males)
plot(males.fit,col=c('red') ,lty=1,xlab="Months", ylab="Hazard")
title(main = "Males Survival Curve")
mtext(paste("Observations=",nrow(males)),side=3,line=0,adj=1,cex=1)
#
par(mfrow=c(1,2))
#
#sample the males population
#
males.sample <- sample(males)[1:300,]
males.sample.fit <- survfit(CoxModel.1, newdata=males.sample)
plot(males.sample.fit,col=c('orange') ,lty=1,xlab="Months", ylab="Hazard")
title(main = "Males (Sample) Survival Curve")
mtext(paste("Observations=",nrow(males.sample.fit)),side=3,line=0,adj=1,cex
=1)
#
#sample the females population
#
females.sample <- sample(females)[1:300,]
females.sample.fit <- survfit(CoxModel.1, newdata=females.sample)
plot(females.sample.fit,col=c('red') ,lty=1,xlab="Months", ylab="Hazard")
title(main = "FeMales (Sample) Survival Curve")
mtext(paste("Observations=",nrow(females.sample.fit)),side=3,line=0,adj=1,c
ex=1)
#
dev.copy(jpeg,'Ch5 - CoxModel1 Gender.jpg'); dev.off()
sat.fit.low <- survfit(CoxModel.1,
newdata=subset(ChurnStudy[1:300,],as.integer(Xsatisfaction) == 1))
plot(sat.fit.low,col=c('red') ,lty=1,xlab="Months", ylab="Hazard")
```

```
title(main = "Sat (Lowest) Survival")
#
sat.fit.high <- survfit(CoxModel.1,
newdata=subset(ChurnStudy[1:300,],as.integer(Xsatisfaction) == 5))
plot(sat.fit.high,col=c('blue') ,lty=1,xlab="Months", ylab="Hazard")
title(main = "sat (Highest) Survival")
dev.copy(jpeg,'Ch5 - CoxModel1 sat.jpg'); dev.off()
savehistory (file="Ch5 CoxModel Contrast Curves.txt")
```

6.6.9 比较性别差异

把男性子集的生存曲线（左图）和女性子集的生存曲线（右图）进行对比时，我们可以看到，男性曲线左上角的密度比女性曲线左上角密度稍微大一些。这支持了“男性比女性流失得早一些”的假设：

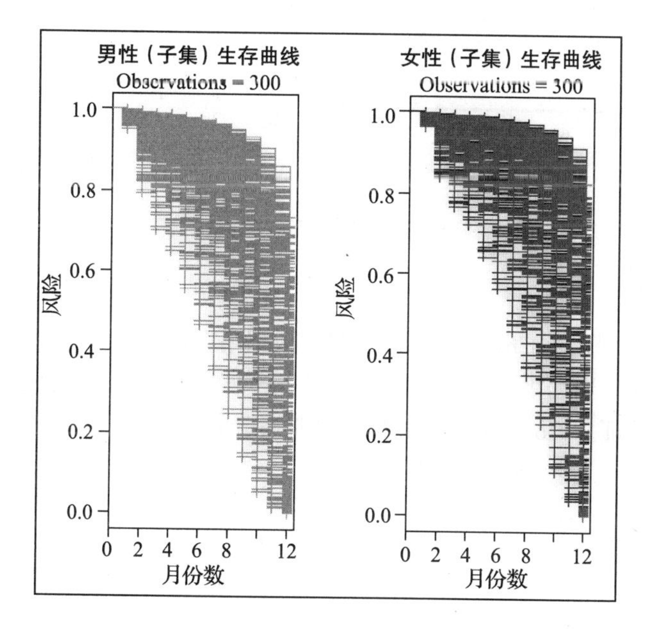

比较客户满意度的差异

首先，为满意度打分最高和最低的组进行抽样，满意度为 1 相对于满意度为 5 显示出更早的流失客户，从点的密度上可以看出来：

```
sat.fit.low <- survfit(CoxModel.1,
newdata=subset(ChurnStudy[1:300,],as.integer(Xsatisfaction) == 1))
plot(sat.fit.low,col=c('red') ,lty=1,xlab="Months", ylab="Hazard")

title(main = "Sat (Lowest) Survival")
#
sat.fit.high <- survfit(CoxModel.1,
newdata=subset(ChurnStudy[1:300,],as.integer(Xsatisfaction) == 5))
plot(sat.fit.high,col=c('blue') ,lty=1,xlab="Months", ylab="Hazard")
title(main = "sat (Highest) Survival")
dev.copy(jpeg,'Ch5 - CoxModel1 sat.jpg'); dev.off()
```

下面是最高和最低的满意度得分的比较：

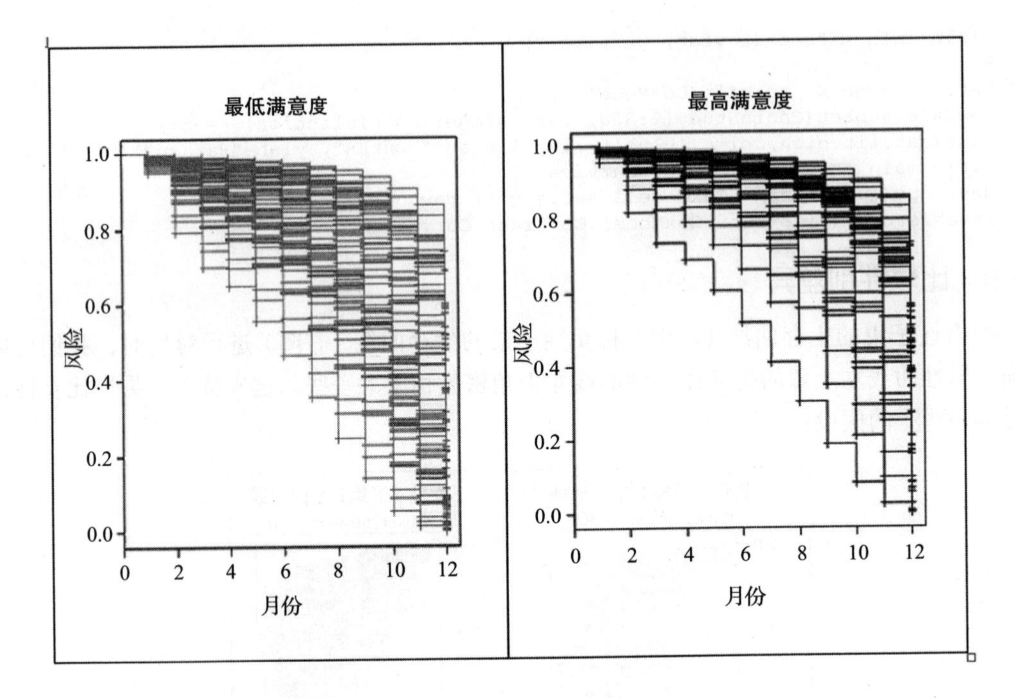

6.6.10 验证模型

早些时候，我们创建了 ChurnStudy.test 测试数据集，而且没有使用它来训练我们的 cox 回归模型。在创建这个数据集之后，我们只是把它放在一边。我们将要演示一种方法，用这个保留的数据集来验证从 CoxModel.1 中获取的训练结果。

找到 #predict==== 标签并运行下面的代码：

```
#predict====
par(mfrow=c(1,1))
#
```

计算基线估计

首先我们要为刚才运行的回归模型计算基线（或者平均）估计，使用 basehaz() 函数。我们要把它赋给一个叫 base 的对象，然后输出并给它绘图：

```
#Let's start by looking at the baseline estimates for each time period.
#
base <- basehaz(CoxModel.1)
print(base)
> print(base)
       hazard time
1  0.007174321    1
2  0.033151848    2
3  0.051088747    3
4  0.062057960    4
5  0.084305023    5
6  0.109773610    6
7  0.149493300    7
```

```
8  0.200891166    8
9  0.281904190    9
10 0.420681696   10
11 0.623702585   11
12 1.281690658   12
```

前面说过，风险这个词表示一个事件（流失）发生的可能性，前提是这个事件还没有发生。这个术语和生存率这个术语有轻微的不同，我们起先讨论过，生存率表示始终没有发生该事件的人群的百分率。

我们可以看到，随着时间的流逝，流失的风险永远是在增加的。

在第 7 个月和第 8 个月之前，看起来流失的速度是线性增长的，在这之后，流失的速度开始呈指数增长，而最大的流失发生在 12 个月的最后一月。发生这种情况可能是因为客户当前的合约开始接近结束期限了。

为每个时期的风险绘制基线图：

```
ggplot(base, aes(base$time, base$hazard)) + geom_bar(stat =
"identity",fill='blue') +
  ggtitle("Churn Baseline Hazard by Time") +
  labs(x="Month",y="Hazard")
dev.copy(jpeg,'Ch5   baseline hazard.jpg');
dev.off()
```

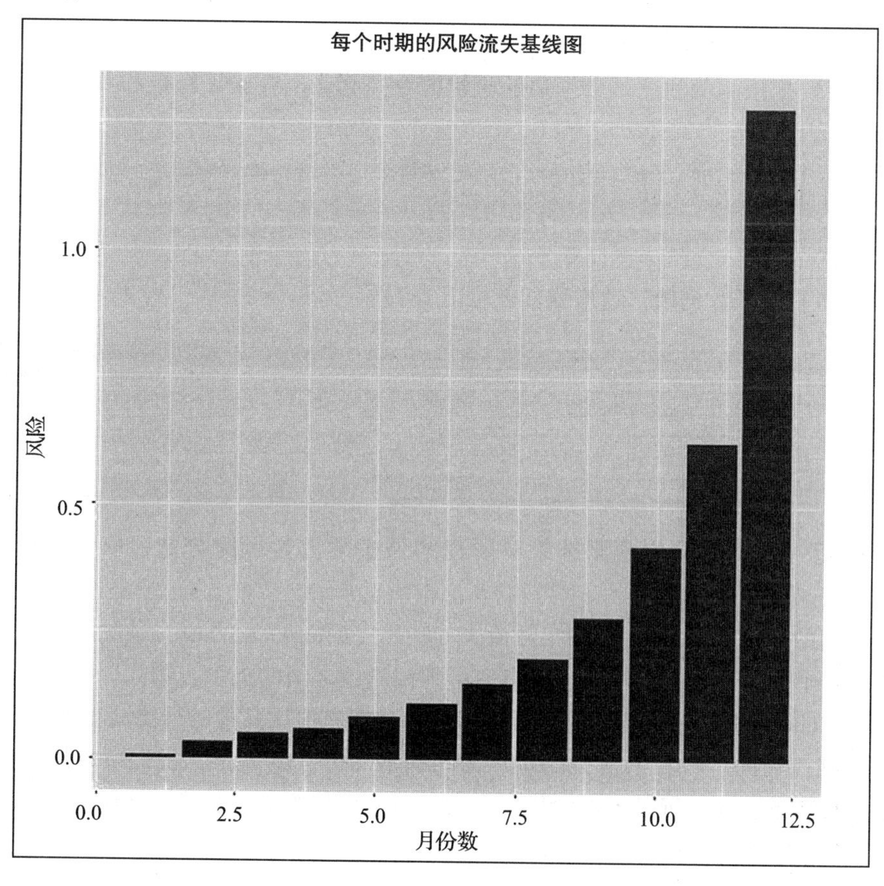

运行 predict() 函数

接下来，我们要基于在 ChurnStudy 上训练的预测模型，使用 predict() 函数来给 ChurnStudy.test 里面的数据打分。代码中的 newdata= 标签表明了要存储的新的数据集。而 lp 这个类型是用于预测的几种类型之一，而且这种方法使用的是线性的预测器：

```
pred_validation <- predict(CoxModel.1, newdata=ChurnStudy.test, type='lp')
```

预测的结果是对数的形式。

预测时间 6 的结果

预测是对数的形式。取其指数并乘以基线风险估计，获得第 6 个月的预测值：

```
#
head(pred_validation)
#
pred.val <- base[6,1]*exp(pred_validation)
```

假设我们想要预测在分析周期的中间（time=6）会发生流失的风险。

首先，我们要取预测的指数，并把它们乘以在 time=6 时候在 hazard 那一列的基线风险估计。这个方法的效果是在基线风险率上加上了预测的影响系数：

```
pred.val <- base[6,1]*exp(pred_validation)
```

我们现在要把预测值和测试数据集的原始值合并起来，在验证行数和预期的一样之后，再查看结果：

```
combine <- cbind(ChurnStudy.test,pred_validation,pred.val)
> nrow(combine)
[1] 496
View(combine)
```

View 函数打开了数据帧，这样我们就可以查看了：

	Churn	Xeducation	Xgender	Xsatisfaction	Xsatisfaction2	Xservice.calls	Xtenure2	Xpurch.last.month	Xmonthly.charges	pred_validation	pred.val
1081	0	Master's Degree	M	3	3	0	9	1	115.098475	-0.326359648	0.07920667
691	1	Master's Degree	M	4	2	0	9	1	372.688733	1.785420280	0.65447961
1413	0	Bachelor's Degree	F	3	5	0	10	0	120.539268	-0.505061482	0.06624491
1699	0	Bachelor's Degree	M	3	1	1	7	1	-2.017806	-1.223982249	0.03227968
1111	0	Bachelor's Degree	M	5	3	3	7	1	67.455601	-0.545857524	0.06359677
1962	0	Bachelor's Degree	M	1	5	0	9	1	31.944160	-0.742731950	0.05223163

请看最后一列所显示的预测结果。预测结果实际上是风险分数，取值范围在 0 到 1 之间。

检查预测的数值（pred_val）和实际流失的输出（Churn）就可以对预测结果与实际结果之间的差异有个大概了解。再检查一下自变量和预测值之间的关系。例如，你可以在开头的几行中看到，churn=1 事件所在的那些行，其中的月度充值比其他的行要高得多。

为了看到流失的客户和未流失的客户之间的平均分数的差异，我们可以用一些平均聚集函数输出其结果。在运行了下面的代码之后，我们可以看到流失客户（他们的风险分数较高）和未流失客户之间的差别：

```
y <- aggregate(combine$pred.val, by=list(combine$Churn),FUN=mean,
na.rm=TRUE)
print(y)
> print(y)
  Group.1         x
1       0 0.0646759
2       1 0.2326843
```

6.6.11　决定一致性

一致性指数，是一种在生存分析中用来度量模型分辨观察和预测响应的能力的指标。在我们的流失示例里面，我们期望流失的客户与仍然活跃的客户相比有较高的风险率。如果一致性指数大于 0.5，那就表示在模型中已经建立了某种预测的能力。

为了计算这个指数，我们要使用 surcomp 包里面的 concoredance.index() 函数来度量 pred_valication 统计与实际的流失结果之间的一致性。

正如在前面的示例中所做的那样，需要提供预测结果、时间变量和事件变量作为该函数的参数。我们还要输出相关的置信区间：

```
library(survcomp)
cindex_validation = concordance.index (pred_validation, surv.time =
ChurnStudy.test$XTenure2,
                                        surv.event=ChurnStudy.test$Churn)
#
print(cindex_validation$c.index)
print(cindex_validation$upper)
print(cindex_validation$lower)
```

这个示例中计算出来的指数是 70%，置信区间显示它的波动范围是 60% ～ 77%：

```
> print(cindex_validation$c.index)
[1] 0.6973212
> print(cindex_validation$upper)
[1] 0.7736508
> print(cindex_validation$lower)
[1] 0.6082843
```

6.7　基于时间的变量

到目前为止，我们使用的所有变量都是静态的，也就是说，在整个度量周期中，它们都是保持最初的值不变。

在现实中，年龄和婚姻状况之类的值是随着时间改变的，而且模型可以利用上这些改变。在市场环境下，调查可能是在研究开始之后得到了管理。基于其中一些变量的变化，可能提供了一些优惠券和激励政策来改变客户的行为。在模型里也可以利用上这些变化。

在我们的示例中，会引入一个假设的第二次调查，在度量周期的第 6 个月进行这个调查，度量那些不满意的客户受到优待之后的效果。

6.7.1 改变数据以反映第二次调查

下面的代码使用surSplit函数来在时间周期6创建了一个新的记录，反映了那个时间进行的第二次假设的客户调查的响应。

复制下面的代码，并粘贴到一个新的脚本窗口再运行它：

```
library(survival)
SURV2 <- survSplit(data = ChurnStudy, id="ID.char", cut = 6, end =
"Xtenure2",  start = "time0", event = "Churn", episode="period")
SURV2$CustomerID <- as.integer(SURV2$ID.char)
SURV2 <- SURV2[order(SURV2$CustomerID),]
```

在R的控制台上，执行下面的这些命令，看看数据帧是如何增长的。因为我们在中点（第6个月）把所有的记录分开了，几乎是把原始的记录数给翻了一倍：

```
> nrow(ChurnStudy)
[1] 1984
> nrow(SURV2)
[1] 3512
```

6.7.2 survSplit的工作原理

我们来深入地了解一下surSplit函数，看它是如何影响满意度变量的。我们需要追踪客户满意度是如何在周期6发生变化的，surSplit函数在改变数据帧时创建了新的行，并修改了时间周期以便反映客户满意度的变化。在我们的示例里，这意味着该函数要在第6个月的截止期之后（cut=6），基于Xtenure2的值创建新的行。

举个例子来说明这是怎么进行的，首先，查看原始的ChurnStudy数据帧，观察第一个记录，它的保留期是7个月。这个客户待的时间足够长，并参与了第二次调查。

```
ChurnStudy$seqid <- seq(1:nrow(ChurnStudy))
View(subset(ChurnStudy, select = c(seqid,Xtenure2,Xsatisfaction,
Xsatisfaction2, Churn)))
```

	seqid	Xtenure2	Xsatisfaction	Xsatisfaction2	Churn
43	1	7	1	5	1
219	2	9	3	6	1
44	3	6	4	6	1
1412	4	11	3	2	0
12	5	11	4	3	1
1458	6	1	3	1	0
519	7	4	1	5	1
562	8	12	4	3	1
668	9	12	4	2	1
135	10	3	4	2	1

现在看看surSplit函数的输出。你可以看到，第一条记录（CustomerID=1）已经分裂成两条：一条从客户活跃的第一个月开始（time0=0），另一条记录则是从第6个月开始的（time0=6）。

另一方面，CustomerID=2却只有一条记录，因为该客户只保留了5个月，比截止期

cut=6 的时间要短。

```
View(subset(SURV2, select = c(CustomerID,time0,period, Xsatisfaction,
Xsatisfaction2, Xtenure2, Xmonthly.charges, Churn)))
```

	CustomerID	time0	period	Xsatisfaction	Xsatisfaction2	Xtenure2	Xmonthly.charges	Churn
1174	1	0	0	1	3	6	233	0
2662	1	6	1	1	3	12	233	1
213	2	0	0	1	6	5	217	1
1307	3	0	0	4	2	6	269	0
2795	3	6	1	4	2	11	269	1
1266	4	0	0	1	2	6	168	0
2754	4	6	1	1	2	12	168	1
1268	6	0	0	5	3	6	164	0
2756	6	6	1	5	3	7	164	1
1372	7	0	0	1	2	6	89	1
681	8	0	0	1	5	6	175	0
2169	8	6	1	1	5	11	175	1
45	9	0	0	5	3	6	106	1

在这个时候，从分析来看，所有的东西都没有真正改变。创建了两条记录却携带的是完全一样的信息，唯一区别是一条记录显示的信息是到周期 6 为止的，另外一条记录的信息是到周期 12 为止的。

我们可以通过运行一个简单的交叉表来查看 1 ～ 12 月是如何与周期对齐的：

```
> table(SURV2$period,SURV2$Xtenure2)

      1    2    3    4    5    6    7    8    9   10   11   12
  0  33   62   51   27   70 1245    0    0    0    0    0    0
  1   0    0    0    0    0    0  136  170  185  230  210  225
```

6.7.3　调整记录来模拟一次干预

既然我们已经增加了记录，就可以为第 6 个月之后变化了的新调查信息做一些调整，把它看作一个依赖于时间的变量。

在前面我们模拟第二次调查数据的时候，对流失的客户的满意度增加了 1（Xsatisfaction2）。这样有一些满意度打分就变成了 6，这是不可能的分数。所以我们首先要把这些分数 6 都改成分数 5：

```
#fix up some "6" satisfaction scores, that are not possible, and make them
"5"
SURV2$Xsatisfaction2 <-
as.factor(ifelse(SURV2$Xsatisfaction2=="6","5",SURV2$Xsatisfaction2))
```

假设在第 5 个月有一些促销活动提供给那些在第一次调查中满意度打分比较低（1 或者 2）的成员。这样做的结果是，一些可能会流失的客户的满意度打分提高了。

我们将会对调查模拟一个积极的响应，把那些本来会流失的客户的满意度打分（Xsatisfaction2）从 1 或者 2 提高到 3。这样是为了模拟一个稍微改善的满意度。这仅仅在 period=1 里面进行，在调查完之后。严格来说，这个周期（Period 1）是 survSplit() 函数在截距之后赋值的。而截距之前的周期则赋值为 Period 0。

```
#an intervention increased low satisfaction scores to "Average".
SURV2$Xsatisfaction2 <- ifelse(SURV2$period==1 & SURV2$Churn==1 &
SURV2$Xsatisfaction %in% c("1","2"),"3",SURV2$Xsatisfaction)
```

我们还要模拟这些第二次调查的客户的保留状态的改变，即把 Churn 状态从 1（离开）变成 0（留下），表示促销的效果很好，足以阻止这些客户离开：

```
#Simulate retaining these customers by changing their status to active
#change is detected when the new score is higher than the old score
SURV2$Churn2 <-ifelse(SURV2$period==1 & SURV2$Churn==1 &
                        (as.integer(SURV2$Xsatisfaction2) >
as.integer(SURV2$Xsatisfaction)),
                      0, SURV2$Churn)fe
SURV2$ChurnChanged <- ifelse(SURV2$Churn==SURV2$Churn2,'N','Y')
```

现在，根据 ID 把数据帧的数据进行排序，并查看结果。那些 ID 相同的多个记录已经根据算法进行了分裂：

```
attach(SURV2)
tmp <- SURV2[order(CustomerID),]
str(tmp)


tmp2 <- subset(tmp, select = c(CustomerID,ChurnChanged,time0,period,
Xsatisfaction, Xsatisfaction2, Churn,Churn2))


View(tmp2)
```

	CustomerID	ChurnChanged	time0	period	Xsatisfaction	Xsatisfaction2	Churn	Churn2
1174	1	N	0	0	1	1	0	0
2662	1	Y	6	1	1	3	1	0
213	2	N	0	0	1	1	1	1
1307	3	N	0	0	4	4	0	0
2795	3	N	6	1	4	4	1	1
1266	4	N	0	0	1	1	0	0
2754	4	Y	6	1	1	3	1	0
1268	6	N	0	0	5	5	0	0
2756	6	N	6	1	5	5	1	1
1372	7	N	0	0	1	1	1	1
681	8	N	0	0	1	1	0	0
2169	8	Y	6	1	1	3	1	0
45	9	N	0	0	5	5	1	1

可以观察到，那些保留时间大于 6 个月的客户的记录都增加了一条。这个增加的记录反映了客户的状态更新，并更新了一些变量的值。

在这个例子里，我们在第 6 个月进行了截断。数据还增加了两个新的变量：time0，表示开始的时间；还有一个分段变量，我们给它命名为 period，它随着每个基于时间变化的变量的值改变而序列性地增加。在这个示例里面，基于时间的变量只改变了一次。如果观察周期很长的话，你可能会看到大量的改变次数。

6.7.4　运行基于时间的模型

现在我们已经重新格式化了数据，准备好运行第二个基于时间的模型。

变量 CoxModel.2 是模仿 CoxModel.1 的风格创建的，不过用 Xsatisfaction2 取代了 Xsatisfaction 用于表示因为随后的研究而改变的满意度。新的 time0 变量取代了原先的保留期变量，而 Churn2 取代了原先的流失响应变量：

```
CoxModel.2 <- coxph(Surv(time0,Xtenure2, Churn2) ~
                      Xeducation + Xgender + Xsatisfaction2 +
Xservice.calls +
                      Xpurch.last.month + Xmonthly.charges,
                    data=SURV2)
```

请注意不要覆盖已有变量的名称。要么在已经存在的数据帧中创建新的变量，要么在保留旧的数据帧同时创建一个新数据帧来使用。

在运行完模型之后，我们使用 stargazer 命令（或者 summary(CoxModel.2)）来查看模型的输出。

在性别、满意度和月度充值后面的星号，表示它们是模型中最重要的变量。

R-square 值为 0.13，并不是一个标准的线性回归类型度量，但这是一个我们前面讨论过的伪 R-square 度量，它的取值范围是 0 ～ 1，度量拟合模型和虚设模型之间的差异程度。如果你有点好奇，想知道这个特别的伪 R-square 在 cox 回归中是如何计算出来的，可以运行下面这个命令：

```
getS3method("summary","coxph")
```

然而，这个值没有原先的 CoxModel.1 高。这很可能是因为对数据做了人工的修改。在任何情况下，依赖于单一的度量都不是一个好主意，随后我们马上可以看到该模型如何改进了保留率：

```
library(stargazer)
stargazer(CoxModel.2,single.row=TRUE,type='text')


> stargazer(CoxModel.2,single.row=TRUE,type='text')


======================================================
                              Dependent variable:
                          ----------------------------
                                     time0
------------------------------------------------------
XeducationDoctorate Degree       -0.160 (0.210)
XeducationMaster's Degree        -0.200 (0.140)
XgenderM                          0.091 (0.120)
Xsatisfaction22                   0.160 (0.200)
```

```
Xsatisfaction23                -0.600*** (0.200)
Xsatisfaction24                0.520*** (0.180)
Xsatisfaction25                0.580*** (0.180)
Xservice.calls                   0.013 (0.044)
Xpurch.last.month               -0.007 (0.029)
Xmonthly.charges               0.009*** (0.001)
-------------------------------------------------------
Observations                        2,644
R2                                  0.130
Max. Possible R2                    0.900
Log Likelihood                   -2,869.000
Wald Test                     370.000*** (df = 10)
LR Test                       380.000*** (df = 10)
Score (Logrank) Test          399.000*** (df = 10)
=======================================================
Note:                       *p<0.1; **p<0.05; ***p<0.01
```

让我们着手创建另一个生存曲线：

```
par(mfrow=c(1,1))
autoplot(survfit(CoxModel.1), surv.linetype = 'dashed', surv.colour =
'blue',
         conf.int.fill = 'dodgerblue3', conf.int.alpha = 0.5, censor =
FALSE)
dev.copy(jpeg,'Ch5 - time based variable 1.jpg');
dev.off()

autoplot(survfit(CoxModel.2), surv.linetype = 'dashed', surv.colour =
'red',
         conf.int.fill = 'orange', conf.int.alpha = 0.5, censor = FALSE)
dev.copy(jpeg,'Ch5 - time based variable 2.jpg');
dev.off()
savehistory (file="Ch5 time based variable.txt")
```

下面并列显示了原始的（左图）和基于时间的（右图）生存曲线：

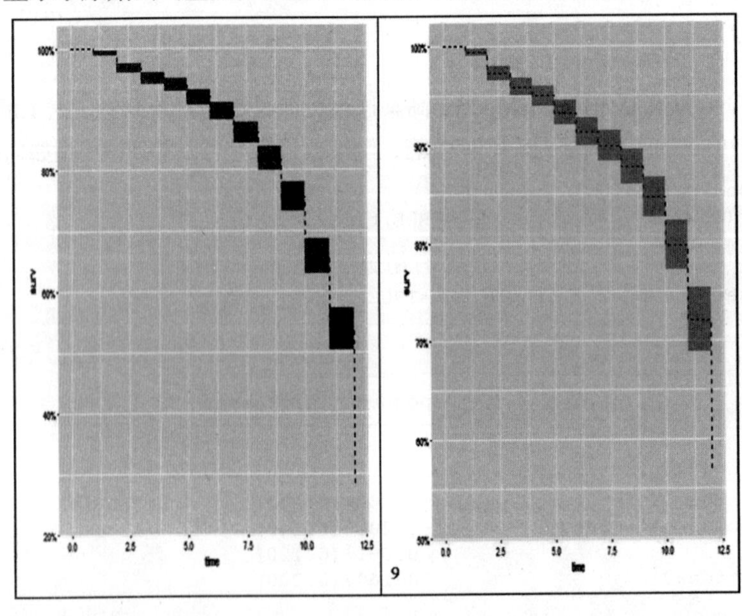

6.8　比较模型

尽管两条曲线看上去很相似，但是我们可以看到，在第 12 个月结束的时候，有 56% 的客户保留下来了，相对应的是原始的数值是 27%。我们可以把这个变化归因于在第 6 个月发生的干预。

使用 summary（survfit）函数比较这两种模式：

<table>
<tr>
<td>> summary(survfit(CoxModel.2))
Call: survfit(formula = CoxModel.2)
v
time n.risk n.event survival std.err lower
95% CI upper 95% CI
1 1488 15 0.994 0.00157 0.991 0.997
2 1455 52 0.973 0.00359 0.966 0.980
3 1393 34 0.958 0.00461 0.949 0.967
4 1342 20 0.950 0.00518 0.940 0.960
5 1315 39 0.932 0.00624 0.920 0.945
6 1245 42 0.913 0.00736 0.898 0.927
7 1156 24 0.898 0.00801 0.883 0.914
8 1020 32 0.877 0.00902 0.859 0.895
9 850 40 0.846 0.01052 0.825 0.866
10 665 51 0.797 0.01293 0.772 0.822
11 435 54 0.721 0.01688 0.688 0.755
12 225 55 0.569 0.02518 0.522 0.621</td>
<td>> summary(survfit(CoxModel.1))
Call: survfit(formula = CoxModel.1)
time n.risk n.event survival std.err lower
95% CI upper 95% CI
1 1488 15 0.993 0.00185 0.989 s0.996
2 1455 52 0.967 0.00404 0.960 0.975
3 1393 34 0.950 0.00505 0.940 0.960
4 1342 20 0.940 0.00559 0.929 0.951
5 1315 39 0.919 0.00655 0.906 0.932
6 1245 42 0.896 0.00752 0.881 0.911
7 1156 60 0.861 0.00884 0.844 0.879
8 1020 68 0.818 0.01033 0.798 0.838
9 850 89 0.754 0.01233 0.731 0.779
10 665 115 0.657 0.01500 0.628 0.687
11 435 105 0.536 0.01789 0.502 0.572
12 225 112 0.278 0.02226 0.237 0.325</td>
</tr>
</table>

6.9　变量选择

我们刚才建立的模型只用了几个数量有限的变量，所以当面对数量很大的变量时，使用机械的变量选择方法并不是太恰当。我们可以通过回归模型找出哪些变量是重要的。不过，对一个变量数目太多的模型，我们可以使用 glmulti 包来进行变量选择。

在我们生成的流失示例中，变量的数目很小，所以很容易进行变量选择，不需要花很多时间。

在下面的代码里，我们设置在最佳回归中包含的最大 term 数目为 10，以便限制进行耗尽搜索所使用的计算时间。我们还要使用遗传算法选项（method = "g"），这样对大型数据集的计算速度会快很多，因为它仅仅考虑所有组合中最佳的那些子集。

如果你想要进行一次耗尽搜索，使用 method = "h"。不过，请注意，这可能会使你的机器很长时间都在运行这个搜索而不能做别的事情。

- ❑ 运行下面的代码以启动变量选择流程：

```
library(glmulti)
glmulti.coxph.out <-
  glmulti(Surv(Xtenure2, Churn) ~ Xeducation + Xgender +
  Xsatisfaction + Xservice.calls +
            Xpurch.last.month + Xmonthly.charges, data =
  ChurnStudy,
          maxsize=10,
```

```
            level = 2,                 # interaction considered
            method = "g",              # Genetic Algorithm
            crit = "aic",              # AIC as criteria
            confsetsize = 5,           # Keep 5 best models
            plotty = T, report = F,    # produce AIC plot
            fitfunction = "coxph")     # coxph function
```

- 当算法运行结束以后，你会在控制台上看到如下所示的消息。该算法应该在 5 分钟以内结束运行：

```
TASK: Genetic algorithm in the candidate set.
Initialization...
Algorithm started...
Improvements in best and average IC have bebingo en below the
specified goals.
Algorithm is declared to have converged.
Completed.
```

- 打印输出对象的总结。该总结包含了从备选模型集中选出的最佳模型。请注意，这个最佳模型不包含教育程度变量：

```
> print(glmulti.coxph.out)
glmulti.analysis
Method: g / Fitting: coxph / IC used: aic
Level: 2 / Marginality: FALSE
From 5 models:
Best IC: 9214.89853563887
Best model:
[1] "Surv(Xtenure2, Churn) ~ 1 + Xgender + Xsatisfaction +
Xservice.calls + "
[2] " Xmonthly.charges + Xpurch.last.month:Xservice.calls +
Xmonthly.charges:Xservice.calls + "
[3] " Xgender:Xmonthly.charges +
Xsatisfaction:Xmonthly.charges"
Evidence weight: 0.257101917192717
Worst IC: 9216.1617086134
5 models within 2 IC units.
4 models to reach 95% of evidence weight.
Convergence after 120 generations.
Time elapsed: 55.2994699478149 minutes.
```

- 因为我们指定了模型中需要考虑变量之间的交互作用，该算法找到一些交互作用，可用于进一步改善模型：

```
Xpurch.last.month:Xservice.calls
Xmonthly.charges:Xservice.calls
Xmonthly.charges:Xpurch.last.month
Xgender:Xpurch.last.month
Xsatisfaction:Xpurch.last.month
Xsatisfaction:Xmonthly.charges
```

- 有两个重要的交互作用，就是各个性别与上月的购买数量之间，以及满意度和月度充值之间。这两对交互作用在最佳模型里面都有指定。

6.9.1 合并交互作用项

为了在下一个模型中合并这些交互作用，我们直接把它们指定在模型公式的右边。例如，指定的时候包括了服务电话，以及服务电话和上月购买数量的交互作用，作为模型中的项：

```
CoxModel.2 <- coxph(Surv(time0,Xtenure2, Churn2) ~
                  Xeducation + Xgender + Xsatisfaction2 +
Xservice.calls + Xpurch.last.month:Xservice.calls +
                  Xpurch.last.month + Xmonthly.charges,
               data=SURV2)
```

显示公式的子列表

如果你不喜欢手动打出所有的项，可以先显示一个公式子列表，它会列出前 5 个模型的所有公式。这样你就可以直接复制粘贴了：

```
> glmulti.coxph.out@formulas
[[1]]
Surv(Xtenure2, Churn) ~ 1 + Xgender + Xsatisfaction + Xservice.calls +
 Xmonthly.charges + Xpurch.last.month:Xservice.calls +
Xmonthly.charges:Xservice.calls +
 Xgender:Xmonthly.charges + Xsatisfaction:Xmonthly.charges
<environment: 0x0000000034599328>

[[2]]
Surv(Xtenure2, Churn) ~ 1 + Xgender + Xsatisfaction + Xservice.calls +
 Xmonthly.charges + Xpurch.last.month:Xservice.calls +
Xmonthly.charges:Xservice.calls +
 Xmonthly.charges:Xpurch.last.month + Xgender:Xmonthly.charges +
 Xsatisfaction:Xmonthly.charges
<environment: 0x0000000034599328>

[[3]]
Surv(Xtenure2, Churn) ~ 1 + Xgender + Xsatisfaction + Xservice.calls +
 Xmonthly.charges + Xpurch.last.month:Xservice.calls +
Xmonthly.charges:Xservice.calls +
 Xsatisfaction:Xmonthly.charges
<environment: 0x0000000034599328>

[[4]]
Surv(Xtenure2, Churn) ~ 1 + Xgender + Xsatisfaction + Xservice.calls +
 Xpurch.last.month + Xmonthly.charges + Xpurch.last.month:Xservice.calls +
 Xmonthly.charges:Xservice.calls + Xgender:Xmonthly.charges +
 Xsatisfaction:Xmonthly.charges
<environment: 0x0000000034599328>

[[5]]
Surv(Xtenure2, Churn) ~ 1 + Xgender + Xsatisfaction + Xservice.calls +
 Xpurch.last.month + Xmonthly.charges + Xpurch.last.month:Xservice.calls +
 Xmonthly.charges:Xservice.calls + Xmonthly.charges:Xpurch.last.month +
 Xgender:Xmonthly.charges + Xsatisfaction:Xmonthly.charges
<environment: 0x0000000034599328>
```

6.9.2 比较各个备选模型的 AIC

正如我们在前面几章中提到过的，AIC 是一种指标，可以帮助你选择模型。选项 plotty="T" 也会为找到的前几个模型生成一个 AIC 的图表。在调用函数时，我们表明了想要看看前

5 个模型。

R 程序包的作者认为：一个合理的重要规则是考虑那些位于红色横线以下的模型。

根据这个定义，模型 4 和 5 就不考虑了，剩下模型 1、2 和 3 需要考虑。

下面是前 5 个模型的 AIC 值的图表：

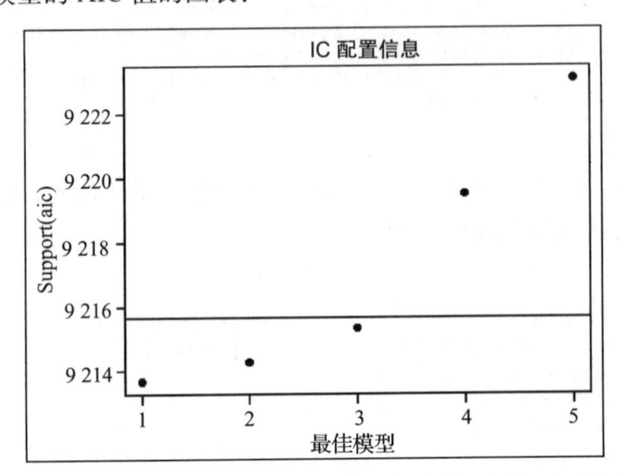

我们还可以指定绘制一个变量重要性图表，使用绘图语句的时候指定 type="s"：

```
plot(glmulti.coxph.out,type = "s")
```

这个图标是一个很好的水平柱状图的例子，根据特征的重要性进行了排序：

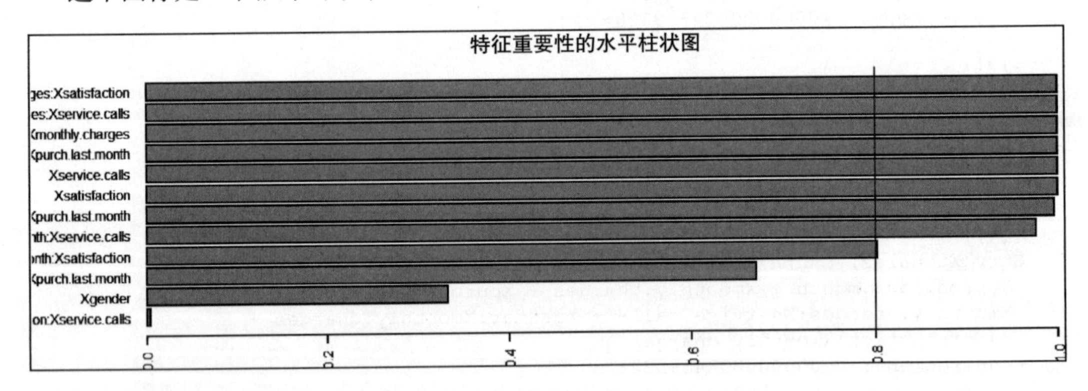

6.10 本章小结

在本章中，我们学习了什么是生存曲线，以及如何使用两种主要的技术（Kaplan-Meir 和 cox 回归）来解释和预测客户流失的案例。

我们还学习了如何生成自己的数据来测试假设，以及测试模型的鲁棒性。

最后还学习了一些编程技巧，可以用来重复和保存我们生成的代码与图像。

在下一章里，我们不再研究客户离开的问题，而是要讨论一下如何预测客户下次要购买的东西，以便保持客户的愉悦心情，我们要使用的技术叫作购物篮分析。

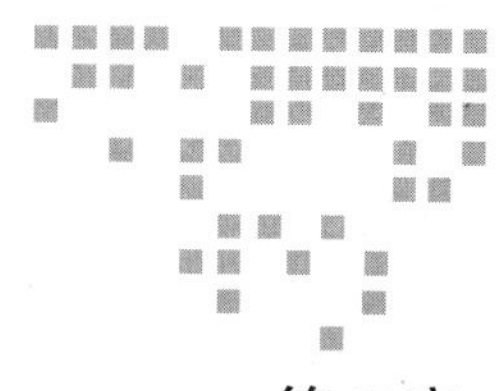

第7章 Chapter 7

使用购物篮分析作为推荐系统引擎

“在你知道如何遵守规则之前，违反规则是不明智的。”

——T.S. Eliot

本章，我们介绍的主题是：

- 使用 arules 包的购物篮分析
- 使用半结构化的购物篮交易数据的数据转化和清理技术
- 学会如何将交易对象转换到数据帧
- 使用 flexclus 包运用聚类分析
- 使用 RTextTools 和 tm 包进行文本挖掘

7.1 什么是购物篮分析

如果你已经学过上一章的生存分析，那么现在将为你介绍的是**购物篮分析**（market basket analysis，MBA）。购物篮分析（有时也称为**亲和度分析**（affinity analysis）），是一种在零售行业大量使用的预测分析技术，用于识别会被一同放入购物篮购买的商品。典型用例是超市购物车，购物者通常会搭配购买各种商品，如牛奶、面包、奶酪等，该算法将预测如何通过购买某些特定商品影响购物者购买其他商品。其中一种方法是，零售商知道要开始给你发送一些有关商品的优惠券和电子邮件，而这些商品你甚至不知道自己需要！

一个经常被引用的 MBA 的例子是，婴儿尿不湿和啤酒的关系：

“一家超市连锁店在它的分析中发现，买婴儿尿不湿的顾客通常也会买啤酒，所以将婴儿尿不湿放在啤酒旁边，这两类商品的销售额都会大幅增加。”

——http://en.wikipedia.org/wiki/Market_basket

然而，这不仅限于零售行业。MBA 也可以用于保险行业，来查看投保人目前已经拥有的各种保险产品，例如汽车、房屋等，并建议其他可能购买的保险产品，如生命险、残疾险或投资险产品。

鉴于经常不会指定目标变量，MBA 通常被认为是一种无监督学习算法。但是，正如你稍后即将看到的，也可以细化关联规则，以便将特定项目指定为目标变量。

MBA 也被看作一种推荐系统引擎，指出购买一系列的商品意味着可能会购买其他商品。当然，MBA 和其他的推荐系统引擎可以共享相同类型的输入数据。然而，MBA 的发展出现在亚马逊开发的协同过滤技术诞生之前，协同过滤技术令人联想到更多的是对收集到的网络数据的综合，而 MBA 和扫描仪中发现的 RFID 条形码技术关联得更多。不过，两种技术的目标都是基于过去的购买记录来建议未来的购买方向。

7.2 检查杂货明细

理解 MBA 的关键是支持度、置信度以及提升度的概念。它们是评估一组关联规则的拟合优度的度量。你还会学习到一些在 MBA 中常用的专门定义，如推论、先例以及项目集。

为了介绍这些概念，我们首先引入一个非常简单的例子。在这个例子中，只使用 Groceries（杂货店）交易明细文件的前 10 条交易记录，该明细文件可以在 arules 包中找到：

```
library(arules)
```

加载完 arules 库之后，你可以在命令行输入 ?Groceries 查看 Groceries 数据集的简短描述。在 help 窗口中显示的描述如下：

“Groceries 数据集包含 1 个月（30 天）内，源自一个典型的本地食品杂货直销商场的真实销售点交易数据。该数据集包含 9835 笔交易，这些明细汇总为 169 个类别。”

关于该数据集的收集方法的更多信息，请参考原始文献（Michael Hahsler，2006）。

arules 包加载完成之后，Groceries 数据集也加载到了内存中：

```
data(Groceries)
```

杂货店交易明细文件的格式

Groceries 是一个交易类对象，而不是一个数据帧。这个 R 对象表示用于挖掘项目集或规则的交易数据。从逻辑上来说，它由一份杂货收据清单以及购买的商品共同组成。每一行都是一条交易记录，交易的每一列代表购买的特定商品项目。

例如，有 3 条交易，包括购买的不同数量的东西：

交易 1	牛奶	麦片	
交易 2	牛肉		
交易 3	黄油	砂糖	奶油

不过，一个交易对象在物理上不是以严格的数据库表格格式组织的。它是一种特殊的 R 对象格式，称为交易 / 事物。

你也可以运行 summary(Groceries)，它会给你提供一些关于交易文件结构的概要信息，以及在购物篮中最常见的单个项目：

```
> summary(Groceries)
transactions as itemMatrix in sparse format with
 9835 rows (elements/itemsets/transactions) and
 169 columns (items) and a density of 0.026

most frequent items:
      whole milk other vegetables       rolls/buns        soda        yogurt        (Other)
         2513             1903            1809        1715          1372          34055
```

稍后你会看到我们如何将数据帧转换为交易对象，以及如何将交易对象转换为数据帧。关于对象，如果想查看更多的信息，可以在命令终端行输入 ?transactionInfo。

要查看 Groceries 文件的简单购物篮示例，可以运行以下代码。

检查由 inspect() 函数生成的输出结果，输出购物篮的第 10 ～ 19 条交易。注意每一条交易都由一个唯一的交易 ID 以及一个购物清单组成。一条交易可以仅一件购买的商品（交易 4，只买了牛肉），也可以购买多个商品（交易 1，牛奶和麦片（Cereal））：

```
inspect(Groceries[10:19])
```

输出结果如下：

```
     items
[1]  {whole milk,cereals}
[2]  {tropical fruit,other vegetables,white bread,bottled water,chocolate}
[3]  {citrus fruit,tropical fruit,whole
     milk,butter,curd,yogurt,flour,bottled water,dishes}
[4]  {beef}
[5]  {frankfurter,rolls/buns,soda}
[6]  {chicken,tropical fruit}
[7]  {butter,sugar,fruit/vegetable juice,newspapers}
[8]  {fruit/vegetable juice}
[9]  {packaged fruit/vegetables}
[10]{chocolate}
```

7.3　示例购物篮

之前列出的编号 1 ～ 10 的每一条交易都代表购物者购买的一篮商品。这些通常是与一笔特定的交易或者发票相关联的所有交易项目。括号 {} 括起来的内容代表一个购物篮，称为项目集。一个项目集是一组一起出现的商品项。

购物篮算法按以下形式构建规则：

```
Itemset{x1,x2,x3 ...} --> Itemset{y1,y2,y3...}.
```

这个符号表示那些购买了该公式左边（lhs）商品的买家倾向于购买公式右边（rhs）的商品。这个联系可以由 à 符号表示，可以理解为一种暗示。

符号的左边代表先例，而符号的右边代表推论结果。如果左右两边都是空的，那么就意味着这些商品项目之间没有特定的关联规则；不过这也意味着这些商品项目在购物篮中出现过。

7.4 关联规则算法

如果没有关联规则算法，你将面临非常昂贵的计算任务，要生成所有可能的项目集组，接着尝试挖掘数据，以便确定最佳项目集组。关联规则算法有助于过滤这些任务和尝试。

最常使用的 MBA 算法是 apriori 算法，包含在 arules 包里（另一种常用的算法是 eclat）。

运行 apriori 算法相当简单。我们会使用刚才输出的 10 条演示交易项目集。

apriori 算法基于这样的原则：如果某一个特定的项目集高频发生，那么它的所有子集也必须是高频发生的。这个原则本身有助于减少需要评估的项目集数量，因为它只需要先查看最大的项目集，然后才能过滤掉一些东西：

- 第一，一些家务用品。固定打印数字是 2：

```
options(digits = 2)
```

- 接着，运行 apriori 算法。不过，只在 Groceries 数据集的第 10 ～ 19 行运行该算法，因为我们现在想保持小量输出。我们也会调整参数 supp = 和参数 conf =，来产生足够的输出，这样我们可以在下一节中举例说明某些要点：

```
rules <- apriori(Groceries[10:19], parameter = list(supp = 0.1,
conf = 0.6))
```

- 输出表明创建了 2351 条规则。这是一个大批量的规则，和我们正在检查的 10 条交易有关。大量的规则是由于指定的低支持度水平 (0.10) 所致。这样做的结果是只产生含有单个组合的交易。日志生成的警告信息也表明了这一点：

```
    > Apriori
    >
    > Parameter specification:
    > confidence minval smax arem aval originalSupport support minlen
maxlen
    >        0.6    0.1    1 none FALSE TRUE    0.1 1 10
    > target ext
    > rules FALSE
    >
    > Algorithmic control:
```

```
> filter tree heap memopt load sort verbose
>    0.1 TRUE TRUE  FALSE TRUE    2    TRUE
>
> Absolute minimum support count: 1
> Warning in apriori(Groceries[10:19], parameter =  list(supp = 0.1,
conf =
  0.6)): You chose a very low absolute support count of   1. You might
run out
  of memory! Increase minimum support.
> set item appearances ...[0 item(s)] done [0.00s].
> set transactions ...[22 item(s), 10 transaction(s)] done [0.00s].
> sorting and recoding items ... [22 item(s)] done [0.00s].
> creating transaction tree ... done [0.00s].
> checking subsets of size 1 2 3 4 5 6 7 8 9 done [0.00s].
> writing ... [2351 rule(s)] done [0.00s].
> creating S4 object ... done [0.00s].
```

- 通过支持度对规则进行分类，这是衡量不同项目发生频率的重要评价指标之一。下一节将对此进一步讨论：

```
rules <- sort(rules, by = "support", decreasing = TRUE)  # 'high-
confidence' rules.
```

- 使用 arules 的 inspect 函数查看前 5 个规则。指定输出列：索引编号（空白表头）、lhs（左边）、rhs（右边）、支持度、置信度和提升度。注意，每一个支持度和置信度的测量至少应该等于之前指定的 apriori 函数调用中指定的参数：

```
inspect(head(rules, 5))
```

输出如下：

```
    lhs                   rhs              support confidence lift
[1] {bottled water}   => {tropical fruit} 0.2     1.00        3.3
[2] {tropical fruit}  => {bottled water}  0.2     0.67        3.3
[3] {cereals}         => {whole milk}     0.1     1.00        5.0
[4] {chicken}         => {tropical fruit} 0.1     1.00        3.3
[5] {soda}            => {rolls/buns}     0.1     1.00       10.0
```

7.5　先例和后果

前面所示的规则表示为先例（左边）和后果（右边）之间的暗示关系。

第一个规则表示买了一瓶水的顾客也买了一些热带水果。第三个规则表示购买麦片的顾客倾向于购买全脂牛奶。

7.6　评估规则的准确性

现在已经制定了 3 个主要的指标来衡量关联规则的重要性或者准确性：支持度、置信度以及提升度。

7.6.1 支持度

支持度测量这些项目如何同时频繁地出现。想象一下，有一个购物车，购物车里有很多组合的商品项目。某些很少出现的项目可以排除在分析之外。当一个商品项目频繁出现，会对这些项目之间的关联产生更多的置信度，因为它将会是一个更受欢迎的商品项目。通常你的分析会集中在高支持度的商品项目上。

7.6.2 计算支持度

计算支持度很简单。先计算在规则内商品项目出现在购物篮中的次数，再除以在商品项目集中出现的次数的比例。

示例

- 我们可以发现第一个规则（索引 63），{bottled water} 和 {tropical fruit} 共同出现在一笔交易中以及出现在不同的交易中（2 和 3），因此规则的支持度是 2/10 或 20%。
- 最后一个规则显示，规则（索引 3）有 0.10 的支持度，soda 和 rolls/buns（面包圈 / 小圆面包）只在 10 条交易中出现过一次（1/10）。

7.6.3 置信度

置信度是右边（rhs 或后果）的事件会出现的条件概率，左边（lhs 或先例）给定的商品项目已经发生了。可以通过计算在交易中出现的次数来手动计算。

例如，仔细看看下面的规则：

- {tropical fruit} => {bottled water}。
- 我们可以看到热带水果（tropical fruit）发生在三个不同的交易项目集（项目集 2、3、6）中，因此公式的分母是 3。
- 这三个项目集中，瓶装水（bottled water）出现了两次（仅在项目集 2 和 3，项目集 6 中则没有出现），因此置信度是 2/3 或者 67%。同时也要注意，对于翻转的项目集 {bottled water} => {tropical fruit} 来说，置信度反而更高了，因为每次购买瓶装水也会购买热带水果，你可以很容易通过检查并手动进行元素计数来验证。

7.6.4 提升度

通过用结论的独立概率除以刚才计算的置信度来决定提升度。比起支持度和置信度，提升度是一个更好的测量，因为它结合了两者的特点。

要计算第二个规则的提升度（索引 64），我们只需要确定刚才计算出来的结论的无条件概率。{bottled water} 在 10 次交易中出现了 2 次（20%），作为结论，用 0.67 除以 0.20，得到 3.4，这就是规则 64 的提升度。

评估提升度

评估时请考虑如下因素：

- 评估提升度的指标时，使用 1 作为提升度测量的基线，因此提升度 1 意味着前因和结论之间不存在关系。
- 随着提升度的值增加，它将有助于你定位更妙的规则。如果你能够确定具有高置信度的规则，比你预期的规则要更多，这可能会引领通过奖励顾客再次购买相同的或者类似的产品来增加收益。

7.7　准备原始数据文件进行分析

现在，我们已经对关联规则算法做了简短的介绍，接下来会举一个更有意义的例子来说明如何应用关联规则。

我们将使用在线零售数据集，该数据集从 UCI 机器学习库中得来，网址如下：https://archive.ics.uci.edu/ml/datasets/Online+Retail

UCI 机器学习库中的介绍对该数据的介绍如下：

“一个跨国数据库，包含了在英国并注册为无店铺的网上零售，所有发生在 01/12/2010 到 09/12/2011 期间的交易。该公司主要销售各种场合的独特礼品。这家公司的多数顾客都是批发商。”

更多有关该数据集创建方法的信息，请参阅原期刊文章（Daqing Chen，2012）。

7.7.1　读取交易文件

使用 read.csv() 函数输入 Groceries 数据。

我们可以使用 file.show() 函数直接检查是否需要该输入文件。如果你发现输入中存在错误，该检查可能就是必要的。在代码中已经把它注释掉了，但是我们鼓励你自己尝试使用一下。

knitr 库主要用于显示格式化的文本输出。如果你愿意，可以试试用 head 或 print 函数替换 kable 函数：

```
rm(list = ls())
library(sqldf)
library(knitr)

setwd("C:/PracticalPredictiveAnalytics/Data")
```

将 stringsAsFactors 设置为 FALSE，因为稍后我们会把变量作为字符串来处理：

```
options(stringsAsFactors = F)
OnlineRetail <- read.csv("Online Retail.csv", strip.white = TRUE)
 #we are done reading, so set the output directory
setwd("C:/PracticalPredictiveAnalytics/Outputs")
```

7.7.2 capture.output 函数

以下这段代码也演示了 capture.output() 函数。capture.output() 函数为原始输入文件保存元数据。这样做是因为我们想要跟踪输入时做的修订，并且在不同的时间点采集相同数据帧的内容。这样我们就能保存元数据的值，并在不同的时间点对它们进行比较：

```
# Save it in case we need to look at the metadata later on.
OnlineRetail.Metadata <- capture.output(str(OnlineRetail))

# print it now.  We can see that the capture.output contains the output of
the original str function, and that there are 541,909 observations
```

```
> cat(OnlineRetail.Metadata, sep = "\n")
'data.frame':   541909 obs. of  8 variables:
 $ InvoiceNo  : chr  "536365" "536365" "536365" "536365" ...
 $ StockCode  : chr  "85123A" "71053" "84406B" "84029G" ...
 $ Description: chr  "WHITE HANGING HEART T-LIGHT HOLDER" "WHITE METAL LANTERN" "CREAM CUPID HEARTS COAT HANGER" "KNITTE... <truncated>
 $ Quantity   : int  6 6 8 6 6 2 6 6 6 32 ...
 $ InvoiceDate: chr  "12/1/2010 8:26" "12/1/2010 8:26" "12/1/2010 8:26" "12/1/2010 8:26" ...
 $ UnitPrice  : num  2.55 3.39 2.75 3.39 3.39 7.65 4.25 1.85 1.85 1.69 ...
 $ CustomerID : int  17850 17850 17850 17850 17850 17850 17850 17850 17850 13047 ...
 $ Country    : chr  "United Kingdom" "United Kingdom" "United Kingdom" "United Kingdom" ...
```

将 stringsAsFactors 设置为 TRUE：

```
options(stringsAsFactors = T)
```

7.8 分析输入文件

读入文件之后，nrow() 函数显示该交易文件包含 541 909 行数据：

```
nrow(OnlineRetail)
```

输出如下：

```
> [1] 541909
```

可以利用便捷 View() 函数细读交易文件的内容。或者，可以使用 knitr 库中的 kable() 函数，在控制台显示一个展示数据帧的简单的表格，如下面的表格所示。

```
kable(head(OnlineRetail))
```

看前几条记录。kable() 函数试图将一个简单的表格显示在提供的空间中，所以长字符串被截断了：

```
|InvoiceNo |StockCode |Description                        | Quantity|InvoiceDate    | UnitPrice| CustomerID|Country      ... <truncated>
|:---------|:---------|:----------------------------------|--------:|:--------------|---------:|----------:|:----------... <truncated>
|536365    |85123A    |WHITE HANGING HEART T-LIGHT HOLDER |        6|12/1/2010 8:26 |       2.5|      17850|United King... <truncated>
|536365    |71053     |WHITE METAL LANTERN                |        6|12/1/2010 8:26 |       3.4|      17850|United King... <truncated>
|536365    |84406B    |CREAM CUPID HEARTS COAT HANGER     |        8|12/1/2010 8:26 |       2.8|      17850|United King... <truncated>
|536365    |84029G    |KNITTED UNION FLAG HOT WATER BOTTLE |       6|12/1/2010 8:26 |       3.4|      17850|United King... <truncated>
|536365    |84029E    |RED WOOLLY HOTTIE WHITE HEART.     |        6|12/1/2010 8:26 |       3.4|      17850|United King... <truncated>
|536365    |22752     |SET 7 BABUSHKA NESTING BOXES       |        2|12/1/2010 8:26 |       7.6|      17850|United King... <truncated>
```

我们还可以看到最后一列被截断了（United Kingdom），不过所有的列都显示在控制台，并没有任何一行折行了。

使用带有 kable() 函数的 R Notebook。注意，使用 RStudio 中的 Rmarkdown 包或 R Notebook 时，kable() 函数的输出可以格式化显示为 markdown 文件中的一个 HTML 表格。否则，它将显示为 ASCII 的纯文本格式。例如，你可以选择使用 R Notebook 在 RStudio 中运行代码。如果你用这个方式并照着这些步骤运行代码，想要尝试 kable() 命令并查看结果是如何被格式化为 HTML。从 RStudio 菜单打开一个新的 R Notebook，使用菜单顺序为：File → New File → R Notebook。

会出现一个 R Notebook 的框架，而不是一个 R 脚本：代码以块的形式组织起来。这意味着所有 R 代码必须出现在 ...{r} 和 ... 阴影线之间。在这个代码块中插入 kable() 函数，会输出和之前完全相同的数据，不过，它会被集成到 R Notebook 中，以及你刚才编写的、格式化为 HTML 的代码。

在第一段代码中插入以下这行代码：

```
kable(head(OnlineRetail),format='html')
```

kable() 函数的输出显示为集成在 R Notebook 代码中，在其代码块的下面：

```
---
title: "R Notebook"
output: html_notebook
---

```{r}
kable(head(OnlineRetail),format='html')
```
```

	InvoiceNo	StockCode	Description	Quantity	InvoiceDate	UnitPrice	CustomerID	Country	itemcount	Desc2
5	536365	71053	METAL LANTERN	6	12/1/2010 8:26	3.4	17850	United Kingdom	7	MetalLantern
6	536365	21730	GLASS STAR FROSTED T-LIGHT HOLDER	6	12/1/2010 8:26	4.2	17850	United Kingdom	7	GlassStarFrost
2	536365	22752	SET 7 BABUSHKA NESTING BOXES	2	12/1/2010 8:26	7.6	17850	United Kingdom	7	Set7Babushkal
4	536365	84029E	WOOLLY HOTTIE HEART.	6	12/1/2010 8:26	3.4	17850	United Kingdom	7	WoollyHottieH
			CREAM CUPID							

7.8.1　分析发票日期

我们还可以看到 InvoiceDate（发票日期）的分布图。不过首先，原来的日期数据需要转换成日期格式（Capture.output 将日期显示为一个字符串）并且先做了排序：

```
InvoiceDate <- gsub(" .*$", "", OnlineRetail$InvoiceDate)
InvoiceDate <- (as.Date(InvoiceDate, format = "%m/%d/%Y"))
InvoiceDate <- sort(InvoiceDate, decreasing = FALSE)
```

观察 str() 函数的输出，InvoiceDate 现在已经是日期格式了：

```
> str(InvoiceDate)
```

输出如下：

```
Date[1:541909], format: "2010-12-01" "2010-12-01" "2010-12-01" "2010-12-01"
"2010-12-01" "2010-12-01" "2010-12-01" "201... <truncated>
```

我们可以从 head 和 tail 命令以及图中看出，数据中包含了从 12/1/2011 到 12/9/2011 的发票，也可以看到 12 月假期前后的几笔订单：

```
> head(as.data.frame(InvoiceDate))
```

输出如下：

```
  InvoiceDate
1  2010-12-01
2  2010-12-01
3  2010-12-01
4  2010-12-01
5  2010-12-01
6  2010-12-01
```

类似地，输出文件中的最后 6 条记录。这些记录包含了最近的日期：

```
> tail(as.data.frame(InvoiceDate))
```

结果如下：

```
       InvoiceDate
541904  2011-12-09
541905  2011-12-09
541906  2011-12-09
541907  2011-12-09
541908  2011-12-09
541909  2011-12-09
```

7.8.2 绘制日期

个别日期和标签绘制起来太密集，因此我们将日期缩短为 Month/Year。

首先从发票日期中提取年和月（也就是 YYYY-MM-DD 的前 7 个字符），并且使用 table() 函数得到计数值，然后绘制结果。你可以看到最后一个月的交易低于前几个月的交易，因为数据只到 12 月 9 号：

```
par(las = 2)
barplot(table(substr(InvoiceDate,1,7)), cex.lab = 1, cex.main = 1.5,
cex.names = 1,
col = c("blue"),main="Invoices by Year/Month")
```

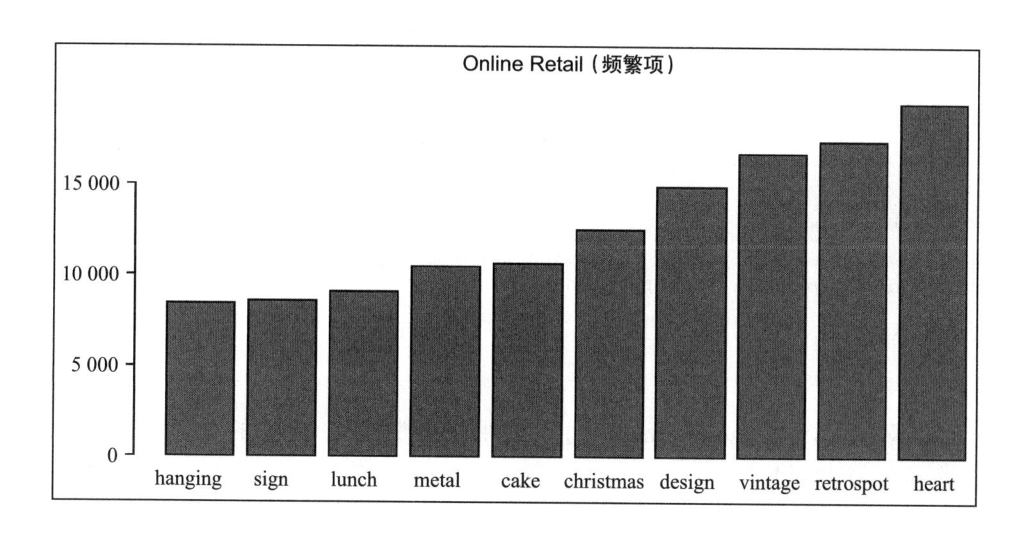

7.9　净化和清洗数据

清洗的部分来了！

输出包含在 OnlineRetail 描述字段中的部分商品杂货：

```
kable(OnlineRetail$Description[1:5],col.names=c("Grocery Item
Descriptions"))
|Grocery Item Descriptions                |
|:----------------------------------------|
|WHITE HANGING HEART T-LIGHT HOLDER       |
|METAL METAL LANTERN                      |
|CREAM CUPID HEARTS COAT HANGER           |
|KNITTED UNION FLAG HOT WATER BOTTLE      |
|RED WOOLLY HOTTIE WHITE HEART.           |
```

虽然每一行都包含了一个单独的杂货项目信息，但这些项目格式是统一的。同时，描述每一个项目的字数可以变化，并且某些词是形容词，某些词是名词。此外，零售商可能认为某些词与某个特定营销活动无关（如颜色、尺寸，它们可能是所有产品的标准）。这种数据类型可以成为半结构化数据，因为它包含了结构化数据的定义（主要对象只是杂货，全部大写，已知有哪些产品，等等），还有一些非结构化的元素（不同的产品名字长度，具有文本字符串的变化性质）。为了获得最理想的结果，非结构化数据（如文本）通常须进行净化和清洗，成为一种适合分析的格式。幸运的是，有些 R 函数可以帮助你达到这些目的。

7.9.1　移除不必要的字符空格

我们可以从移除每个产品描述中的首尾空格开始，因为这些空格对于分析没有意义，并且会占用额外的空间。trimws 是一个可以方便实现这个操作的函数，它可以移除首尾空格。nchar() 函数计算了一个字符串中的字节数，在 OnlineRetail$Description 上执行该函数，可以看到在执行字符串修剪前后节省了多少空间：

```
sum(nchar(OnlineRetail$Description))
```

输出如下：

```
> [1] 14284888
```

继续执行以下代码：

```
OnlineRetail$Description <- trimws(OnlineRetail$Description)
sum(nchar(OnlineRetail$Description))
```

输出如下：

```
> [1] 14283213
```

trimws 函数减少了 Description 的大小。使用该函数之后，字符的总数增加了吗？这会是检查代码的一个提示！

7.9.2 简化描述

使用颜色选择分析进行购物篮分析，本身是一个有趣的话题。不过，对于分析，我们会移除某些颜色来简化部分描述。使用函数移除某些特定的颜色，这些颜色是产品描述的一部分。因为 gsub() 函数一次只能处理单个字符串或模式，所以需要配置函数多次传递字符串到 gsub() 函数。

gsub_multiple 函数会获取一个字符向量（x），并且将所有提供的字数串转换为对应的值。在这个例子中，我们希望将这些字符串从文本中移除，因此字符串应该始终是 ""：

```
gsub_multiple <- function(from, to, x) {
  updated <- x
  for (i in 1:length(from)) {
    updated <- gsub(from[i], to[i], updated)
  }
  return(updated)
}


OnlineRetail$Description <-
gsub_multiple(c("RED","PINK","GREEN","SMALL","MEDIUM","LARGE","JUMBO","STRA
WBERRY"), rep("",8), OnlineRetail$Description)
```

7.10 自动移除颜色

如果你不想为了特定的颜色烦恼，还想自动移除颜色，也是可以实现的。

7.10.1 colors() 函数

colors() 函数返回了当前色板中使用的颜色的列表。然后我们可以结合刚才使用过的 gsub() 函数执行少量代码操作，将 OnlineRetail$Description 中的所有指定颜色替换为空格。

我们还可以使用 kable() 函数，该函数包含在 knitr 包中，把结果数据生成为简单的 HTML

表格：

```
# compute the length of the field before changes
 before <- sum(nchar(OnlineRetail$Description))

 # get the unique colors returned from the colors function, and remove any
digits found at the end of the string

 # get the unique colors
 col2 <- unique(gsub("[0-9]+", "", colors(TRUE)))


 #Now we will filter out any colors with a length > 7. This number is
somewhat arbitrary but it is just done for illustration, and to reduce the
number of colors to some of the more 'popular' colors (RED, WHITE, GREEN,
BLACK etc.) We may miss a couple ("STRAWBERRY"), but we can put them back
later.



for (i in 1:length(col2)) {
     col2[i] <- ifelse(nchar(col2[i]) > 7, "", col2[i])
 }

 col2 <- unique(col2)
```

运行代码之后，再此检查输出确保这些颜色都是你想要的：

```
cat("Unique Colors\n")
 > Unique Colors
 kable(head(data.frame(col2), 10))
```

结果输出如下：

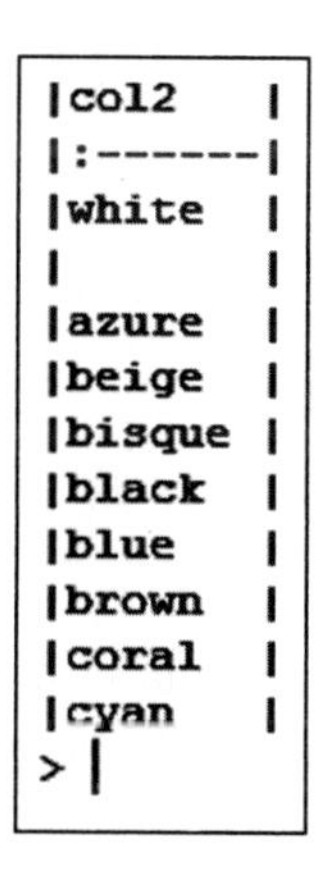

```
|col2   |
|:------|
|white  |
|       |
|azure  |
|beige  |
|bisque |
|black  |
|blue   |
|brown  |
|coral  |
|cyan   |
>
```

7.10.2　清洗颜色

清洗颜色时，将所有颜色大写并插入分隔符：

```
col <- topper(paste0(col2, collapse = "|"))
```

将结果传递给 gsub():

```
cat("Pass to gsub\n", head(col, 9))
> Pass to gsub
 >
WHITE||AZURE|BEIGE|BISQUE|BLACK|BLUE|BROWN|CORAL|CYAN|DARKRED|DIMGRAY|GOLD|
GRAY|GREEN|HOTPINK|IVORY|KHAKI|LINEN|MAGENTA|MAROON|NAVY|OLDLACE|ORANGE|ORC
HID|PERU|PINK|PLUM|PURPLE|RED|SALMON|SIENNA|SKYBLUE|SNOW|TAN|THISTLE|TOMATO
|VIOLET|WHEAT|YELLOW
```

例如，将数据帧中的颜色替换为空格：

```
OnlineRetail$Description <- gsub(col, "", OnlineRetail$Description)
```

检查长度查看有多少字符被移除。和之前一样，输出移除前后的字符数，确保 Description 的长度减少一些：

```
after <- sum(nchar(OnlineRetail$Description))
 print(before)
> [1] 13682222
print(after)
> [1] 13341097
```

检查还有没有其他的颜色。尽管你也可能会想要看更多条记录，以及数据集不同部分的中的所有记录，但此处只查看前 5 行记录。暂时保留“Cream”，不过，如果我们认为它对分析没有帮助的话，也可能移除它：

```
kable(OnlineRetail$Description[1:5],col.names=c("Grocery Item
Description"))
```

前 5 行记录如下：

```
|Grocery Item Description                              |
|:-----------------------------------------------------|
|WHITE HANGING HANGING HEART T-LIGHT HOLDER            |
|WHITE METAL LANTERN                                   |
|CREAM CUPID HEARTS COAT HANGER                        |
|KNITTED UNION FLAG HOT WATER BOTTLE                   |
|WOOLLY HOTTIE WHITE HEART.                            |
```

7.11 过滤单个商品交易

因为我们想要通过一篮商品找到一些关联规则，所以我们还想过滤出发票上只有一个商品的交易。对于只购买一个商品的客户进行单独分析，这可能是有用的，但是它不利于发现多个商品之间的关联，这是本次练习的目标。

- 使用 sqldf 找出所有单个商品的交易，然后创建单独的数据帧，包含每个顾客发票中的商品的个数：

```
library(sqldf)
```

- 首先构建一个查询：有多少张不同的发票？我们发现有 25 900 张单独的发票：

```
sqldf("select count(distinct InvoiceNo) from
OnlineRetail")
> Loading required package: tcltk
>   count(distinct InvoiceNo)
> 1                    25900
```

- 有多少张发票只包含单条交易？首先，提取出单个商品的发票：

```
single.trans <- sqldf("select InvoiceNo, count(*) as itemcount from
OnlineRetail group by InvoiceNo having   count(*)==1")
```

- 接着，把它们加起来。这表明没有太多单个交易的商品（5841）：

```
sum(single.trans$itemcount)
 > [1] 5841
```

- SQL 查询：有多少发票有多条交易？不使用 count(*) == 1，使用 count(*) > 1 得到包含多条交易的发票。共有 536 068 条：

```
 x2 <- sqldf("select InvoiceNo, count(*) as itemcount from
OnlineRetail group by InvoiceNo having count(*) > 1")

sum(x2$itemcount)
> [1] 536068
```

- 在 x2 中列出每个发票中商品数量的列表，以确保它们都至少有两个商品：

```
kable(head(x2))


|InvoiceNo | itemcount|
|:---------|---------:|
|536365    |         7|
|536366    |         2|
|536367    |        12|
|536368    |         4|
|536370    |        20|
|536372    |         2|
```

查看分布

现在我们可以看一看商品项目数量的分布。通过使用 mean() 函数看到平均项目数是 27。这会是一个足够大的可以进行有意义的分析的项目分类：

```
mean(x2$itemcount)
```

结果如下：

```
> [1] 27
```

我们也可以绘制出一个直方图：

```
hist(x2$itemcount, breaks = 500, xlim = c(0, 50))
```

下面展示的直方图显示在低段有一个明确的高位计数。我们知道这个极端数据包含单个交易的发票（count = 1），我们已经将它们过滤出去了：

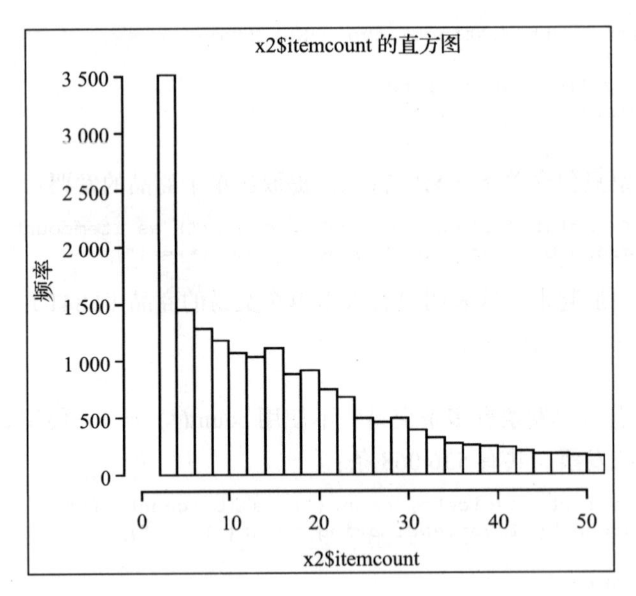

我们可以通过检查 itemcount 的频率表来验证这一点。在控制台运行以下的 table() 命令：

```
head(table(x2$itemcount)add,20)
```

我们可以确认单个商品项目的计数不再出现在结果中：

```
> head(table(x2$itemcount),20)

   2    3   4   5   6   7   8   9  10  11  12  13  14  15  16  17  18  19  20  21
1612 1095 815 788 670 652 631 629 553 573 496 519 521 548 569 454 434 481 438 408
```

7.12 将结果合并到原始数据中

我们想要将每张发票中的项目总量的个数保留到原始数据帧中。这需要将每张发票包含的项目数量加回原始交易，使用 merge() 函数，并指定 Invoicenum 为 key 值。

如果在合并前后对不同的发票进行计数，可以看到发票数低于合并之前的数量：

```
#first take a 'before' snapshot

nrow(OnlineRetail)
> [1] 541909

#count the number of distinct invoices

sqldf("select count(distinct InvoiceNo) from OnlineRetail")
```

显示的输出结果是有 25 900 张不同发票：

```
>   count(distinct InvoiceNo)
> 1                     25900
```

现在将计数合并到原始数据中：

```
OnlineRetail <- merge(OnlineRetail, x2, by = "InvoiceNo")
```

检查新的行数和不同发票的新计数（20 059 与 25 900）。注意将这些计数和原始计数比较。计数减少的原因是只有一个项目的发票被移除了：

```
> nrow(OnlineRetail)
[1] 536068
> sqldf("select count(distinct InvoiceNo) from OnlineRetail")
  count(distinct InvoiceNo)
1                     20059
```

输出 OnlineRetail 表以及合并的 itemcount：

```
kable(OnlineRetail[1:5,
1:9],col.names=c("Inv#","StockCode","Desc","Quant","InvDate","UnitPrice","C
ustID","Country","ItemCount"), padding = 0)
```

itemcount 出现在表格中的最后一列：

```
|Inv#  |StockCode|Desc                              |Quant|InvDate
|UnitPrice|CustID|Country        |
|.-----|.--------|.---------------------------------|----:|:-------------|-----
---:|-----:|:--------------|
|536365|84406B   |CREAM CUPID HEARTS COAT HANGER|      8|12/1/2010 8:26|
2.8| 17850|United Kingdom|         7|
|536365|22752    |SET 7 BABUSHKA NESTING BOXES   |      2|12/1/2010 8:26|
7.6| 17850|United Kingdom|         7|
|536365|85123A   |HANGING HEART T-LIGHT HOLDER   |      6|12/1/2010 8:26|
2.5| 17850|United Kingdom|         7|
|536365|84029E   |WOOLLY HOTTIE  HEART.          |      6|12/1/2010 8:26|
3.4| 17850|United Kingdom|         7|
|536365|71053    |METAL LANTERN                  |      6|12/1/2010 8:26|
3.4| 17850|United Kingdom|         7|
```

7.13　使用 camelcase 压缩描述

对于较长的描述，有时将描述压缩到 camelcase 会有利于提高可读性。特别是当查看的描述同时也是 x 或 y 轴的标签时。

编程人员有时使用 camelcase 来编写复合词，先移除空格，然后把每个单词的首字母变成大写。camelcase 也是一种节省空间的方法。

为了做到这一点，我们可以写一个叫作 .simpleCap 的函数。为了展示它的工作效果，我们将输入一个二元字符向量 c（"A certain good book","A very easy book"），并观察运行结果。

7.13.1　自定义函数映射到 camelcase

这是一个函数使用的简单例子，该函数将两个字符的向量 c（"A certain good book", "A very easy book"）映射到 camelcase。该向量映射到两个新的元素：

```
[1] "ACertainGoodBook", and  [2] "AVeryEasyBook"

# change descriptions to camelcase maybe append to itemnumber for
```

```
uniqueness
.simpleCap <- function(x) {
    # s <- strsplit(x, ' ')[[1]]
    s <- strsplit(tolower(x), " ")[[1]]

     aa <- paste(toupper(substring(s, 1, 1)), substring(s, 2), sep = "",
collapse = " ")
    gsub(" ", "", aa, fixed = TRUE)

}

a  <- c("A certain good book", "A very easy book")
a4 <- gsub(" ", "", .simpleCap(a), fixed = TRUE)
a4
> [1] "ACertainGoodBook"
lapply(a, .simpleCap)
> [[1]]
> [1] "ACertainGoodBook"
>
> [[2]]
> [1] "AVeryEasyBook"
```

使用 .simpleCap 函数创建一个描述 OnlineRetail 数据集的新版本，称其为 Desc2，移除空格并将每个单词的首字母变成大写：

```
OnlineRetail$Desc2 <- lapply(as.character(OnlineRetail$Description),
.simpleCap)

kable(OnlineRetail[1:5, c(3, 10)], padding = 0)
```

```
|Description                       |Desc2                          |
|:---------------------------------|:------------------------------|
|CREAM CUPID HEARTS COAT HANGER    |CreamCupidHeartsCoatHanger     |
|SET 7 BABUSHKA NESTING BOXES      |Set7BabushkaNestingBoxes       |
|WHITE HANGING HEART T-LIGHT HOLDER|WhiteHangingHeartT-lightHolder|
|WOOLLY HOTTIE WHITE HEART.        |WoollyHottieWhiteHeart.        |
|WHITE METAL LANTERN               |WhiteMetalLantern              |
> |
```

7.13.2 提取最后一个单词

通常产品描述的第一个和最后一个单词包含了有用的信息，并且有时你可以使用一个词或短语代替原本较长的描述。情况可能并不总是如此，但值得一试。为了提取描述中的最后一个单词，我们可以使用 stringr 包中的 word 函数。

```
library(stringr)
OnlineRetail$lastword <- word(OnlineRetail$Description, -1)  #supply -1 to
extract the last word
OnlineRetail$Description <- trimws(OnlineRetail$Description, "l")
OnlineRetail$firstword <- word(OnlineRetail$Description, 1)
# use head(OnlineRetail) if you are no using Rmarkdown

kable(OnlineRetail[1:5, c(3, 10:12)], padding = 0)
```

firstword（第一个单词）出现在以下结果的最后一列：

```
|Description                        |Desc2                         |lastword|firstword|
|:----------------------------------|:-----------------------------|:-------|:--------|
|CREAM CUPID HEARTS COAT HANGER     |CreamCupidHeartsCoatHanger    |HANGER  |CREAM    |
|SET 7 BABUSHKA NESTING BOXES       |Set7BabushkaNestingBoxes      |BOXES   |SET      |
|WHITE HANGING HEART T-LIGHT HOLDER|WhiteHangingHeartT-lightHolder|HOLDER  |WHITE    |
|WOOLLY HOTTIE WHITE HEART.         |WoollyHottieWhiteHeart.       |HEART.  |WOOLLY   |
|WHITE METAL LANTERN                |WhiteMetalLantern             |LANTERN |WHITE    |
> |
```

为了查看 lastword 映射是否合理，我们会将结果进行排序，这样就可以看到发生频率最高的末尾单词。最终可以使用该信息来创建子类产品目录，如 Cases（箱）、Bags（袋）、Signs（标签），等等：

```
kable(head(as.data.frame(sort(table(OnlineRetail$lastword[]), decreasing =
TRUE)),
     10))
```

排序结果显示在控制台。注意，虽然 kable() 函数的默认输出在控制台显示为一个纯文本，但被格式化为一个表格的形式。

lastword 的描述看起来可以利用（除了大量的 NA 以外），但是我还是要将这些列保留为分析数据集的一部分：

```
|Var1       |  Freq|
|:----------|-----:|
|DESIGN     | 25557|
|           | 24321|
|HOLDER     | 13528|
|RETROSPOT  | 13013|
|BOX        | 12939|
|SIGN       | 12210|
|CASES      | 10888|
|BAG        |  9723|
|SET        |  9056|
|CHRISTMAS  |  7868|
> |
```

7.14　创建测试和训练数据集

现在转换已经完成了，我们将创建训练和测试数据帧。将数据集一分为二，分为训练集和测试集：

```
# Take a sample of full vector
nrow(OnlineRetail)
> [1] 536068
pctx <- round(0.5 * nrow(OnlineRetail))
set.seed(1)

# randomize rows

df <- OnlineRetail[sample(nrow(OnlineRetail)), ]
rows <- nrow(df)
OnlineRetail <- df[1:pctx, ]  #training set
```

```
OnlineRetail.test <- df[(pctx + 1):rows, ]  #test set
rm(df)

# Display the number of rows in the training and test datasets.

nrow(OnlineRetail)
> [1] 268034
nrow(OnlineRetail.test)
> [1] 268034
```

7.14.1 保存结果

定期保存数据帧是一个好想法，这样你可以从不同的检查点获取分析。

在这个例子中，我会首先将训练数据集和测试数据集按 InvoiceNo 进行排序，然后将训练数据集和测试数据集保存到磁盘，从磁盘中我可以按需随时将它们加载到内存中：

```
setwd("C:/PracticalPredictiveAnalytics/Data")
 OnlineRetail <- OnlineRetail[order(OnlineRetail$InvoiceNo), ]
 OnlineRetail.test <- OnlineRetail.test[order(OnlineRetail.test$InvoiceNo),
]

save(OnlineRetail,file='OnlineRetail.full.Rda')
save(OnlineRetail.test,file='OnlineRetail.test.Rda')

load('OnlineRetail.full.Rda') load('OnlineRetail.test.Rda')

 nrow(OnlineRetail)
> [1] 268034
nrow(OnlineRetail.test)
> [1] 268034
nrow(OnlineRetail)
> [1] 268034
```

在这一时间点上，我们已经准备好了分析数据集并准备继续进行实际分析。

如果你愿意，可以用以下的方法将整个工作区保存到磁盘中：

```
save.image(file = "ch6 part 1.Rdata")
```

7.14.2 加载分析文件

如果你还在一个会话中，而 OnlineRetail 一直在内存里，正好！不过如果你要从刚才我们停止的地方开始做起，你需要加载上一个会话中保存的数据。开始先设置工作目录，然后加载 OnlineRetail 训练数据集：

```
rm(list = ls())
setwd("C:/PracticalPredictiveAnalytics/Data")
load("OnlineRetail.full.Rda")
# works for small data
OnlineRetail <- OnlineRetail[1:10000,]
cat(nrow(OnlineRetail), "rows loaded\n")
> 10000 rows loaded
```

上一步的 cat 函数应该显示训练数据集中的行数，即 268 034。

7.14.3　确定后续规则

我们已经在数据准备阶段看到，每一张发票产生了大量的项目集。为了证明该算法，我们将从每个产品描述中提取一个代表词，并使用这个词作为构建关联规则的结果（或者右边项 rhs）。我们已经保存了每个产品描述中的第一个和最后一个词。要仔细检查这些单词，看看是否可以过滤掉一些，从而形成一组可管理的交易记录。

让我们先按降序预览产品描述的第一个词和最后一个词的频率。这样我们就可以获取关于哪些产品受欢迎的最新情况：

```
library(arules)
> Loading required package: Matrix
>
> Attaching package: 'arules'
> The following objects are masked from 'package:base':
>
>     abbreviate, write
  library(arulesViz)
> Loading required package: grid
```

输出描述中常用的第一个词。我们将按降序排列第一个词的频率：

```
kable(head(as.data.frame(sort(table(OnlineRetail$firstword[]), decreasing =
TRUE)), 10))
```

	sort(table(OnlineRetail$firstword[]), decreasing = TRUE)
SET	17 381
BAG	8 720
LUNCH	7 692
RETROSPOT	7 155
PACK	6 861
VINTAGE	6 204
HEART	4 799
HANGING	4 457
DOORMAT	4 175
REGENCY	3 452

同样，输出描述中常用的最后一个词：

```
kable(head(as.data.frame(sort(table(OnlineRetail$lastword[]), decreasing =
TRUE)),
     10))
```

	sort(table(OnlineRetail$lastword[]), decreasing = TRUE)
	18 376
DESIGN	12 713
HOLDER	6 792

（续）

BOX	6 528
RETROSPOT	6 517
SIGN	6 184
CASES	5 465
BAG	4 826
SET	4 418
CHRISTMAS	3 963

从常用专有词来看，许多交易涉及购买Boxes（盒）、Cases（箱）、Signs（标签）、Bags（袋）等。

7.14.4 替换缺失值

我们从lastword的频率可以看出存在空白值。lastword似乎主要是名词，firstword似乎是形容词和名字的混合（Bag（袋）、Heart（心））。如果我们把文本字符串看作一个词袋（Bag of Words），我们可以合理地把这两个字符串组合成一个代号象征。不过，我们优先考虑lastword，只有在lastword缺失的情况下，用firstword的值填充到lastword的值：

```
# replace blank values in lastword, with first word.

OnlineRetail$lastword <- ifelse(OnlineRetail$lastword == "",
OnlineRetail$firstword,
OnlineRetail$lastword)
```

这样处理之后，我们再次查看频率，并观察到空白值已经消失：

```
head(as.data.frame(sort(table(OnlineRetail$lastword[]), decreasing =
TRUE)),
    10)
>          sort(table(OnlineRetail$lastword[]), decreasing = TRUE)
 > DESIGN                                               12713
 > HOLDER                                                6792
 > RETROSPOT                                             6574
 > BOX                                                   6528
 > SIGN                                                  6184
 > BAG                                                   5761
 > CASES                                                 5465
 > SET                                                   4418
 > HEART                                                 4027
 > CHRISTMAS                                             4005
```

7.14.5 制作最后的子集

基于这些频率，我们把数据过滤出只包含前几个分类的子集。我们将排除一些不适用于描述产品的专用词，如design（设计）、set（集合）以及任何和颜色相关的专用词：

```
# Testing OnlineRetail2 <- OnlineRetail
 OnlineRetail2 <- subset(OnlineRetail, lastword %in% c("BAG", "CASES",
"HOLDER",
     "BOX", "SIGN", "CHRISTMAS", "BOTTLE", "BUNTING", "MUG", "BOWL",
"CANDLES",
     "COVER", "HEART", "MUG", "BOWL"))
```

在结果上再次运行 table() 函数，查看新的频率情况：

```
head(as.data.frame(sort(table(OnlineRetail2$lastword[]), decreasing =
TRUE)),
 10)
 > sort(table(OnlineRetail2$lastword[]), decreasing = TRUE)
 > HOLDER 6792
 > BOX 6528
 > SIGN 6184
 > BAG 5761
 > CASES 5465
 > HEART 4027
 > CHRISTMAS 4005
 > BOTTLE 3795
 > BUNTING 3066
 > MUG 2900
```

使用 nrow() 函数查看有多少数据从初始数据中过滤掉了：

```
cat(nrow(OnlineRetail), "Original before subsetting\n")
> 268034 Original before subsetting
cat(nrow(OnlineRetail2), "After Subsetting\n")
> 55609 After Subsetting
```

7.15 创建购物篮交易文件

我们就快完成了！为了准备购物篮分析的数据，还需要多做一步。

关联规则包要求数据是交易数据格式的。交易可以由以下两种不同的格式中的任意一种指定：

1）每个项目集的交易带有标识符，在一行中显示出整个购物篮中的内容，就像我们前面所见的 Groceries 数据。

2）单个商品项目，每个占一行，并带有标识符。

此外，你可以用以下两种不同的方式的任意一种创建实际的交易文件：

1）编写一个物理交易文件。

2）强制将一个数据帧变成交易格式。

对于小量数据，强行将数据帧变成一个交易文件比较简单，但是当交易文件数量很大的时候，先写交易文件比较好，因为可以从大型操作交易系统中输入附加文件。两种方法都会举例说明。

7.16 方法 1：强制将数据帧转换为交易文件

现在我们准备强制转换数据帧。创建一个临时的数据帧，只包含交易 ID（InvoiceNo）

以及描述符（lastword）。

首先，验证这两个变量的列名和编号。先在 OnlineRetail2 上运行 colnames，从而我们看到它们对应于数据帧的列 1 和列 12：

```
colnames(OnlineRetail2)
>  [1] "InvoiceNo"   "StockCode"   "Description" "Quantity"
"InvoiceDate"
>  [6] "UnitPrice"   "CustomerID"  "Country"     "itemcount"   "Desc2"
> [11] "lastword"    "firstword"
```

再次检查，显示前 25 行，指定之前发现的索引：

```
kable(head(OnlineRetail2[, c(1, 11)], 5))
```

```
|   |InvoiceNo |lastword |
|:--|:---------|:--------|
|6  |536365    |HOLDER   |
|45 |536370    |BOX      |
|39 |536370    |BOX      |
|57 |536373    |HOLDER   |
|59 |536373    |BOTTLE   |
> |
```

首先，创建只有两列的数据帧，这两列命名为 TransactionID 和 Items。

```
tmp <- data.frame(OnlineRetail2[, 1], OnlineRetail2[, 11])
names(tmp)[1] <- "TransactionID"
names(tmp)[2] <- "Items"

tmp <- unique(tmp)
nrow(tmp)
> [1] 33182
```

验证结果：

```
kable(head(tmp))
```

以下为输出结果：

```
|   |TransactionID |Items  |
|:--|:-------------|:------|
|1  |536365        |HOLDER |
|2  |536370        |BOX    |
|4  |536373        |HOLDER |
|5  |536373        |BOTTLE |
|7  |536373        |MUG    |
|9  |536375        |HOLDER |
> |
```

现在使用 split() 函数基于 InvoiceID（列 1）对描述（lastword 作为列 2）进行分组。as() 函数是极为重要的关键字，因为它将拆分的结果转换成交易格式：

```
trans4 <- as(split(tmp[, 2], tmp[, 1]), "transactions")
```

7.16.1　检查交易文件

一旦数据被强制转换为交易格式，我们就可以使用 inspect 函数来检查数据。

检查交易文件时，不会直接使用常规的 print 或 head 函数，因为检查的对象是稀疏格式。要用 inspect() 函数替代。

如果你碰巧有 tm 包（稍后也会使用它），你一定要加前缀 arules::inspect，因为在 tm 包中也有一个 inspect 函数，这两个函数支持不同的检查功能。

如果你在前 5 条记录中运行了 inspect 命令，可以看到数据是购物篮格式，也就是说，每一张发票显示一个项目集，由 {} 隔开，并且和每张发票相关联：

```
arules::inspect(trans4[1:5])
 >    items                  transactionID
 > 1 {HOLDER}                536365
 > 2 {BOX}                   536370
 > 3 {BOTTLE,HOLDER,MUG}     536373
 > 4 {BOTTLE,HOLDER}         536375
 > 5 {HOLDER}                536376
```

另外一个展示交易的方法，不使用 inspect，而是先将交易强制转换成一个矩阵，然后将项目显示为布尔值。如果有很多商品项目，则需要找到列向量的子集，这样才能将它们都显示在屏幕上：

```
as(trans4, "matrix")[1:5, 1:5]
 >          BAG BOTTLE  BOWL   BOX BUNTING
 > 536365 FALSE  FALSE FALSE FALSE   FALSE
 > 536370 FALSE  FALSE FALSE  TRUE   FALSE
 > 536373 FALSE   TRUE FALSE FALSE   FALSE
 > 536375 FALSE   TRUE FALSE FALSE   FALSE
 > 536376 FALSE  FALSE FALSE FALSE   FALSE
as(trans4, "matrix")[1:5, 6:ncol(trans4)]
 >        CANDLES CASES CHRISTMAS COVER HEART HOLDER   MUG  SIGN
 > 536365   FALSE FALSE     FALSE FALSE FALSE   TRUE FALSE FALSE
 > 536370   FALSE FALSE     FALSE FALSE FALSE  FALSE FALSE FALSE
 > 536373   FALSE FALSE     FALSE FALSE FALSE   TRUE  TRUE FALSE
 > 536375   FALSE FALSE     FALSE FALSE FALSE   TRUE FALSE FALSE
 > 536376   FALSE FALSE     FALSE FALSE FALSE   TRUE FALSE FALSE
```

7.16.2　获取 topN 购买商品

即使还没运行任何关联规则，我们也能得到 topN（前 *N* 种）商品的数量，如第一张图所示。

如果寻找的是具有某个支持度水平的商品，我们可以把该水平的值作为函数的一个参数。

第二张图是绘制商品的另外一种方法，它把支持度作为一个筛选器，并且为 bags、boxes、cases 以及 holders（器皿）标示了较高的支持度：

```
par(mfrow = c(1, 2), bg = "white", col = c("blue"))

 itemFrequencyPlot(trans4, topN = 10, type = "absolute", cex.names = 0.7)
 itemFrequencyPlot(trans4, support = 0.2, cex.names = 0.75)
```

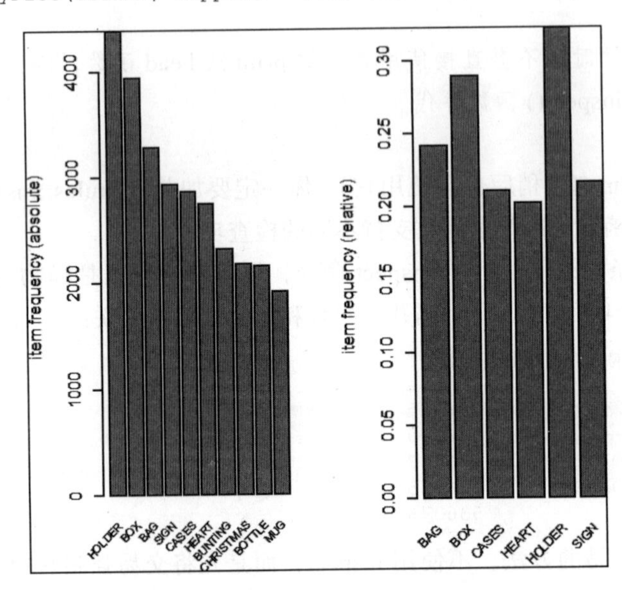

重置 graphics 参数。输出显示 null device，表示参数已重置：

```
dev.off()
> null device
>           1
```

7.16.3 寻找关联规则

如之前所示，使用 apriori() 函数来运行关联规则。apriori() 函数有几个过滤参数，用于控制生成的规则数量。在这个例子中，会定义最小支持度和置信度的阈值，即规则需要通过该阈值才予以考虑。

传递给的 apriori 函数的数值，取决于你想通过什么方式查看规则。在进行了几轮参数传递之后，可以通过一个初步筛选来查看规则，或是通过一个更深入的探讨来查看。不过一般来说，如果我们需要很多的规则，可以降低支持度参数和置信度参数。如果想要集中关注高频出现的商品项目，就要上调支持度阈值。如果想要专注于更高质量以及准确度更高的规则，可以上调置信度的阈值。

这些数字都不是绝对的。它们是一些可以调整的数字，用来限制你想要查看的规则的数量和质量。

参数 minlen = 2 通常是指定的，以确保规则左边包含了这些项目集：

```
rulesx <- apriori(trans4, parameter = list(minlen = 2, support = 0.02,
confidence = 0.01))
 > Apriori
 >
```

```
> Parameter specification:
>  confidence minval smax arem  aval originalSupport support minlen maxlen
>        0.01    0.1    1 none FALSE            TRUE    0.02      2     10
>  target   ext
>   rules FALSE
>
> Algorithmic control:
>  filter tree heap memopt load sort verbose
>     0.1 TRUE TRUE  FALSE TRUE    2    TRUE
>
> Absolute minimum support count: 272
>
> set item appearances ...[0 item(s)] done [0.00s].
> set transactions ...[13 item(s), 13617 transaction(s)] done [0.00s].
> sorting and recoding items ... [13 item(s)] done [0.00s].
> creating transaction tree ... done [0.00s].
> checking subsets of size 1 2 3 4 5 done [0.00s].
> writing ... [829 rule(s)] done [0.00s].
> creating S4 object  ... done [0.00s].
```

apriori 算法的输出让我们知道生成了多少规则。如果对 rulesx 执行 str() 函数，将展示出所有包含在 rulesx 对象中的子列表单，这些子列表可能会比较复杂。通常输出的数据足够用于分析规则，但是你可以通过改变循环中的参数，以编程的方式用这些子列表来打印生成的规则个数。例如，打印其中一个子列表的第二列（rulesx@lhs@data@Dim[2]），显示已经生成了 829 个规则。很容易控制规则的数量，具体做法如下：

```
str(rulesx)
> Formal class 'rules' [package "arules"] with 4 slots
 >   ..@ lhs    :Formal class 'itemMatrix' [package "arules"] with 3 slots
 >   .. .. ..@ data       :Formal class 'ngCMatrix' [package "Matrix"] with
5 slots
 >   .. .. .. .. ..@ i       : int [1:1752] 8 5 8 7 8 11 8 2 8 4 ...
 >   .. .. .. .. ..@ p       : int [1:830] 0 1 2 3 4 5 6 7 8 9 ...
 >   .. .. .. .. ..@ Dim     : int [1:2] 13 829
 >   .. .. .. .. ..@ Dimnames:List of 2
 >   .. .. .. .. .. ..$ : NULL
 >   .. .. .. .. .. ..$ : NULL
 >   .. .. .. .. ..@ factors : list()
 >   .. .. ..@ itemInfo   :'data.frame': 13 obs. of  1 variable:
 >   .. .. .. ..$ labels: chr [1:13] "BAG" "BOTTLE" "BOWL" "BOX" ...
 >   .. .. ..@ itemsetInfo:'data.frame': 0 obs. of  0 variables
 >   ..@ rhs    :Formal class 'itemMatrix' [package "arules"] with 3 slots
 >   .. .. ..@ data       :Formal class 'ngCMatrix' [package "Matrix"] with
5 slots
 >   .. .. .. .. ..@ i       : int [1:829] 5 8 7 8 11 8 2 8 4 0 ...
 >   .. .. .. .. ..@ p       : int [1:830] 0 1 2 3 4 5 6 7 8 9 ...
 >   .. .. .. .. ..@ Dim     : int [1:2] 13 829
 >   .. .. .. .. ..@ Dimnames:List of 2
 >   .. .. .. .. .. ..$ : NULL
 >   .. .. .. .. .. ..$ : NULL
 >   .. .. .. .. ..@ factors : list()
 >   .. .. ..@ itemInfo   :'data.frame': 13 obs. of  1 variable:
 >   .. .. .. ..$ labels: chr [1:13] "BAG" "BOTTLE" "BOWL" "BOX" ...
 >   .. .. ..@ itemsetInfo:'data.frame': 0 obs. of  0 variables
 >   ..@ quality:'data.frame':   829 obs. of  3 variables:
```

```
>   .. ..$ support   : num [1:829] 0.0239 0.0239 0.0206 0.0206 0.0245 ...
>   .. ..$ confidence: num [1:829] 0.278 0.21 0.24 0.129 0.285 ...
>   .. ..$ lift      : num [1:829] 2.43 2.43 1.5 1.5 2.03 ...
>   ..@ info   :List of 4
>   .. ..$ data          : symbol trans4
>   .. ..$ ntransactions: int 13617
>   .. ..$ support       : num 0.02
>   .. ..$ confidence    : num 0.01
rulesx@lhs@data@Dim[2]
> [1] 829
```

7.16.4 检验规则摘要

规则长度分布代表了出现在关联左右两侧的项目集的数量。最频繁的项目数量是3，也就是说，购买过两件商品项目，意味着会单买第三件商品，或者反过来，单买了一件商品项目，也可能会再买两件商品项目。

7.16.5 检验规则质量并观察最高支持度

从质量指标中可以看出支持度、置信度和提升度的分布。质量函数提供了每个规则的支持度、提升度和置信度。你也可以通过每个重要指标对规则进行排序，并观察哪一种规则的指标值最高。

我们可以从低支持度的分布看出，没有特定的项目集出现得明显多于其他项目集。如果检查按支持度水平排序的规则，你会发现最高的支持度水平是0.046。请注意，这与摘要中提供的Max.support水平一致。前三个支持度水平对应的是那些购买holders、boxes或signs的客户：

```
summary(rulesx)
 > set of 829 rules
 >
 > rule length distribution (lhs + rhs):sizes
 >   2   3   4   5
 > 156 438 220  15
 >
 >    Min. 1st Qu.  Median    Mean 3rd Qu.    Max.
 >   2.000   3.000   3.000   3.113   4.000   5.000
 >
 > summary of quality measures:
 >     support           confidence          lift
 >  Min.   :0.02005   Min.   :0.1293   Min.   :1.000
 >  1st Qu.:0.02210   1st Qu.:0.3672   1st Qu.:1.948
 >  Median :0.02512   Median :0.5110   Median :2.393
 >  Mean   :0.02987   Mean   :0.5068   Mean   :2.444
 >  3rd Qu.:0.03202   3rd Qu.:0.6533   3rd Qu.:2.899
 >  Max.   :0.09885   Max.   :0.8571   Max.   :5.419
 >
 > mining info:
 >    data ntransactions support confidence
 >  trans4         13617    0.02       0.01
head(quality(rulesx))  #also look at the quality measures for each of the
```

```
rules
 >       support confidence     lift
 > 1 0.02394066  0.2779199 2.432156
 > 2 0.02394066  0.2095116 2.432156
 > 3 0.02063597  0.2395567 1.500480
 > 4 0.02063597  0.1292548 1.500480
 > 5 0.02452816  0.2847400 2.026819
 > 6 0.02452816  0.1745949 2.026819

tmp <- as.data.frame(inspect(head(sort(rulesx, by = "support"), 10)))
 >     lhs           rhs        support    confidence lift
 > 155 {BOX}      => {HOLDER} 0.09884703 0.3417111  1.063075
 > 156 {HOLDER} => {BOX}      0.09884703 0.3075166  1.063075
 > 135 {HEART}    => {HOLDER} 0.09620328 0.4768839  1.483602
 > 136 {HOLDER} => {HEART}    0.09620328 0.2992918  1.483602
 > 151 {BAG}      => {BOX}      0.09304546 0.3859275  1.334139
 > 152 {BOX}      => {BAG}      0.09304546 0.3216552  1.334139
 > 149 {SIGN}     => {HOLDER} 0.09069545 0.4203540  1.307736
 > 150 {HOLDER} => {SIGN}     0.09069545 0.2821567  1.307736
 > 141 {CASES}    => {BOX}      0.08511420 0.4048201  1.399451
 > 142 {BOX}      => {CASES}    0.08511420 0.2942371  1.399451
```

7.16.6　置信度和提升度指标

和前面类似，对规则进行排序，并检查最高的置信度和提升度指标：

```
tmp <- as.data.frame(arules::inspect(head(sort(rulesx, by = "confidence"),
10)))
 >     lhs                          rhs        support    confidence lift
 > 815 {BAG,BOWL,BOX,SIGN}       => {HOLDER} 0.02070941 0.8571429  2.666601
 > 631 {BAG,BOTTLE,BOWL}         => {BOX}      0.02181097 0.8510029  2.941890
 > 643 {BOWL,HEART,SIGN}         => {HOLDER} 0.02151722 0.8492754  2.642125
 > 820 {BAG,BOX,HEART,SIGN}      => {HOLDER} 0.02137035 0.8434783  2.624090
 > 632 {BOTTLE,BOWL,BOX}         => {BAG}      0.02181097 0.8413598  3.489734
 > 816 {BAG,BOWL,HOLDER,SIGN} => {BOX}      0.02070941 0.8392857  2.901385
 > 817 {BOWL,BOX,HOLDER,SIGN} => {BAG}      0.02070941 0.8392857  3.481131
 > 707 {BOTTLE,HEART,SIGN}       => {HOLDER} 0.02144378 0.8366762  2.602929
 > 651 {BAG,BOWL,HEART}          => {HOLDER} 0.02115003 0.8347826  2.597038
 > 719 {BOTTLE,CASES,SIGN}       => {BAG}      0.02063597 0.8289086  3.438089

tmp <- as.data.frame(arules::inspect(head(sort(rulesx, by = "lift"), 10)))
>     lhs                         rhs       support    confidence lift
 > 602 {BAG,HOLDER,SIGN}        => {COVER} 0.02012191 0.4667802  5.418710
 > 598 {BAG,BOX,SIGN}           => {COVER} 0.02019534 0.4661017  5.410833
 > 819 {BAG,BOX,HOLDER,SIGN} => {BOWL}  0.02070941 0.6698337  5.254105
 > 610 {BAG,BOX,HOLDER}         => {COVER} 0.02070941 0.4483307  5.204534
 > 606 {BOX,HOLDER,SIGN}        => {COVER} 0.02004847 0.4333333  5.030435
 > 634 {BAG,BOTTLE,BOX}         => {BOWL}  0.02181097 0.6279070  4.925236
 > 638 {BAG,HEART,SIGN}         => {BOWL}  0.02034222 0.6141907  4.817647
 > 662 {BAG,CASES,SIGN}         => {BOWL}  0.02144378 0.6134454  4.811801
 > 159 {BAG,BOWL}               => {COVER} 0.02092972 0.4025424  4.672992
 > 670 {CASES,HOLDER,SIGN}      => {BOWL}  0.02078284 0.5811088  4.558156
```

7.16.7　过滤大量规则

一旦建立了规则，我们可以使用专门的子集函数，从关联规则的左边（lhs）或者右边

(rhs) 的项目集中过滤掉项目。如果你正在寻找项目集中的特殊项，这样做是很有价值的。使用 %in% 操作符进行精确匹配，或使用 %pin% 操作符进行部分匹配：

```
# to see what 'Christmas' purchases imply.

 lhs.rules <- subset(rulesx, subset = lhs %pin% "CHRISTMAS")
 lhs.rules
> set of 44 rules
inspect(lhs.rules)
 >     lhs                       rhs         support    confidence lift
 > 4   {CHRISTMAS}            => {COVER}     0.02063597 0.1292548  1.500480
 > 26  {CHRISTMAS}            => {CANDLES}   0.02702504 0.1692732  1.481358
 > 47  {CHRISTMAS}            => {MUG}       0.02379379 0.1490340  1.060845
 > 49  {CHRISTMAS}            => {BOWL}      0.02680473 0.1678933  1.316937
 > 51  {CHRISTMAS}            => {BUNTING}   0.03018286 0.1890524  1.108191
 > 53  {CHRISTMAS}            => {BOTTLE}    0.04553132 0.2851886  1.797876
 > 55  {CHRISTMAS}            => {HEART}     0.03708600 0.2322907  1.151475
 > 57  {CHRISTMAS}            => {CASES}     0.04751414 0.2976081  1.415484
 > 59  {CHRISTMAS}            => {SIGN}      0.03547037 0.2221711  1.029715
 > 61  {CHRISTMAS}            => {BAG}       0.04663289 0.2920883  1.211504
 > 63  {CHRISTMAS}            => {BOX}       0.05500477 0.3445262  1.191016
 > 65  {CHRISTMAS}            => {HOLDER}    0.05133289 0.3215271  1.000282
 > 253 {BOTTLE,CHRISTMAS}     => {CASES}     0.02210472 0.4854839  2.309058
 > 254 {CASES,CHRISTMAS}      => {BOTTLE}    0.02210472 0.4652241  2.932850
 > 256 {BOTTLE,CHRISTMAS}     => {BAG}       0.02283910 0.5016129  2.080555
 > 257 {BAG,CHRISTMAS}        => {BOTTLE}    0.02283910 0.4897638  3.087552
 > 259 {BOTTLE,CHRISTMAS}     => {BOX}       0.02489535 0.5467742  1.890181
 > 260 {BOX,CHRISTMAS}        => {BOTTLE}    0.02489535 0.4526035  2.853288
 > 262 {BOTTLE,CHRISTMAS}     => {HOLDER}    0.02504223 0.5500000  1.711069
 > 263 {CHRISTMAS,HOLDER}     => {BOTTLE}    0.02504223 0.4878398  3.075423
 > 265 {CHRISTMAS,HEART}      => {BAG}       0.02004847 0.5405941  2.242239
 > 266 {BAG,CHRISTMAS}        => {HEART}     0.02004847 0.4299213  2.131139
 > 268 {CHRISTMAS,HEART}      => {BOX}       0.02203128 0.5940594  2.053645
 > 269 {BOX,CHRISTMAS}        => {HEART}     0.02203128 0.4005340  1.985465
 > 271 {CHRISTMAS,HEART}      => {HOLDER}    0.02247191 0.6059406  1.885102
 > 272 {CHRISTMAS,HOLDER}     => {HEART}     0.02247191 0.4377682  2.170036
 > 274 {CASES,CHRISTMAS}      => {BAG}       0.02291254 0.4822257  2.000142
 > 275 {BAG,CHRISTMAS}        => {CASES}     0.02291254 0.4913386  2.336904
 > 277 {CASES,CHRISTMAS}      => {BOX}       0.02548285 0.5363215  1.854047
 > 278 {BOX,CHRISTMAS}        => {CASES}     0.02548285 0.4632844  2.203473
 > 280 {CASES,CHRISTMAS}      => {HOLDER}    0.02283910 0.4806801  1.495412
 > 281 {CHRISTMAS,HOLDER}     => {CASES}     0.02283910 0.4449213  2.116135
 > 283 {CHRISTMAS,SIGN}       => {BAG}       0.02137035 0.6024845  2.498943
 > 284 {BAG,CHRISTMAS}        => {SIGN}      0.02137035 0.4582677  2.123973
 > 286 {CHRISTMAS,SIGN}       => {BOX}       0.02342660 0.6604555  2.283174
 > 287 {BOX,CHRISTMAS}        => {SIGN}      0.02342660 0.4259012  1.973961
 > 289 {CHRISTMAS,SIGN}       => {HOLDER}    0.02276566 0.6418219  1.996731
 > 290 {CHRISTMAS,HOLDER}     => {SIGN}      0.02276566 0.4434907  2.055484
 > 292 {BAG,CHRISTMAS}        => {BOX}       0.02687817 0.5763780  1.992521
 > 293 {BOX,CHRISTMAS}        => {BAG}       0.02687817 0.4886515  2.026795
 > 295 {BAG,CHRISTMAS}        => {HOLDER}    0.02460160 0.5275591  1.641255
 > 296 {CHRISTMAS,HOLDER}     => {BAG}       0.02460160 0.4792561  1.987825
 > 298 {BOX,CHRISTMAS}        => {HOLDER}    0.02812661 0.5113485  1.590823
 > 299 {CHRISTMAS,HOLDER}     => {BOX}       0.02812661 0.5479256  1.894162
 # what purchases yielded Candles?

 rhs.rules <- subset(rulesx, subset = rhs %pin% c("CANDLES"))
```

```
 rhs.rules
> set of 26 rules
tmp <- as.data.frame(arules::inspect(head(sort(rhs.rules, by = "support"),
10)))
>     lhs              rhs       support    confidence lift
 > 46  {HOLDER}      => {CANDLES} 0.04920320 0.1530729  1.339584
 > 44  {BOX}         => {CANDLES} 0.04714695 0.1629855  1.426333
 > 38  {CASES}       => {CANDLES} 0.03958287 0.1882641  1.647552
 > 42  {BAG}         => {CANDLES} 0.03789381 0.1571733  1.375469
 > 36  {HEART}       => {CANDLES} 0.03473599 0.1721878  1.506865
 > 40  {SIGN}        => {CANDLES} 0.03429537 0.1589517  1.391031
 > 34  {BOTTLE}      => {CANDLES} 0.02908130 0.1833333  1.604402
 > 30  {BOWL}        => {CANDLES} 0.02805317 0.2200461  1.925686
 > 252 {BOX,HOLDER}  => {CANDLES} 0.02768598 0.2800892  2.451140
 > 32  {BUNTING}     => {CANDLES} 0.02739223 0.1605682  1.405178

inspect(head(sort(rhs.rules, by = "confidence")))
>     lhs                 rhs       support    confidence lift
 > 219 {BAG,HEART}       => {CANDLES} 0.02056253 0.3517588  3.078342
 > 213 {BOWL,BOX}        => {CANDLES} 0.02019534 0.3467844  3.034809
 > 216 {BOTTLE,HOLDER}   => {CANDLES} 0.02026878 0.3183391  2.785876
 > 222 {BOX,HEART}       => {CANDLES} 0.02247191 0.3122449  2.732544
 > 237 {BAG,SIGN}        => {CANDLES} 0.02232503 0.3111566  2.723020
 > 234 {CASES,HOLDER}    => {CANDLES} 0.02232503 0.3095723  2.709156
```

arules 包中的 plot() 函数也是非常灵活的。它可以使用不同的指标生成的不同散点图，甚至可以对少量规则进行计数和分组，并用气泡来展示度量：

```
plot(rhs.rules, method = "scatterplot")
```

以下是26个规则的散点图，每一个点的颜色都是编码得到的，代表着该规则的提升度数值：

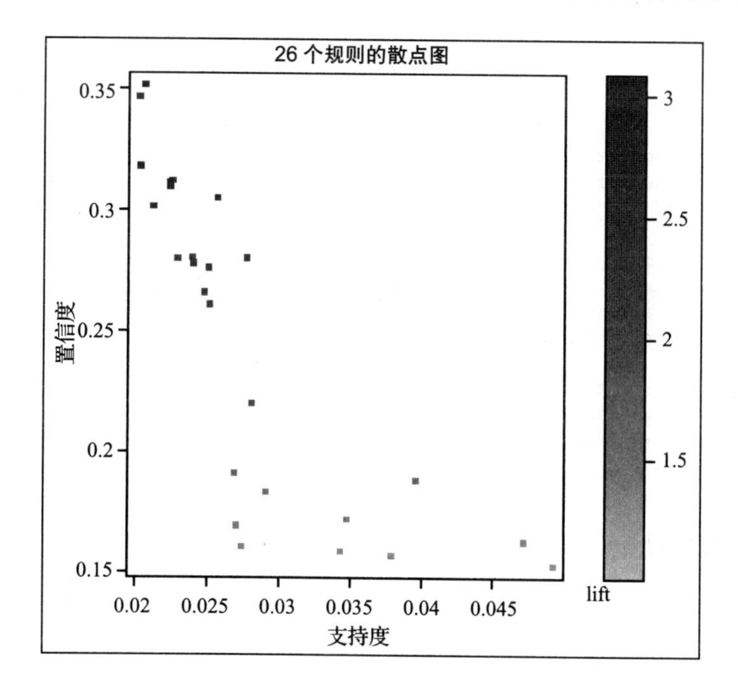

```
set.seed(1)
high_lift <- subset(rules,lift >= 1)
plot(high_lift, method = "grouped",control=list(col=grey.colors(10),
gp_labels=gpar(col='black',cex=1)))
```

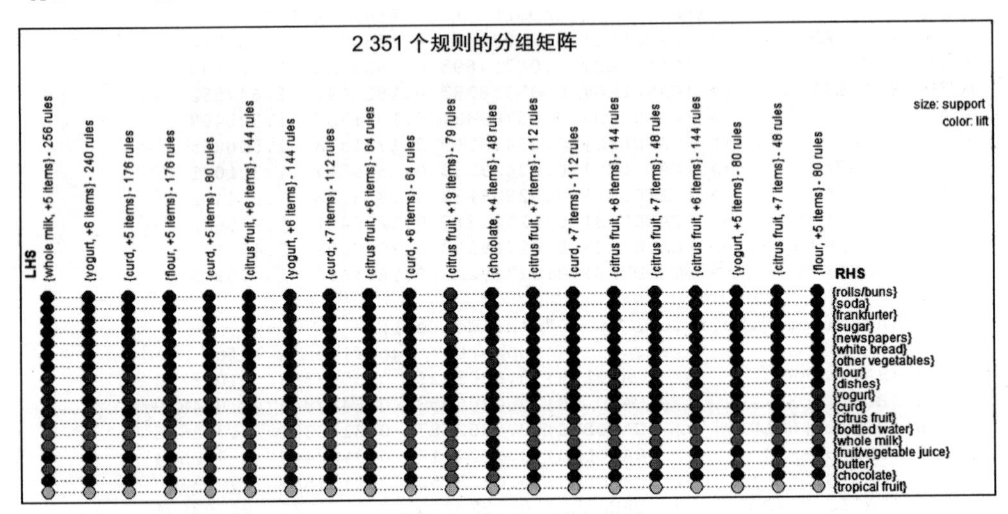

7.16.8 生成大量规则

如果你想生成尽可能多的规则，请将支持度和置信度设置为一个极低的数：

```
many_rules <- apriori(trans4, parameter = list(minlen = 1, support = 0.01,
confidence = 0.01)) > Apriori
 >
 > Parameter specification:
 > confidence minval smax arem aval originalSupport support minlen maxlen
 > 0.01 0.1 1 none FALSE TRUE 0.01 1 10
 > target ext
 > rules FALSE
 >
 > Algorithmic control:
 > filter tree heap memopt load sort verbose
 > 0.1 TRUE TRUE FALSE TRUE 2 TRUE
 >
 > Absolute minimum support count: 136
 >
 > set item appearances ...[0 item(s)] done [0.00s].
 > set transactions ...[13 item(s), 13617 transaction(s)] done [0.00s].
 > sorting and recoding items ... [13 item(s)] done [0.00s].
 > creating transaction tree ... done [0.00s].
 > checking subsets of size 1 2 3 4 5 6 7 8 done [0.00s].
 > writing ... [8898 rule(s)] done [0.00s].
 > creating S4 object ... done [0.00s]. many_rules > set of 8898 rules
```

7.16.9 绘制大量规则

绘图对于生成大量规则的场景特别有用，你需要在特定的支持度和置信度区间进行筛选过滤：

此处有一个图，总共有三个指标，分别在 x 轴和 y 轴显示了其中两个指标，第三个指标（lift、support 或 confidence）由阴影程度显示：

```
sel <- plot(many_rules, measure = c("support", "confidence"), shading =
"lift",
 interactive = FALSE)
```

按照下图所述，是一个高提升度（>8）、高置信度（>0.6）的规则组，但该组规则的支持度较低：

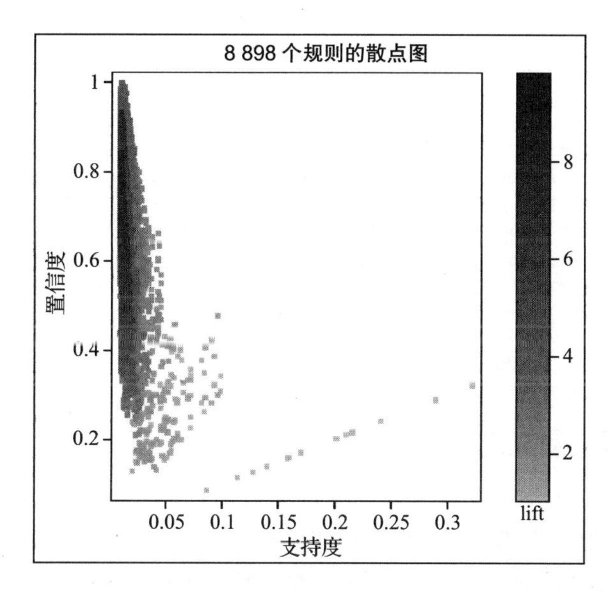

7.17　方法 2：创建一份物理交易文件

现在你已经知道如何使用 coerce to dataframe（强制转换数据帧）的方法运行关联规则，下面我们将举例说明 write to file（写文件）的方法：

- 在 write to file 方法中，每一个项目被写作一个单独的行以便带有身份键值，在我们的示例中这个身份键值是 InvoiceId。
- write to file 方法的优点是，非常大的数据文件可以分开各自增长，如果需要的话也可以再合并到一起。
- 你可以使用 file.show 函数显示文件的内容，文件的内容将输入到关联规则算法中：

```
setwd("C:/PracticalPredictiveAnalytics/Data")
load("OnlineRetail.full.Rda")
OnlineRetail <- OnlineRetail[1:100,]
nrow(OnlineRetail)
> [1] 268034
head(OnlineRetail)
> InvoiceNo StockCode Description                    Quantity
 > 5    6365      71053  METAL LANTERN                       6
 > 6    536365    21730  GLASS STAR FROSTED T-LIGHT HOLDER 6
 > 2    536365    22752  SET 7 BABUSHKA NESTING BOXES       2
```

```
 > 4   536365   84029E WOOLLY HOTTIE HEART.            6
 > 1   536365   84406B CREAM CUPID HEARTS COAT HANGER    8
 > 8   536366    22632 HAND WARMER POLKA DOT           6
 > InvoiceDate UnitPrice CustomerID Country itemcount
 > 5 12/1/2010 8:26 3.39 17850 United Kingdom 7
 > 6 12/1/2010 8:26 4.25 17850 United Kingdom 7
 > 2 12/1/2010 8:26 7.65 17850 United Kingdom 7
 > 4 12/1/2010 8:26 3.39 17850 United Kingdom 7
 > 1 12/1/2010 8:26 2.75 17850 United Kingdom 7
 > 8 12/1/2010 8:28 1.85 17850 United Kingdom 2
 > Desc2 lastword firstword
 > 5 MetalLantern LANTERN METAL
 > 6 GlassStarFrostedT-lightHolder HOLDER GLASS
 > 2 Set7BabushkaNestingBoxes BOXES SET
 > 4 WoollyHottieHeart. HEART. WOOLLY
 > 1 CreamCupidHeartsCoatHanger HANGER CREAM
 > 8 HandWarmerPolkaDot DOT HAND # concatenate the Invoice Number to the
Description separated by a delimiter
 data2 <- paste(OnlineRetail$InvoiceNo, OnlineRetail$Desc2, sep = "!")
# eliminate duplicates
data2 <- unique(data2)
#

write(data2, file = "demo_single")
file.show('demo_single') #not run
```

7.17.1 再次读取交易文件

使用 read.transaction 文件，将分割的文件读取回内存，格式化为一个交易文件。这和我们之前将数据帧强制转换为交易文件的结果一样。

区别是，通过选项 format='single' 指定，交易数据被格式化为每行一个交易。我们还通过 cols 选项指定了何处是 TransactionID 以及何处是项目描述。它可能有多个描述符和交易 ID，并通过 cols 选项来指定它们。关键字 sep 指定了分隔符，本例中是！字符。还有一个删除重复交易的选项，该选项是一个逻辑值，决定你是否要删除重复的交易。

返回的对象 trans 是一个 itemMatrix。你可以输入 trans 查看其维度，或者也运行 dim (trans) 查看。这样你可以知道 itemMatrix 以多少条交易为基础。

如前所述，使用 inspect() 函数查看 trans 对象中的条目：

```
library(arules)
 library(arulesViz)
 setwd("C:/Users/randy/Desktop/ch6")

file.show('demo_single')
 trans <- read.transactions("demo_single", format = "single", sep = "!",
cols = c(1,
 2), rm.duplicates = FALSE, quote = "")
 trans > transactions in sparse format with
 > 19403 transactions (rows) and
 > 3462 items (columns) dim(trans) > [1] 19403 3462 inspect(trans[1:5]) >
items transactionID
 > 1 {CreamCupidHeartsCoatHanger,
 > GlassStarFrostedT-lightHolder,
```

```
> MetalLantern,
> Set7BabushkaNestingBoxes,
> WoollyHottieHeart.} 536365
> 2 {HandWarmerPolkaDot} 536366
> 3 {FeltcraftPrincessCharlotteDoll,
> KnittedMugCosy,
> LoveBuildingBlockWord,
> Poppy'sPlayhouseKitchen} 536367
> 4 {CoatRackParisFashion} 536368
> 5 {CircusParadeLunchBox,
> LunchBoxILoveLondon,
> MiniJigsawSpaceboy,
> PandaAndBunniesStickerSheet,
> Postage,
> RoundSnackBoxesSetOf4Woodland,
> SpaceboyLunchBox,
> ToadstoolLedNightLight} 536370 dim(trans) > [1] 19403 3462
# look up any item in labels to see if it is there.
```

看　看经常购买的商品项目。使用 itemFrequencePlot() 函数查看购买最多的商品项目的简单柱状图：

```
itemFrequencyPlot(trans, topN = 10, cex.names = 1)
```

下表显示了购买最多的商品项目中两个和心型有关的商品：

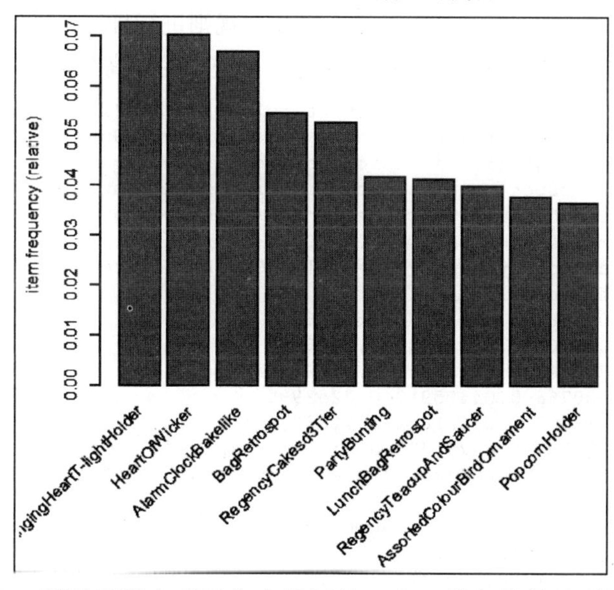

函数 itemLabels() 罗列了所有项目集中的标签。由于排名靠前的项目有一个不常见的缩写（T-light），你可以查看是否其他项目也有这个字段。使用函数 grep() 可以做到这一点。

```
result <- grep("T-light", itemLabels(trans), value = TRUE)
 str(result)
 > chr [1:96] "6ChocolateLoveHeartT-lights" ... head(result)
 > [1] "6ChocolateLoveHeartT-lights" "AgedGlassSilverT-lightHolder"
 > [3] "AntiqueSilverT-lightGlass" "AssortedColourT-lightHolder"
 > [5] "BeadedChandelierT-lightHolder" "BonneJamJarT-lightHolder"
```

然后再次应用规则引擎，使用小一些的 support 和 confidence 等级来生成很多规则：

```
rules1 <- apriori(trans, parameter = list(minlen = 1, support = 0.001,
confidence = 0.001))
 > Apriori
 >
 > Parameter specification:
 > confidence minval smax arem aval originalSupport support minlen maxlen
 > 0.001 0.1 1 none FALSE TRUE 0.001 1 10
 > target ext
 > rules FALSE
 >
 > Algorithmic control:
 > filter tree heap memopt load sort verbose
 > 0.1 TRUE TRUE FALSE TRUE 2 TRUE
 >
 > Absolute minimum support count: 19
 >
 > set item appearances ...[0 item(s)] done [0.00s].
 > set transactions ...[3462 item(s), 19403 transaction(s)] done [0.03s].
 > sorting and recoding items ... [2209 item(s)] done [0.01s].
 > creating transaction tree ... done [0.01s].
 > checking subsets of size 1 2 3 4 done [0.20s].
 > writing ... [63121 rule(s)] done [0.02s].
 > creating S4 object ... done [0.02s]. rules1 > set of 63121 rules
```

通过这三种度量（support、confidence）和 lift 对规则进行排序，了解哪些规则更有价值。根据 support、confidence 和 lift 排序来查看每一个分类中的最高分值：

```
tmp <- as.data.frame(inspect(tail(sort(rules1, by = "lift")))) > lhs rhs
 > 38860 {AssortedColourBirdOrnament} => {StorageBagSuki}
 > 38861 {StorageBagSuki} => {AssortedColourBirdOrnament}
 > 38893 {BagRetrospot} => {AssortedColourBirdOrnament}
 > 38892 {AssortedColourBirdOrnament} => {BagRetrospot}
 > 11539 {AlarmClockBakelike} => {RexCash+carryShopper}
 > 11538 {RexCash+carryShopper} => {AlarmClockBakelike}
 > support confidence lift
 > 38860 0.001030768 0.02724796 0.8976097
 > 38861 0.001030768 0.03395586 0.8976097
 > 38893 0.001700768 0.03122044 0.8252999
 > 38892 0.001700768 0.04495913 0.8252999
 > 11539 0.001082307 0.01621622 0.7183636
 > 11538 0.001082307 0.04794521 0.7183636 tmp <-
as.data.frame(inspect(head(sort(rules1, by = "support")))) > lhs rhs
support confidence lift
 > 2207 {} => {HangingHeartT-lightHolder} 0.07256610 0.07256610 1
 > 2208 {} => {HeartOfWicker} 0.07004072 0.07004072 1
 > 2209 {} => {AlarmClockBakelike} 0.06674226 0.06674226 1
 > 2205 {} => {BagRetrospot} 0.05447611 0.05447611 1
 > 2201 {} => {RegencyCakesd3Tier} 0.05251765 0.05251765 1
 > 2190 {} => {PartyBunting} 0.04184920 0.04184920 1 tmp <-
as.data.frame(inspect(head(sort(rules1, by = "confidence")))) > lhs rhs
support confidence lift
 > 1 {PolkadotCup,
 > RetrospotCharlotteBag,
 > SpotCeramicDrawerKnob} => {AlarmClockBakelike} 0.001082307 1.0000000
14.98301
```

```
 > 2 {AlarmClockBakelike,
 > Charlie+lolaHotWaterBottle,
 > ChristmasGinghamTree} => {BabushkaNotebook} 0.001185384 0.9200000
48.24530
 > 3 {ChristmasHangingStarWithBell,
 > RegencyTeacupAndSaucer} => {AlarmClockBakelike} 0.001133845 0.9166667
13.73443
 > 4 {PolkadotBowl,
 > RetrospotCharlotteBag,
 > SpotCeramicDrawerKnob} => {AlarmClockBakelike} 0.001133845 0.9166667
13.73443
 > 5 {AlarmClockBakelikeChocolate,
 > PolkadotCup} => {AlarmClockBakelike} 0.001030768 0.9090909 13.62092
 > 6 {BabushkaNotebook,
 > Charlie+lolaHotWaterBottle,
 > HeartMeasuringSpoons} => {AlarmClockBakelike} 0.001339999 0.8965517
13.43304
```

你也可以强制将规则转换为数据帧，再使用 kable() 函数输出前 10 行或者你选择的一个子集：

```
rules1 <- sort(rules1, by = "confidence")
rules1.df <- as(rules1, "data.frame")
cat("using kable to print rules")
> using kable to print rules library(knitr)
kable(rules1.df[1:10,],digits=6,col.names=c("Rules","Supp","Conf","Lift"),a
lign=c("l","l","l","l"))
```

	Rules	Supp	Conf	Lift
62966	{PolkadotCup,RetrospotCharlotteBag,SpotCeramicDrawerKnob} => {AlarmClockBakelike}	0.0011	1.00	15
62971	{AlarmClockBakelike,Charlie+lolaHotWaterBottle,ChristmasGinghamTree} => {BabushkaNotebook}	0.0012	0.92	48
51467	{ChristmasHangingStarWithBell,RegencyTeacupAndSaucer} => {AlarmClockBakelike}	0.0011	0.92	14
62982	{PolkadotBowl,RetrospotCharlotteBag,SpotCeramicDrawerKnob} => {AlarmClockBakelike}	0.0011	0.92	14
51338	{AlarmClockBakelikeChocolate,PolkadotCup} => {AlarmClockBakelike}	0.0010	0.91	14
63058	{BabushkaNotebook,Charlie+lolaHotWaterBottle,HeartMeasuringSpoons} => {AlarmClockBakelike}	0.0013	0.90	13
62970	{BabushkaNotebook,Charlie+lolaHotWaterBottle,ChristmasGinghamTree} => {AlarmClockBakelike}	0.0012	0.88	13
62972	{AlarmClockBakelike,BabushkaNotebook,ChristmasGinghamTree} => {Charlie+lolaHotWaterBottle}	0.0012	0.88	77
51347	{AlarmClockBakelikeChocolate,DinerWallClock} => {AlarmClockBakelike}	0.0011	0.88	13
51356	{AlarmClockBakelikeChocolate,Boxof24CocktailParasols} => {AlarmClockBakelike}	0.0011	0.88	13

7.17.2 绘制规则

默认的规则图提供了一份所有规则的散点图，x 轴显示支持度，y 轴显示置信度。我们可以从密度看出，置信度呈现从高到低的变化，大多数密度在 0.5 级左右。支持度偏低，最高的支持度水平在 0.07 左右：

```
plot(rules1)
```

7.17.3 创建规则的子集

和之前所做的一样，我们可以通过解析等式的左边或右边来查看某些子集。

例如，我们可能有兴趣查看一下，什么商品项目可能导致购买巧克力：

- 使用 %pin% 操作符（局部匹配），得到规则集的子集，查看所有那些等式左边出现了巧克力的交易：

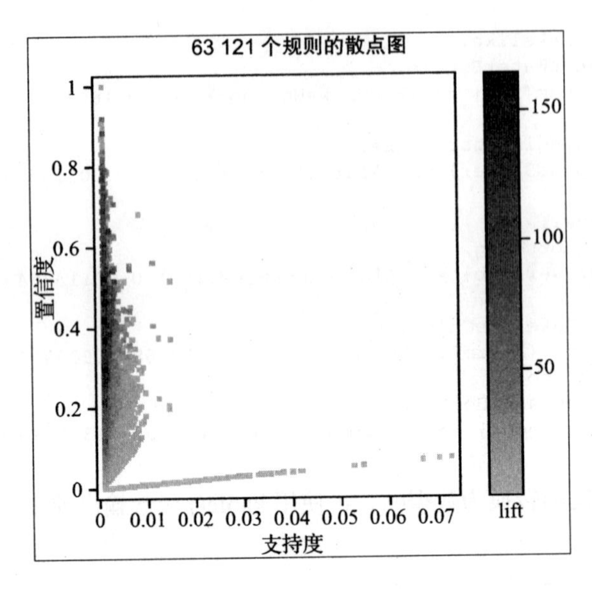


```
purchased.this <- "Chocolate"

lhs.rules <- subset(rules1, subset = rhs %pin%
purchased.this)
```

- 输出 lhs.rules 显示有 487 条交易满足条件，即巧克力出现在等式左边：

```
print(lhs.rules) > set of 487 rules
```

- 根据提升度对这些交易进行排序，用前 15 条交易生成一个图形：

```
lhs.rules <- sort(lhs.rules, by = "lift")

inspect(head(sort(lhs.rules, by = "lift"))) > lhs rhs support confidence
lift
 > 1 {CakeTowelSpots} => {CakeTowelChocolateSpots} 0.001185384 0.2911392
89.66626
 > 2 {BiscuitsBowlLight,
 > DollyMixDesignBowl} => {ChocolatesBowl} 0.001030768 0.4444444 68.98844
 > 3 {BakingMouldHeartChocolate} => {BakingMouldHeartMilkChocolate}
0.001030768 0.2941176 57.64409
 > 4 {BakingMouldHeartMilkChocolate} => {BakingMouldHeartChocolate}
0.001030768 0.2020202 57.64409
 > 5 {BiscuitsBowlLight} => {ChocolatesBowl} 0.001700768 0.3586957 55.67817
 > 6 {MarshmallowsBowl} => {ChocolatesBowl} 0.002422306 0.2397959 37.22208
```

- 方向图便于说明，将商品项目数量缩小到一定数目时，哪些购物行为会影响其他购物行为：

```
plot(lhs.rules[1:15], method = "graph", control = list(type =
"items", cex = 0.5))
```

- 从下面的图可以看到，DollyMixDesignBowl 和 MarshmallowsBowl 都显示出更大、颜色更深的气泡，说明对于购买巧克力，它们在 support、confidence、lift 三个维度上都具有更好的预测效果：

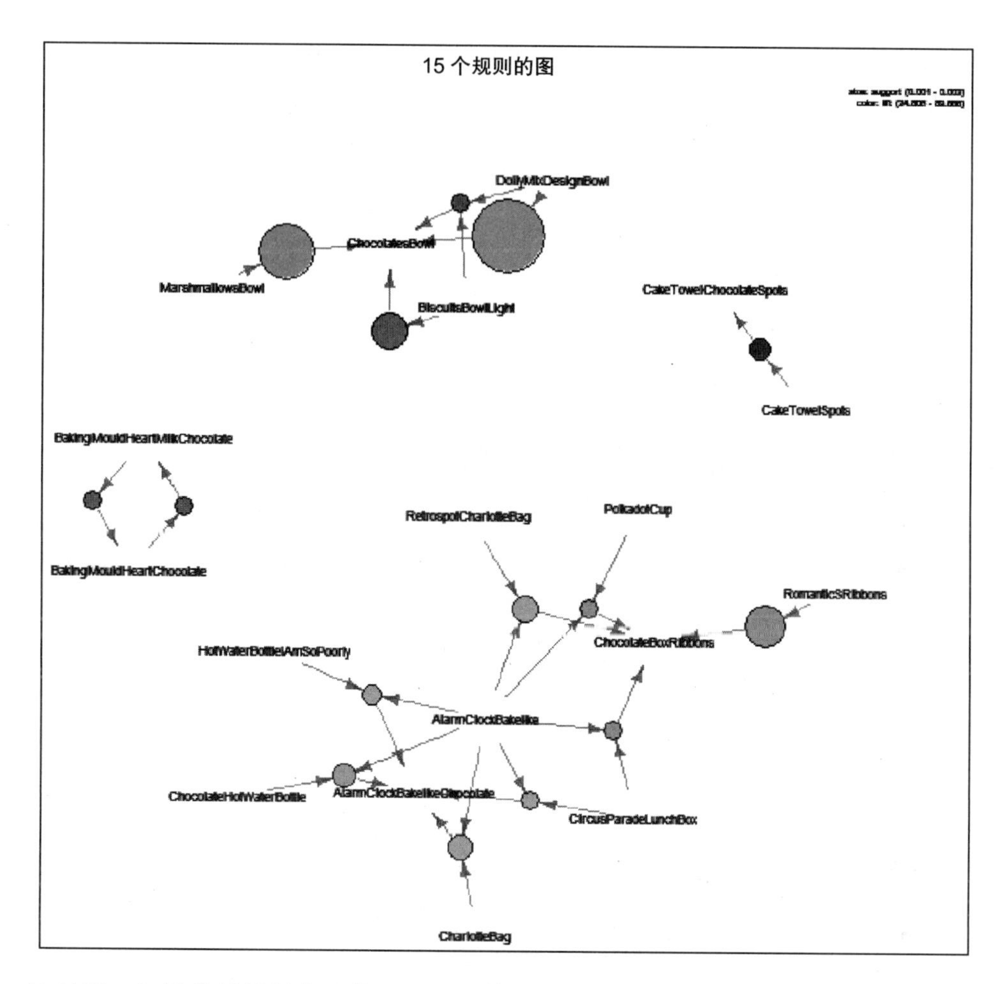

- 最后，如果你希望保存工作区，可以使用 save.image 命令：

```
save.image(file = "ch6 part 2.Rdata")
```

7.17.4　文本聚类

上一节中，我们使用 lastword 技术，通过简单的关键字对购买类型进行分类。也可以使用更复杂的技术（如词聚类），尝试确定会发生哪一种购物聚类类型，然后将其用来提取关联规则的子集。为了介绍在 OnlineRetail 数据集上进行文本聚类，我们首先需要加载之前保存的训练和测试数据帧。还需要执行 set.seed 命令，因为我们稍后将对这些数据帧进行抽样：

```
setwd("C:/Users/randy/Desktop/ch6")
 # load the training data
 load("OnlineRetail.full.Rda") set.seed(1)
```

之前举过一些关于文本挖掘的例子，使用的是一个叫 RTextTools 的包。另一个用于文本挖掘的包是 tm。tm 包已经存在很长一段时间了，很有必要了解它的工作原理。tm 要求所有的文本数据都要转换为一个语料库。可以使用 VCorpus() 函数来进行转换。我们可以使用向量输入，因为在现有的数据帧中已经有了可用数据，而且不需要再从其他的外部数据中读取：

```
library(tm)
 > Loading required package: NLP attach(OnlineRetail)
 nrow(OnlineRetail)
 > [1] 268034 corp <- VCorpus(VectorSource(OnlineRetail$Description))
```

输出 corp 对象，这会提供给你一些有关元数据的信息：

```
head(corp) > <<VCorpus>>
 > Metadata: corpus specific: 0, document level (indexed): 0
 > Content: documents: 6
```

7.18 转换为一个文献术语相关矩阵

一旦得到语料库，就可以把该语料库转换为一个文献术语相关矩阵（document term matrix，DTM）。建立 DTM 时，一定要注意限制数据量以及处理的结果术语。如果没有正确地参数化，就可能需要很长的运行时间。参数化是通过选项完成的。我们会去掉停用词、标点符号和数字。此外，我们只考虑最小字长为 4 的术语：

```
library(tm)
 dtm <- DocumentTermMatrix(corp, control = list(removePunctuation = TRUE,
wordLengths = c(4,
 999), stopwords = TRUE, removeNumbers = TRUE, stemming = FALSE, bounds =
list(global = c(5,
 Inf))))
```

我们可以利用 inspect() 函数开始查看数据：

该函数和 arules 包中的 inspect() 函数不同，如果你加载了 arule 包，要在 inspect 前加上前缀，即 tm::inspect：

```
inspect(dtm[1:10, 1:10]) > <<DocumentTermMatrix (documents: 10, terms:
10)>>
 > Non-/sparse entries: 0/100
 > Sparsity : 100%
 > Maximal term length: 8
 > Weighting : term frequency (tf)
 >
 > Terms
 > Docs abstract acapulco account acrylic address adult advent afghan aged
 > 1 0 0 0 0 0 0 0 0 0
 > 2 0 0 0 0 0 0 0 0 0
 > 3 0 0 0 0 0 0 0 0 0
 > 4 0 0 0 0 0 0 0 0 0
 > 5 0 0 0 0 0 0 0 0 0
 > 6 0 0 0 0 0 0 0 0 0
 > 7 0 0 0 0 0 0 0 0 0
 > 8 0 0 0 0 0 0 0 0 0
 > 9 0 0 0 0 0 0 0 0 0
 > 10 0 0 0 0 0 0 0 0 0
 > Terms
```

```
> Docs ahoy
> 1 0
> 2 0
> 3 0
> 4 0
> 5 0
> 6 0
> 7 0
> 8 0
> 9 0
> 10 0
```

创建 DTM 之后，我们可以查看执行 print(dtm) 命令生成的元数据。从第一行中可以获得文档和数据的个数：

```
print(dtm) > <<DocumentTermMatrix (documents: 268034, terms: 1675)>>
 > Non-/sparse entries: 826898/448130052
 > Sparsity : 100%
 > Maximal term length: 20
 > Weighting : term frequency (tf)
```

7.18.1　移除稀疏术语

大多数的 DTM 最初都充斥着大量的空白。这是因为语料库中每一个词都加上了索引，并且很多词很少出现，这些词也不需要解析。移除稀疏的术语是一种可以减少术语数量的方法，这样语料库就能处于一个可管理的规模，同时也节省了空间。

removeSparseTerms() 函数将描述中的术语个数从 268 034 减少到了 62：

```
dtms <- removeSparseTerms(dtm, 0.99)
dim(dtms) > [1] 268034 62
```

还有另一种检验的方法，我们也可以在矩阵形式中对它执行 View() 函数：

```
View(as.matrix(dtms))
```

以下是执行 View 命令的输出结果。1 代表该术语出现，0 代表该术语未出现：

Filter

	antique	assorted	bird	birthday	bottle	bowl	bunting	cake	card	cases	ceramic	charlotte	childrens	christmas
1	0	0	0	0	0	0	0	0	0	0	0	0	0	0
2	0	0	0	0	0	0	0	0	0	0	0	0	0	0
3	0	0	0	0	0	0	0	0	0	0	0	0	0	0
4	0	0	0	0	0	0	0	0	0	0	0	0	0	0
5	0	0	0	0	0	0	0	0	0	0	0	0	0	0
6	0	0	0	0	0	0	0	0	0	0	0	0	0	0
7	0	0	0	0	0	0	0	0	0	0	0	1	0	0
8	0	0	0	0	0	0	0	0	0	0	0	0	0	0
9	0	0	0	0	0	0	0	0	0	0	0	0	0	0
10	0	0	0	0	0	0	0	0	0	0	0	0	0	0
11	0	0	0	0	0	0	0	0	0	0	0	0	0	0
12	0	0	0	0	0	0	0	0	0	0	0	0	0	0

Showing 1 to 13 of 268,034 entries

7.18.2 找出频繁术语

tm包有一个实用的函数findFreqTerms，用于找出常用的术语的频率。函数的第二个参数限制结果中所有术语的最小出现频率。我们也可以通过统计DTM中每一个术语的1和0的数量来计算事件发生的次数。然后按照术语的出现频率，从高到低对该列表进行排序：

```
data.frame(findFreqTerms(dtms, 10000, Inf)) >
findFreqTerms.dtms..10000..Inf.
 > 1 cake
 > 2 christmas
 > 3 design
 > 4 heart
 > 5 metal
 > 6 retrospot
 > 7 vintage freq <- colSums(as.matrix(dtms))
 # there are xx terms
 length(freq) > [1] 62 ord <- order(freq)
 # look at the top and bottom number of terms
 freq[head(ord, 12)] > union skull zinc bird wood wall birthday
 > 2752 2770 2837 2974 2993 3042 3069
 > colour charlotte star antique silver
 > 3089 3114 3121 3155 3175 freq[tail(ord, 10)] > hanging sign lunch metal
cake christmas design
 > 8437 8580 9107 10478 10623 12534 14884
> vintage retrospot heart
> 16755 17445 19520
```

为了更好地演示，柱状图也很适用于显示相对频率，：

```
barplot(freq[tail(ord, 10)], cex.names = 0.75, col = c("blue"))
```

最常见的术语是heart：

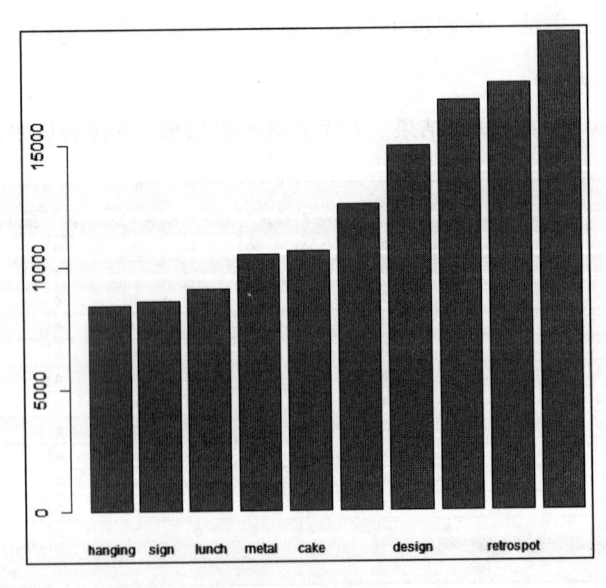

我们可以用代码做一点小小的控制，只显示topN（前N个）最高频的术语：

```
dtmx <- dtms[, names(tail(sort(colSums(as.matrix(dtms))), 12))]
 inspect(dtmx[1:10, ]) > <<DocumentTermMatrix (documents: 10, terms: 12)>>
 > Non-/sparse entries: 3/117
 > Sparsity : 98%
 > Maximal term length: 9
 > Weighting : term frequency (tf)
 >
 > Terms
 > Docs pack holder hanging sign lunch metal cake christmas design vintage
 > 1 0 0 0 0 0 1 0 0 0 0
 > 2 0 1 0 0 0 0 0 0 0 0
 > 3 0 0 0 0 0 0 0 0 0 0
 > 4 0 0 0 0 0 0 0 0 0 0
 > 5 0 0 0 0 0 0 0 0 0 0
 > 6 0 0 0 0 0 0 0 0 0 0
 > 7 0 0 0 0 0 0 0 0 0 0
 > 8 0 0 0 0 0 0 0 0 0 0
 > 9 0 0 0 0 0 0 0 0 0 0
 > 10 0 0 0 0 0 0 0 0 0 0
 > Terms
 > Docs retrospot heart
 > 1 0 0
 > 2 0 0
 > 3 0 0
 > 4 0 1
 > 5 0 0
 > 6 0 0
 > 7 0 0
 > 8 0 0
 > 9 0 0
 > 10 0 0
```

7.19　术语的 k 均值聚类

现在可以对文献术语矩阵进行 k 均值（k-means）聚类分析。为了便于说明，我们指定生成的聚类数量为 5 个：

```
kmeans5 <- kmeans(dtms, 5)
```

执行完 k 均值之后，将聚类号加入原始数据，然后基于聚类创建 5 个子集。

```
kw_with_cluster <- as.data.frame(cbind(OnlineRetail, Cluster =
kmeans5$cluster))

 # subset the five clusters
 cluster1 <- subset(kw_with_cluster, subset = Cluster == 1)
 cluster2 <- subset(kw_with_cluster, subset = Cluster == 2)
 cluster3 <- subset(kw_with_cluster, subset = Cluster == 3)
 cluster4 <- subset(kw_with_cluster, subset = Cluster == 4)
 cluster5 <- subset(kw_with_cluster, subset = Cluster == 5)
```

7.19.1　研究聚类 1

输出数据样本：

```
> head(cluster1[10:13])
 Desc2 lastword firstword Cluster
  50 VintageBillboardLove/hateMug MUG VINTAGE 1
  86 BagVintagePaisley PAISLEY BAG 1
 113 ShopperVintagcPaisley PAISLEY SHOPPER 1
 145 ShopperVintagePaisley PAISLEY SHOPPER 1
 200 VintageHeadsAndTailsCardGame GAME VINTAGE 1
 210 PaperChainKitVintageChristmas CHRISTMAS PAPER 1
```

列出频率并输出聚类中最常见的术语。你会观察到，许多项目和 christmas 以及 paisley 项目有关，而且它们两个似乎总一起出现：

```
tail(sort(table(cluster1$lastword)), 10) MUG GAME BUNTING CARDS DESIGN LEAF
 427 431 456 482 535 717 911
 DOILY PAISLEY CHRISTMAS
 1073 1699 1844
```

7.19.2 研究聚类 2

对聚类 2 生成表格后，查看该文件的其中一部分。当综合考虑第一个词和最后一个词时，看起来该聚类和悬挂架有关：

```
> head(cluster2[10:13]) Desc2 lastword firstword Cluster 6
GlassStarFrostedT-lightHolder HOLDER GLASS 2 57 HangingHeartT-lightHolder
HOLDER HANGING 2 62 GlassStarFrostedT-lightHolder HOLDER GLASS 2 70
HangingHeartT-lightHolder HOLDER HANGING 2 81 HangingHeartT-lightHolder
HOLDER HANGING 2 156 ColourGlassT-lightHolderHanging HANGING COLOUR 2
```

不要只看记录，要看最常出现的单词的频率。heart（心形）、hanging（悬挂）以及 folder（折叠）是在聚类 2 中 3 个出现频率最高的单词：

```
tail(sort(table(cluster2$lastword)), 10)
```

ANTIQUE	LANTERN	HLDR	DECORATION	GLASS	T-LIGHT	HANGING	HEART	HOLDER	
167	181	226	260	319	361	531	639	668	6 792

7.19.3 研究聚类 3

聚类 3 可能和客户购买的不同的 signs（标签）集合有关。set（组合）、signs（标签）、boxes（盒）、design（设计）是 4 个高频出现的单词：

```
head(cluster3[10:13]) Desc2 lastword firstword Cluster 5 MetalLantern
LANTERN METAL 3 2 Set7BabushkaNestingBoxes BOXES SET 3 4 WoollyHottieHeart.
HEART. WOOLLY 3 1 CreamCupidHeartsCoatHanger HANGER CREAM 3 8
HandWarmerPolkaDot DOT HAND 3 10 FeltcraftPrincessCharlotteDoll DOLL
FELTCRAFT 3
> tail(sort(table(cluster3$lastword)),10)
CANDLES POLKADOT BUNTING BAG DECORATION SET SIGN BOX DESIGN
2307 2539 2610 3084 3156 3844 6184 6277 10975 16627
```

7.19.4 研究聚类 4

聚类 4 可以看作那些购买 retrospot 产品的顾客：

```
> head(cluster4[10:13]) Desc2 lastword firstword Cluster 100
LunchBoxWithCutleryRetrospot RETROSPOT LUNCH 4 102
PackOf72RetrospotCakeCases CASES PACK 4 84 60TeatimeFairyCakeCases CASES 60
4 94 3PieceRetrospotCutlerySet SET 3 4 91 LunchBagRetrospot RETROSPOT LUNCH
4 127 RetrospotMilkJug JUG RETROSPOT 4
tail(sort(table(cluster4$lastword)), 10) APRON NAPKINS BANK PC TINS DESIGN
 486 511 512 514 531 664 1203
 BAG CASES RETROSPOT
 1395 4318 6485
```

7.19.5 研究聚类 5

最后，聚类 5 似乎比较关心购买 Bottles（瓶），可能是一些 perfumes（香水）、elixirs（药水）或者 tonics（补品）：

```
head(cluster5)

> head(cluster5[10:13])
                                Desc2 lastword firstword Cluster
59  KnittedUnionFlagHotWaterBottle   BOTTLE   KNITTED       5
68  KnittedUnionFlagHotWaterBottle   BOTTLE   KNITTED       5
181       AssortedBottleTopMagnets  MAGNETS  ASSORTED       5
206      EnglishRoseHotWaterBottle   BOTTLE   ENGLISH       5
229    RetrospotHeartHotWaterBottle   BOTTLE RETROSPOT       5
261   HotWaterBottleTeaAndSympathy SYMPATHY       HOT       5
tail(sort(table(cluster5$lastword)), 10)
BABUSHKA  MAGNETS    TONIC   ELIXIR  PERFUME   OPENER SYMPATHY   POORLY
CALM    BOTTLE
      87        95       108       112       132       149       318       345
418     3795
```

7.20 预测聚类分配

本练习的目的是给测试数据集评分，基于训练数据集的预测方法来分配聚类。

7.20.1 使用 flexclust 预测聚类分配

标准的 k 均值函数没有提供预测方法。然而，flexclust 包提供了预测方法，我们可以使用它来处理。因为训练预测方法需要的运行时间很长，所以我们只抽样若干行和列的数据，用它来说明该方法。为了比较测试和训练的结果，结果也需要相同数量的行和列。为了便于说明，我们将行和列的数目设置为 10。

首先从 OnlineRetail 训练数据中取出一个样本：

```
set.seed(1)
 sample.size <- 10000
 max.cols <- 10

library("flexclust") OnlineRetail <- OnlineRetail[1:sample.size, ]
```

接下来，在抽样数据集中，从 description 列创建文献术语矩阵。我们要使用 RTextTools 包的 create_matrix 函数，它可以创建一个 DTM 而不需要单独创建一个语料库：

```
require(tm)
 library(RTextTools) #Create the DTM for the training data

 dtMatrix <- create_matrix(OnlineRetail$Description, minDocFreq = 1,
removeNumbers = TRUE,
 minWordLength = 4, removeStopwords = TRUE, removePunctuation = TRUE,
stemWords = FALSE,
 weighting = weightTf)
```

接下来，检查数据的维度。我们发现其中有 1300 个术语。实际上它们都是稀疏术语，因此我们把这些术语从矩阵中移除：

```
dim(dtMatrix)
> [1] 10000 1300 dtMatrix <- removeSparseTerms(dtMatrix, 0.99)
```

移除稀疏术语后，列的数量从 1300 减少到 62！

```
dim(dtMatrix) > [1] 10000 62
```

我们要让测试集和训练集具有相同数量的术语（max.cols）：

```
dtMatrix <- dtMatrix[, 1:max.cols]
```

为了观察 dtMatrix 那些至少出现了前 10 个术语中的 2 个的行，我们可以使用 rowSums 函数，将每一个术语都标识上 1 和 0：

```
tmp <- rowSums(as.matrix(dtMatrix)) tmp3 <- data.frame(tmp[tmp>1])
```

然后我们提取符合 >1 这个条件的行的索引号：

```
selected <- as.numeric(rownames(tmp3)) head(selected) > head(selected) [1]
3 38 68 83 92 111
```

输出满足该条件的前 10 个术语的 DTM 的前 10 行：

```
kable(tm::inspect(dtMatrix[selected[1:10],]))
```

	alarm	antique	assorted	babushka	bakelike	bird	bottle	boxes	cake	candle
3	0	0	0	1	0	0	0	1	0	0
38	0	0	0	1	0	0	0	1	0	0
68	1	0	0	0	1	0	0	0	0	0
83	0	0	1	0	0	0	1	0	0	0
92	1	0	0	0	1	0	0	0	0	0
111	1	0	0	0	1	0	0	0	0	0
113	1	0	0	0	1	0	0	0	0	0
115	0	0	1	0	0	1	0	0	0	0
121	0	0	0	1	0	0	0	1	0	0
155	0	0	1	0	0	0	0	0	1	0

7.20.2 运行 k 均值生成聚类

使用 kcca 包来运行 k 均值函数，生成 5 个聚类分配：

```
# repeat kmeans using the kcca function. Clusters=5

 clust1 = kcca(dtMatrix, k = 5, kccaFamily("kmeans"))
 clust1 > kcca object of family 'kmeans'
```

```
>
> call:
> kcca(x = dtMatrix, k = 5, family = kccaFamily("kmeans"))
>
> cluster sizes:
>
> 1 2 3 4 5
> 360 120 152 387 8981
```

输出分配到每个聚类的元素数目：

```
table(clust1@cluster) >
 > 1 2 3 4 5
 > 360 120 152 387 8981
```

将具有训练数据的聚类合并，输出一些样本记录，展示每个训练数据分配到哪个聚类：

```
 kw_with_cluster2 <- as.data.frame(cbind(OnlineRetail, Cluster =
clust1@cluster))

 head(kw_with_cluster2) > InvoiceNo StockCode Description Quantity
 > 5 536365 71053 METAL LANTERN 6
 > 6 536365 21730 GLASS STAR FROSTED T-LIGHT HOLDER 6
 > 2 536365 22752 SET 7 BABUSHKA NESTING BOXES 2
 > 4 536365 84029E WOOLLY HOTTIE HEART. 6
 > 1 536365 84406B CREAM CUPID HEARTS COAT HANGER 8
 > 8 536366 22632 HAND WARMER POLKA DOT 6
 > InvoiceDate UnitPrice CustomerID Country itemcount
 > 5 12/1/2010 8:26 3.39 17850 United Kingdom 7
 > 6 12/1/2010 8:26 4.25 17850 United Kingdom 7
 > 2 12/1/2010 8:26 7.65 17850 United Kingdom 7
 > 4 12/1/2010 8:26 3.39 17850 United Kingdom 7
 > 1 12/1/2010 8:26 2.75 17850 United Kingdom 7
 > 8 12/1/2010 8:28 1.85 17850 United Kingdom 2
 > Desc2 lastword firstword Cluster
 > 5 MetalLantern LANTERN METAL 5
 > 6 GlassStarFrostedT-lightHolder HOLDER GLASS 5
 > 2 Set7BabushkaNestingBoxes BOXES SET 5
 > 4 WoollyHottieHeart. HEART. WOOLLY 5
 > 1 CreamCupidHeartsCoatHanger HANGER CREAM 5
 > 8 HandWarmerPolkaDot DOT HAND 5
```

在训练集中运行预测方法。最终，我们要将预测方法应用到测试数据上：

```
pred_train <- predict(clust1)
```

7.20.3　创建测试 DTM

现在我们转向测试数据集。首先，提取出和训练数据同样大小的样本量，然后重复刚才的过程，从为样本创建文献术语矩阵开始：

```
 OnlineRetail.test <- OnlineRetail.test[1:sample.size, ]
 dtMatrix.test <- create_matrix(OnlineRetail.test$Description, minDocFreq =
1,
 removeNumbers = TRUE, minWordLength = 4, removeStopwords = TRUE,
removePunctuation = TRUE,
 stemWords = FALSE, weighting = weightTf)
```

和我们之前所做的一样，移除矩阵中的稀疏术语。然后使用 dim() 函数查看还存在多少非稀疏术语：

```
dtMatrix.test <- removeSparseTerms(dtMatrix.test, 0.99)

 dim(dtMatrix.test) # reduced to 61 terms

 > [1] 10000 61
```

取前 max.col(10) 个术语：

```
dtMatrix.test <- dtMatrix.test[, 1:max.cols]

 dtMatrix.test > <<DocumentTermMatrix (documents: 10000, terms: 10)>>
 > Non-/sparse entries: 2072/97928
 > Sparsity : 98%
 > Maximal term length: 8
 > Weighting : term frequency (tf)
```

输出出现了 2 次以上的术语的文件的一部分。注意，虽然有些术语在两者中都出现了，但测试集 DTM 的前 10 个术语和训练集 DTM 的前 10 个术语不尽相同。因为我们取前 10 个术语只是为了说明该技术的原理，这种现象是正常的，也是预料中的：

```
tmp <- rowSums(as.matrix(dtMatrix.test))
tmp3 <- data.frame(tmp[tmp>1])
selected <- as.numeric(rownames(tmp3))
head(selected)
#library(knitr)
kable(tm::inspect(dtMatrix.test[selected[1:10],]))
```

	antique	assorted	babushka	bird	bottle	cake	candle	card	cases	ceramic
9	0	1	0	1	0	0	0	0	0	0
44	0	0	0	0	0	1	0	0	1	0
45	0	0	0	0	0	1	0	0	1	0
136	0	1	0	1	0	0	0	0	0	0
144	0	0	0	0	0	1	0	0	1	0
177	0	0	0	1	1	0	0	0	0	0
202	0	0	1	0	1	0	0	0	0	0
209	0	0	0	0	0	1	0	0	1	0
210	0	0	0	0	0	1	0	0	1	0
219	0	0	0	0	0	1	0	0	1	0

验证测试和训练数据有相同的维数。这一点很重要，因为如果列的数目不同，预测方法会失败：

```
dim(dtMatrix)
 > [1] 10000 10
 dim(dtMatrix.test)
 > [1] 10000 10
```

在训练数据上运行预测函数，并将结果赋值到测试数据：

```
pred_test <- predict(clust1, newdata = dtMatrix.test)
```

首先，查看该表中测试数据的聚类分配：

```
table(pred_test)
 > pred_test
 > 1 2 3 4 5
 > 171 113 201 146 9369
```

最后，合并测试数据的聚类，显示分配给每个测试数据的聚类类别。这个例子中，每个聚类显示两笔交易：

```
kw_with_cluster2_score <- as.data.frame(cbind(OnlineRetail.test,
Cluster=pred_test))
head(kw_with_cluster2_score)
clust1.score=head(subset(kw_with_cluster2_score,Cluster==1),2)
clust2.score=head(subset(kw_with_cluster2_score,Cluster==2),2)
clust3.score=head(subset(kw_with_cluster2_score,Cluster==3),2)
clust4.score=head(subset(kw_with_cluster2_score,Cluster==4),2)
clust5.score=head(subset(kw_with_cluster2_score,Cluster==5),2)
head(clust1.score[,10:13])
head(clust2.score[,10:13])
head(clust3.score[,10:13])
head(clust4.score[,10:13])
head(clust5.score[,10:13])

> head(clust1.score[,10:13])
                        Desc2 lastword firstword Cluster
89  PackOf60PaisleyCakeCases     CASES      PACK       1
96 PackOf60DinosaurCakeCases     CASES      PACK       1

> head(clust2.score[,10:13])
                              Desc2 lastword firstword Cluster
61             WoodenFrameAntique               WOODEN       2
140 AntiqueGlassDressingTablePot        POT   ANTIQUE       2

> head(clust3.score[,10:13])
                     Desc2 lastword firstword Cluster
148 3TierCakeTinAndCream    CREAM          3       3
143 3TierCakeTinAndCream    CREAM          3       3

> head(clust4.score[,10:13])
                              Desc2 lastword firstword Cluster
126 ZincWillieWinkieCandleStick    STICK      ZINC       4
488              LoveBirdCandle   CANDLE      LOVE       4

> head(clust5.score[,10:13])
                              Desc2 lastword firstword Cluster
3      HangingHeartT-lightHolder   HOLDER   HANGING       5
7 KnittedUnionFlagHotWaterBottle   BOTTLE   KNITTED       5
```

7.21 在聚类中运行 apriori 算法

回到 apriori 算法，我们可以使用生成的预测聚类（而不是 lastword）来开发某些规则：

- ❑ 使用强制转换数据帧的方法生成交易文件，和之前生成文件的方法一样。
- ❑ 创建 rules_clust 对象，构建基于聚类项目集 {1, 2, 3, 4, 5} 的关联规则。
- ❑ 检查一些通过提升度生成的规则：

```
library(arules)
colnames(kw_with_cluster2_score)
kable(head(kw_with_cluster2_score[,c(1,13)],5))
tmp <-
data.frame(kw_with_cluster2_score[,1],
kw_with_cluster2_score[,13])
names(tmp) [1] <- "TransactionID"
names(tmp) [2] <- "Items"
tmp <- unique(tmp)
trans4 <- as(split(tmp[,2], tmp[,1]), "transactions")   rules_clust
<- apriori(trans4,parameter =    list(minlen=2,support =
0.02,confidence = 0.01))    summary(rules_clust)
tmp <- as.data.frame(inspect( head(sort(rules_clust, by="lift"),10)

> tmp <- as.data.frame(inspect( head(sort(rules_clust,
by="lift"),10) ) )
     lhs     rhs support    confidence lift
22 {2,5} => {4} 0.03065693 0.3088235  3.022059
1  {2}   => {4} 0.03065693 0.3043478  2.978261
2  {4}   => {2} 0.03065693 0.3000000  2.978261
23 {4,5} => {2} 0.03065693 0.3000000  2.978261
32 {1,5} => {4} 0.02773723 0.2087912  2.043171
9  {4}   => {1} 0.02773723 0.2714286  2.020963
10 {1}   => {4} 0.02773723 0.2065217  2.020963
31 {4,5} => {1} 0.02773723 0.2714286  2.020963
35 {3,5} => {4} 0.03357664 0.1965812  1.923687
11 {4}   => {3} 0.03357664 0.3285714  1.891357
```

7.22 总结指标

对 rules_clust 对象进行总结，结果显示，平均支持度在 0.05，平均置信度在 0.43。这表明，使用聚类是一种开发关联规则的可行方法，同时减少了资源和维度的数量：

```
   support           confidence          lift
Min.   :0.02044   Min.   :0.09985   Min.   :0.989
1st Qu.:0.02664   1st Qu.:0.19816   1st Qu.:1.006
Median :0.03066   Median :0.27143   Median :1.526
Mean   :0.05040   Mean   :0.43040   Mean   :1.608
3rd Qu.:0.04234   3rd Qu.:0.81954   3rd Qu.:1.891
Max.   :0.17080   Max.   :1.00000   Max.   :3.022
```

7.23 参考资料

- Daqing Chen, S. L. (2012). Data mining for the online retail industry: A case study of RFM model-based customer segmentation using data mining. Journal of Database Marketing and Customer Strategy Management, Vol. 19, No. 3.
- Michael Hahsler, K. H. (2006). Implications of probabilistic data modeling for mining association rules. In R. K. M. Spiliopoulou, Data and Information Analysis to Knowledge.
- Engineering, Studies in Classification, Data Analysis, and Knowledge Organization (pp. 598-605). Springer-Verlag.

7.24　本章小结

本章，我们学习了一种特定类型的推荐引擎，属于购物篮分析的范畴。

我们看到购物篮分析能够挖掘出大量包括半结构化数据的交易，从而在每个购物篮的商品项目中提取出关联规则。

在购物篮数据中使用一些其他的数据清理技术，以便标准化和巩固购买项目的一些描述。我们还学习了如何使用绘图技术，通过作用度、支持度以及可信度这些指标来分离出最有效果的规则。

最后，我们展示了如何从购物篮数据的训练数据生成聚类，以及基于测试数据集预测聚类分配。

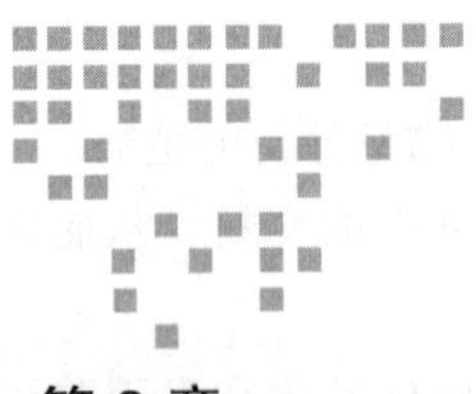

Chapter 8 第8章

将医疗注册数据作为时间序列探索

"我已经看到了未来，它和现在一样，只是时间更长。"

——Kehlog Albran, The Profit

8.1 时间序列数据

时间序列数据通常是以相等时间间隔收集的一组有序数据。在大多数商业和科学学科中都会用到时间序列数据，这类数据与预测概念密切相关，预测概念使用先前测量的数据点根据特定的统计模型预测未来的数据点。

时间序列数据与我们以前所看到的数据类型有所不同。因为它是一组有序的数据点，它可以包含诸如趋势、季节性和自相关等组件，而这些组件在其他类型的分析中没有什么意义。例如"横截面"分析，它查看在一个静态时间点收集的数据。

通常情况下，时间序列数据以等间隔的时间间隔收集，如天、周、季或年，但情况并非总是如此。测量自然灾害等事件就是一个很好的例子。在某些情况下，你可以将不均匀的数据转换为等间隔的数据。在其他情况下，你可以使用专门的技术，如Croston的方法来预测某些情况下货物和服务的间歇或意外需求等。

探索时间序列数据

许多时间序列研究通过探索在等间隔时间内测量的一个数据度量开始。从数据科学的角度来看，我们可能有兴趣识别一个时间序列的很多片段，这些片段可能会呈现出有趣的趋势，如周期性或季节性模式。所以，我们在开始处理时间序列的数据时，总是先以图形方式查看数据，生成总量度量，然后再进行建模。

8.2　健康保险覆盖率数据集

首先我们将读入一个数据集，其中包含几类一段时间内的医疗注册数据。这些数据来自表格 HIB-2，它包含了 1999 ～ 2012 年健康保险覆盖状况以及按年龄和性别分类的所有人的保险类型，可以从 CMS 网站 http://www.census.gov/data/tables/time-series/demo/health-insurance/historical- series/hib.html 上下载这个表格。

这个表格显示了政府和私人保险覆盖的人数以及未覆盖的人数。

表格中包含 14 年中的几个嵌入的时间序列。14 个数据点不能算是一个非常长的时间序列；然而，我们将用这些数据展示如何能够同时梳理许多时间序列。由于它很小，因此很容易通过目测和输出数据的子集来验证结果。随着你对方法学越来越熟悉，你就能够扩展到具有更多数据点的大型复杂数据集，以便分离出最显著的趋势。

8.3　准备工作

正如我们在其他章节所做的那样，首先清空工作区，并设置工作目录。显然，要将 setwd() 函数的输入更改为存储文件的路径：

```
rm(list = ls())
setwd("C:/PracticalPredictiveAnalytics/Data")
```

8.4　读入数据

接下来，我们将从文件中读取几行数据（使用 nrow 参数），然后在读入的数据上运行一个 str() 函数来查看文件中包含哪些变量。有关医疗注册的文件中有几个指标。在本章中我们只关注注册总数这个指标，而不使用其他的一些细分项目（如军人和私人保险）：

```
x <- read.csv("x <- read.csv("hihist2bedit.csv", nrow = 10)"
str(x)
> 'data.frame': 10 obs. of  13 variables:
>  $ Year          : Factor w/ 10 levels "2003","2004 (4)",..: 10 9 8 7 6 5
4 3 2 1
>  $ Year.1        : int  2012 2011 2010 2009 2008 2007 2006 2005 2004 2003
>  $ Total.People: num  311116 308827 306553 304280 301483 ...
>  $ Total         : num  263165 260214 256603 255295 256702 ...
>  $ pritotal      : num  198812 197323 196147 196245 202626 ...
>  $ priemp        : num  170877 170102 169372 170762 177543 ...
>  $ pridirect     : num  30622 30244 30347 29098 28513 ...
>  $ govtotal      : num  101493 99497 95525 93245 87586 ...
>  $ govmedicaid : num  50903 50835 48533 47847 42831 ...
>  $ govmedicare : num  48884 46922 44906 43434 43031 ...
>  $ govmilitary : num  13702 13712 12927 12414 11562 ...
```

```
>  $ Not.Covered : num  47951 48613 49951 48985 44780 ...
>  $ cat         : Factor w/ 1 level "ALL AGES": 1 1 1 1 1 1 1 1 1 1
```

8.5 从各列提取子集

在本练习中，我们将使用 CSV 文件中有限的一组列。我们可以从刚刚读入的 dataframe 中选择特定的列（如果我们读取了整个文件），或者使用 colClasses 参数重新读取 CSV 文件，只读取所需的列。通常，当你阅读一个大文件的时候，这个方法是可取的，我们会要求 read.csv 只保留前三列和最后两列，并且忽略 govmilitary 到 priemp 之间的所有列。

当我们从文件中重新读取包含这些列的子集后，要输出几条文件的开头和结尾的记录。我们可以组合使用 rbind()、head() 和 tail() 函数来做到这一点。这样我们就得到了本章将使用的所有列，将在下一节中对它们进行一些介绍：

```
x <- read.csv("hihist2bedit.csv", colClasses = c(NA,NA, NA, NA, rep("NULL",
7)))
 rbind(head(x), tail(x))
>           Year Year.1 Total.People      Total Not.Covered
> 1         2012   2012    311116.15 263165.47  47950.6840
> 2         2011   2011    308827.25 260213.79  48613.4625
> 3   2010 (10)   2010    306553.20 256602.70  49950.5004
> 4         2009   2009    304279.92 255295.10  48984.8204
> 5         2008   2008    301482.82 256702.42  44780.4031
> 6         2007   2007    299105.71 255017.52  44088.1840
> 331  2004 (4)   2004     20062.67  19804.54    258.1313
> 332       2003   2003     19862.49  19615.92    246.5703
> 333       2002   2002     19705.99  19484.01    221.9879
> 334       2001   2001     19533.99  19354.19    179.8033
> 335  2000 (3)   2000     19450.52  19250.63    199.8871
> 336  1999 (2)   1999     19378.56  19189.17    189.3922
>                          cat
> 1                    ALL AGES
> 2                    ALL AGES
> 3                    ALL AGES
> 4                    ALL AGES
> 5                    ALL AGES
> 6                    ALL AGES
> 331 FEMALE 65 YEARS AND OVER
> 332 FEMALE 65 YEARS AND OVER
> 333 FEMALE 65 YEARS AND OVER
> 334 FEMALE 65 YEARS AND OVER
> 335 FEMALE 65 YEARS AND OVER
> 336 FEMALE 65 YEARS AND OVER
```

8.6 数据的描述

Year 和 Year.1（第 1 列和第 2 列）：这些是参保数据的年份。你会注意到同一个年份会出现两次：第 1 列（作为一个因子）和第 2 列（作为一个整数）。这是因为数据先前已做过预处理，为了方便而记录了两次，因为在某些情况下我们更喜欢使用一个因子，而其他情况下我们更喜欢使用一个整数。年份括号中的数字是指原始数据源中的脚注。请参阅 CMS 网站上的参考说明，了解数据是如何收集的。虽然在代码中始终可以通过因子创建整数，或执行相反操作，但如果事先可以提供某些转换，则可以节省宝贵的处理时间。

总人数（Total.people，第 3 列）：总人数是该类别的人数规模。他们可能报名参加了健康保险（total），也可能没有报名（Not.Covered）。

总计（Total，第 4 列）：当年参加健康保险的在 cat 分类中的人数。

Not.Covered（第 5 列）：Not.Covered 列是在指定年份和类别未参加保险的人数。

cat（第 6 列）：cat 是一个时间序列子集。这一列和 Year 一起定义了特定的行。它定义了当年参保的具体人口数据。

ALL AGES 类别代表特定年份的全部人数。文件中的所有其他子集一起汇总到这个类别。

例如，最后一个类别（作为 tail() 的一部分打印）表示超过 65 岁的女性，这是 ALL AGES 类别的一个子集。

8.7　目标时间序列变量

我们将首先从变量 Not.Covered 开始看。对与这个变量有关的任何可能的注册趋势，我们都有兴趣检查一下。由于各个不同类别的人口规模也不同，因此我们来计算给定年份中未参保人员的百分比，通过将与该变量相对应的原始数值除以该类别的人口总数。这样，我们就得到了一个名为 Not.Covered.Pct 的新变量。我们把这种做法作为对大小不同的类别进行标准化的指标，这样就方便比较。

计算完变量后，我们可以输出前几个记录，并输出这个变量的一些统计信息：

请注意，所有年份的平均未参保人数的百分比是 14.5%，但通过查看第一和第三四分位数（0.15 – 0.11）= 0.04 之间的差异，你可以看到变化可以说相当大。这可以理解为变化涉及的人数很多。

```
x$Not.Covered.Pct <- x$Not.Covered/x$Total.People
 head(x)
>         Year Year.1 Total.People    Total Not.Covered      cat
> 1       2012   2012     311116.2 263165.5    47950.68 ALL AGES
> 2       2011   2011     308827.2 260213.8    48613.46 ALL AGES
> 3 2010 (10)    2010     306553.2 256602.7    49950.50 ALL AGES
> 4       2009   2009     304279.9 255295.1    48984.82 ALL AGES
> 5       2008   2008     301482.8 256702.4    44780.40 ALL AGES
> 6       2007   2007     299105.7 255017.5    44088.18 ALL AGES
>   Not.Covered.Pct
> 1       0.1541247
> 2       0.1574131
> 3       0.1629424
> 4       0.1609860
```

```
> 5         0.1485338
> 6         0.1474000
summary(x$Not.Covered.Pct)
Min. 1st Qu. Median  Mean 3rd Qu.  Max.
0.009205 0.109400 0.145300 0.154200 0.210400 0.325200
```

对一个典型的目标变量，我们也希望看到变量分布的基本图形：

```
hist(x$Not.Covered.Pct)
```

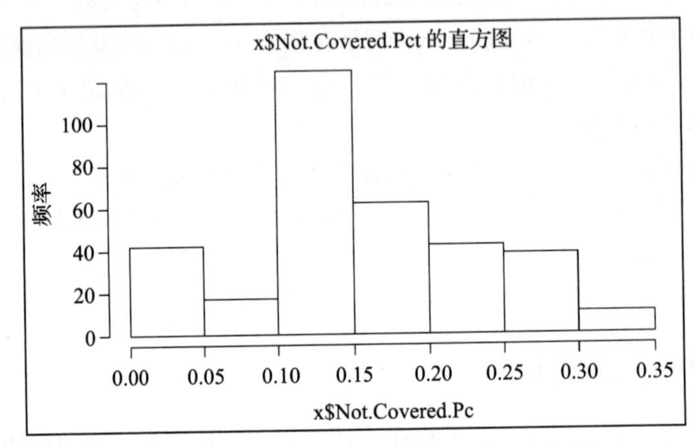

8.8 保存数据

现在可能是将当前数据保存到文件的一个好时机，因为我们希望稍后从分析阶段开始读取它。这样可以避免重新读取同一文件，除非源数据发生了变化：

```
save(x, file = "x.RData")
```

8.9 确定所有子集组

由于我们只查看文件的一部分（通过 head() 或 tail() 函数），因此不知道会有多少类别，以及它们在医疗保健方面的差异。所以我们将从一些分组的工作开始。

在前面的章节中，我们使用了 sql() 和 aggregate() 函数来给数据分组。在这个例子中，我们将使用 dplyr 软件包。dplyr() 软件包的一个优点是可以用于管道语法，即它允许将一个函数的结果传递给下一个函数，而不需要中间赋值：

```
library(dplyr)
>
> Attaching package: 'dplyr'
> The following objects are masked from 'package:stats':
>
>     filter, lag
> The following objects are masked from 'package:base':
>
>     intersect, setdiff, setequal, union
# str(x)
```

by.cat 对象将显示保险的平均人数，以及每个类别的总人数平均值。请记住，这些数据也按年份分组；不过，我们只想了解目前所有年份的平均数是多少。由于排列功能最终会按总人数规模（从最大到最小）对数据进行排序，因此我们可以看到数字按预期的顺序排列：

- ALL AGES 是最大的一类；
- 然后是 FEMALE ALL AGES；
- 接着是 MALE ALL AGES；

```
by.cat <- x %>% select(cat, Total, Total.People) %>%
group_by(cat) %>%
summarise(Avg.Total.Insured = mean(Total),Avg.People
= mean(Total.People)) %>%
arrange(desc(Avg.People))
by.cat
```

此处可以做一个完整性检查，如果你把后面两个类别的总数加起来，可以看到它们的和是 ALL AGES 类别的人数。

在控制台上，我们可以通过 str(by.cat) 函数看到一共有 24 个类别：

```
str(by.cat)
> Classes 'tbl_df', 'tbl' and 'data.frame': 24 obs. of  3 variables:
>  $ cat              : Factor w/ 24 levels "18 to 24 YEARS",..: 7 14 22 24
3 4 2 23  6 15 ...
 >  $ Avg.Total.Insured: num  251243 130201 121042 66200 34762 ...
 >  $ Avg.People       : num  294700 150330 144371 73752 42433 ...
 by.cat
 > Source: local data frame [24 x 3]
 >
 >                       cat Avg.Total.Insured Avg.People
 >                    (fctr)             (dbl)      (dbl)
 > 1               ALL AGES         251242.96  294700.47
 > 2        FEMALE ALL AGES         130200.90  150329.73
 > 3          MALE ALL AGES         121042.06  144370.74
 > 4         UNDER 18 YEARS          66200.46   73752.50
 > 5         35 to 44 YEARS          34761.74   42433.12
 > 6         45 to 54 YEARS          35911.82   42100.20
 > 7         25 to 34 YEARS          29973.91   39942.64
 > 8    MALE UNDER 18 YEARS          33832.87   37700.70
 > 9      65 YEARS AND OVER          36199.32   36722.61
 > 10 FEMALE UNDER 18 YEARS          32367.59   36051.79
 > ..                    ...               ...        ...
```

8.10 将汇总数据合并回原始数据

我们经常会需要使用之前派生的一些计算数据来扩充原始数据。在这些情况下，你可以使用公共键值将数据合并回原始数据。再一次，我们将使用 dplyr 包来获取刚刚获得的结果（by.cat），并使用公共键值 cat 将它们连接回原始数据（x）。

我们将使用一个 left_join 作为示例。但是，我们也可以使用右连接来获得相同的结果，因为 by.cat 完全是从 x 派生的。结合了这两个数据帧之后，我们将得到一个名为 x2 的新数据帧：

```
# Merge the summary measures back into the original data. Merge by cat.

x2 <- by.cat %>% left_join(x, by = "cat")
head(x2)
> Source: local data frame [6 x 9]
>
>          cat Avg.Total.Insured Avg.People      Year Year.1 Total.People
>       (fctr)             (dbl)      (dbl)    (fctr)  (int)        (dbl)
> 1 ALL AGES              251243   294700.5      2012   2012     311116.2
> 2 ALL AGES              251243   294700.5      2011   2011     308827.2
> 3 ALL AGES              251243   294700.5 2010 (10)   2010     306553.2
> 4 ALL AGES              251243   294700.5      2009   2009     304279.9
> 5 ALL AGES              251243   294700.5      2008   2008     301482.8
> 6 ALL AGES              251243   294700.5      2007   2007     299105.7
> Variables not shown: Total (dbl), Not.Covered (dbl), Not.Covered.Pct
(dbl)
```

8.11 检查时间间隔

在前面，我们提到过需要有相同大小的时间间隔。另外，在进行任何时间序列分析之前，我们需要检查非缺失时间间隔的数量。那么，我们来看看每个类别的参保年数。

使用 dplyr 包，我们可以用函数 summarize (n()) 来计算每个类别的条目数量：

```
# -- summarize and sort by the number of years
yr.count <- x2 %>% group_by(cat) %>% summarise(n = n()) %>% arrange(n)

# - we can see that there are 14 years for all of the groups.  That is
good!
print(yr.count, 10)
 > Source: local data frame [24 x 2]
 >
 >                        cat     n
 >                     (fctr) (int)
 > 1          18 to 24 YEARS    14
 > 2          25 to 34 YEARS    14
 > 3          35 to 44 YEARS    14
 > 4          45 to 54 YEARS    14
 > 5          55 to 64 YEARS    14
 > 6       65 YEARS AND OVER    14
 > 7                ALL AGES    14
 > 8   FEMALE 18 to 24 YEARS    14
 > 9   FEMALE 25 to 34 YEARS    14
 > 10  FEMALE 35 to 44 YEARS    14
 > ..                     ...   ...
```

从上面的输出可以看出，每个类别都有 14 年的数据出现。

所以，在这个示例中我们不必担心了，每个子集都有统一的时间段。但是，现实中的情况经常并不是这样，如果遇到了问题，你可能需要进行以下的工作：

- 为数据缺失的年份进行数据替换。
- 尝试转换为等间隔的时间序列。也许可以把时间段转化为更大的单位。例如对于断断续续的每日数据，可以尝试转换为每周、每月或每季度。

❑ 使用专门的时间序列技术来处理不等间隔的时间序列。

8.12　按平均人数挑选最高级别的群体

在很多情况下，我们只想查看最高级别的类别，特别是当有许多类别有大量子集的时候。这个例子中只有 24 个类别。但是其他例子中可能会有更多的类别。

数据帧 x2 已经用 Avg.People 进行过排序。由于我们知道每个类别有 14 个参保记录，所以可以通过选择最开始的 14 × 10（或 140）行根据最高基数人群获得前 10 个类别。我们将把它存储在一个新的数据帧 x3 中，并保存到磁盘。

既然我们已经知道每个组都有 14 年的时间，那么提取前 10 个组就很简单。从 x2 得到赋值后，输出前 15 条记录，会注意到类别在前 14 条记录后中断了：

```
x3 <- x2[1:(14 * 10), ]
head(x3,15)
  cat Avg.Total.Insured Avg.People Year Year.1 Total.People Total
Not.Covered
 <fctr> <dbl> <dbl> <fctr> <int> <dbl> <dbl> <dbl>
1 ALL AGES 251243.0 294700.5 2012 2012 311116.2 263165.5 47950.68
2 ALL AGES 251243.0 294700.5 2011 2011 308827.2 260213.8 48613.46
3 ALL AGES 251243.0 294700.5 2010 (10) 2010 306553.2 256602.7 49950.50
4 ALL AGES 251243.0 294700.5 2009 2009 304279.9 255295.1 48984.82
5 ALL AGES 251243.0 294700.5 2008 2008 301482.8 256702.4 44780.40
6 ALL AGES 251243.0 294700.5 2007 2007 299105.7 255017.5 44088.18
7 ALL AGES 251243.0 294700.5 2006 2006 296824.0 251609.6 45214.35
8 ALL AGES 251243.0 294700.5 2005 2005 293834.4 250799.4 43034.92
9 ALL AGES 251243.0 294700.5 2004 (4) 2004 291166.2 249413.9 41752.26
10 ALL AGES 251243.0 294700.5 2003 2003 288280.5 246331.7 41948.74
11 ALL AGES 251243.0 294700.5 2002 2002 285933.4 246157.5 39775.92
12 ALL AGES 251243.0 294700.5 2001 2001 282082.0 244058.6 38023.33
13 ALL AGES 251243.0 294700.5 2000 (3) 2000 279517.4 242931.5 36585.81
14 ALL AGES 251243.0 294700.5 1999 (2) 1999 276803.8 239102.0 37701.81
15 FEMALE ALL AGES 130200.9 150329.7 2012 2012 158780.9 136315.1 22465.78
#
 save(x3, file = "x3.RData")
```

8.13　使用 lattice 绘制数据

lattice 包是一个很有用的包，值得我们学习，尤其是对喜欢用公式符号（y ～ x）的分析师来说。

在这个例子中，我们将运行一个点阵图，以便在 *y* 轴上绘制 Not.Covered.Pct，在 *x* 轴上绘制 Year，并按类别生成单独的图。

主函数调用由下面的代码指定：

```
xyplot(Not.Covered.Pct ~ Year | cat, data = x3)
```

由于我们正在绘制排名前 10 的组，所以可以指定 layout = c(5, 2) 来表示我们想要在

5×2 矩阵中排列 10 个图。Not.Covered.Pct 将安排在 *y* 轴（～符号的左侧）上，Year 安排在 *x* 轴（～符号的右侧）。分栏符（|）表示数据要按各个类别分别绘制：

```
library(lattice)
x.tick.number <- 14
at <- seq(1, nrow(x3), length.out = x.tick.number)
labels <- round(seq(1999, 2012, length.out = x.tick.number))

p <- xyplot(Not.Covered.Pct ~ Year | cat, data = x3, type = "l", main =
list(label = "Enrollment by Categories",
    cex = 1), par.strip.text = list(cex = 0.5), scales = list(x =
list(labels = labels),
    cex = 0.4, rot = 45), layout = c(5, 2))

trellis.device()

print(p)
```

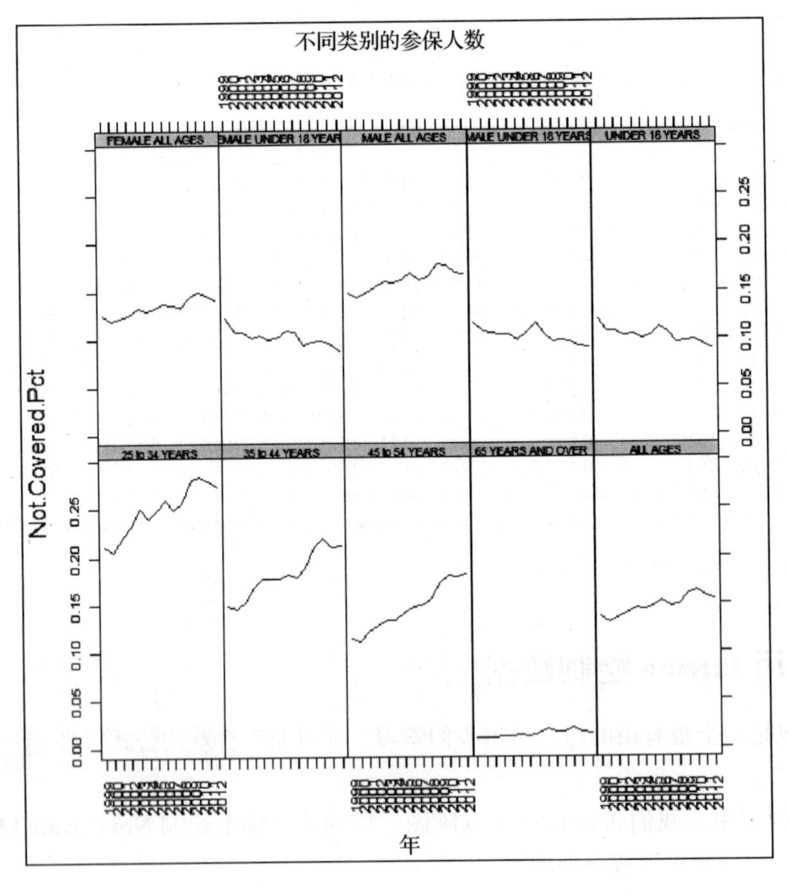

8.14 使用 ggplot 绘制数据

如果你喜欢使用 ggplot，则可以使用 facet 渲染一组类似的图形：

```
require("ggplot2")

.df <- data.frame(x = x3$Year.1, y = x3$Not.Covered.Pct, z = x3$cat, s =
x3$cat)
.df <- .df[order(.df$x), ]
.plot <- ggplot(data = .df, aes(x = x, y = y, colour = z, shape = z))
+ geom_point()
+      geom_line(size = 1)
+ scale_shape_manual(values = seq(0, 15))
+ scale_y_continuous(expand = c(0.01, 0))
+ facet_wrap(~s)
+ xlab("Year.1")
+ ylab("Not.Covered.Pct")
+ labs(colour = "cat", shape = "cat")
+ theme(panel.margin = unit(0.3, "lines"), legend.position = "none")
 print(.plot)
```

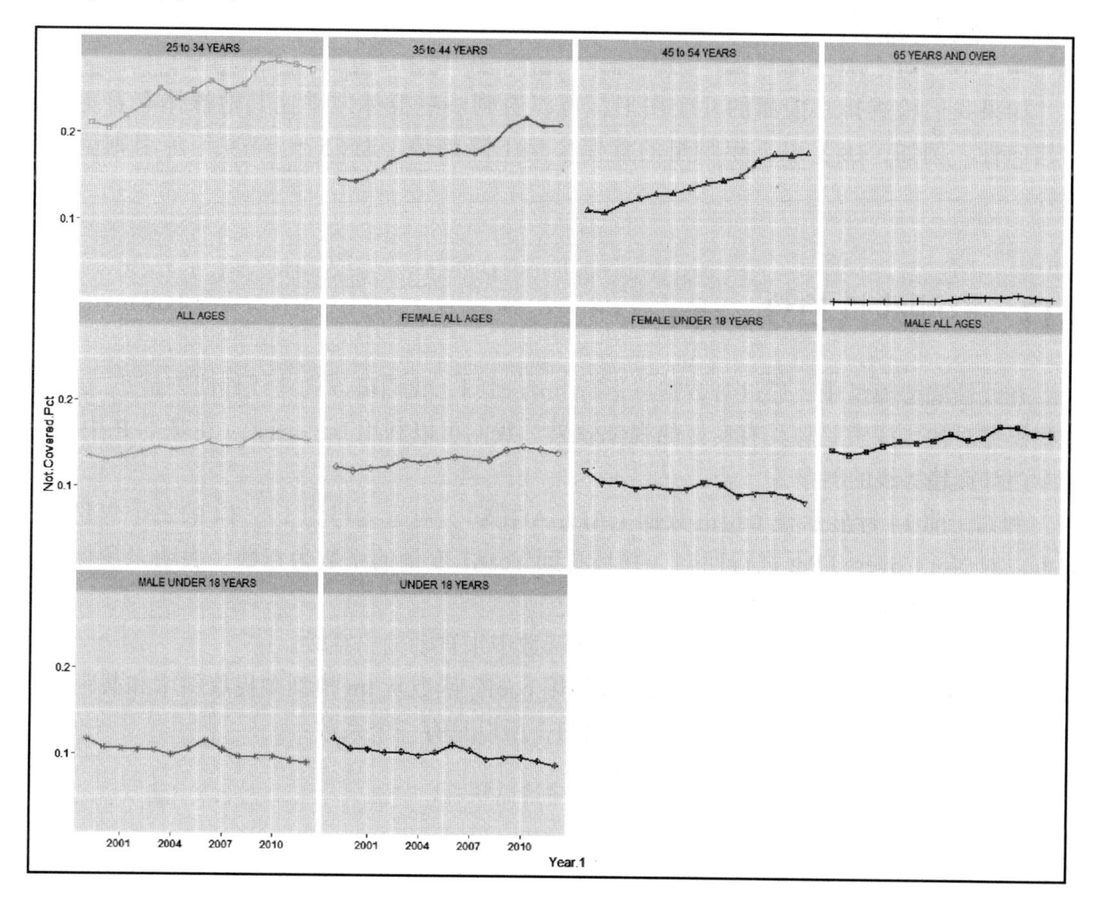

8.15 将输出发送到外部文件

将绘图分配给绘图对象的好处之一是，你可以稍后将绘图发送到外部文件（例如 PDF）

并在外部查看它，甚至可以从R环境里直接用浏览器查看绘图。比如说，以lattice绘图为例，你可以使用trellis.device并指定输出参数，然后输出该对象。正如我们在前面的章节中介绍过的那样，你可以使用浏览器打开PDF：

```
# send to pdf
setwd("C:/PracticalPredictiveAnalytics/Outputs")
trellis.device(pdf, file = "x3.pdf")
print(p)
dev.off()
#NOT run
#browseURL('file://c://PracticalPredictiveAnalytics//Outputs//x3.pdf')
```

8.16 检查输出

如果我们检查排在前面的几个图形，可以看到一些群体似乎比其他群体有着更明显的趋向性。例如，18岁以下年龄组的参保率呈下降趋势，而25～54岁年龄组则呈上升趋势。

8.17 检测线性趋势

在线性趋势模型中，通过对数据点运行lm()回归，我们可以构建线性回归最小二乘线。这些模型对初步探索趋势具有良好的视觉效果。我们可以利用lm()函数（在基本R中可用）来专门计算趋势线的斜率。

例如，前14行显示整个组的数据（ALL AGES）。对于编号为1～14的每个年份，我们可以对Not.Covered.Pct进行回归，并且看到Year.1变量的系数为正数，表明未参保的百分比随着时间的推移而线性增加。

我们也可以通过将lm()函数放在coef()函数中来自动输出系数。

使用lm()函数运行回归后，我们可以使用coef()函数从lm模型中提取斜率和截距。

由于这是只有一个自变量（时间）的回归，所以只有一个系数：

```
lm(Not.Covered.Pct ~ Year.1, data = x2[1:14, ])
>
> Call:
> lm(formula = Not.Covered.Pct ~ Year.1, data = x2[1:14, ])
>
> Coefficients:
> (Intercept)       Year.1
>   -4.102621     0.002119
coef(lm(Not.Covered.Pct ~ Year.1, data = x2[1:14, ]))
>  (Intercept)       Year.1
> -4.102621443  0.002119058
```

8.18　自动化回归

我们已经看到了如何运行单个时间序列的回归，现在可以开始把单独的回归自动化，然后提取所有类别的系数。

有几种方法可以做到这一点。其中一种方法是使用 dplyr 包中的 do() 函数。下面是进行自动化的事件顺序：

- 首先按类别对数据进行分组。然后，针对每个类别运行线性回归（lm() 函数），其中年份为自变量，Not.Covered 为因变量。这些都包装在一个 do() 函数中。
- 系数是从模型中提取的。系数将代表趋势的方向和大小。
- 最后，创建一个列表的数据帧（fitted.models），其中系数和截距存储每个类别的每个回归运行。正系数最高的类别呈现最大的线性增长趋势，而下降趋势则表现为负系数：

```
library(dplyr)
fitted_models = x2 %>%
group_by(cat) %>%
do(model = coef(lm(Not.Covered.Pct ~ Year.1, data = .)))
```

所有生成的模型现在都在 fitted.models 对象中。

knitr 的 kable 函数给出了一个简单的输出，它将截距显示为模型列中的第一个数字和系数。此处还可以做一个检查，可以看到 ALL AGES 模型中的系数与前一节中推导的系数相同：

```
library(knitr)
kable(fitted_models)
```

Cat	Model
18 to 24 YEARS	−0.4061834427, 0.0003367988
25 to 34 YEARS	−11.375187597, 0.005796182
35 to 44 YEARS	−10.916822084, 0.005534037
45 to 54 YEARS	−11.544566448, 0.005829194
55 to 64 YEARS	−4.709612146, 0.002409908
65 YEARS AND OVER	−1.2562375095, 0.0006334125
ALL AGES	−4.102621443, 0.002119058
FEMALE 18 to 24 YEARS	−2.677300003, 0.001455388
FEMALE 25 to 34 YEARS	−9.990978769, 0.005088009
FEMALE 35 to 44 YEARS	−9.564724041, 0.004850188
FEMALE 45 to 54 YEARS	−10.36336551, 0.00523537
FEMALE 55 to 64 YEARS	−4.102774957, 0.002108343
FEMALE 65 YEARS AND OVER	−1.3674510779, 0.0006887743
FEMALE ALL AGES	−3.817483824, 0.001970059
FEMALE UNDER 18 YEARS	3.267593386, −0.001578328
MALE 18 to 24 YEARS	4.036127727, −0.001862991
MALE 25 to 34 YEARS	−9.715950286, 0.004983621

（续）

Cat	Model
MALE 35 to 44 YEARS	−7.706624821, 0.003941543
MALE 45 to 54 YEARS	−10.975387917, 0.005549255
MALE 55 to 64 YEARS	−5.370380544, 0.002738269
MALE 65 YEARS AND OVER	−0.4834523450, 0.0002479691
MALE ALL AGES	−4.315036958, 0.002232003
MALE UNDER 18 YEARS	2.914343264, −0.001401998
UNDER 18 YEARS	3.086509947, −0.001487938

8.19 对系数进行排序

得到了系数以后，我们就可以开始按增长的趋势对每个类别进行排序。由于迄今为止获得的内容都包含在嵌入式列表中，而这些嵌入式列表处理起来有点困难，我们可以执行一些代码操作将它们转换为常规的数据框架，每个类别一行，包括类别名称、系数和系数排名：

```
library(dplyr)
# extract the coefficients part from the model list, and then transpose the
# data frame so that the coefficient appear one per row, rather than 1 per
# column.

xx <- as.data.frame(fitted_models$model)
xx2 <- as.data.frame(t(xx[2, ]))

# The output does not contain the category name, so we will merge it back
# from the original data frame.

xx4 <- cbind(xx2, as.data.frame(fitted_models))[, c(1, 2)]  #only keep the
first two columns

# rank the coefficients from lowest to highest. Force the format of the
rank
# as length 2, with leading zero's

tmp <- sprintf("%02d", rank(xx4[, 1]))

# Finally prepend the rank to the actual category
xx4$rankcat <- as.factor(paste(tmp, "-", as.character(xx4$cat)))

# name the columns
names(xx4) <- c("lm.coef", "cat", "coef.rank")
# and View the results
View(xx4)
```

正如下图所示，现在第 2 ～ 4 列整齐地排列着 coefficients、category 和 coef.rank 的数值，这是通过把 lm.coef 从最小到最大排列得到的，然后假装排列顺序是类别：

	lm.coef	cat	coef.rank
structure.c..0.406183442737828..0.0003367987...	0.0003367988	18 to 24 YEARS	06 - 18 to 24 YEARS
structure.c..11.3751875969696..0.00579618220...	0.0057961822	25 to 34 YEARS	23 - 25 to 34 YEARS
structure.c..10.9168220838485..0.00553403690...	0.0055340369	35 to 44 YEARS	21 - 35 to 44 YEARS
structure.c..11.5445664482143..0.00582919407...	0.0058291941	45 to 54 YEARS	24 - 45 to 54 YEARS
structure.c..4.70961214602917..0.00240990753...	0.0024099075	55 to 64 YEARS	14 - 55 to 64 YEARS
structure.c..1.25623750951236..0.00063341249...	0.0006334125	65 YEARS AND OVER	07 - 65 YEARS AND OVER
structure.c..4.10262144273963..0.00211905813...	0.0021190581	ALL AGES	12 - ALL AGES
structure.c..2.67730000270634..0.00145538791...	0.0014553879	FEMALE 18 to 24 YEARS	09 - FEMALE 18 to 24 YEARS
structure.c..9.99097876897398..0.00508800858...	0.0050880086	FEMALE 25 to 34 YEARS	19 - FEMALE 25 to 34 YEARS
structure.c..9.5647240414497..0.004850187645...	0.0048501876	FEMALE 35 to 44 YEARS	17 - FEMALE 35 to 44 YEARS
structure.c..10.3633655124299..0.00523536960...	0.0052353696	FEMALE 45 to 54 YEARS	20 - FEMALE 45 to 54 YEARS
structure.c..4.10277495735534..0.00210834349...	0.0021083435	FEMALE 55 to 64 YEARS	11 - FEMALE 55 to 64 YEARS
structure.c..1.36745107793605..0.00068877425...	0.0006887743	FEMALE 65 YEARS AND OVER	08 - FEMALE 65 YEARS AND OVER
structure.c..3.81748382391257..0.00197005880...	0.0019700588	FEMALE ALL AGES	10 - FEMALE ALL AGES
structure.c.3.26759338613744...0.00157832779...	-0.0015783278	FEMALE UNDER 18 YEARS	02 - FEMALE UNDER 18 YEARS
structure.c.4.03012772073809...0.00186299125...	-0.0018629913	MALE 18 to 24 YEARS	01 - MALE 18 to 24 YEARS
structure.c..9.71595028579057..0.00498362081...	0.0049836208	MALE 25 to 34 YEARS	18 - MALE 25 to 34 YEARS
structure.c..7.70662482144783..0.00394154306...	0.0039415431	MALE 35 to 44 YEARS	16 - MALE 35 to 44 YEARS
structure.c..10.9753879171274..0.00554925524...	0.0055492552	MALE 45 to 54 YEARS	22 - MALE 45 to 54 YEARS
structure.c..5.37038054369785..0.00273826914...	0.0027382691	MALE 55 to 64 YEARS	15 - MALE 55 to 64 YEARS

8.20　将分数合并回原始的数据帧

我们将用这些新的信息来扩充原来的 x2 数据帧，做法是先按类别合并，然后按照系数的顺序对数据帧进行排序。这样我们就能够用它来表现趋势：

```
x2x <- x2 %>% left_join(xx4, by = "cat") %>% arrange(coef.rank, cat)


# exclude some columns so as to fit on one page
head(x2x[, c(-2, -3, -4, -8)])
> Source: local data frame [6 x 7]
>
>                    cat Year.1 Total.People    Total Not.Covered.Pct
>                 (fctr)  (int)        (dbl)    (dbl)           (dbl)
> 1 MALE 18 to 24 YEARS   2012     15142.04 11091.86       0.2674787
> 2 MALE 18 to 24 YEARS   2011     15159.87 11028.75       0.2725034
> 3 MALE 18 to 24 YEARS   2010     14986.02 10646.88       0.2895460
> 4 MALE 18 to 24 YEARS   2010     14837.14 10109.82       0.3186139
> 5 MALE 18 to 24 YEARS   2008     14508.04 10021.66       0.3092339
> 6 MALE 18 to 24 YEARS   2007     14391.92 10230.61       0.2891425
> Variables not shown: lm.coef (dbl), coef.rank (fctr)
```

8.21　用趋势线绘制数据

既然已经有了趋势系数，我们将首先使用 ggplot 来绘制所有 24 个类别的参保情况的图表，然后基于计算的线性系数，加上趋势线，来创建第二组图表。

代码注释：facet_wrap 将按照变量 z 的值对图进行排序，因为系数的级别赋值给了 z。因此，排在最前面的是参保人数下降的类别，最后面的是 1999 ～ 2012 年参保率最高的类别。

我喜欢将变量指定为标准变量名称，例如 x、y 和 z，这样我就可以记住它们的用法（例如，变量 x 始终是变量 x，y 始终是变量 y）。但是你可以在 ggplot 的调用中直接提供变量名，或者设置你自己的函数来做同样的事：

```
library(ggplot2)
.df <- data.frame(x = x2x$Year.1, y = x2x$Not.Covered.Pct, z =
x2x$coef.rank, slope = x2x$lm.coef)
#use ggplot to layer the different components of the visualization
.plot <- ggplot(data = .df, aes(x = x, y = y, colour = 1, shape = z))
+ geom_point()
+ scale_shape_manual(values = seq(0, 24))
+ scale_y_continuous(expand = c(0.1,0))
+ scale_x_continuous(expand = c(0.1, 1))
+ facet_wrap(~z) + xlab("Year.1")
+ ylab("Not.Covered.Pct")
+ labs(colour = "cat", shape = "cat")
+ theme(panel.margin = unit(0.3,"points"), legend.position = "none")
+ theme(strip.text.x = element_text(size = 6))
print(.plot)
```

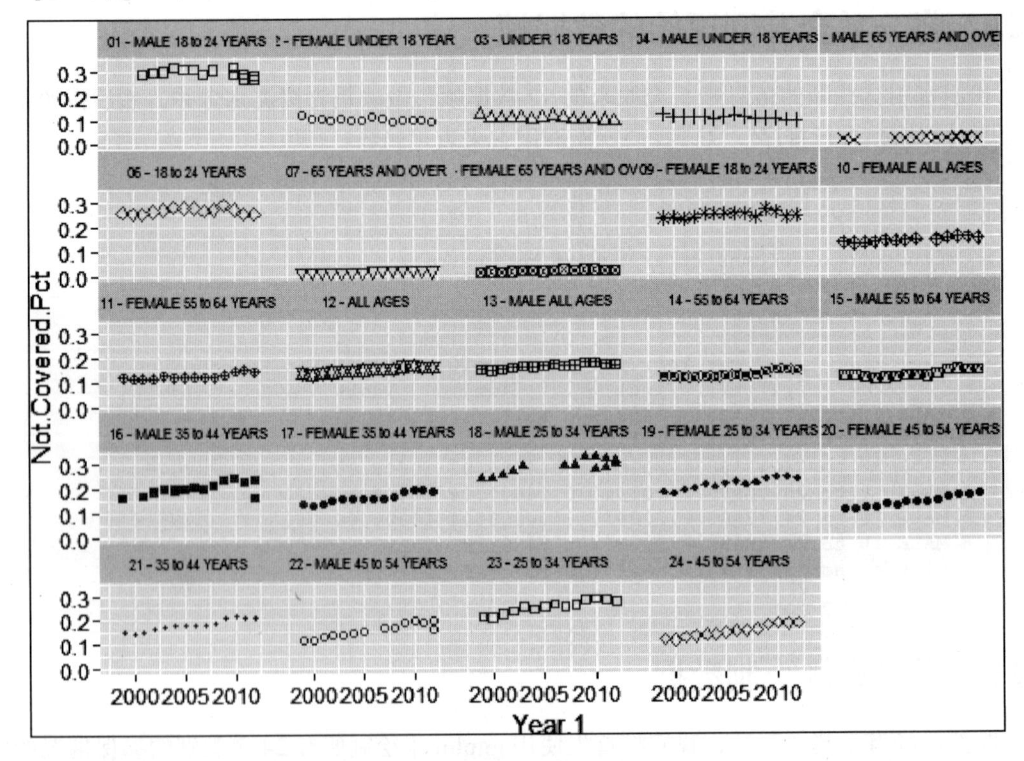

正如你所看到的，对于 ALL AGES 类别，在 2010 年（此时美国平价医疗法案颁布）之

前，未参保的百分比是逐渐增加的，这一年之后百分比开始下降。但在同一时期，18 岁以下的未参保人群相对人口比例呈下降趋势。

我们可以仔细看查顶部和底部的 4 个类别以及 ALL AGES 类别来更深入地检验这一点。这一次，我们将使用 geom_smooth 参数来添加自己的趋势线，这样会多一个线性回归趋势线：

```
# declining enrollment
.df2 <- rbind(head(.df,(4*14)), tail(.df,(4*14)), .df[.df$z == "12 - ALL
AGES", ])
.plot2 <- ggplot(data = .df2, aes(x = x, y = y, colour = 1, shape = z))
+ geom_point()
+ scale_shape_manual(values = seq(0, nrow(.df2)))
+ scale_y_continuous(expand = c(0.1,0))
+ scale_x_continuous(expand = c(0.1, 1))
+ facet_wrap(~z)
+ xlab("Year.1")
+ ylab("Not.Covered.Pct")
+ labs(colour = "cat", shape = "cat")
+ theme(panel.margin = unit(0.3,"points"),legend.position = "none")
+ geom_smooth(method = "lm", se = FALSE,colour = "red")
.plot2 <- ggplot(data = .df2, aes(x = x, y = y, colour = 1, shape = z))
+ geom_point()
+ scale_shape_manual(values = seq(0, nrow(.df2)))
+ scale_y_continuous(expand = c(0.1,0))
+ scale_x_continuous(expand = c(0.1, 1))
+ facet_wrap(~z)
+ xlab("Year.1")
+ ylab("Not.Covered.Pct")
+ labs(colour = "cat", shape = "cat")
+ theme(panel.margin = unit(0.3,"points"),legend.position = "none")
+ geom_smooth(method = "lm", se = FALSE,colour = "red")
print(.plot2)
```

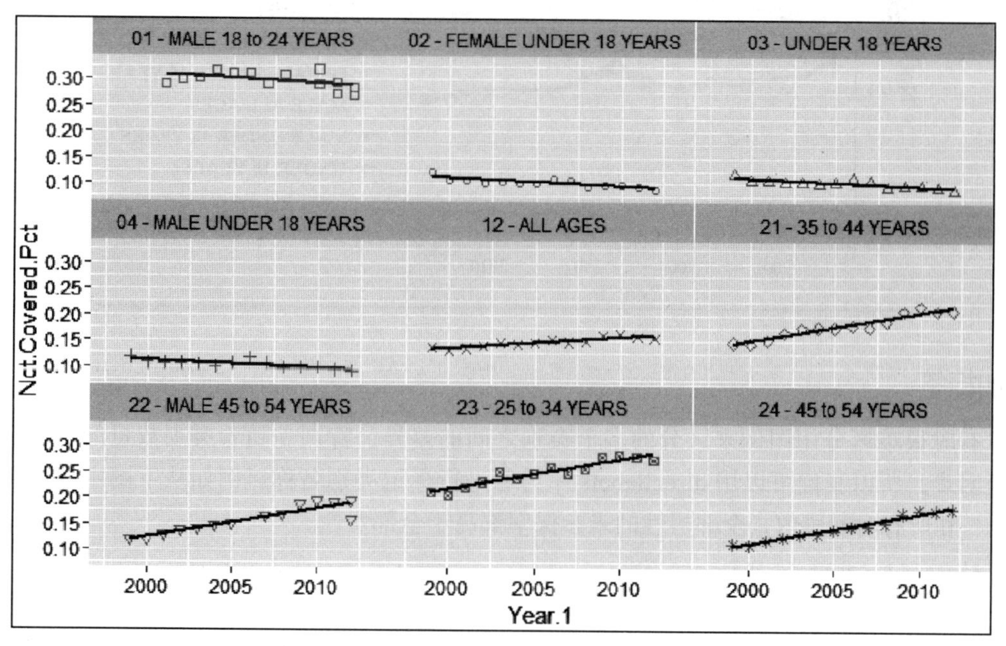

8.22 绘制一个图表上的全部类别

有时候，在一张图上绘制所有的线，会比给它们绘制多个独立的图表更好。为了实现这个目的，我们将更改一下语法，这样类别就会显示为层叠线。用这种方法，我们可以看到不同年龄段的未参保人数百分比，其中 18 岁以下的人未参保率最低，25 ～ 54 岁的人未参保率最高：

```
library(ggplot2)
### plot all on one graph

.df <- x3[order(x3$Year.1), ]
.plot <- ggplot(data = .df, aes(x = Year.1, y = Not.Covered.Pct, colour =
cat,shape = cat))
+ geom_point()
+ geom_line(size = 1)
+ scale_shape_manual(values = seq(0,15))
+ ylab("Not.Covered.Pct")
+ labs(colour = "cat", shape = "cat")
+ theme_bw(base_size = 14,base_family = "serif")
print(.plot)
```

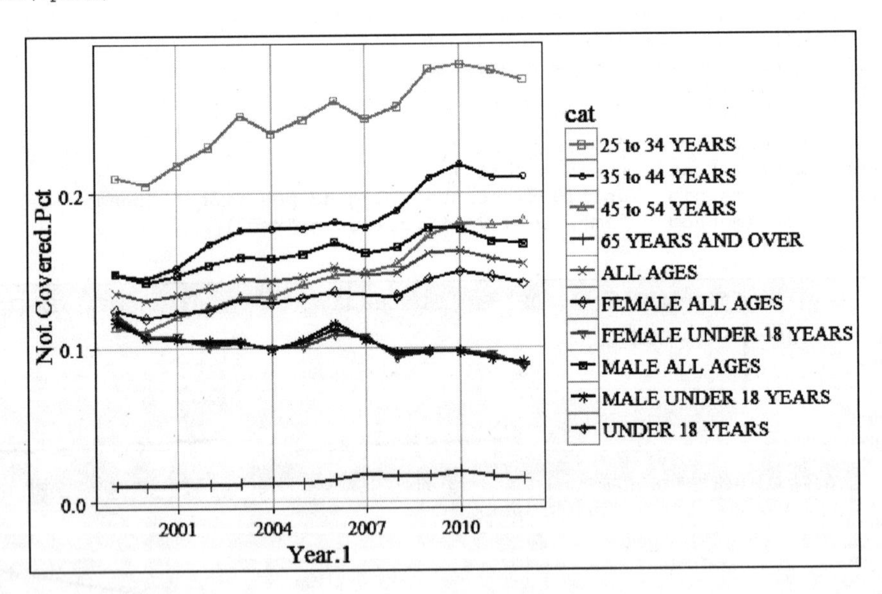

添加标签

有时很难区分用图例来区分的多个类别之间的差异，特别是随着类别数量的增加会变得更困难，所以我们可以用 directlabels 库为每一行标记类别名称。例如从下图中我们可以看出，在所有时间段内，全部男性的未参保率都高于全部女性。

```
#install.packages("directlabels")
library(directlabels)
direct.label(.plot, list(last.points, hjust = 0.75, cex = 0.75, vjust = 0))
```

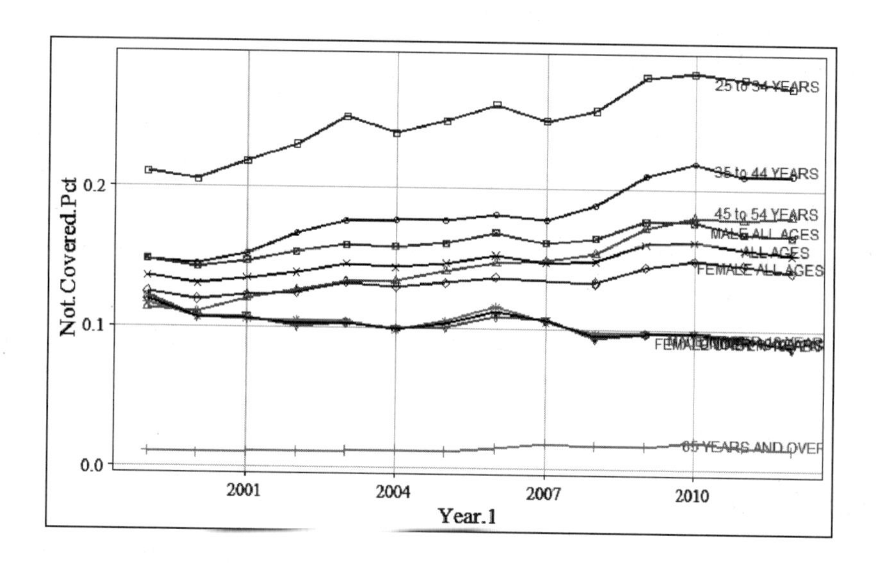

8.23　使用 ets 函数执行一些自动预测

到目前为止，我们已经研究了一些能够探索数据中可能存在的任何线性趋势的方式。这为下一步的预测提供了坚实的基础。现在开始考虑如何执行一些实际的预测。

将数据帧转换为时间序列对象

作为准备步骤，我们将使用 ts 函数把数据帧转换为时间序列对象。在转换为 ts 对象之前，时间序列必须是等间距的，这一点很重要。作为 ts 函数的参数，你至少需要提供时间序列变量，以及开始和结束日期。

创建了一个新对象 x 之后，运行 str() 函数来验证从 1999 ～ 2012 年的所有 14 个时间序列都已经创建完成：

```
# only extract the 'ALL' timeseries
x <- ts(x2$Not.Covered.Pct[1:14], start = c(1999), end = c(2012), frequency
= 1)

str(x)
>  Time-Series [1:14] from 1999 to 2012: 0.154 0.157 0.163 0c.161 0.149 ...
```

8.24　使用移动平均线来使数据平滑

有一种用于分析时间序列的技术，使用简单移动平均线和指数移动平均线。简单移动平均线和指数移动平均线都可以消除序列中的随机噪音，并观察周期和趋势。

8.25 简单移动平均线

简单移动平均线将简单地取出 k 个时间段的时间序列变量的总和，然后除以变量的数量。从这个意义上讲，它与平均值的计算是相同的。但是，与简单的平均值的不同之处在于：

- 每增加一个时间周期，平均线都会改变。移动平均线是向后看的，每移动一个时间周期，平均线也会随之改变。这就是为什么它叫作移动平均线。移动平均线有时也称为滚动平均线。
- 向后看的时间周期长度也可以改变。这是移动平均线的第二个特征。10 周期移动平均线将取最近 10 个数据元素的平均值，而 20 周期移动平均线会取最近 20 个数据点的总和，然后除以 20。

使用函数计算 SMA

为了计算数据滚动 5 周期的移动平均线，我们将使用 TTR 包中的简单移动平均线（SMA）函数，然后显示结果的前几行：

```
#install.packages("TTR")
library(TTR)
 MA <- SMA(x, n = 5)
 cbind(head(x, 14), head(MA, 14))
>             [,1]      [,2]
>  [1,] 0.1541247        NA
>  [2,] 0.1574131        NA
>  [3,] 0.1629424        NA
>  [4,] 0.1609860        NA
>  [5,] 0.1485338 0.1568000
>  [6,] 0.1474000 0.1554551
>  [7,] 0.1523271 0.1544379
>  [8,] 0.1464598 0.1511414
>  [9,] 0.1433967 0.1476235
> [10,] 0.1455136 0.1470194
> [11,] 0.1391090 0.1453612
> [12,] 0.1347953 0.1418549
> [13,] 0.1308892 0.1387408
> [14,] 0.1362041 0.1373023
```

有很多方法可以用原始数据绘制移动平均线。在基础的 R 语言中、可以使用 tsplot() 函数，它将原始序列和该序列的移动平均线作为参数：

```
ts.plot(x, MA, gpars = list(xlab = "year", ylab = "Percentage of Non-
Insured",
lty = c(1:2)))
title("Percentage of Non-Insured 1999-2012 - With SMA")
```

下图中，实线表示原始数据，虚线表示移动平均线：

你可以看到移动平均线如何帮助显示数据的上升和下降的变化，它还有助于平滑数据以帮助消除一些噪音。另外请注意，移动平均线需要一些起始数据来开始计算，所以这就是为什么在图的前 4 个时间段中虚线表示的移动平均线是缺失的。只有到了第 5 个时间段，才能通过加总与 1999 ～ 2003 年相对应的数值再除以 5 来确定计算值。下一个点是通过加总对应于 2000 ～ 2004 年的时间段的数值，然后再除以 5 得出的。

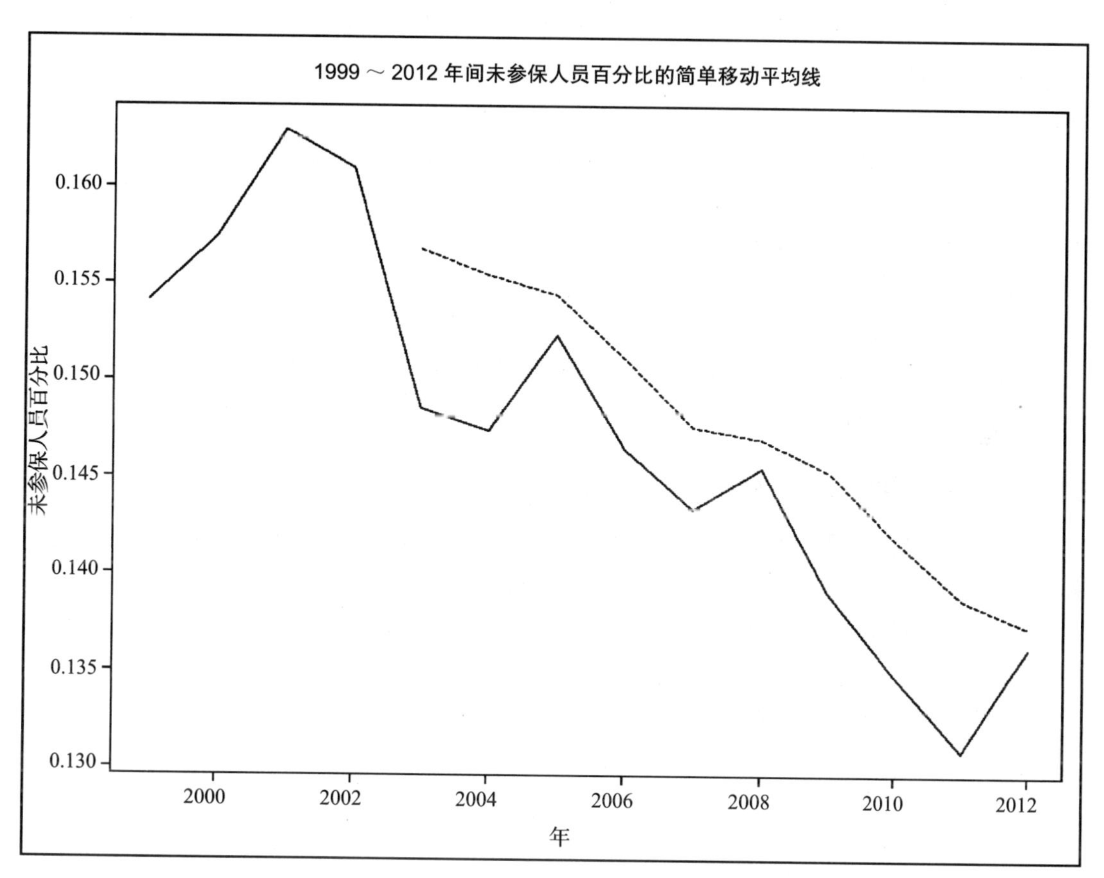

8.26　验证 SMA 的计算值

能够验证计算，确保取得的值是正确的，并且加深了解，一直是非常重要的。

在 SMA 函数的例子中，我们可以切换到控制台，并计算最后 5 个数据点的 SMA 值。

首先，我们计算元素的总和，然后除以移动平均线中的数据点的数量（5）：

```
sum(x[10:14])/5
> [1] 0.1373023
```

这与时间段 14 中 SMA 那一列的值完全匹配。

8.27　指数移动平均线

简单移动平均线（SMA）对于所有数据点都给予相同的权重，无论它们是很旧的数据还是最近才发生的数据。指数移动平均线（EMA）则对最近的数据给予更多的权重，假设未来更可能看起来像最近的过去，而不是更远的过去。

EMA 实际上是一个更简单的计算。EMA 开始的时候计算的是一个简单的移动平均线。当达到指定的回溯周期数（n）时，它通过为当前值和前一个值分配不同的权重来计算当前值。

该权重由平滑（或比率）因子指定。当 ratio=1 时，预测值完全基于上一次的值。对于比率 b=0，预测基于整个回顾周期的平均值。因此，平滑因子越接近 1，最近的数据的权重就越大。如果你想给旧数据更多的权重，请将平滑因子往 0 的方向调整。

EMA 的一般计算公式如下：

（当前数据点 -EMA（前一个））x 平滑因子 + EMA（前一个）

要计算 EMA，可以使用 EMA() 函数（来自 TTR 包）。你需要指定一个平滑常数（比率），以及一个回顾期（n）。

8.27.1 使用函数计算 EMA

下面的代码将计算一个比率为 0.8 的 EMA，使用的回顾期为 5。0.8 的比率将给最近时期的值加上最大的权重，同时仍允许过去时期的值对预测产生影响。

然后使用 cbind() 来显示数据点、简单移动平均线和指数移动平均线：

```
ExpMA <- EMA(x, n = 5, ratio = 0.8)
cbind(head(x, 15), head(MA, 15), head(ExpMA, 15))
>             [,1]      [,2]      [,3]
>  [1,] 0.1541247        NA        NA
>  [2,] 0.1574131        NA        NA
>  [3,] 0.1629424        NA        NA
>  [4,] 0.1609860        NA        NA
>  [5,] 0.1485338 0.1568000 0.1568000
>  [6,] 0.1474000 0.1554551 0.1492800
>  [7,] 0.1523271 0.1544379 0.1517177
>  [8,] 0.1464598 0.1511414 0.1475114
>  [9,] 0.1433967 0.1476235 0.1442196
> [10,] 0.1455136 0.1470194 0.1452548
> [11,] 0.1391090 0.1453612 0.1403382
> [12,] 0.1347953 0.1418549 0.1359039
> [13,] 0.1308892 0.1387408 0.1318922
> [14,] 0.1362041 0.1373023 0.1353417
ts.plot(x, ExpMA, gpars = list(xlab = "year", ylab = "Percentage of Non-
Insured",
lty = c(1:2)))
title("Percentage of Non-Insured 1999-2012 - With EMA")
```

下图以图形形式显示数据。可以看到，相对于 SMA，每个数据点更接近其 EMA。如前所述，SMA 在回顾期对所有以前的数据点采用相同的权重。在这方面，EMA 对最近的数据反应较快，而 SMA 移动较慢，变异性较小。当然，两者都受到参数（特别是回顾期）的影响。在这两种情况下，回顾期增长的话会使移动平均线的反应变慢。

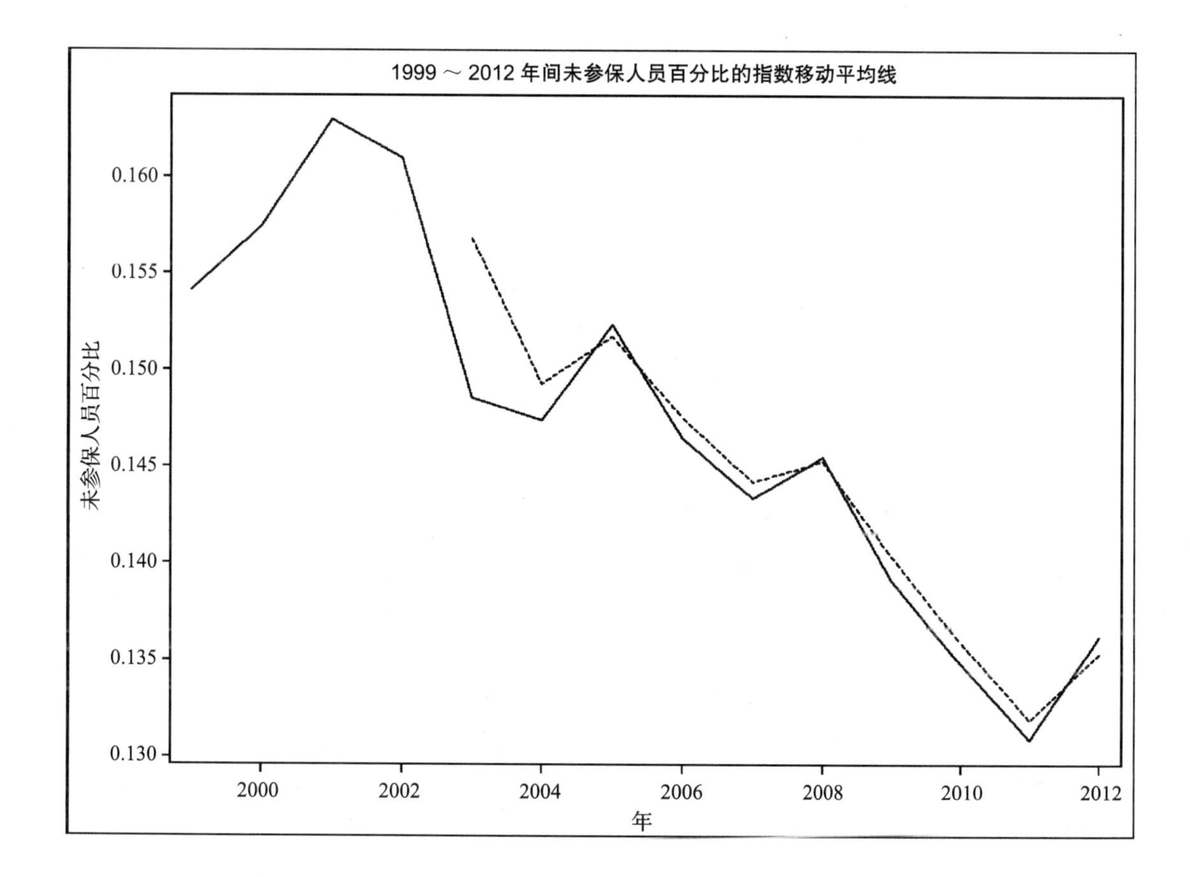

8.27.2　选择平滑因子

有时，你通过自己处理数据的经验来选择合适的平滑因子，表达自己对于如何期待未来行为的看法。例如，如果你认为数据最近已经发生改变来反映新模式，则可能需要假设最近的数据更为重要，并使用接近 1 的平滑因子。相反如果你认为最近的活动只是由于随机波动，可能希望选择较低的平滑因子来给予过去更多的权重。处理最近的过去和久远的过去的平滑因子也可能是 0.5。重点在于我们并不总是需要自动优化平滑因子（这点会在后面讲到）。

8.28　使用 ets 函数

尽管移动平均线非常有用，但它们还只是所谓的指数平滑状态空间模型的一个组成部分。该空间有许多选项来定义最佳平滑因子，并且可以通过参数来定义趋势和季节性的类型。

为了实现这个模型，我们将使用 forecast 包中的 ets() 函数为 ALL AGES 类别的 Not-Covered Percent 变量建模。

etc() 是一个灵活的函数，它有能力在做预测的时候把趋势和季节性合并进来。

在这个示例中，我们只是介绍一个简单的指数平滑模型（ANN）。但是，为了知识的完整性，你应该知道在调用 ets() 函数时指定了三个字母，并且你应该知道每个字母代表的意思是什么。如果没有指定这些字母，将基于默认参数进行建模。

下面是软件包作者 Hydman 的特别说明：

- 第一个字母表示错误类型（“A”、“M” 或 “Z”）
- 第二个字母表示趋势类型（“N”、“A”、“M” 或 “Z”）
- 第三个字母表示季节类型（“N”、“A”、“M” 或 “Z”）

在所有情况下，N = 无，A = 加法，M = 乘法，Z = 自动选择。

因此，就本示例而言，如果我们想要模拟一个简单的指数平滑模型，和之前我们手动计算的那个一样，那么需要指定模型为 ANN。

8.29 使用 ALL AGES 做预测

在下面的代码中会执行以下几个步骤：

1）首先，过滤数据，使其只包含 ALL AGES 类别。

2）然后，创建一个时间序列对象。

3）最后，使用 ets() 函数运行简单的指数模型。

请注意，我们没有指定平滑因子。ets() 函数计算最佳平滑因子（alpha，通过 summary() 函数（粗体显示）显示），在这个例子中为 0.99，这意味着需要把模型时间序列大约 99% 的数据纳入下一个时间序列预测：

```
library(dplyr)
>
> Attaching package: 'dplyr'
> The following objects are masked from 'package:stats':
>
>     filter, lag
> The following objects are masked from 'package:base':
>
>     intersect, setdiff, setequal, union
library(forecast)
> Loading required package: zoo
>
> Attaching package: 'zoo'
> The following objects are masked from 'package:base':
>
>     as.Date, as.Date.numeric
> Loading required package: timeDate
> This is forecast 7.1
x4 <- x2[x2$cat == "ALL AGES", ]

# set up as a time series object
x <- ts(x4$Not.Covered.Pct, start = c(1999), end = c(2012), frequency = 1)

fit <- ets(x, model = "ANN")
summary(fit)
> ETS(A,N,N)
```

```
>
> Call:
>  ets(y = x, model = "ANN")
>
>   Smoothing parameters:
>     alpha = 0.9999
>
>   Initial states:
>     l = 0.1541
>
>   sigma:  0.0052
>
>        AIC      AICc       BIC
> -106.3560 -105.2651 -105.0779
>
> Training set error measures:
>                         ME        RMSE         MAE        MPE     MAPE
> Training set -0.001279923 0.005191075 0.00430566 -0.9445532 2.955436
>                   MASE        ACF1
> Training set 0.9286549 0.004655079
```

8.30 绘制预测值和实际值

接下来，我们可以绘制预测值与实际值。请注意，预测值与实际值几乎相同。然而，预测值总是比实际值早一步：

```
plot(x)
lines(fit$fitted, col = "red")
```

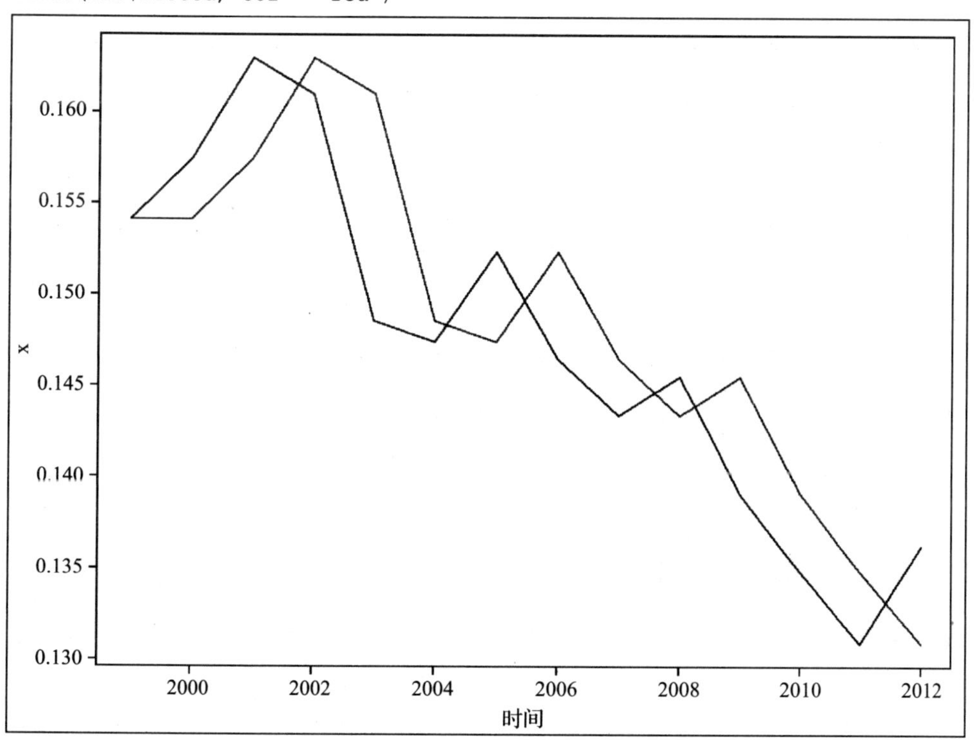

8.31 forecast（fit）方法

forecast 方法包含许多可以显示的对象，如拟合值、原始值、置信区间和残差。我们使用 str（forecast（fit））来查看哪些对象可以利用。

我们将使用 cbind 输出原始数据点、拟合数据点和模型拟合方法。

```
cbind(forecast(fit)$method,forecast(fit)$x,forecast(fit)$fitted,forecast(fi
t)$residuals)
Time Series:
Start = 1999
End = 2012
Frequency = 1
     forecast(fit)$method   forecast(fit)$x forecast(fit)$fitted
forecast(fit)$residuals
1999          ETS(A,N,N)  0.15412470117969    0.154120663632029
4.03754766081788e-06
2000          ETS(A,N,N) 0.157413125646824    0.154124700770241
0.00328842487658335
2001          ETS(A,N,N) 0.162942355969924    0.157412792166205
0.00552956380371911
2002          ETS(A,N,N) 0.160986044554207    0.162941795214416
-0.001955750660209
2003          ETS(A,N,N) 0.148533847659868    0.160986242887746
-0.0124523952278778
2004          ETS(A,N,N) 0.147400008880004    0.148535110462768
-0.00113510158276331
2005          ETS(A,N,N) 0.152327126236553    0.147400123991157
0.00492700224539561
2006          ETS(A,N,N) 0.146459794092561    0.152326626587079
-0.00586683249451758
2007          ETS(A,N,N)  0.14339666192983    0.146460389050636
-0.00306372712080566
2008          ETS(A,N,N) 0.145513631588618    0.143396972623751
0.00211665896486724
2009          ETS(A,N,N) 0.139109023459534    0.145513416937297
-0.00640439347776356
2010          ETS(A,N,N) 0.134795323545856    0.139109672931905
-0.00431434938604935
2011          ETS(A,N,N) 0.130889234985064    0.134795761065932
-0.00390652608086872
2012          ETS(A,N,N) 0.136204104247743    0.130889631147599
0.00531447310014455
```

我们也可以使用 View 以矩阵形式显示若干个预测对象：

```
View(forecast(fit))
```

8.32 用置信带来绘制未来的值

我们使用 plot 函数绘制出对未来的预测值。请注意，最后一个值的预测包含水平预测线周围的上下置信区间。但为什么是一个水平的预测线？这就是说，指数模型没有趋势或季节性，最好的预测是基于平滑后的平均值的最后一个值。但是，我们可以看到，基于置信区

	Point Forecast	Lo 80	Hi 80	Lo 95	Hi 95
2013	0.1362036	0.1295509	0.1428562	0.1260292	0.1463779
2014	0.1362036	0.1267958	0.1456113	0.1218156	0.1505915
2015	0.1362036	0.1246817	0.1477255	0.1185823	0.1538248
2016	0.1362036	0.1228993	0.1495078	0.1158565	0.1565507
2017	0.1362036	0.1213290	0.1510781	0.1134549	0.1589522
2018	0.1362036	0.1199094	0.1524977	0.1112838	0.1611233
2019	0.1362036	0.1186039	0.1538032	0.1092872	0.1631199
2020	0.1362036	0.1173888	0.1550184	0.1074288	0.1649783
2021	0.1362036	0.1162475	0.1561597	0.1056834	0.1667238
2022	0.1362036	0.1151680	0.1572391	0.1040325	0.1683747

间的预测有很大的变化。随着预测时间周期的增加，置信带也会随之增加，以反映与预测相关的不确定性：

```
plot(forecast(fit))
```

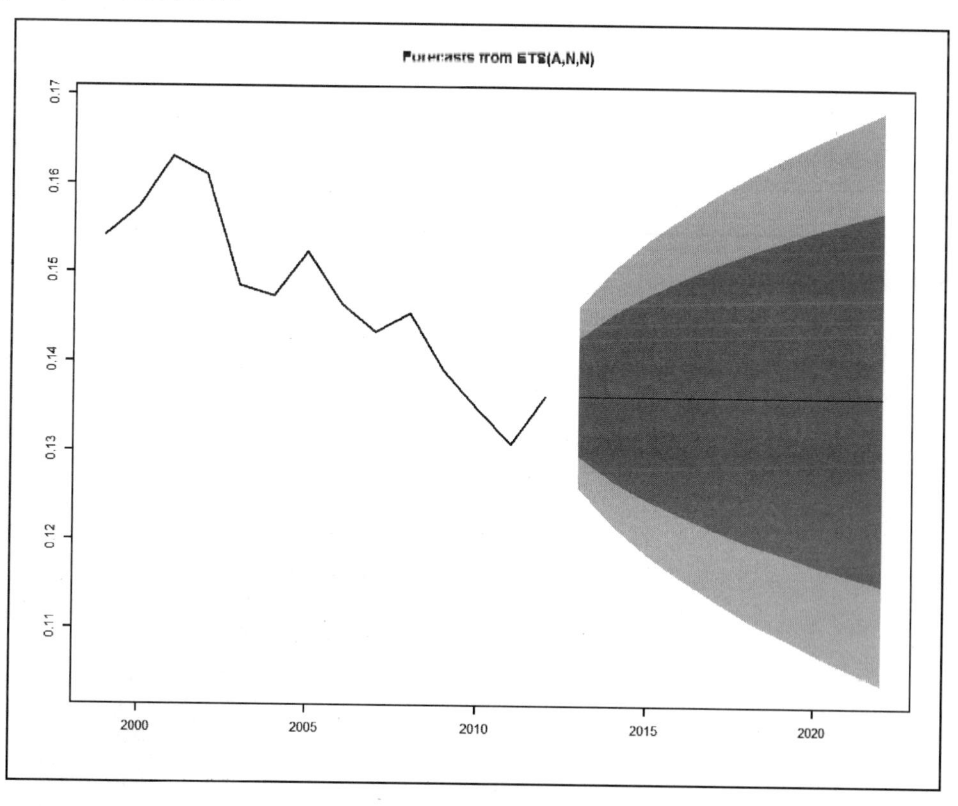

8.33　修改模型以包含趋势组件

在早些时候，我们为数据添加了一条线性趋势线。如果想把线性趋势也纳入到预测中，那么可以把第二个参数指定为 A（趋势参数），从而得到一个“AAN”模型（Holt 的线性趋

势)。这种类型的方法允许指数平滑带有趋势:

```
fit <- ets(x, model = "AAN")
summary(fit)
> ETS(A,A,N)
>
> Call:
> ets(y = x, model = "AAN")
>
> Smoothing parameters:
> alpha = 0.0312
> beta = 0.0312
>
> Initial states:
> l = 0.1641
> b = -0.0021
>
> sigma: 0.0042
>
> AIC AICc BIC
> -108.5711 -104.1267 -106.0149
>
> Training set error measures:
> ME RMSE MAE MPE MAPE
> Training set -0.000290753 0.004157744 0.003574276 -0.2632899 2.40212
> MASE ACF1
> Training set 0.7709083 0.05003007
```

绘制预测结果如下图所示:

```
plot(forecast(fit))
```

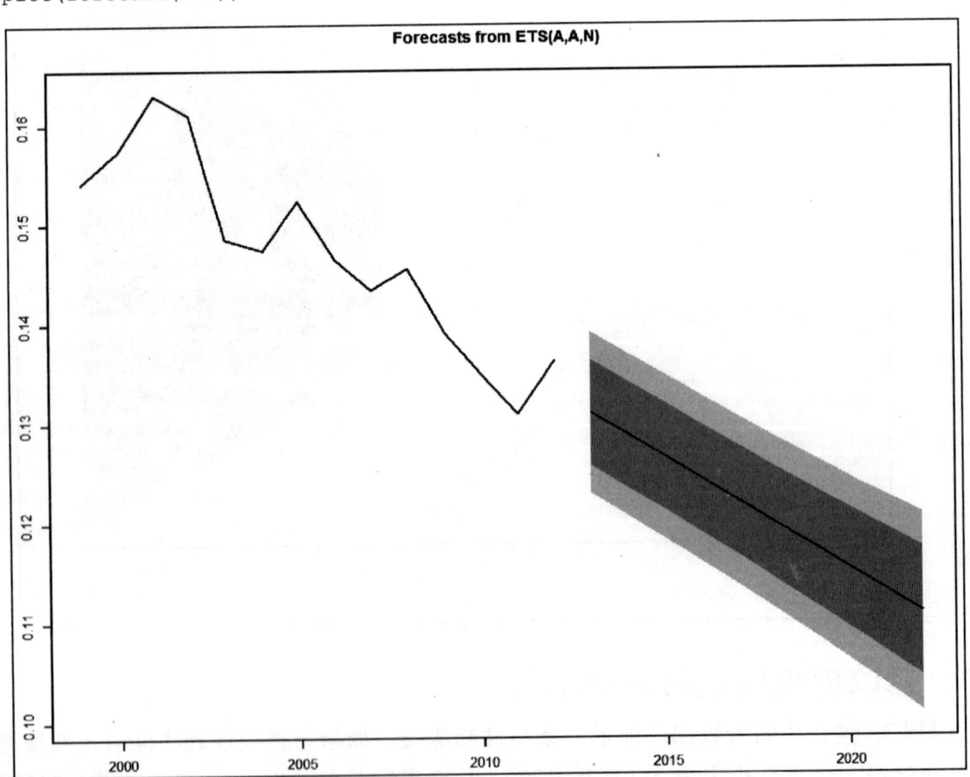

8.34　对所有类别迭代运行 ets 函数

我们已经在一个类别上运行了一个 ets 模型，现在可以构建一些代码来自动构建所有类别的模型。

在这个过程中，我们也会保存一些准确度度量，以便看到模型是如何执行的：

1）首先按类别对数据帧进行排序，然后按年份排序。

2）接着，初始化一个新的数据帧（onestep.df），用它来存储测试和训练数据的每个移动窗口预测的精度结果。

3）然后，作为一个循环的迭代，处理每个有 14 个时间段组的数据。

4）对于每次迭代，提取测试和训练数据帧。

5）为训练数据集拟合一个简单的指数平滑模型。

6）应用适合测试数据集的模型。

7）应用 accuracy 函数以提取验证统计。

8）将所得的每一个数据存储在上一步中初始化的 onestep.df 数据帧中：

```
df <- x2 %>% arrange(cat, Year.1)

# create results data frame
onestep.df <- data.frame(cat = character(), rmse = numeric(), mae =
numeric(),
mape = numeric(), acf1 = numeric(), stringsAsFactors = FALSE)

#
#
library(forecast)
iterations <- 0
for (i in seq(from = 1, to = 999, by = 14)) {
j <- i + 13
# pull out the next category. It will always be 14 records.
x4 <- df[i:j, ]
x <- ts(x4$Not.Covered.Pct, start = c(1999), end = c(2012), frequency = 1)

# assign the first 10 records to the training data, and the next 4 to the
# test data.


trainingdata <- window(x, start = c(1999), end = c(2008))
testdata <- window(x, start = c(2009), end = c(2012))
par(mfrow = c(2, 2))

# first fit the training data, then the test data.
# Use simple exponential smoothing
fit <- ets(trainingdata, model = "ANN")
# summary(fit)
fit2 <- ets(testdata, model = fit)
onestep <- fitted(fit2)

iterations <- iterations + 1
onestep.df[iterations, 1] <- paste(x4$cat[1])
```

```
onestep.df[iterations, 2] <- accuracy(onestep, testdata)[, 2] #RMSE
onestep.df[iterations, 3] <- accuracy(onestep, testdata)[, 3] #MAE
onestep.df[iterations, 4] <- accuracy(onestep, testdata)[, 5] #MAPE
onestep.df[iterations, 5] <- accuracy(onestep, testdata)[, 7] #ACF1

if (iterations == 24)
break
}
```

从 for 循环中提取一个类别，并查看其中的一些行。查看最后一个处理组比较容易，因为循环中创建的中间对象仍然完好无损地保留着。

首先让我们看看原始组中的当前数据：

```
tail(x4)
```

这个命令可以显示最后一组 UNDER 18 YEARS 的部分输出。注意：要查看所有年份，你需要在控制台上运行命令 tail（x4, 14）：

```
> Source: local data frame [6 x 9]
>
> cat Avg.Total.Insured Avg.People Year Year.1
> (fctr) (dbl) (dbl) (fctr) (int)
> 1 UNDER 18 YEARS 66200.46 73752.5 2007 2007
> 2 UNDER 18 YEARS 66200.46 73752.5 2008 2008
> 3 UNDER 18 YEARS 66200.46 73752.5 2009 2009
> 4 UNDER 18 YEARS 66200.46 73752.5 2010 (10) 2010
> 5 UNDER 18 YEARS 66200.46 73752.5 2011 2011
> 6 UNDER 18 YEARS 66200.46 73752.5 2012 2012
> Variables not shown: Total.People (dbl), Total (dbl), Not.Covered (dbl),
> Not.Covered.Pct (dbl)
```

8.35 onestep 生成的精度指标

for 循环生成的 onestep.df 对象包含所有组的所有精度指标。观察一下前 6 行，你可以看到捕获的每个类别的精度指标 rmse、mae 和 mape：

```
head(onestep.df)
>                 cat        rmse         mae      mape      acf1
> 1 18 to 24 YEARS    0.013772470 0.009869590 3.752381 1.0000552
> 2 25 to 34 YEARS    0.004036661 0.003380938 1.217612 1.0150588
> 3 35 to 44 YEARS    0.006441549 0.004790155 2.231886 0.9999469
> 4 45 to 54 YEARS    0.004261185 0.003129072 1.734022 0.9999750
> 5 55 to 64 YEARS    0.005160212 0.004988592 3.534093 0.7878765
> 6 65 YEARS AND OVER 0.002487451 0.002096323 12.156875 0.9999937
cbind(fit$x, fit$fitted, fit$residuals)
> Time Series:
> Start = 1999
> End = 2008
> Frequency = 1
>            fit$x fit$fitted fit$residuals
 > 1999 0.11954420  0.1056241  0.0139200744
 > 2000 0.10725759  0.1056255  0.0016320737
 > 2001 0.10649619  0.1056257  0.0008705016
```

```
> 2002 0.10291788  0.1056258 -0.0027078918
> 2003 0.10393522  0.1056255 -0.0016902769
> 2004 0.09942592  0.1056253 -0.0061994140
> 2005 0.10320781  0.1056247 -0.0024169001
> 2006 0.11231138  0.1056245  0.0066869135
> 2007 0.10587369  0.1056251  0.0002485556
> 2008 0.09527547  0.1056252 -0.0103496921

mean(fit$residuals)
> [1] -6.056125e-07
```

现在我们查看测试数据集的 UNDER 18 YEARS 类别的残差。在 2011 年，残差似乎有所变化，但绝对值仍然是较小的。

```
absresid <- abs(fit2$residuals)
plot(absresid)
```

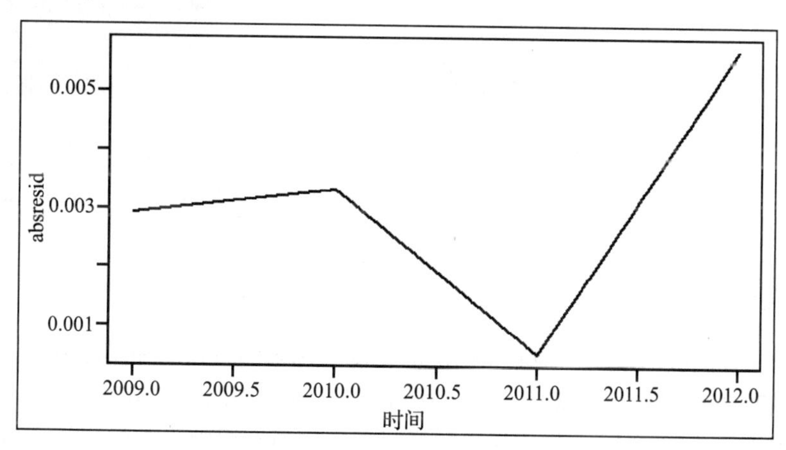

fit2 是测试数据，还有从训练数据（fit）开发的模型的拟合值：

```
cbind(fit2$x, fit2$fitted, fit2$residuals)
 > Time Series:
 > Start = 2009
 > End = 2012
 > Frequency = 1
 >          fit2$x fit2$fitted fit2$residuals
 > 2009 0.09745024  0.09451361  0.0029366252
 > 2010 0.09785322  0.09451391  0.0033393083
 > 2011 0.09397731  0.09451424 -0.0005369347
 > 2012 0.08877369  0.09451419 -0.0057404940

mean(fit2$residuals)
 > [1] -3.738216e-07
```

8.36　比较 UNDER 18 YEARS 组的测试和训练

我们也可以查看这个细分的训练和测试组的图形，看看是否有什么有用的信息：

```
par(mfrow = c(1, 2))
plot(forecast(fit))
plot(forecast(fit2))
```

从下面的图可以看出，尽管这个组的未覆盖百分比有所下降，但是可能没有足够的数据可以用来辨别出趋势，所以投影被设定为平均值。

对于测试数据图，我们也可以看出为什么绝对残差图从2010年的峰值（当“平价医疗法案”颁布时）过渡到2011年的过程中下降了xxx，而2011年之后进入下降趋势：

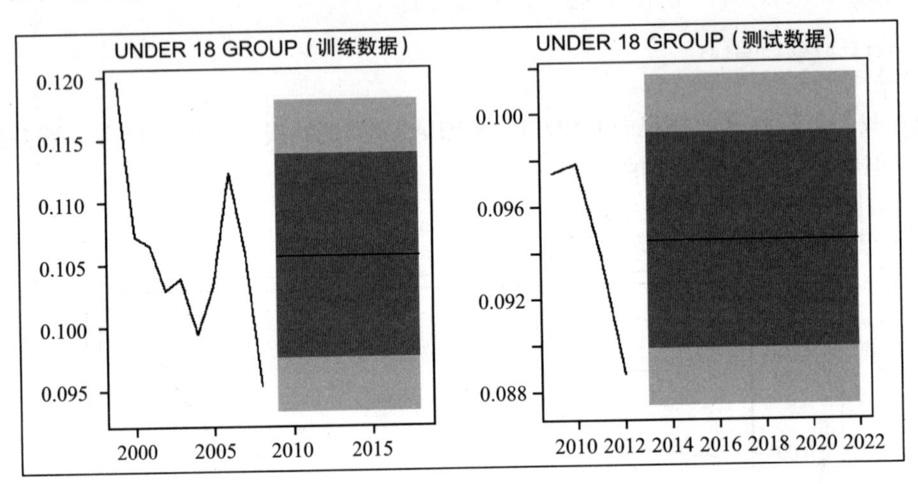

8.37 精度指标

使用残差，我们可以根据三种使用广泛的精度指标来测量预测和实际值的误差：

- **平均绝对误差（MAE）**：该度量采用所有误差（残差）的绝对值的均值。
- **均方根误差（RMSE）**：均方根误差通过首先取所有误差平方的均值，然后取均值的平方根来测量误差，以便恢复到原始尺度。这是测量误差的标准统计方法。

MAE和RMSE都是依赖于尺度的度量指标，这意味着它们可以用来比较具有相似尺度的问题。当比较不同尺度的模型之间的准确性时，应该使用其他与尺度无关的量度，如MAPE。

- **平均百分比误差（MAPE）**：这是当前值和预测值之间的绝对差值，相对于当前值的百分比。它直观易懂，是一个非常受欢迎的指标：

$$M = \frac{100}{n}\sum_{t=1}^{n}\left|\frac{A_t - F_t}{A_t}\right|$$

其中，A_t是实际值，F_t是预测值。

我们可以根据MAPE列来简单地对onestep.df对象进行排序，从而查看哪个模型的性能最差（使用例如MAPE这样的指标）：

```
onestep.df %>% arrange(., desc(mape)) %>% head()
>                       cat        rmse         mae      mape      acf1
> 1 MALE 65 YEARS AND OVER 0.002647903 0.002226841 17.440671 0.5781697
```

```
> 2 MALE 35 to 44 YEARS       0.039044319 0.024111701 14.218445 0.9999903
> 3 65 YEARS AND OVER         0.002487451 0.002096323 12.156875 0.9999937
> 4 MALE 25 to 34 YEARS       0.024195057 0.019901117 6.748294  0.9999310
> 5 MALE 45 to 54 YEARS       0.017711280 0.010388681 6.380865  0.9999900
> 6 FEMALE 55 to 64 YEARS     0.006749771 0.005610275 4.021224  0.5038707
```

在一个图中同时绘制出所有的 MAPE 指标，结果显示，指数模型对于年轻群体的预测效果更好，对于年长的群体，特别是对于男性来说，效果似乎有所下降：

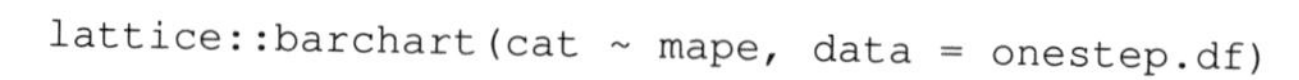

```
lattice::barchart(cat ~ mape, data = onestep.df)
```

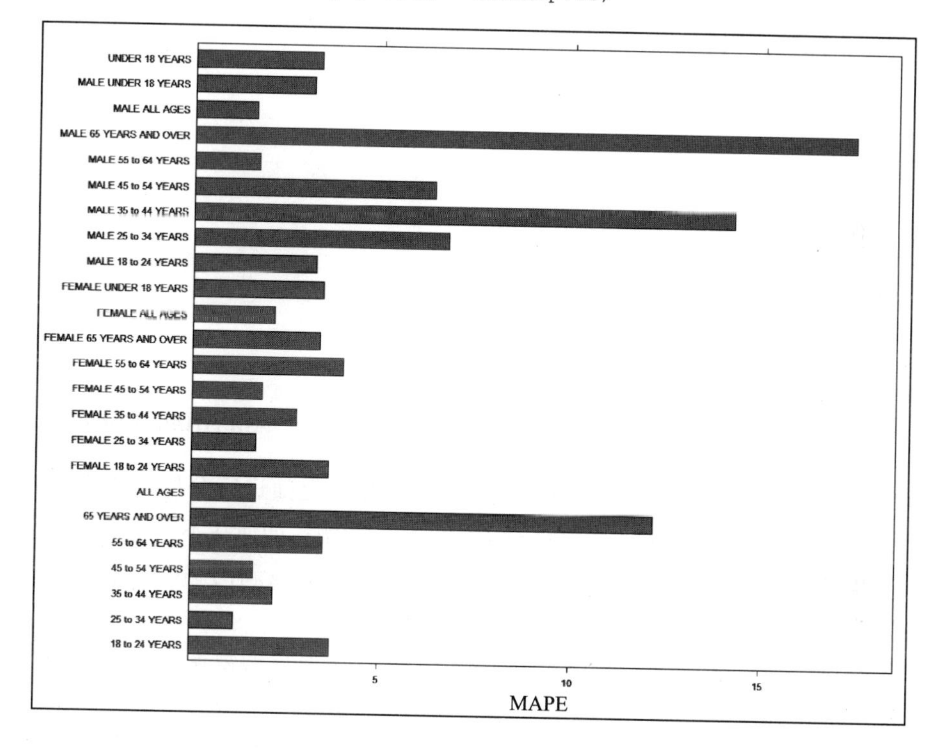

8.38　参考资料

```
http://www.census.gov/data/tables/time-series/demo/health-insurance/historic
al-series/hib.html
```

8.39　本章小结

本章通过读取和探索 CMS 网站的医疗注册数据，介绍了时间序列分析。然后，我们开始定义一些基本的时间序列概念，例如简单和指数移动平均线。最后，我们使用 R 语言的 forecast 软件包与一些指数平滑状态空间模型一起工作，展示了一种为数据生成自动预测的方法。我们还展示了几种使用 ggplot、lattice 包以及原生 R 语言图形的绘图方法。

Chapter 9 第9章

Spark

“数据！数据！数据！巧妇难为无米之炊！”

——Sir Arthur Conan Doyle

目前为止，我们已经学习了如何在所谓的“小数据”上面进行分析。然而，随着数据的数量增加，总体尺寸越来越大，因而就有了进一步的问题：如何在不断增长的大量数据上进行分析？在这种情况下，我们就要开始探索“大数据”，开发新的解决方案，有时候还会引入新的工具。

在某种程度上，并没有什么真的改变。你仍旧想要高质量的数据。你还是想要检查数据间的关系，还要把问题投射到某个预测分析框架中。

改变的仅仅是达到这些目标所采取的步骤，请时刻考虑到数据管理的难度变大了，所以需要一些新的工具来帮忙。

最近这些年出现的工具，其中一种叫作 Apache Spark。

在本章中，我们会介绍一些有关于 Spark 的基本知识。首先我们还是从一个小型数据集入手，进行一些数据清洗，然后把这个小型数据集转换成大得多的数据集，以便在 Apache Spark 环境中处理它。我们还会学习如何调整那些已经熟悉的工具，以便与 Spark 协同工作，同时还会学习一些新的工具。

9.1 关于 Spark

在写作本书的时候，Spark 可能是最预测分析领域用于超大数据集最受欢迎的架构。

Spark 是一种分布式架构，可以帮助你管理大量的数据，并使分析变得容易些。Spark 是在 Hadoop 之上构建的，所以它们的文件系统是一样的。

不过，Spark 并不是基于 MapReduce 样式，它使用的是弹性分布式数据集（resilient distributed dataset，RDD）结构，这是为了实现内存中分析，并管理涉及环境中所有节点的并行处理聚类。对分析师来说，这就意味着查询操作的速度非常快，因为数据是从内存中取得的，这比访问硬盘的速度要快很多。访问速度快意味着你可以有更多时间用于分析，而花费更少的时间来等待结果。

以下是 Spark 的一些优势：

- Spark 克服了内存中分析的一些限制，因为它可以管理内存，并优化了数据访问和查询。
- Spark 有自己的机器学习库，叫作 MLlib，它实现了一些流行的预测分析建模技术，并针对大型数据集算法优化了计算速度。
- Spark 现在包含了数据帧的概念，这样就使分析师用 R 或者 Python 进行分析的时候更为易用。
- Spark 利用了 Hadoop 的冗余和容错的优势。如果某一个节点因故失效了，另外一个节点可以代替它，这样分析过程并不会失败。当在生产环境中工作时，这一点是非常重要的。
- Spark 还支持一些其他的编程语言，比如 Java 和 Scala。在一个分析流水线中可以混合使用多种编程语言，多个分析师可以分享同一批数据。这样有利于提高团队协作能力和工作效率。

9.2 Spark 环境

Spark 可以在以下三种模式下工作：

- 独立模式
- YARN
- MESOS

对于初始部署（和初学者），最好从独立模式开始，这种模式使用 Spark 独享的聚类。而且，你可以在本地模式（你自己的计算机）上面运行独立模式，也可以使用云计算服务（比如亚马逊的 AWS）。

9.2.1 聚类计算

聚类计算能力使得 Spark 可以同时在很多计算机上处理并分布数据。聚类管理组件根据用户的需求申请聚类需要的资源。Spark 的一个重要的方面就是，它把尽可能多的数据保管在内存中，以便于数据能够尽可能快地供应给各种各样的分析，这样就不用在每次指定了查询或者模型之后，还得等待数据从硬盘上读取出来。

Spark 数据保存在 RDD 中，可以把不同种类的对象分散在聚类中。

9.2.2 并行计算

并行计算的意思是在同一时间进行各自独立的不同计算任务的能力。Spark 通过分布工作负载来实现这一点。例如，如果一个数据帧需要简单地根据姓来排序，聚类管理组件就会把以 26 个不同字母为首的姓分配给 26 个不同的节点，每个节点就只用排序它自己分到的那个字母为首的姓，然后把它们排序的结果返回到同一个节点上，最终再按照字母顺序整体排序。这样就比只用一台机器给全部数据排序要快得多。

9.3 SparkR

Spark 本身是用一种叫作 Scala 的编程语言写的，运行在 Java 环境中。不过，你可以使用的编程语言不仅限于 Scala。Spark 有一些接口，通过不同的 API 提供给用户，这样用户就可以使用下面这些编程语言来编写程序：

- R
- Scala
- Java
- Python
- Clojure

我们将会在本章使用 SparkR 来展示一些示例。SparkR 是一个 R 包，它是从 R 程序使用 Apache Spark 的前端。使用 SparkR，你可以在聚类上执行从数据科学到交互式运行任务等操作。使用 SparkR 的一个突出的优点是，对于传统的 R 程序员，在 SparkR 里面可以使用他们已经非常熟悉的一些技术，比如数据帧的概念。

数据帧

Spark RDD 可能使用起来有点困难，所以在最近的 Spark 版本中，在 RDD 的基础上建立了数据帧摘要，这样分析师就可以用他们以前惯用的方法来查看数据，例如，用表格和列表的形式查看。这样就使得很多高级语言（例如 R 和 Python）可以使用熟悉的语法，并整合优化过的代码，这样就能够和 Scala 或者 Spark SQL 平分秋色了。

Databricks 是 Apache Spark 的创始人建立的公司，它提供在使用 R、Java、Scala 或 Python 的云计算中运行 Spark 程序的免费环境。

我将使用 Databricks 的环境来阐述运行本章示例所需的代码。这些示例使用了 Databricks 笔记本的概念。Databricks 笔记本和 Jupyter 或者 Zeppelin 的笔记本相似。你可以用笔记本在同一个地方显示代码和结果。

Databricks 笔记本还可以在一个笔记本里混合不同的编程语言，例如可以使用 R、Python 和 SQL 代码合起来编写一个分析程序。

下面是开始时的工作：

1）在 databricks.com 上注册一个免费的 Databricks 账户。

2）导入本章使用的笔记本。

3）启动一个聚类。

4）开始后面的工作！

9.4 构建第一个 Spark 数据帧

使用 Spark 工作的一个难点是，在非常巨大的数据集上工作时找到分析解决方案。作为准备步骤，在本章中，我们将要构建一个非常大的 Spark 数据帧。

还需要注意的是，“大数据帧”这个概念显然也是相对的。因为免费的 DataBricks 环境会限制所创建的数据帧的大小，我们最终只能构建一个 100 万行的数据帧，每行包含 11 个变量。

我还要演示一下如何基于 R 来构建一个相似的数据帧，以便于你可以进行自己的测试，并且能够判断利用 Spark 来进行分析可以获得多少性能上的优势。

仿真

我们要通过仿真来构建这个 Spark 数据帧。这件事会占据本章的很大一部分。我觉得，比起导入外部共用数据集，动手自己构建是个更好的做法，这样你就可以控制数据的构成。使用仿真数据集，你可以自由地设置想要的大小（在你的账户允许的范围内）。

不过，你还是可以自由地导入你想要用的任意数据集，而下面这些分析概念都是一样的。

1）最开始，你还是需要注册并且登录你的 Databricks 账户。

2）接着，创建一个聚类。给它取个名字，例如 MyCluster。

3）为了和本章的示例保持一致，请确保你使用 Spark 2.1。这一点非常重要。因为 Spark 是 Apache 的开源产品，它的功能一直在演变，所以我们希望确保你能够重用你的代码。

4）选择 Create Cluster。

5）创建聚类需要一些时间。当创建完成之后，你会看到状态变成了 Running，如下面的屏幕截图所示：

New
Notebook
Job
Cluster
Table
Library

Create Cluster
New Cluster Cancel Create Cluster 0 Workers: 0 GB Memory, 0 Cores, 0 DBU
1 Driver: 6 GB Memory, 0.88 Cores, 1 DBU
Cluster Name
MyClust
Apache Spark Version
Spark 2.0 (Auto-updating, Scala 2.10)
Instance
Free 6GB Memory: As a Community Edition user, your cluster will automatically terminate after an idle period of two hours.
For more configuration options, please upgrade your Databricks subscription.
AWS Spark
Availability Zone
us-west-2c

Clusters
Active Clusters + Create Cluster

Name	Memory	Type	State	Nodes	Spark
MyClust	6 GB	Community Optimized, Spark 2.0 (Auto-updating, Scala 2.10)	Running	1 On-demand	Spark UI Logs

9.5 导入相同的笔记本

运行本章示例最好的方法是从外部网站导入笔记本。下面是做法：

1）点击 Workspace。

2）右击 Training&Tutorials（或者类似的文件夹）并选择 Import。

3）把从发布者网站下载的文件拖拽到拖放区域，并点击 Import。

参见下面的屏幕截图：

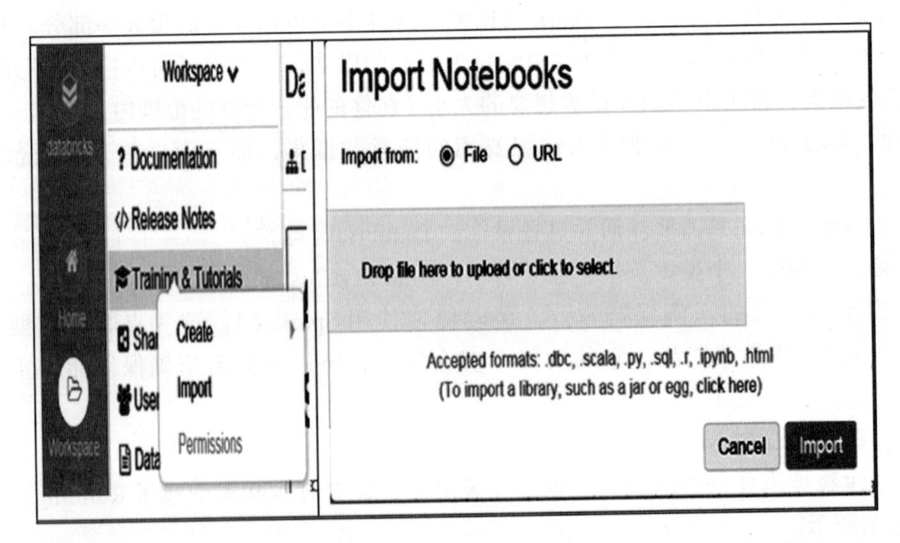

在导入了笔记本之后，所有的代码和输出都可以显示了，你就可以继续进行下面的代

码示例。

笔记本格式

Databricks 笔记本在上方的面板中显示所写的代码，在下方的面板中显示输出，正如下面这个“宝石”数据的教学代码的例子所示：

为了运行面板中现在显示的代码，只需要点击右上角的三角形图标：

- ❑ 当代码运行完毕时，你就可以在代码下方看到输出。该输出可能是一个图形或者控制台输出。记得一定要检查错误消息和警告，尤其是当输出和你预期的不一样的时候。
- ❑ 还需要注意的是，有些情况下，不会产生任何的输出。那可能也是对的，但请确保检查输出窗口的时间戳，看看你的代码是不是真的运行过了：

```
diamonds <- read.df(sqlContext, "/databricks-datasets/Rdatasets/data-001/csv/ggplot2/diamonds.csv", source = "csv", header="true", inferSchema = "true")

display(diamonds)
```

_c0	carat	cut	color	clarity	depth	table	price	x	y	z
1	0.23	Ideal	E	SI2	61.5	55	326	3.95	3.98	2.43
10	0.23	Very Good	H	VS1	59.4	61	338	4	4.05	2.39
100	0.8	Premium	H	SI1	61.5	58	2760	5.97	5.93	3.66
1000	1.12	Premium	J	SI2	60.6	59	2898	6.68	6.61	4.03
1001	0.75	Ideal	D	SI1	62.3	55	2898	5.83	5.8	3.62
101	0.75	Very Good	D	SI1	63.2	56	2760	5.8	5.75	3.65
102	0.75	Premium	E	SI1	59.9	54	2760	6	5.96	3.58
103	0.74	Ideal	G	SI1	61.6	55	2760	5.8	5.85	3.59

Showing the first 1000 rows.

9.6 创建一个新的笔记本

除了导入一个笔记本之外，你还可以选择从 Databricks 的主屏幕创建一个笔记本，然后把本章的示例代码复制粘贴到笔记本的窗口中。当你想用本章的代码来做模板，然后在此基础上添加自己的新代码时，你就可以这样操作。

你可以使用键盘上的快捷键组合 <Ctrl + Alt + N> 来创建一个新的笔记本。

9.7 从小开始变大

在本章我们用来构建数据集的策略是，先获取一个现存的小型公开使用数据集（皮马印第安人糖尿病数据集）。然后我们先做一些基本的探索性分析，计算一些关键的统计属性，然后使用这些属性来仿真一个大很多的数据集，作为进行 Spark 分析时的输入。我们用来生成这个“大数据”的一些关键的特质将会是：

- **各个变量的均值 / 标准差**：我们的目标是生成的大数据集的均值和方差约等于小数据集的均值和方差。
- **变量之间的相关性**：由于统计学建模和分析很大程度上是基于变量之间的关系，我们仿真的目标是在大数据集中保留小数据集中存在的所有双向关联数。
- **各个变量的底层分布**：我们假设所有的变量都是服从正态分布的，除了那些结果变量（糖尿病人与非糖尿病人的比值）。不过，我们将要模拟那些结果变量，以便和抽样数据集所反映的比例保持一致。

皮马印第安人糖尿病数据集

为了构建这个 Spark 数据帧的性质，我们首先要用一个小数据集决定这个新数据集的基本统计属性，然后基于这些属性构建一个 Spark 数据帧。

皮马印第安人糖尿病数据集具有以下这些属性：

- 怀孕月份数
- 一次口服葡萄糖耐量试验中 2 小时候的血浆葡萄糖浓度
- 舒张压（mm Hg）
- 三头肌皮褶厚度（mm）
- 2 小时血清胰岛素（mu U/ml）
- 身体质量系数（体重（kg）/ 身高（m）^2）
- 糖尿病家族作用
- 年龄（岁）
- 发展为糖尿病（是或否）

该数据是一个公开使用的数据集。事实上，该数据集有好几个可以使用的版本。我们要使用的是包含在 mlbench 包中的数据集，要把它加载到 R 的工作空间里面。

9.8 运行代码

在加载了笔记本之后，会看到一系列的代码“块”。这个特别的笔记本是一个 R 类型的笔记本，也就是说，所有的代码行都默认是 R 命令、SparkR 命令或者特殊的 Databricks 命令（例如 display）。

随后我们会看到不同的窗口显示 SQL 命令（如果笔记本开头有 %sql）、混杂的 Python（%Python）或者 scala 代码（%scala）。

为了运行任何特定的代码块的内容，你可以使用下面的键盘快捷键组合：

<Shift> + <Enter> : Run command and move to next cell

或者，你也可以使用运行图标（左边的三角形图标）：

既然我们已经知道了如何运行单个代码块，就要开始运行初始化代码，简单地测试 Databricks 系统，看看它是否可以使用，并设置一些选项。

9.9 运行初始化代码

初始化代码仅仅是设置了一些选项，后面会用到，而且没有什么输出。我们将会输出“Hello World”来确保它运行了。

```
options(digits=3)
options(repr.plot.width = 1000, repr.plot.height = 500, repr.plot.res =
144, repr.plot.pointsize = 5)
rep_times=1000
cat("Hello World")
```

输出窗口打印了 Hello World，并且还显示了运行花费的时间、用户名、日期和时间，以及在哪个聚类上运行。请密切注意每一个代码块运行花费的时间。以后如果想建立代码性能评测，这是很有用的。

```
Hello World

Command took 0.00 seconds -- by r_wintersat 2/27/2017, 6:20:39 PM on MyCluster
```

9.10 解压缩皮马印第安人糖尿病数据集

运行下面的代码，名为 PimaIndiansDiabetes 的 R 数据帧就加载进来了，然后运行常规的 str() 和 summary() 函数。请注意，我们需要先安装 mlbench 包，以便能取得这个包里面的数据。

到目前为止，还没有使用过 Spark 的指令。尽管我们是在一个 Databricks 环境中运行，代码却是纯粹的 R，而你也可以把这些代码复制到你的常规 R 环境中去用。

```
# load the library
devtools::install_github("cran/mlbench")
library(mlbench)
data(PimaIndiansDiabetes)
str(PimaIndiansDiabetes)
summary(PimaIndiansDiabetes)
```

9.10.1 检查输出

和往常一样，str() 和 summary() 函数可以让你对数据有个初步的认识。在控制台面板上将会显示输出，一般都是在代码窗口的下方。

请注意：并不是所有的输出都显示了。

str() 函数的输出

str() 函数告诉我们，一共有 768 个观察和 9 个变量。所有的变量都是以数值形式加载，除了目标变量 diabetes，在代码中它是一个因子，有两个级别：

- ❑ neg 表示没有得糖尿病的情况
- ❑ pos 表示得了糖尿病的情况

再次强调，str() 是一个很好的快速获得数据情况的方法。记得一定要看一看前面几行的 0 值和 NA，问问自己，这些是否符合你的预期。

参见下图：

```
'data.frame':   768 obs. of  9 variables:
$ pregnant: num  6 1 8 1 0 5 3 10 2 8 ...
$ glucose : num  148 85 183 89 137 116 78 115 197 125 ...
$ pressure: num  72 66 64 66 40 74 50 0 70 96 ...
$ triceps : num  35 29 0 23 35 0 32 0 45 0 ...
$ insulin : num  0 0 0 94 168 0 88 0 543 0 ...
$ mass    : num  33.6 26.6 23.3 28.1 43.1 25.6 31 35.3 30.5 0 ...
$ pedigree: num  0.627 0.351 0.672 0.167 2.288 ...
$ age     : num  50 31 32 21 33 30 26 29 53 54 ...
$ diabetes: Factor w/ 2 levels "neg","pos": 2 1 2 1 2 1 2 1 2 2 ...
```

summary() 函数的输出

summary() 函数统计了 diabetes 变量的计数。在 768 个观察中，有 500 个是无糖尿病的观察，268 个有糖尿病的观察。

请注意，summary 的输出没有探测到缺失值；然而，如果你观察得再仔细一点，可以看到，有些变量（glucose、pressure、insulin 和 mass）应该都是有数值的，但却有零值的存在。而怀孕月份数如果是零则是可以接受的。

在进行一些绘图之后我们再设法对付这些零值：

```
    pregnant          glucose          pressure          triceps
 Min.   : 0.000   Min.   :  0.0   Min.   :  0.00   Min.   : 0.00
 1st Qu.: 1.000   1st Qu.: 99.0   1st Qu.: 62.00   1st Qu.: 0.00
 Median : 3.000   Median :117.0   Median : 72.00   Median :23.00
 Mean   : 3.845   Mean   :120.9   Mean   : 69.11   Mean   :20.54
 3rd Qu.: 6.000   3rd Qu.:140.2   3rd Qu.: 80.00   3rd Qu.:32.00
 Max.   :17.000   Max.   :199.0   Max.   :122.00   Max.   :99.00
    insulin           mass           pedigree             age          diabetes
 Min.   :  0.0   Min.   : 0.00   Min.   :0.0780   Min.   :21.00   neg:500
 1st Qu.:  0.0   1st Qu.:27.30   1st Qu.:0.2437   1st Qu.:24.00   pos:268
 Median : 30.5   Median :32.00   Median :0.3725   Median :29.00
 Mean   : 79.8   Mean   :31.99   Mean   :0.4719   Mean   :33.24
 3rd Qu.:127.2   3rd Qu.:36.60   3rd Qu.:0.6262   3rd Qu.:41.00
 Max.   :846.0   Max.   :67.10   Max.   :2.4200   Max.   :81.00
```

9.10.2 比较结果

在前面我们提到过，箱线图是比较两个数值性变量的好办法。我们要比较 Diabetes = 'neg' 和 Diabetes = 'pos'。

把鼠标放在下一个窗口，然后运行下面的代码块。这段代码调用了 boxplot() 函数处理变量 1 ～ 7，并根据糖尿病结果把它们分离：

```
#some basic exploratory analysis.  Box plots by outcome
par(mfrow=c(2,4))
for (i in 1:7) {
  boxplot(PimaIndiansDiabetes[,i] ~ PimaIndiansDiabetes$diabetes,
main=names(PimaIndiansDiabetes[i]), type="l")
}
```

运行结束之后（应只花费一秒钟），在刚才运行的代码下方的窗口应该出现如下的箱线图：

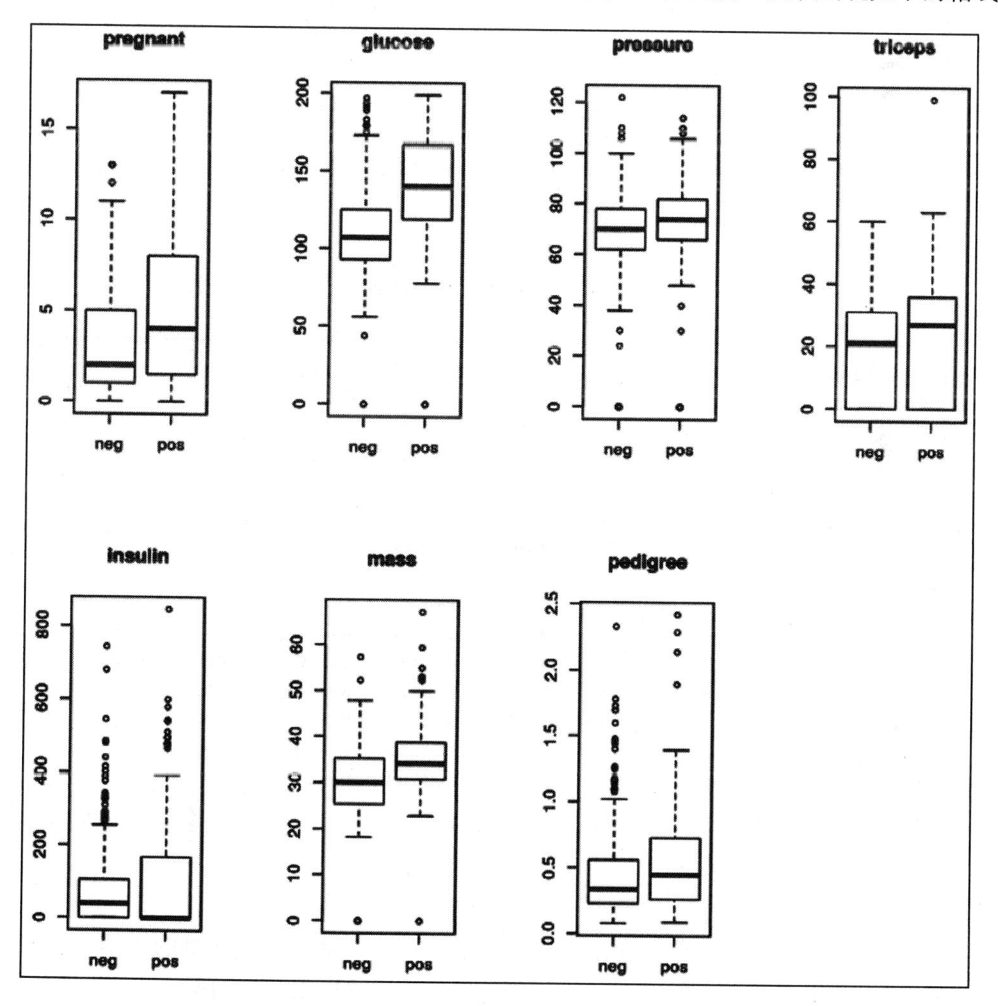

在生成的箱线图里，你可以看出，那些对应于 Diabetes='pos' 的变量，其中位数总是比

较高的，但胰岛素变量的中位数比较低。这表示这些变量都可能对预测糖尿病起到作用，同时，它们之间也存在着一些相关性。

9.10.3 检查缺失值

从前面的总结中我们可以看出，没有显示缺失值的存在；然而，我们也看到有相当多的变量数据是零，而这些零值并不合理。例如，读取血压的时候是不可能得到一个零值的，不过怀孕的月份数是零则可以理解。所以我们假设大多数变量中的零值其实表示 NA，根据这个假设，再为数据做相应的映射：

- ❑ 首先，把数据拷贝到一个新的数据帧；
- ❑ 然后，把代码中列出来的 5 个变量的零值都转换成 NA：

```
# we see that there are 0's which are really NA's
#some 0's are really NA's, we will change them in Spark
# keep pregnant = 0
PimaIndians <- PimaIndiansDiabetes
PimaIndians$glucose[PimaIndians$glucose ==0] <- NA
PimaIndians$pressure[PimaIndians$pressure ==0] <- NA
PimaIndians$triceps[PimaIndians$triceps ==0] <- NA
PimaIndians$insulin[PimaIndians$insulin ==0] <- NA
PimaIndians$mass[PimaIndians$mass ==0] <- NA
summary(PimaIndians)
```

再运行一次 summary 函数，确保所述那些零值都转换成了缺失值（NA）：

```
   pregnant         glucose         pressure         triceps
Min.   : 0.000   Min.   : 44.0   Min.   : 24.00   Min.   : 7.00
1st Qu.: 1.000   1st Qu.: 99.0   1st Qu.: 64.00   1st Qu.:22.00
Median : 3.000   Median :117.0   Median : 72.00   Median :29.00
Mean   : 3.845   Mean   :121.7   Mean   : 72.41   Mean   :29.15
3rd Qu.: 6.000   3rd Qu.:141.0   3rd Qu.: 80.00   3rd Qu.:36.00
Max.   :17.000   Max.   :199.0   Max.   :122.00   Max.   :99.00
                 NA's   :5       NA's   :35       NA's   :227
   insulin           mass          pedigree           age         diabetes
Min.   : 14.00   Min.   :18.20   Min.   :0.0780   Min.   :21.00   neg:500
1st Qu.: 76.25   1st Qu.:27.50   1st Qu.:0.2437   1st Qu.:24.00   pos:268
Median :125.00   Median :32.30   Median :0.3725   Median :29.00
Mean   :155.55   Mean   :32.46   Mean   :0.4719   Mean   :33.24
3rd Qu.:190.00   3rd Qu.:36.60   3rd Qu.:0.6262   3rd Qu.:41.00
Max.   :846.00   Max.   :67.10   Max.   :2.4200   Max.   :81.00
NA's   :374      NA's   :11
```

9.10.4 输入缺失值

我们现在要使用一个简单的均值替换法。不过，并不是仅仅用变量的均值来替换变量中所有的 NA，而是基于下面的四个分组，用每组成员的均值来替换 NA：

- ❑ Diabetes=pos/ 年龄较小的范围

- Diabetes=neg/ 年龄较小的范围
- Diabetes=pos/ 年龄较大的范围
- Diabetes=neg/ 年龄较大的范围

我们已经有了一个基于 Diabetes=pos/neg 的分类，那么如何根据年龄的大小来分类呢？

我们要使用自动计算的截断点来分类。为了找出截断点，在 Age 变量上使用 cut 函数把它分成两个级别。然后根据年龄的分组，分别使用 dplyr 来计算 5 个变量的均值。

1）首先，让我们看看这四个组里分别都得到了多少个观察：

```
library(dplyr)
PimaIndians$agegrp <- as.numeric(cut(PimaIndians$age, breaks=2))
PimaIndians %>%
    group_by(diabetes,agegrp) %>% count()
```

2）输出显示了创建的四个分组，以及它们的计数情况：

```
Source: local data frame [4 x 3]
Groups: diabetes [?]

  diabetes agegrp     n
1      neg      1   400
2      neg      2    40
3      pos      1   235
4      pos      2    33
```

3）接着，对每个分组进行均值替换法。

4）请注意，只有 NA 值被替换了。如果数值不是 NA，我们会保留原来的数值。这一点总是需要注意的。通常你并不想把那些可以接受的数据都替换掉！

```
library(dplyr)
df <- PimaIndians %>%
    group_by(diabetes,agegrp) %>%
    mutate(
        insulin.imp = mean(insulin,na.rm=TRUE),
        glucose.imp = mean(glucose,na.rm=TRUE),
        pressure.imp = mean(pressure,na.rm=TRUE),
        triceps.imp = mean(triceps,na.rm=TRUE),
        mass.imp    =  mean(mass,na.rm=TRUE)
    )
df$insulin <- ifelse(is.na(df$insulin), df$insulin.imp, df$insulin)
df$glucose <- ifelse(is.na(df$glucose), df$glucose.imp, df$glucose)
df$pressure <- ifelse(is.na(df$pressure), df$pressure.imp,
df$pressure)
df$triceps <- ifelse(is.na(df$triceps), df$triceps.imp, df$triceps)
df$mass <- ifelse(is.na(df$mass), df$mass.imp, df$mass)
```

9.10.5 检查替换值（读者练习）

在替换了 NA 之后，输出结果数据帧，并比较赋予的数值和替换的数值。这个检查是为了确保替换工作顺利进行，而且替换结果是合理的。一定要检查那些替换后的极值，因为这可能表示有些不对劲的地方。

```
print.data.frame(head(df[,c(
  "insulin", "insulin.imp",
  "glucose","glucose.imp",
  "pressure","pressure.imp",
  "triceps","triceps.imp",
  "mass","mass.imp")],10))
```

```
insulin insulin.imp glucose glucose.imp pressure pressure.imp triceps
    191         191     148         141     72.0         74.4    35.0
    129         129      85         109     66.0         70.4    29.0
    191         191     183         141     64.0         74.4    32.8
     94         129      89         109     66.0         70.4    23.0
    168         191     137         141     40.0         74.4    35.0
    129         129     116         109     74.0         70.4    27.2
     88         191      78         141     50.0         74.4    32.0
    129         129     115         109     70.4         70.4    27.2
    543         328     197         153     70.0         81.4    45.0
    328         328     125         153     96.0         81.4    34.3
triceps.imp mass mass.imp
       32.8 33.6     35.7
       27.2 26.6     31.0
       32.8 23.3     35.7
       27.2 28.1     31.0
       32.8 43.1     35.7
       27.2 25.6     31.0
       32.8 31.0     35.7
       27.2 35.3     31.0
       34.3 30.5     33.0
       34.3 33.0     33.0
```

9.10.6 缺失值处理完成

如果替换正确无误，你对结果很满意，那么：

- 把临时数据帧赋给皮马印第安人数据帧
- 对每一行的 NA 进行计数

head 函数的输出显示已经没有 NA 值存在了。如果某一行还有 NA，那么这一行会被输出：

```
PimaIndians <- df
head(PimaIndians[rowSums(is.na(PimaIndians)) > 0, ])
```

```
Source: local data frame [0 x 15]
Groups: diabetes, agegrp [0]

# ... with 15 variables: pregnant , glucose , pressure ,
#   triceps , insulin , mass , pedigree , age ,
#   diabetes , agegrp , insulin.imp , glucose.imp ,
#   pressure.imp , triceps.imp , mass.imp
```

9.10.7 计算相关性矩阵

现在，我们要计算相关性和协方差矩阵。这样我们对预测变量之间的相互联系会有一个概念。随后，我们还要使用这些信息来构建大数据集：

```
# calculate correlation matrix and exclude NA's
correlationMatrix <- cor(PimaIndians[,1:8])

covarianceMatrix <- stats::cov(PimaIndians[,1:8])

# summarize the correlation matrix
print(correlationMatrix,digits=3)
```

协方差矩阵是根据顶端和左侧指定的那些变量生成的 $n \times n$ 表格。想要查看任意一个变量和其他所有变量之间的相关性，就在表格中查找该变量所在的列，从上至下，在该变量和其他变量所在的行相交的地方的数字。下面所示是计算得到的协方差矩阵：

Correlation Matrix

	pregnant	glucose	pressure	triceps	insulin	mass
pregnant	1.00000000	0.1281346	0.214178483	0.1002391	0.08217103	0.02171892
glucose	0.12813455	1.0000000	0.223191778	0.2280432	0.58118621	0.23277051
pressure	0.21417848	0.2231918	1.000000000	0.2268391	0.09827230	0.28923034
triceps	0.10023907	0.2280432	0.226839067	1.0000000	0.18488842	0.64821394
insulin	0.08217103	0.5811862	0.098272299	0.1848884	1.00000000	0.22805016
mass	0.02171892	0.2327705	0.289230340	0.6482139	0.22805016	1.00000000
pedigree	-0.03352267	0.1372457	-0.002804527	0.1150164	0.13039507	0.15538175
age	0.54434123	0.2671356	0.330107425	0.1668158	0.22026068	0.02584146

	pedigree	age
pregnant	-0.033522673	0.54434123
glucose	0.137245741	0.26713555
pressure	-0.002804527	0.33010743
triceps	0.115016426	0.16681577
insulin	0.130395072	0.22026068
mass	0.155381746	0.02584146
pedigree	1.000000000	0.03356131
age	0.033561312	1.00000000

Covariance Matrix

	pregnant	glucose	pressure	triceps	insulin
pregnant	11.35405632	13.947131	9.2145382	-4.3900410	-28.555231
glucose	13.94713066	1022.248314	94.4309556	29.2391827	1220.935799
pressure	9.21453818	94.430956	374.6472712	64.0293962	198.378412
triceps	-4.39004101	29.239183	64.0293962	254.4732453	802.979941
insulin	-28.55523074	1220.935799	198.3784122	802.9799408	13281.180078
mass	0.46977418	55.726987	43.0046951	49.3738694	179.775172
pedigree	-0.03742597	1.454875	0.2646376	0.9721355	7.066681
age	21.57061977	99.082805	54.5234528	-21.3810232	-57.143290

	mass	pedigree	age
pregnant	0.4697742	-0.03742597	21.5706198
glucose	55.7269867	1.45487481	99.0828054
pressure	43.0046951	0.26463757	54.5234528
triceps	49.3738694	0.97213555	-21.3810232
insulin	179.7751721	7.06668051	-57.1432903
mass	62.1599840	0.36740469	3.3603299
pedigree	0.3674047	0.10977864	0.1307717
age	3.3603299	0.13077169	138.3030459

当变量的数目较少时，很容易扫描这个矩阵，从而获取重要的相关性数据。但是当变量数目很多的时候，更为合理的做法是使用代码来完成这个任务，获取那些相关性 >0.5 的数据：

```
df <- as.data.frame(as.table(correlationMatrix))
subset(df, abs(Freq) > 0.5 & abs(Freq) <1)
```

我们可以看到，在其中一些变量之间存在着很高的相关性——年龄、怀孕月份数、胰岛素，以及糖耐级别之间有最高的相关水平：

```
> subset(df, abs(Freq) > 0.5 & abs(Freq) <1)
       Var1     Var2      Freq
8       age pregnant 0.5443412
13  insulin  glucose 0.5811862
30     mass  triceps 0.6482139
34  glucose  insulin 0.5811862
44  triceps     mass 0.6482139
```

你也可以使用几种不同的方法来绘制这些变量之间的散点图。

使用 pairs() 函数可以仅仅基于 R 来实现这一点：

```
pairs(PimaIndians[c(1,2,4,5,6,8)],pch=21)
```

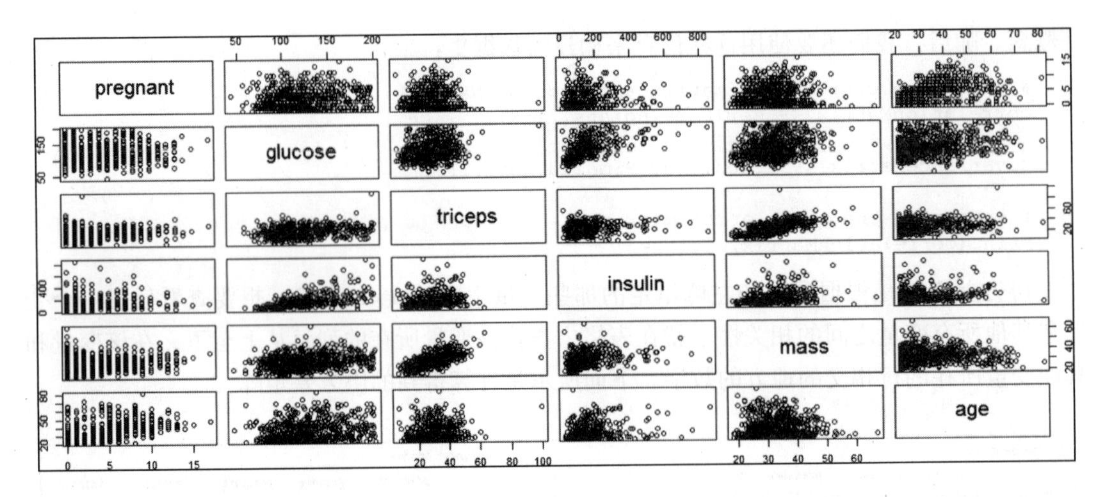

9.10.8 计算各列的均值

在后面的仿真部分中，我们还需要把列均值放进一个向量，所以现在计算各列的均值，并用一个水平柱状图来显示。先计算糖尿病阳性的组的各列均值，然后计算糖尿病阴性的组的各列均值。最后计算总的列均值，尽管在后面的部分我们不会使用它：

```
means.pos = colMeans(PimaIndians[PimaIndians$diabetes
=='pos',1:8],na.rm=TRUE)
means.neg = colMeans(PimaIndians[PimaIndians$diabetes
=='neg',1:8],na.rm=TRUE)
means.all = colMeans(PimaIndians[,1:8],na.rm=TRUE)
barplot(means.all[c(1,2,3,4,5,6,7,8)],cex.axis=.75,cex.names=.70,horiz=TRUE
,space=0)
```

下面的柱状图显示了计算得到的均值，仅供参考。我们不比较它们，因为它们的幅度大小都是不一致的。

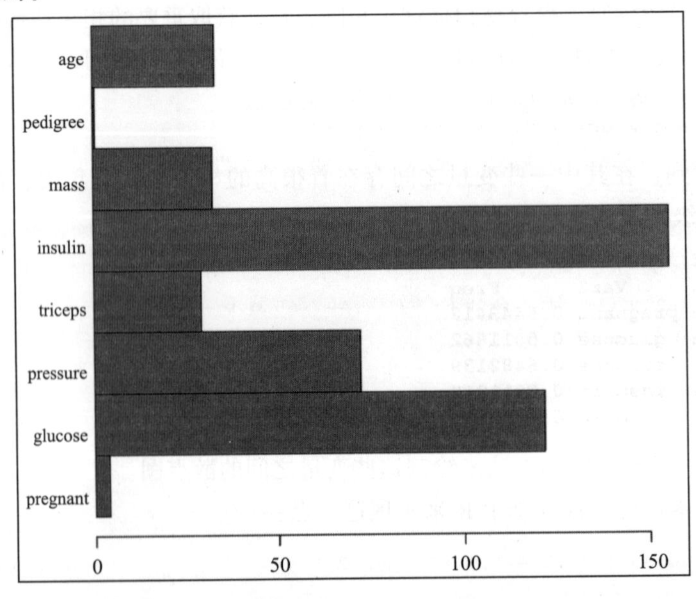

9.11 仿真数据

一旦我们计算了所有列的均值和协方差矩阵，就准备好了仿真一个大型数据集，可以指定任意的观察数量。

9.11.1 使用哪些相关性

对于协方差矩阵，我们既可以使用根据两个糖尿病结果（1, 0）各自单独计算的矩阵，也可以使用完整的协方差矩阵，其中的变量间相关性计算不考虑糖尿病结果是什么。

我们将使用每个结果各自单独计算的相关性或协方差矩阵，因为每个结果都有足够多的观察数量（n = 500 和 n = 268）。如果这两个分类中有一个相对于另一个来说要小得多，那么我们就要使用完整的（或者总和的）协方差矩阵，因为这样可以利用更多数量的观察。

下面是代码中需要注意的一些地方：

- 提醒一下，一定要在仿真开始的时候指定一个随机数种子。这样能确保你在每一次重新运行这段代码的时候都能得到相同的结果。
- cor() 函数会计算所有变量之间的相关性矩阵，而 cov() 函数计算协方差矩阵。相关性矩阵和协方差矩阵之间主要的区别在于，协方差矩阵使用与变量相同的单位来表达，而相关性是把数值标准化为 0 ～ 1 之间的值。不过，它们本质上测量的是同样的东西。
- nbins 变量会把数据分箱，每箱有 400 个观察。这样就抽取到较小的数据样本，比起在整个数据集上进行分析要容易得多。这又一次说明，抽样真是一个很有用的做法。
- 用 mvrnorm 函数生成这个数据集，该函数的输入是（列 1 ～ 8 的）均值和刚刚我们生成的协方差矩阵。请注意：如果需要改函数的详细信息，你可以在这个笔记本的任何地方加入下面的这个命令，它会使用 R 的帮助系统：help(mvrnorm, package="MASS")。
- 为了增加数据帧的大小，我们先生成具有 n1 个观察的数据帧，然后根据指定的次数 rep_time 来重复生成这个数据帧。如果你感觉仿真消耗的时间太长了，可以减少 rep_time 这个变量的值，这样仿真完成就会快得多。
- 最后，我们需要看一下 data.frame 和 ac.DataFrame 这两个函数的区别：
  - data.frame 是一个普通的 R 函数，在这个函数里，根据输入参数来创建一个数据帧。
  - ac.DataFrame 是一个 SparkR 函数，把结果转化为一个 Spark 数据帧。
  - 如果有疑问的话，在函数名前面加上 base:: 或者 SparkR:: 就可以指定从哪个包里面获取函数。否则你可能会看到一个警告或者错误信息，而且很难调试。

- 最后一行代码使用 nrow() 函数输出 Spark 数据帧的行数。

运行下面的代码块：

```
#generate spark dataframe
set.seed(123)
n1=268
n2=500
#data loaded into spark
#use separate correlation matrix for now. May want to use 1 pooled matrix.

correlationMatrix <- cor(PimaIndians[PimaIndians$diabetes =='pos',1:8])

covarianceMatrix <- stats::cov(PimaIndians[PimaIndians$diabetes
=='pos',1:8])

require(MASS)
nbins1=base::round(n1/400,0)
out_sd1 <- as.DataFrame(data.frame(data.frame(
sample.bin=base::sample(1:nbins1,n1,replace=TRUE)*(+1),
outcome=1,
mvrnorm(n1, mu = means.pos, Sigma = matrix(covarianceMatrix, ncol = 8),
empirical = TRUE)
))[rep(1:n1, times=2000), ])

nrow(out_sd1)

(1)Spark Jobs
Loading required package: MASS
Attaching package: 'MASS'
The following object is masked from 'package:SparkR':
   select
[1] 536000
Command took 2.88 minutes -- by r_winters at 2/13/2017, 3:15:24 PM on My
Cluster
```

9.11.2 检查对象类型

通过运行 str() 函数，你可以看到结果对象是一个 Spark 数据帧。输出会特别显示 Spark-DataFrame，后面显示的是变量和数据类型。不过，这个函数不会显示行的数目：

```
str(out_sd1)
```

```
▸ (1) Spark Jobs

'SparkDataFrame': 10 variables:
$ sample_bin: num 78 212 110 237 253 13
$ outcome   : num 1 1 1 1 1 1
$ pregnant  : num 1.94252031814449 4.36423863864429 0.858675776495492 1.85534568833345 9.17100400066027 1.1186379328449
$ glucose   : num 157.123189654394 148.943347090497 172.842735207286 107.366227123907 105.302689867468 188.881198462925
$ pressure  : num 61.5029879083116 71.69507301027 74.4269535626088 74.3844944342854 78.1355932536701 61.8843444282885
$ triceps   : num 15.6917644205514 41.5591691064547 30.0192322177519 34.9364879662772 33.0035759583851 28.1923108753192
$ insulin   : num 129.597011349131 240.029631091656 379.471775333015 86.1971329956682 -67.8238532621351 181.68231106527
$ mass      : num 29.4401765315476 24.953572101178 32.846294404615 42.3403328136571 35.6341563357795 42.5202651318031
$ pedigree  : num 1.22263036150258 0.313509501680247 0.445328027648939 0.52963571807743 0.385501592130751 0.25120511045
$ age       : num 25.8341329573308 19.4383095827238 46.3093049981371 16.6689622302294 26.5530890692054 26.1512830183403
```

9.12 仿真糖尿病阴性结果的情况

我们刚才仿真的是阳性结果的情况。现在着手来用类似的代码去仿真没有患糖尿病的病人的数据（outcome=0）。

对于阴性结果的情况，我们还是会把 sample.bin 乘以 -1，这样在以后我们会知道所有的正数 sample.bin 实例都是关于阳性结果的情况，而所有负数的 sample.bin 示例是关于阴性结果的情况：

```
set.seed(123)

nbins2=base::round(n2/400,0)
correlationMatrix <- cor(PimaIndians[PimaIndians$diabetes =='neg',1:8])

covarianceMatrix <- stats::cov(PimaIndians[PimaIndians$diabetes
=='neg',1:8])

out_sd2 <- as.DataFrame(data.frame(data.frame(
 sample.bin=base::sample(1:nbins2,n2,replace=TRUE)*(-1),
 outcome=0,
 mvrnorm(n2, mu = means.neg, Sigma = matrix(covarianceMatrix, ncol = 8),
empirical = TRUE)
))[rep(1:n2, times=2000), ])

nrow(out_sd2)
```

输出显示创建了 500 000 行数据。请注意，输出也显示为了完成这项工作，运行过两个 Spark 任务。如果想看更多信息，你也可以点击输出左边那个小三角形来显示那些 Spark 任务的细节信息（而且里面并不含有结果输出）。

```
▸ (2) Spark Jobs

[1] 5e+05
```

把阳性和阴性结果的情况连接到同一个 Spark 数据帧

现在我们有两个单独的 Spark 数据帧，分别是关于糖尿病阳性结果和阴性结果的情况。对有些类型的分析，可以把这两种结果的数据分别处理；不过为了演示，我们要用 unionAll() 函数把它们合并到同一个数据帧里面。

```
out_sd <- unionAll(out_sd1, out_sd2)
nrow(out_sd)
```

nrow 的输出显示，总共有 768 000 行数据。这个数字代表了我们把原来的 768 行数据乘以了一个因子 1000：

```
▸ (1) Spark Jobs

[1] 768000
```

9.13 运行汇总统计

创建完一个数据对象之后，我要做的第一件事就是运行汇总统计。在 R 的汇总函数里面有一个专门用于 Spark 的函数叫作 describe()。你可以使用指定的函数 summary()；不过，如果你不使用 describe() 的话，我建议你在前面加上 SparkR：：，以便指定你使用的 summary 函数是哪一个版本的：

```
head(SparkR::summary(out_sd))
```

这行代码的输出与在一个基本 R 数据帧上运行 summary 函数的输出有一点不一样，但是其中也包含了你需要的那些度量信息，count、mean、stddev、min 和 max：

```
▸ (1) Spark Jobs

  summary         sample_bin             outcome          pregnant
1   count             768000              768000            768000
2    mean -113.67317708333333 0.3489583333333333 3.845052083332693
3  stddev  220.73245049349478 0.47664107119150484 3.3673858047181646
4     min             -500.0                 0.0 -5.267836632739748
5     max              267.0                 1.0 13.798168411407868
            glucose            pressure            triceps             insulin
1            768000              768000             768000              768000
2 121.68778671732643  72.40477794289117  29.24877013964472  159.46377333976378
3 30.441771824780293  12.09690590416991  8.923478186809195   91.29942740927545
4  39.06326135657574  35.40654724700748 0.7607894364323116 -148.15344457408253
5 219.71433564781285 112.13158466413095  58.23733534004559  456.09990684013997
               mass            pedigree                age
1            768000              768000             768000
2 32.442846279285206  0.4718763020832466  33.24088541667883
3  6.874557449376662 0.33111303159707445 11.752580297416275
4  9.969765765918051 -0.5461478239604021 -1.469171542253246
5  54.28623709953233   1.687677997650607  73.95268273579066
```

我们还可以比较此处的 summary 输出和对原始皮马印第安人数据帧运行 summary 的输出。可以看出，仿真的时候对于估计均值做得非常到位。尽管观察的数量差不多是原始数据的 1000 倍，而糖尿病患病者的数量相对于非患病者的数量的比例仍旧没有变：

```
#compare with original dataset
summary(PimaIndiansDiabetes[,])
```

```
   pregnant         glucose          pressure          triceps         insulin
Min.   : 0.00   Min.   :  0    Min.   :  0.0   Min.   : 0.0   Min.   :  0
1st Qu.: 1.00   1st Qu.: 99    1st Qu.: 62.0   1st Qu.: 0.0   1st Qu.:  0
Median : 3.00   Median :117    Median : 72.0   Median :23.0   Median : 30
Mean   : 3.85   Mean   :121    Mean   : 69.1   Mean   :20.5   Mean   : 80
3rd Qu.: 6.00   3rd Qu.:140    3rd Qu.: 80.0   3rd Qu.:32.0   3rd Qu.:127
Max.   :17.00   Max.   :199    Max.   :122.0   Max.   :99.0   Max.   :846
     mass          pedigree           age         diabetes
Min.   : 0.0   Min.   :0.078   Min.   :21.0   neg:500
1st Qu.:27.3   1st Qu.:0.244   1st Qu.:24.0   pos:268
Median :32.0   Median :0.372   Median :29.0
Mean   :32.0   Mean   :0.472   Mean   :33.2
3rd Qu.:36.6   3rd Qu.:0.626   3rd Qu.:41.0
Max.   :67.1   Max.   :2.420   Max.   :81.0
```

9.14 保存你的工作

现在既然我们已经生成了最终的 Spark 数据帧，就可以把它写入硬盘。然后，从下一章开始，我们就要把这个数据帧读回到工作空间里，不再从头开始创建这些数据了。如果你现在直接看下一章，你可以跳过下面这几个步骤不看：

- 我们将以 Parquet 文件格式来保存，这个格式对于 Spark 和 SQL 的效率很高。用 %fs（文件系统）指令，你可以利用操作系统的 ls 命令来发布一个目录（或者文件列表）命令。
- 一旦文件保存完成，你可以验证一下文件的完整性，把文件读取回来，并且赋值给 out_st 数据帧（再一次）。
- 使用 head 命令来验证数据已经读取成功：

```
saveAsParquetFile(out_sd, "/tmp/temp.parquet")
%fs ls
out_sd <- parquetFile(sqlContext, "/tmp/temp.parquet")
head(out_sd)
```

9.15 本章小结

在本章里，我们学习了 Spark 及其一些优势。我们着手编写了一个程序，用来加载数据到 Spark 聚类并保存数据。我们学习了几种方法，基于小型数据集的性质来建造我们自己的非常大的 Spark 数据帧。

我们还学习了如何在 Databricks 中编写 Spark 程序，如何运行标准 R 分析，安装 R 的包。我们还加强了关于缺失值的替换法，替换了原始数据里面的一些缺失值。

在下一章里，我们要使用自己已经构建的数据，并开始探索数据。

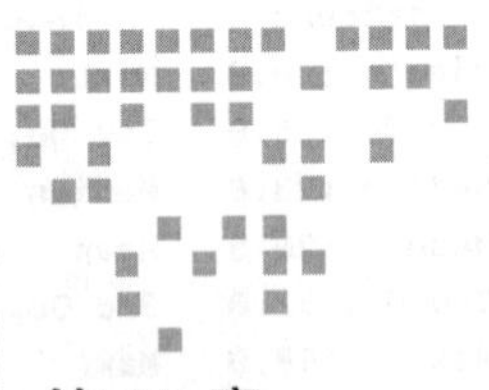

Chapter 10 第10章

用 Spark 探索大型数据集

“我从来不揣测。在看到数据之前就得出理论是大错特错。人们会不知不觉中扭曲事实来使之符合理论，而不是修改理论来使之符合事实。”

——Sir Arthur Conan Doyle

在这一章里，我们会对在前一章里创建的 Spark 数据帧做一些探索性的数据分析。我们要学习一些可以帮助你完成分析的特定的 Spark 命令，还要讨论几种绘制图形和曲线的方法。

在你跟着这些示例学习的时候，请记得在 Spark 里面的数据可能比你以往常见的数据量要大得多，如果不先仔细考虑数据的组织形式，以及使用标准技术的性能会受怎样的影响，那么在你想要应用一些快速分析技术的时候，会发现那是不现实的。

如果你回忆一下在上一章结束的时候做了些什么，你会知道在开始本章的分析之前必须先加载你保存的 Spark 数据帧。我们是用 Parquet 文件的格式来保存糖尿病数据集的，所以我们可以使用 parquetFile() 函数把数据读取到内存中。然后，过滤出那些糖尿病阳性结果的数据，因为我们接下来要探索它：

```
out_sd <- parquetFile(sqlContext, "/tmp/temp.parquet")
out_sd1 = SparkR::filter(out_sd,out_sd$outcome == 1)
```

10.1 对阳性数据进行一些探索性分析

在我们动手探索整个 Spark 数据帧之前，可以看一些已经为阳性结果的情况生成的数据。正如你可能回忆起的前一章内容，这些数据存储在 Spark 数据帧 out_sd1 中。

我们已经生成了一些随机抽样箱，以便做一些探索性分析。

可以使用 filter 命令来解压缩样本，然后提取前 1000 个记录：

- filter 是一个 SparkR 命令，使用它你可以得到一个 Spark 数据帧的子集。
- display 命令是一个 Databricks 命令，等同于我们前面使用过的 View 命令，你也可以使用 head 函数限制显示的行数。

这个代码块提取了阳性数据的 1000 个记录并显示这些数据：

```
        small_pos <-
head(SparkR::filter(out_sd1,out_sd1$sample_bin==1),1000)
        nrow(small_pos)

        display(small_pos)
```

▸ (3) Spark Jobs

sample_bin	outcome	pregnant	glucose	pressure	triceps	insulin	mass	pedigree	age
1	1	1.9425203181444948	157.12318965439363	61.502987908311624	15.69176442055139	129.59701134913144	29.440176531547564	1.2226303615025842	25.8341329573
1	1	4.364238638644292	148.94334709049747	71.69507301027002	41.559169106454675	240.02963109165603	24.953572101178047	0.3135095016802468	19.4383095827
1	1	0.8586757764954918	172.84273520728647	74.4269535626088	30.01923221775189	379.4717753330152	32.84629440461502	0.4453280276489386	46.3093049981
1	1	1.8553456883334518	107.36622712390702	74.38449443428541	34.93648796627722	86.19713299566824	42.34033281365713	0.5296357180774305	16.6689622302
1	1	9.171004000660266	105.3026898674677	78.13559325367008	33.00357595838513	-67.82385326213512	35.63415633577948	0.3855015921307506[illegible]	26.5520800602
1	1	1.1186270328440042	100.0011904029251	61.884344428288[illegible]	28.192310875319244	181.6823110652721	42.52026513180305	0.25120511045165556	26.1512830183
1	1	8.672233113021786	164.2287887179305	84.0882697816601	44.73740185899723	274.25193938156804	45.17631260018764	1.0823652507625146	37.2574560647
1	1	1.355354117344758	178.2908822016013	72.3494346416019	39.42986139107221	220.90102545544485	42.05657900532857	0.8795166268527069	35.7895617585

数据以表格的形式展示，你可以用滚动条来上下、左右滚动，查找缺失值、极值等。

filter 命令具有以下两种功能：

- 提取你感兴趣的片段以便分析。
- 提取一个样品，有助于调试 Spark 数据流。这可以使顺序进行的步骤运行得快些，避免不必要地运行很大的工作，尤其是当样本可以反映群体的构成时。

10.1.1 显示 Spark 数据帧的内容

有好几种途径可以显示 Spark 数据帧的子集。下面是你可以选的一些方法：

- showDF：这是一个 Spark 命令，以摘要的形式显示数据帧的内容。
- head：这是一个普通的 R 函数，可以用来显示 Spark 数据帧；其语法和基本 R 的语法是一样的。
- take：这个命令也可以输出一些行，但它是从底层 RDD 得到这些行的数据的。
- display：这是一个特殊的 Databricks 命令，大致上等同于基本 R 里面的 View 命令，但是也可以用来为输出的子集绘制图形，在显示数据的窗口的水平滚动条下面有一些控制图标，就是用于这个用途。使用 display 命令，还可以切换到绘图模式。

10.1.2 用本地绘图特性来绘图

点击第二个图标：

你会看到一个绘图对话框，你可以在其中绘制变量之间的各种关系的图形。为了绘制这些关系图形，首先要从 All fields 列里面拖拽一个变量放到 Values 列里面：

- 例如，第一个图形显示了 diabetes=1 的时候的胰岛素级别的箱线图。
- 第二个图形定义了 20 个箱的胰岛素级别的柱状图。
- 第三个图显示的是年龄和胰岛素级别的散点图。
- 第四个图是年龄、胰岛素和怀孕月份数之间的相关性矩阵。

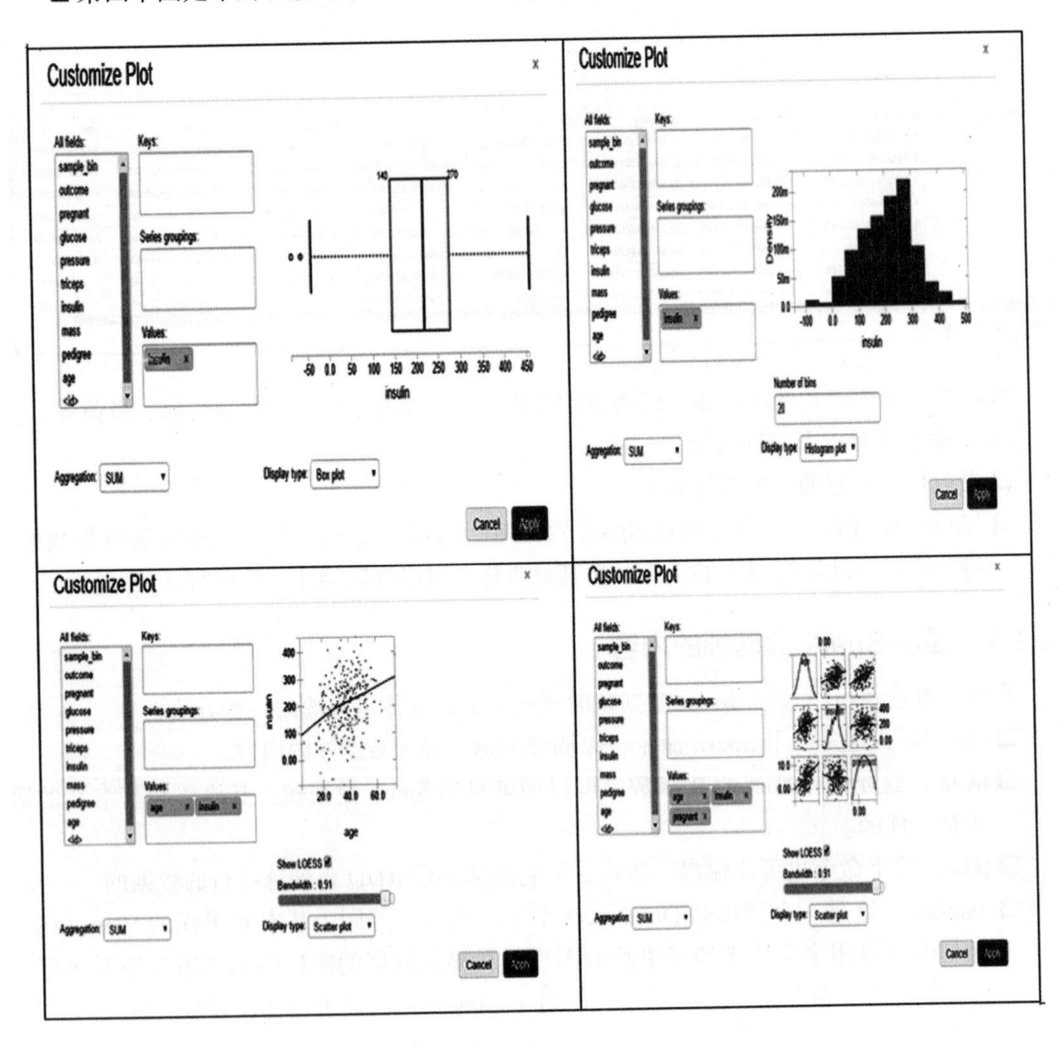

10.1.3 直接对一个 Spark 数据帧运行两两相关性计算

相关性和协方差函数都可以直接用来处理 Spark 数据帧。下面的这个示例显示，对患有糖尿病的病人，在变量 age 和 glucose 的级别之间有 11% 的相关性：

```
corr <- corr(out_sd1, "glucose", "age", method = "pearson")
corr
```

```
▸ (1) Spark Jobs

[1] 0.1130607
```

10.2　清理和缓存内存中的表格

由于 Spark 表格是处理内存中的数据，首先我们要清理掉中间数据，然后缓存 out_sd 数据帧，这样可以使串行的查询运行得更快。在内存中缓存数据，当同样的查询重复进行的时候效率是最高的。用这种方法，Spark 能够知道怎么样巧妙使用内存，以便于你需要的大部分数据都能保留在内存中。

不过，这并不是一种万无一失的做法。良好的 Spark 查询和表格设计，可以有助于优化，而开箱即用式的缓存通常也会带来好处。一般来说，最初的几次查询并不会从内存缓存中得到好处，而后面进行的查询就会运行得快得多。

既然我们不再使用前面创建的中间数据，用 rm 函数来删除它，然后在整个数据帧上使用 cache() 函数：

```
#cleanup and cache df
rm(out_sd1)
rm(out_sd2)
cache(out_sd)
```

10.3　一些探索数据时有用的 Spark 函数

10.3.1　count 和 groupby

我们可以用 count 和 groupby 函数来聚合各自独立的变量。

下面这个示例是使用这种方法来根据结果给观察进行计数。由于结果是另一个数据帧，我们可以使用 head 函数把结果写入控制塔。

如果你改变了这个查询，可能不得不调整 head 返回的行数。使用诸如 head 这样的函数来过滤结果总是一个好的做法，这样可以保证不会输出好几百行（或者更多）数据。

然而，你还需要确保不会把所有的输出都给砍掉了。如果你不是很肯定行数有多少，那么可以先把结果赋值给一个数据帧，然后检查一下行数（用 nrow）：

这一行代码根据结果计算行数。虽然知道应该仅仅有两个结果，但我在 head 的语句中加入了 count 函数，以便防止出现问题。

```
head(SparkR::count(groupBy(out_sd, "outcome")))
```

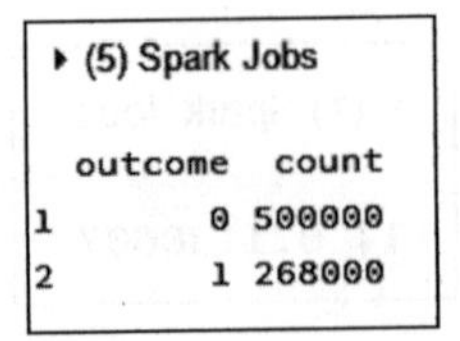

▸ (5) Spark Jobs

	outcome	count
1	0	500000
2	1	268000

从一个 Spark 数据帧中输出数值的速度很快。此处有一些从每个结果分组取得的数值。请注意，sample.bin 是负值，代表 outcome==0，而正值代表 outcome==1。

首先输出一些负值。我们可以看到有些怀孕月份数也是负值，看来仿真进行得也不是那么完美。

```
head(SparkR::filter(out_sd,out_sd$outcome == 0),5)
```

▸ (2) Spark Jobs

	sample_bin	outcome	pregnant	glucose	pressure	triceps	insulin	mass	pedigree
1	-144	0	-1.481	73.4	66.6	19.8	104	23.9	0.112
2	-395	0	1.105	105.6	71.0	22.3	115	30.5	0.948
3	-205	0	-0.376	132.1	65.9	17.5	117	25.8	0.283
4	-442	0	0.853	149.1	68.0	18.4	164	25.7	-0.196
5	-471	0	3.480	115.2	58.5	32.2	239	31.6	0.754

	age
1	33.2
2	26.0
3	25.3
4	34.3
5	32.6

现在输出一些正值：

```
head(SparkR::filter(out_sd,out_sd$outcome == 1),5)
```

▸ (1) Spark Jobs

	sample_bin	outcome	pregnant	glucose	pressure	triceps	insulin	mass	pedigree
1	78	1	1.943	157	61.5	15.7	129.6	29.4	1.223
2	212	1	4.364	149	71.7	41.6	240.0	25.0	0.314
3	110	1	0.859	173	74.4	30.0	379.5	32.8	0.445
4	237	1	1.855	107	74.4	34.9	86.2	42.3	0.530
5	253	1	9.171	105	78.1	33.0	-67.8	35.6	0.386

	age
1	25.8
2	19.4
3	46.3
4	16.7
5	26.6

10.3.2 协方差和相关性函数

相关性和协方差也可以直接从 Spark 数据帧计算出来。在我们的示例中，可以看出在非糖尿病患者的数据中，年龄和葡萄糖含量之间有很高的相关性：

首先是糖尿病患者。相关性是 0.113：

```
> corr(SparkR::filter(out_sd,out_sd$outcome==1), "glucose", "age", method = "pearson")

▸ (1) Spark Jobs

[1] 0.113
```

下面是非糖尿病患者。相关性是 0.22：

```
> corr(SparkR::filter(out_sd,out_sd$outcome==0), "glucose", "age", method = "pearson")

▸ (1) Spark Jobs

[1] 0.22
```

对于整个群体，相关性是 0.26：

```
> corr(out_sd, "glucose", "age", method = "pearson")

▾ (1) Spark Jobs
    ▸ Job 295   View (Stages: 1/1)

[1] 0.269
```

10.4　创建新列

通常不需要基于现有的变量来创建新的变换以改善预测效果。我们已经看到，经常会把一个定量的变量通过分箱来变成一个名义性的变量。

现在我们来创建一个新的列，取名叫 agecat，它把年龄分成了两个段。为了简化，我们先把年龄数四舍五入成最接近的整数。

```
filtered <- SparkR::filter(out_sd, "age > 0 AND insulin > 0")
filtered$age <- round(filtered$age,0)
filtered$agecat <- ifelse(filtered$age <= 35,"<= 35","35 Or Older")
SparkR::head(SparkR::select(filtered, "age","agecat"))
```

```
▸ (1) Spark Jobs

  age      agecat
1  26       <= 35
2  19       <= 35
3  46 35 Or Older
4  17       <= 35
5  26       <= 35
6  37 35 Or Older
```

在你刚才运行的代码中，你可能已经注意到有些命令加了前缀 SparkR：：。

这样做是为了让程序知道我们想要使用这个函数的哪个版本，而且在命令前面加前缀总是一个好的做法，不仅可以避免语法错误，还可以避免错误地调用了 SparkR 和普通 R 里面名字相同的函数。

10.5 构建一个交叉表

既然我们已经给年龄分了类，可以运行一个交叉表，根据年龄类别给结果进行计数。

由于只有两个结果和两个年龄组，交叉表就有四个格子：

1）首先，用 Databricks 特殊的 display 命令来显示结果。

2）当结果出现在如下图所示的表格中以后，你可以点击 plot 按钮（在左下角的第二个图标），然后就会出现 Customized Plot 对话框，在这里，结果可以绘制成条形图。绘图显示，在年龄较高的分组中，得糖尿病的人比低年龄组要多很多，而对于非糖尿病患者的分组，情况则相反：

```
table <- crosstab(filtered, "outcome", "agecat")
display(as.data.frame(table))
```

▸ (7) Spark Jobs

outcome_agecat	35 Or Older	<= 35
1.0	156000	109000
0.0	179000	297000

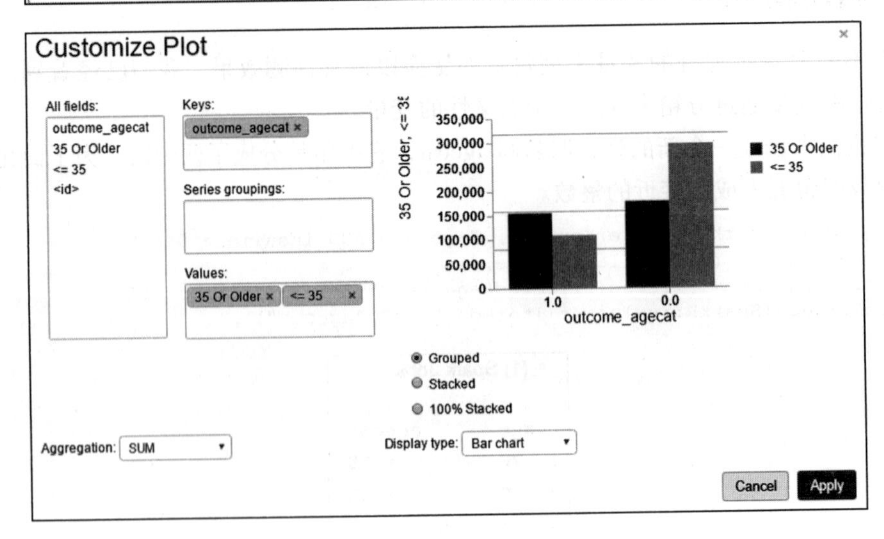

10.6 构建直方图

直方图也是一个快捷的用可视化形式观察、比较结果变量的方法。

下面是另一个示例，使用 Spark 的 histogram 函数来构建非患者和患者的身体质量系数的均值。在第一个直方图中，我们可以看到最高的柱子是 38.9BMI，与之对照的是非患者的最高值 29.8。这表示可能 BMI 将会是我们开发的所有模型当中的重要变量。

这段代码使用了 SparkR 的 histogram 函数来计算 10 个箱子的直方图。质心表示 10 个箱子各自的中心值。出现频率最高的柱子是中心值为 38.9 的，其计数为大约 50 000。这种类型的直方图很有利于快速得到变量分布的大致概念，但是某种程度上缺少标签，而且由于幅度和范围的关系，也不能控制各种元素。如果你想要微调一些元素，可能得从头开始，使用 collect() 函数下载一个样本到你的本地 R 机器上。后面我们会讨论这个功能。

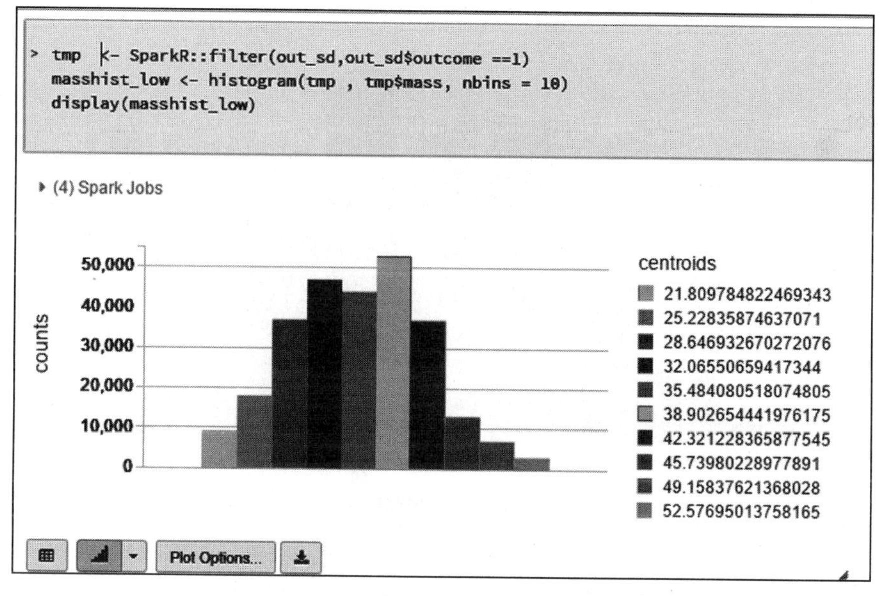

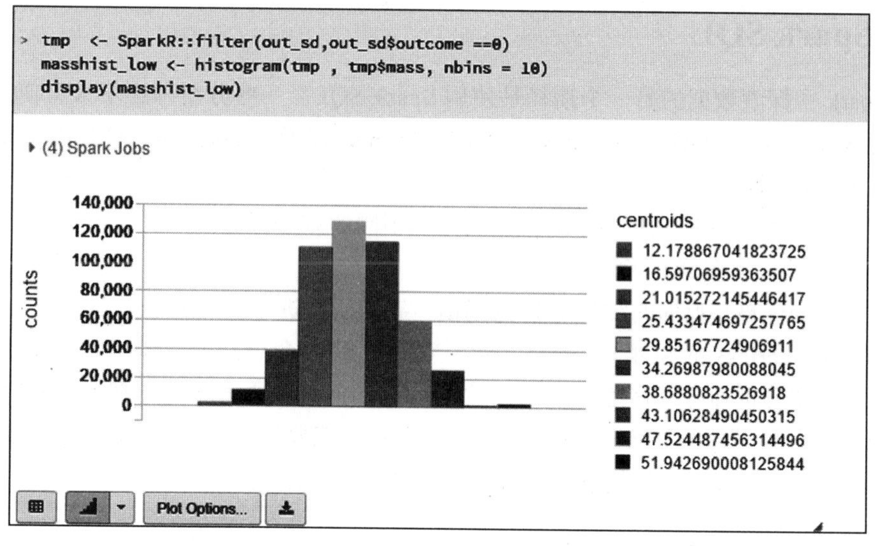

10.7 使用 ggplot 绘图

如果你喜欢使用 ggplot 来给你的结果绘图，那么先加载 ggplot2 包，就可以直接对 Spark 数据帧运行绘图了。你会有更多的机会来做些进一步的定制。

此处是一个基本的 pplot，绘制的图形和上面的 histogram() 函数绘制的图形是一致的：

```
require(ggplot2)
plot <- ggplot(age_hist, aes(x = centroids, y = counts)) +
       geom_bar(stat = "identity") +
      xlab("mass") + ylab("Frequency")

plot
```

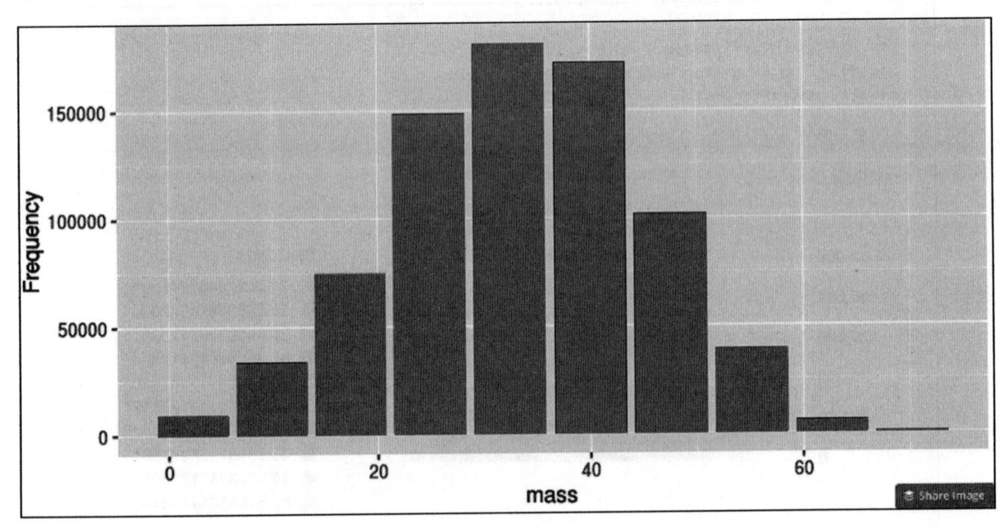

10.8 Spark SQL

在 Spark 中探索数据的另一个途径是使用 Spark SQL。一些分析师还不太会使用针对特定语言的 API，例如 SparkR、PySpark（针对 Python），以及 Scala，那么使用 Spark SQL 也可以探索 Spark 数据。

我将要介绍通过 SQL 访问 Spark 数据的两种不同的方法：

- 通过 R 接口发布 SQL 命令：

这种方法的优势是返回的结果是 R 数据帧，有利于做进一步的操作。

- 通过 Databricks 的 SQL magic：：指令来发布 SQL 命令：

这种方法使分析师可以直接使用 SQL 命令，在任何编程语言环境中都可以使用。

在把一个对象当作 SQL 对象处理之前，这个对象需要注册为一个 SQL 表格或者视图。一旦完成注册，就可以通过任何语言 API 的 SQL 接口来访问它。

注册过之后，你可以使用显示表格的 SparkR 命令来获取你的会话中所有注册过的表格的清单。

10.8.1　注册表格

```
#register out_sd as a table

SparkR:::registerTempTable(out_sd,"out_tbl")
SparkR:::cacheTable(sqlContext,"out_tbl")

head(SparkR::sql(sqlContext, "SHOW tables"))
```

▸ (1) Spark Jobs

	database	tableName	isTemporary
1	default	mc	FALSE
2	default	stopfrisk	FALSE
3		out_tbl	TRUE
4		spark_sample	TRUE

10.8.2　通过 R 接口发布 SQL

通过这种方式写 SQL，与通过 sql 函数来构造一个有效的 SQL 字符串是一致的：

- 该查询必须使用一个注册过的表格。
- 你可以把查询结果赋值给一个数据帧。

此处有一个示例，是从注册过的对象 out_table 中获取可用样品的频率计数。请注意，代码开头有 %r 命令，这是一个特殊的 Databricks 指令，表示后面的代码是应用于 R 的。不过，有时候需要指定它（即使在 R 笔记本里），因为其前面的代码块使用了另一种语言的指令，例如 %sql 或者 %python：

```
%r
rm(tmp)

tmp <- SparkR::sql(sqlContext, "SELECT sample_bin,   count(*) FROM
out_tbl group by sample_bin")
```

- 另外，在 Databricks 中，sqlcontext 已经预先赋值了，所以在下面的代码中可以省略掉。

```
tmp <- SparkR::sql("SELECT sample_bin , count(*) FROM out_tbl group
by sample_bin")
```

- 一旦你把数据提取到了 tmp 数据帧，就可以显示每个样本的计数了。在串行查询中，你可以根据样本的大小和结果变量的比例来选择你感兴趣的样本。

```
head(tmp,1000)
```

	sample_bin	count(1)
1	-142	4000
2	184	1000
3	147	1000
4	170	1000
5	-305	1000
6	-492	2000
7	160	2000
8	169	2000
9	67	1000
10	70	1000
11	-335	3000
12	-500	1000
13	-282	1000
14	69	1000
15	-74	4000
16	-81	2000
17	-58	1000
18	-52	4000

10.8.3 用SQL来检查潜在异常值

基于前面的sample_bin计数，我们可能决定提取一个含有阳性结果和阴性结果的样本。我们知道正值的sample_bin表示结果变量为1，而负值的sample_bin表示结果变量为0。我们还可以选择一个截断值，并且能适用于我们想要的任意样本数量。我们想要一个有10 000行的样本，所以把范围设置为-10～+10。

```
bin_extract <- SparkR::sql("SELECT * from out_tbl where sample_bin >= -10
AND sample_bin <= 10")
nrow(bin_extract)
#nrow should be 10,000 in the output
```

下面注册bin_extract，以便于可以进行一些SQL操作：

```
SparkR:::registerTempTable(bin_extract,"bin_extract")
```

10.8.4 创建一些汇总

如果我们有兴趣把每个人的血压和平均值比较一下，可以构建一个查询来计算较大的Spark表格（out_tbl）的均值和标准差，然后根据结果变量的值来给结果分组。输出也表示糖尿病人的年龄偏大：

```
bin_agg <- SparkR::sql("SELECT outcome,
mean(pressure) as mean_pressure,
std(pressure) as std_pressure,
mean(age) as mean_age,
std(age) as std_age
from out_tbl group by 1")
#register the table
SparkR:::registerTempTable(bin_agg,"bin_agg")
#print a few records
head(bin_agg)
```

▸ (5) Spark Jobs

	outcome	mean_pressure	std_pressure	mean_age	std_age
1	0	71.60760	7.454448	32.55031	9.274967
2	1	71.17571	9.905474	39.88985	2.276876

10.8.5　用第三个查询选出一些潜在异常值

现在我们来构建第三个查询，用于提取所有可能被看作异常值的记录。在这个示例中，我们定义的异常值是年龄或者血压相对于它所在的结果变量分组的均值的距离大于或小于 1.5 倍标准差。为了实现这一点，要把 age 和 pressure 的汇总均值连接到细节级别的数据中：

- 我们还可以计算一个新的列 agediff，表示年龄和平均年龄之间的差距。
- 我们添加一个保护性的过滤器 limit=1000，以便得到的结果多于这个数量。在 SQL 查询中设置限制，有利于加速结果的处理。在这个示例中，返回的记录有一条：

```
anomolies <- SparkR::sql("select distinct
a.outcome,pressure,mean_pressure,age,b.mean_age,
(age-  b.mean_age) as agediff
from bin_extract a inner join bin_agg b
on a.outcome=b.outcome
AND
(a.pressure > mean_pressure + (1.5*std_pressure))
OR
(a.pressure < mean_pressure - (1.5*std_pressure))
OR
(a.age < b.mean_age - (1.5*std_age))
OR
(a.age > mean_age + (1.5*std_age))
order by agediff desc
limit 1000")
head(anomolies)
```

输出仅显示了一条记录，其年龄比均值大的幅度超过了 1.5 倍标准差。你可以定制这个截断值为标准差的其他倍数，就可以增加或者减少返回的行数，这样来寻找异常。

▸ (1) Spark Jobs

	outcome	pressure	mean_pressure	age	mean_age	agediff
1	0	75.93101	70.87059	51.63939	31.19	20.44939

10.8.6　变成 SQL API

通过在第一行写上 %sql，你就能把代码变成 SQL 接口。这样就会把这个笔记本窗口里所有的串行代码语句都仅仅按照 SQL 来理解执行。

在一个串行代码窗口中，如果你想要返回另外一种语言，可以在第一行输入 %r、%python、%scala 等。如果你没有输入这些 magic 指令，那么代码在理解执行的时候就会按照笔记本的默认类型（在这个例子里面是按 R 类型）。

下面这行代码是前面我们写的 R 代码，用来给 sample_bin 计数的查询，但是现在使用纯粹的 SQL 接口。结果显示在一个数据透视表中。如果你想改变显示的格式，可以选择原始数据图标（在数据下方的工具条左边第一个），或者选择 Plot 图标（紧挨着的第二个图标），然后选择一种绘图方式：

```
%sql
SELECT sample_bin , count(*) as k FROM out_tbl group by sample_bin order by
k
```

▸ (1) Spark Jobs

sample_bin	k
-305	1000
-361	1000
64	1000
191	1000
35	1000
161	1000
-450	1000
-328	1000
251	1000

Plot Options...

10.8.7 SQL：用 case 语句计算一个新列

我们可以使用 SQL 窗口利用上标准 SQL 所有的好处，包括创建新列的功能。在这个示例里面，我们查询整个表格，把体重分成两个组：高体重组（>30）和低体重组（<30），然后分别计算每组的均值。

用这个办法，我们可以看出，在高体重组中，糖尿病患者的体重均值要高于非患者的体重均值。在低体重组中也是一样的情况：

▸ (5) Spark Jobs

BMICAT	outcome	avg(mass)
BMI_HIGH	1	37.88309305496696
BMI_LOW	0	25.469591340978635
BMI_LOW	1	26.599527908424488
BMI_HIGH	0	35.79285447090313

```
%sql
select case when mass > 30 then "BMI_HIGH" else "BMI_LOW" end as BMICAT,
outcome,avg(mass) from out_tbl
group by 1,2
```

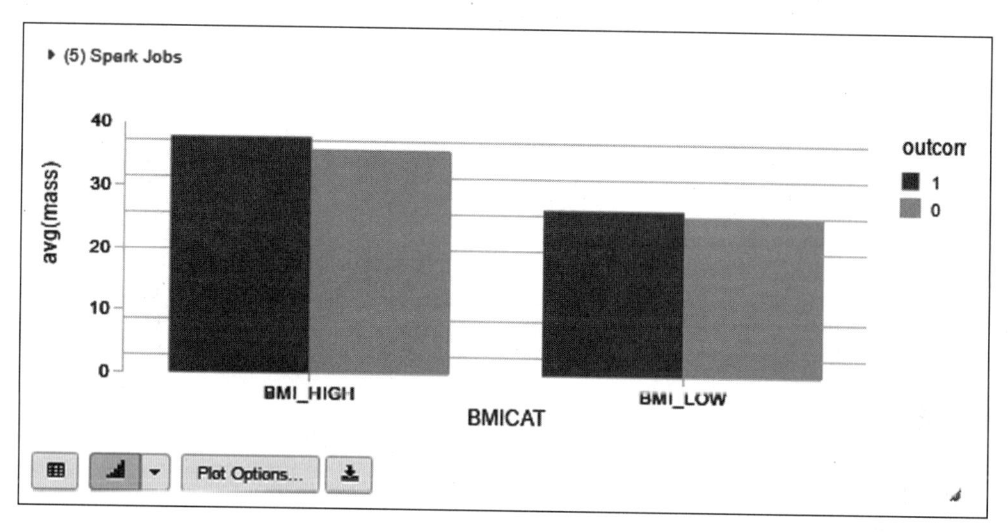

10.8.8 基于年龄段评估结果变量

把年龄在 30 这个断点处分割成两个组，可以看出在高年龄组中糖尿病患者的数量要明显高于低年龄组：

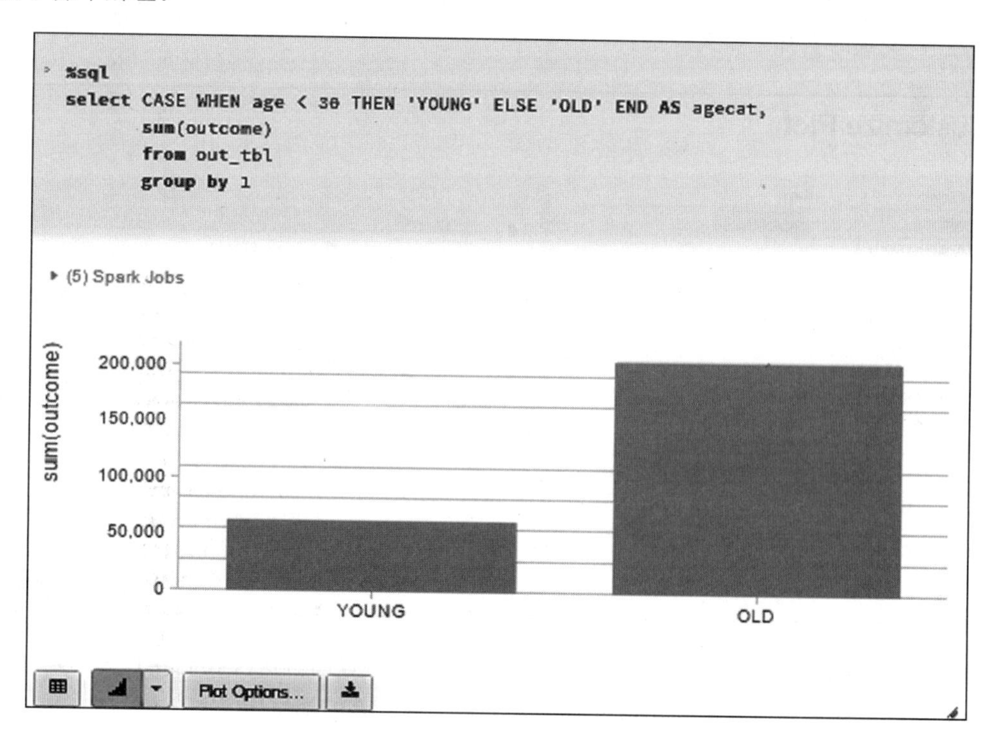

10.8.9 计算所有变量的均值

用纯粹的 SQL 还可以做一些有意思的比较，计算所有变量的差异系数，然后按照结果变量来分组。使用差异系数可以把变量的均值和差异标准化，从而在进行比较的时候不受其不同幅度的影响：

```
%sql
select outcome,
        mean(pregnant)/std(pregnant),
        mean(glucose)/std(glucose),
        mean(pressure)/std(pressure),
        mean(triceps)/std(triceps),
        mean(insulin)/std(insulin),
        mean(mass)/std(mass),
        mean(pedigree)/std(pedigree),
        mean(age)/std(age)
from out_tbl
group by 1
```

1）查询完成之后，切换到绘图窗口，并把绘图类型改成线形图。

2）接着把结果变量拖拽到 Keys 面板。

3）然后把所有其他变量拖拽到 Values 面板。

然后就会出现一个简单的线形图，用这个图你可以比较在两个结果变量之间所有其他变量的均值。

可以看到，对于糖尿病患者，那些变量的均值都有所上升，其中有些变量的上升幅度要比另一些变量的上升幅度大一些：

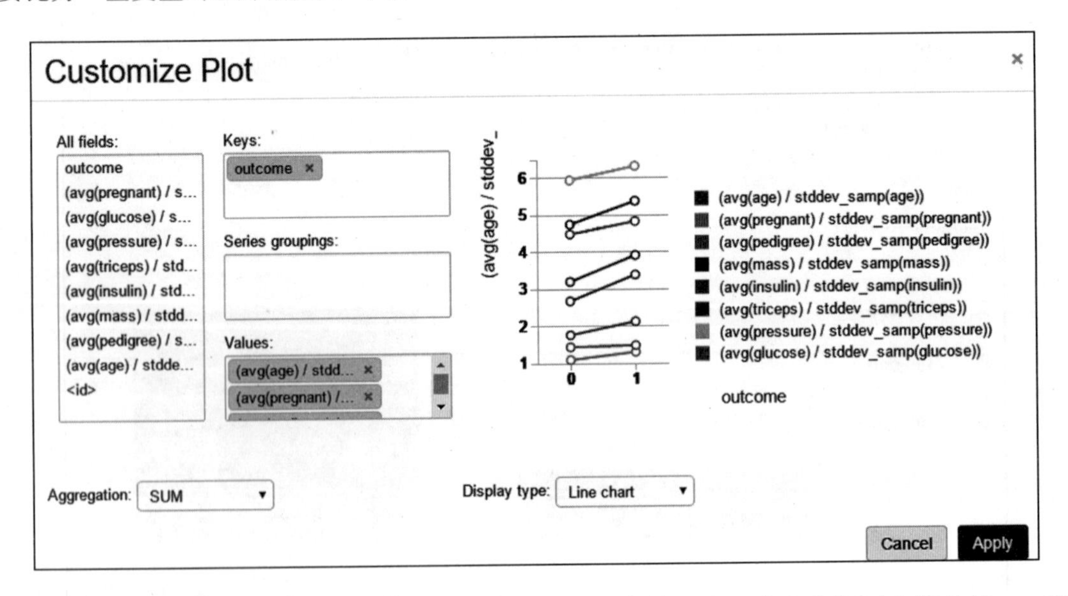

我们还可以做一个查询，类似于前面章节中的异常值查询。这次我们要查询的是 age 和 pressure 这两个变量中所有偏离均值的幅度大于两个标准差的那些记录：

```
%sql
select distinct a.outcome,pressure,mean_pressure,age,mean_age from
bin_extract a inner join bin_agg b
on a.outcome=b.outcome
AND
(a.pressure > mean_pressure + (2*std_pressure))
OR
(a.age > mean_age + (2*std_age))
limit 100
```

▸ (5) Spark Jobs

outcome	pressure	mean_pressure	age	mean_age
0	75.93100817427452	71.60760161398534	51.63938860382109	32.55030965046543
0	75.93100817427452	71.17571330678416	51.63938860382109	39.889849391046326

10.9 从 Spark 回到 R 来探索数据

经常会有这种情况，即你想要做的分析类型在 SparkR 里面是不支持的，那么你就需要从 Spark 对象里面提取数据，然后回到基本 R 中。

例如，在前面的章节中我们可以运行 correlation 和 covariance 函数，在输入中指定成对的变量。不过，我们并没有生成整个数据帧的相关性矩阵，有如下几个原因：

- 在你当前使用的 Spark 版本中还没有加入这种功能。
- 即使有这种功能，可能在 Spark 里面进行这种计算所需要的代价太高。

一般来说，比较合理的策略是，使用 Spark 函数来探索数据的一些基本性质，并使用专门为 Spark 写的包（例如 MLlib）来执行这些操作。

对于其他的情况，即你想要进行一些更深度的分析，就从 Spark 数据帧里提取一个样本，然后使用普通的 R 数据帧来进行分析。做这些工作的时候，比较好的做法是，不要返回全部群体的数据，而是仅仅返回一个样本或者一个子段。毕竟，如果你想要从 Spark 里面提取整个数据帧的话，你一开始就不必使用 Spark，可以直接在本地 R 里面进行全部的分析！

我们可以使用 collect() 函数来提取数据，先过滤 sample_bin，然后返回一个名为 samp 的本地数据帧。如果你对 samp 运行 str() 函数，会看到输出的第一行就显示了这是一个普通的 R 数据帧，不是一个 Spark 数据帧：

```
#bring a sample back to R and visualize
samp <- SparkR::collect(SparkR::filter(out_sd, "sample_bin >= -50 and
sample_bin <= 50"))
str(samp)
```

```
▸ (1) Spark Jobs

'data.frame':   77000 obs. of  10 variables:
 $ sample_bin: num  13 28 12 40 7 39 41 38 13 33 ...
 $ outcome   : num  1 1 1 1 1 1 1 1 1 1 ...
 $ pregnant  : num  1.12 7.73 6.61 6.31 5.2 ...
 $ glucose   : num  189 143 146 167 189 ...
 $ pressure  : num  61.9 84.1 91.2 92.3 84.7 ...
 $ triceps   : num  28.2 57 29.4 58.2 41.5 ...
 $ insulin   : num  181.682 269.068 63.504 0.372 180.244 ...
 $ mass      : num  42.5 49.3 34.9 51.1 47.5 ...
 $ pedigree  : num  0.251 0.68 0.622 0.822 0.355 ...
 $ age       : num  26.2 41.8 31.6 37.8 37.5 ...
```

10.10 运行本地 R 包

一旦你提取到了样本，就可以运行 R 函数（例如 pairs）来生成相关性矩阵，或者使用 reshape2 包和 ggplot 函数生成一个相关性图形。

10.10.1 使用 pairs 函数（在基本包中提供）

```
#this takes our "collect()" data frame which we exported from Spark, and
runs a basic correlation matrix

pairs(samp[,3:8], col=samp$outcome)
```

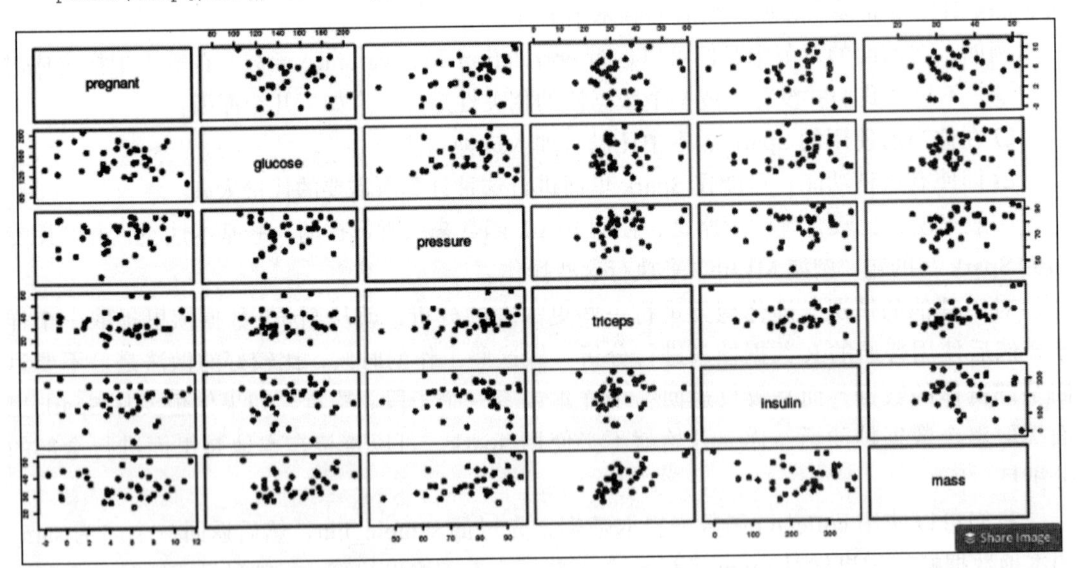

10.10.2 生成一个相关性图形

这是一个看起来比较复杂微妙的图形，使用 ggplot 来演示生成一个相关性矩阵，在各个变量交叉的地方使用阴影来表示它们的相关程度。再次强调一下，如果你的样本大小不是太离谱，可以在 Spark 外部进行分析，而你使用的那个功能是在你的 Spark 版本里面没有提供的。

```
require(ggplot2)
library(reshape2)
cormatrix <- round(cor(samp),2)
cormatrix_melt <- melt(cormatrix)
head(cormatrix_melt)
ggplot(data = cormatrix_melt, aes(x=Var1, y=Var2, fill=value)) +
geom_raster()
```

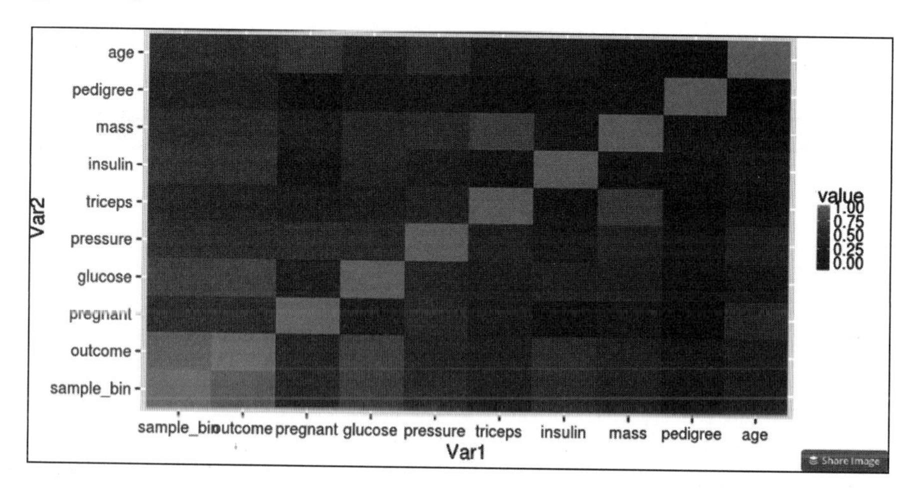

10.11　一些关于使用 Spark 的技巧

请参考下面的这些技巧：

- 尽可能使用抽样。使用 sample_bin 方法论和过滤命令库。抽样可以加快分析速度，包括分析阶段和开发 / 测试阶段。
- 一旦在较小的数据段上完成了测试，你可以很有信心地把同样的方法扩展到大得多的群体数据上。
- 处理数据，以便于你可以选择一些你感兴趣的子段。
- 适当的时候对分析进行缓存。
- 如果出现了性能问题，试试把数据分成更多的小块。
- 处理很大的数据时，提取一些有代表性的样品，用本地 R 来操作。

10.12　本章小结

在本章里，我们学习了探索 Spark 数据的基础知识，包括使用一些 Spark 的特殊命令，这样我们就能够对 Spark 数据进行过滤、分组和汇总。

我们还学习了如何在 Spark 中直接把数据可视化，以及如何运行 R 函数（如 ggplot）来处理数据。我们学习了一些用 Spark 数据工作的策略，比如进行智能过滤和抽样。

最后，我们还演示了，时不时地还需要提取 Spark 数据，回到本地 R 中，这样才能灵活地使用一些在 Spark 环境中没有的常用工具。

Chapter 11 第 11 章

Spark 机器学习：回归和聚类模型

“比起通过我们内省的方法，思维机器的研究可以告诉我们更多关于大脑的知识。西方人正以小装置的形式将自己外部化。”

——William S. Burroughs (Naked Lunch)

11.1 关于本章 / 你将学到什么

前面的章节介绍了 Spark 和 SparkR，并强调了如何使用 SQL 来探索数据。在本章中，我们将开始使用 MLlib 来研究 Spark 的机器学习功能，MLlib 是与 Spark 打包在一起的原生机器学习库。

本章将介绍逻辑回归和聚类算法。下一章将介绍基于规则的算法，其中包括决策树。有些内容已经在以前的章节中使用 R 语言的 PC 版本讨论过。本章以及下一章主要讨论如何准备数据，并使用 Spark 中存在的 MLlib 算法来应用这些技术。

11.1.1 读取数据

在上一章中，我们将 out_sd 保存到一个外部的 Parquet 文件中。在现实世界中，你将面临分析多个数据源的问题。通常，这些数据源将具有相似的模式，但是它们在写入的时间段上会有所不同。

例如，日志文件可以存档在不同的目录中，按日期分类，作为分析人员需要读入多个文件并将它们连接在一起。

因此，虽然每个文件可能很小，但当汇总在一起时，它们会产生一个大很多的文件。

假设我们将在过去两天中的几个文件上进行一些机器学习。为了便于说明，在两个输入中使用的是同一个文件。但实际上，你可能会连接许多天的交易记录：

1）首先，读取数据。回想一下，在前一章中是以 Parquet 格式保存这些文件的：

```
todays_file <- parquetFile(sqlContext,
"/tmp/temp.parquet")
yesterdays_file <- parquetFile(sqlContext,
"/tmp/temp.parquet")
```

2）使用 Spark unionAll() 函数将两天的数据连接成一个文件：

```
out_sd <- unionAll(todays_file,yesterdays_file)
```

3）读入文件之后可以缓存 out_sd 文件，以便在会话的其余部分对其进行优化查询：

```
cache(out_sd)
```

接下来，使用 SparkR mean() 和 count() 函数验证文件的完整性。例如，我们从原始数据中知道大约 34% 的结果是正值，因此我们可以使用这些函数作为计算器，来确定这些文件包含 536 000 个正值的实例。为什么要这样做呢？在处理大型数据集时，在开始处理记录之前，通常首先需要验证文件内容。通过做一些数据准备工作来节省时间，这一点非常重要：

```
head(SparkR::select(out_sd,
count(out_sd$outcome),mean(out_sd$outcome),mean(out_sd$outcome)*count(out_s
d$outcome)))
```

```
▸ (3) Spark Jobs

  count(outcome) avg(outcome) (avg(outcome) * count(outcome))
1        1536000    0.3489583                          536000
```

11.1.2 运行数据帧的摘要并保存对象

接下来，将创建数据帧的摘要。但是，我们不是像过去一样输出摘要，而是将摘要的结果保存到一个对象中，因为我们稍后将使用聚合信息将其合并到原始数据中。同样，如果你要操作大型数据集，则不必在相同的数据上多次运行 summary() 函数：

1）设置一些全局选项，如有效数字的数量、绘图宽度和高度等。

2）将摘要输出分配给一个数据帧。

3）使用 Databricks 的 display() 函数（或 head() 函数）输出该文件的一部分：

```
options(digits=3)
options(repr.plot.width = 1000, repr.plot.height =   500,
repr.plot.res = 144, repr.plot.pointsize = 5)
sumdf = summary(out_sd)
display(sumdf)
```

▸ (1) Spark Jobs

summary	sample_bin	outcome	pregnant	glucose	pressure	triceps	insulin	mass	pedigree
count	1536000	1536000	1536000	1536000	1536000	1536000	1536000	1536000	1536000
mean	-113.67317708333333	0.3489583333333333	3.845052083332693	121.68778671732643	72.40477794289117	29.24877013964472	159.46377333976378	32.442846279285206	0.4718763020832466
stddev	220.73237864042508	0.4766409160347798	3.3673847085630393	30.441761915341296	12.096901966371815	8.923475282028773	91.29939768938557	6.874555211563171	0.3311129238127968
min	-500.0	0.0	-5.267836632739748	39.06326135657574	35.40654724700748	0.7607894364323116	-148.15344457408253	9.969765765918051	-0.546147823960402
max	267.0	1.0	13.798168411407868	219.71433564781285	112.13158466413095	58.23733534004559	456.09990684013997	54.28623709953233	1.687677997650607

11.2 将数据分割成训练和测试数据集

继续创建测试和训练数据集。目标是抽样 80% 的数据到训练数据组，抽样 20% 的数据到测试数据组。

为了加快抽样速度，可以先抽样 sample_bin 范围的尾部作为测试数据集，然后使用中间部分作为训练数据。这仍然是一个随机样本，因为 sample_bin 最初是随机生成的，数字的序列或范围与随机性没有关系。

11.2.1 生成训练数据集

由于我们需要 80% 的数据作为训练数据，因此首先定义一个高截止值和一个低截止值，取位于二者之间的所有 sample_bin 数据。可以将截止范围定义为 sample_bin 的最高值和最低值之差的 20%。

将低截止值设置为最低值加上之前的截止值范围，将高截止值设为最高值减去截止值范围：

```
#compute the minimum and maximum values of sample bin
set.seed(123)
sample_bin_min <- as.integer(collect(select(out_sd,
min(out_sd$sample_bin))))
sample_bin_max <- as.integer(collect(select(out_sd,
max(out_sd$sample_bin))))

Cutoff <- .20*(sample_bin_max - sample_bin_min)
Cutoff_low <- sample_bin_min + Cutoff
Cutoff_high <- sample_bin_max - Cutoff

rm(df)

#take 80% of the training samples.  These happens to be the ones that fall
in the middle.

df <- filter(out_sd, out_sd$sample_bin > Cutoff_low & out_sd$sample_bin <
Cutoff_high)
train_sumdf = summary(df)
```

使用 Databricks 的 display 命令中的 Spark select() 函数输出一些关键字段。请注意，当以这种方式编写汇总对象时，每个变量总是有 5 行（count、mean、sdev、min 和 mins）和 1 列：

```
display(select(train_sumdf,"summary","outcome","pregnant","age","mass","glu
cose","triceps"))
```

▸ (3) Spark Jobs

summary	outcome	pregnant	age	mass	glucose	triceps
count	1238000	1238000	1238000	1238000	1238000	1238000
mean	0.3473344103392569	3.8393078551561945	33.10107006771893	32.38097983343372	121.13880674688428	29.02635605075717
stddev	0.4761233042460107	3.4609137686182487	11.840237146096062	6.7386355088915995	30.58392015453745	8.83891870375425
min	0.0	-5.267836632739748	-1.469171542253246	12.476112430010328	39.06326135657574	0.7607894364323116
max	1.0	13.798168411407868	73.95268273579066	54.15179128403151	219.71433564781285	58.23733534004559

11.2.2 生成测试数据集

为了生成测试数据，我们将只选择截止范围之外的那些行。这将得到 20% 的样本。请注意，SparkR 的 describe 函数是 summary() 函数的别名。当你想避免 Spark 和 R 语言的基础函数之间的名字冲突时可以使用它。

```
#set the test data set to include the rest of the population
set.seed(123)
test <- filter(out_sd, out_sd$sample_bin <= Cutoff_low | out_sd$sample_bin
>= Cutoff_high)
test_sumdf = describe(test)

display(select(test_sumdf,"summary","outcome","pregnant","age","mass","gluc
ose","triceps"))
```

▸ (1) Spark Jobs

summary	outcome	pregnant	age	mass	glucose	triceps
count	298000	298000	298000	298000	298000	298000
mean	0.35570469798657717	3.8689156899824906	33.02172004750105	32.09986191673218	123.96844847374449	30.172758871343312
stddev	0.47872709853948375	2.9471078158413375	11.36279056675114	7.407060808651703	29.73566972935832	9.20917898210801
min	0.0	-2.7745181707450337	0.3325954626676797	9.969765765918051	49.71976008885286	5.837573292896575
max	1.0	11.726047624100954	55.30614098944598	54.28623709953233	194.24078367540534	51.93047275913541

11.2.3 关于并行处理的说明

Spark 将尽可能利用并行处理算法。提取训练和测试数据样本是一个很好的例子，因为提取训练数据集和提取训练数据可以独立执行。

因此，在 Databricks 中，你能够通过进度条看到它们同时运行。在一个代码块依赖于另一个代码块的情况下，你会看到执行已经开始了，但它将处于等待状态，直到所等待的代码块完成之后继续执行。

从这个意义上说，你在开发分析代码时，应该尽可能地利用并行处理。

11.2.4 将误差引入测试数据集

由于测试和训练数据集都是通过模拟随机正态分布生成的，因此数据几乎是完美的。为了弥补这一点，使数据更真实，并帮助你学习更多的模拟技能，可以在测试数据集中引入一些随机误差。例如，我们可能要给测试数据的变量加上一个 ±10% 范围内的变化。

要做到这一点，首先要产生一个可以应用到原始数据的误差。为了简单起见，可以推导出 4 个离散误差箱子，每个误差箱子指定对数据调整的不同百分比。在 −10% 和 + 10% 之间的百分比误差是合理的限制。

在下面的代码中，通过使用 rnorm 函数生成误差箱子，然后将超出 ±10% 的值设置为 0。这样就定义了用于选择误差概率的分布：

```
#set the random seed
set.seed(123)
#set the bins
x <- rnorm(n=25,mean=0,sd=4)/100
#assign errors conditionally
x <- ifelse(abs(x) > .10,0,x)
```

11.2.5 生成分布的直方图

我们不是简单地绘制分布图，而是绘制分布的直方图，以便我们可以看到近似的误差箱子的样子。实际上，要绘制两个不同的直方图，一个使用实际计数，另一个表示百分比：

```
par(mfrow=c(1,2))
h <- hist(x,freq=FALSE,right=FALSE,breaks=c(-.20, -.15,-.10,-.05, 0, .05,
.1, .15, .20))

print(h)

plot(h$mids,100*h$counts/sum(h$counts),type="h",lwd=25, lty=1,
main="Probability of Errors Introduced")
```

在下面的图中，你可以从左侧的直方图中看到，没有超出指定限制的值。实际上，由于分布是以均值为0生成的，所以很多测试元素都没有添加任何误差。这是与设计一致的。

右侧生成的条形图只是为了显示每个柱的相对百分比（而不是直接的频率分布）。例如，从中可以看出，调整幅度在5%～10%的概率约为12%：

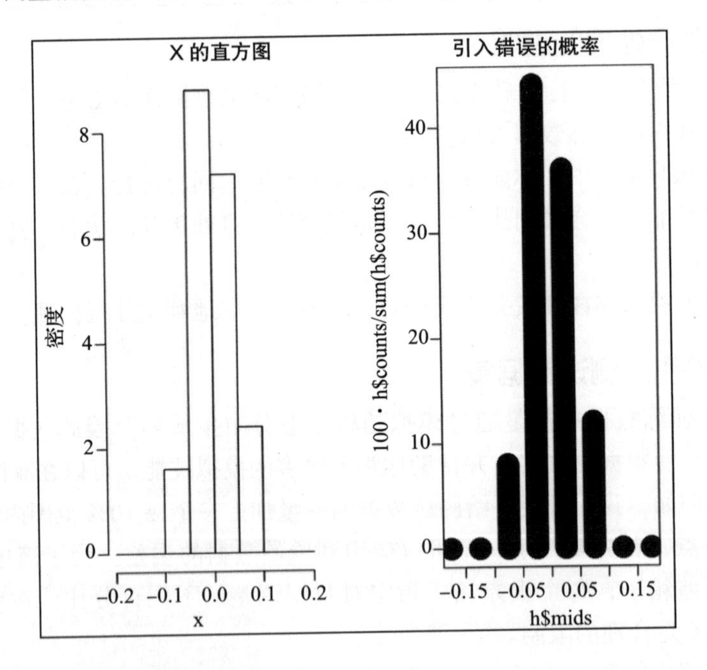

11.2.6 生成有误差的新测试数据

现在我们可以在数据集中引入一些变化——在每个变量中加入一个随机的百分比。要做到这点，首先要对误差分布（x）进行一次抽样。

请注意，由于基本样本函数与Spark抽样函数的语法不同，因此需要在基本抽样函数前面加一个base:。如果你没有这么做，就会得到一个报错信息：

```
# alter the test data set by sampling from the 'x' distribution and adding
or subtracting the introduced error adjustment.
test$age = test$age + test$age*base::sample(x, 1, replace = FALSE, prob =
NULL)

test$pregnant = test$pregnant + test$pregnant*base::sample(x, 1, replace =
FALSE, prob = NULL)

test$glucose = test$glucose + test$glucose*base::sample(x, 1, replace =
FALSE, prob = NULL)

test$pressure = test$pressure + test$pressure*base::sample(x, 1, replace =
FALSE, prob = NULL)

test$triceps = test$triceps + test$triceps*base::sample(x, 1, replace =
FALSE, prob = NULL)

test$insulin = test$insulin + test$insulin*base::sample(x, 1, replace =
FALSE, prob = NULL)

test$mass = test$mass + test$mass*base::sample(x, 1, replace = FALSE, prob
= NULL)

test$pedigree = test$pedigree + test$pedigree*base::sample(x, 1, replace =
FALSE, prob = NULL)

#calculation the number of rows again, to make sure they are the same as
before

nrow(test)
```

```
▸ (1) Spark Jobs

[1] 298000
```

11.3　使用逻辑回归的 Spark 机器学习

既然已经构建完了测试和训练数据集，就要建立一个逻辑回归模型来预测结果 1 或 0。你应该记得，1 表示检测到糖尿病，而 0 表示没有检测到糖尿病。

Spark glm 的语法与普通的 glm 非常相似。使用公式表示法来指定模型。一定要指定 family = "binomial" 来表示输出变量只有两个结果：

```
# run glm model on Training dataset and assign it to object named "model"

model <- spark.glm(outcome ~ pregnant + glucose + pressure + triceps +
insulin + pedigree + age,family = "binomial", maxIter=100, data = df)
summary(model)
```

11.3.1　检查输出

可以在 Estimate 列中观察模型的系数。也可以看到，在残差 –2.54 到 +2.40 这个区间内，包含了大约2.5个标准偏差，并且提供了中间值（不是平均值），即 -0.326。另外请注意，这个版本的spark.glm中未提供p值，这是它们都显示为0的原因。

这个模型的AIC在底部列出。但是，只有与另一个模型相比较的时候它才会有意义。

```
▸ (15) Spark Jobs

Deviance Residuals:
(Note: These are approximate quantiles with relative error <= 0.01)
     Min        1Q    Median        3Q       Max
-2.54350  -0.68582  -0.32635   0.60581   2.39782

Coefficients:
              Estimate     Std. Error  t value  Pr(>|t|)
(Intercept)   -9.3308      0.021087    -442.49  0
pregnant      0.14879      0.00086434  172.15   0
glucose       0.0368       0.00010225  359.89   0
pressure      0.0098552    0.00021764  45.282   0
triceps       0.061359     0.0002994   204.94   0
insulin       0.0051072    3.0915e-05  165.2    0
pedigree      0.77574      0.0073594   105.41   0
age           -0.0085463   0.00026756  -31.942  0

(Dispersion parameter for binomial family taken to be 1)

    Null deviance: 1598954  on 1237999  degrees of freedom
Residual deviance: 1091651  on 1237992  degrees of freedom
AIC: 1091667
```

11.3.2 正则化模型

正则化模型是spark.glm的替代方案；也可以运行spark.logit，并将正则化参数提供给自变量。

默认情况下，spark.logit将产生与spark.glm相同的、没有正则化参数的结果：

```
model2 <- spark.logit(df, outcome ~ pregnant + glucose + pressure + triceps
+ insulin + pedigree + age)
```

要验证这一点，请分别运行一下spark.log和spark.glm，并检验结果是否相同。

验证了这一点之后，如果你想通过使系数变得扁平些，或者将其中一些设置为0来平滑模型，你就可以添加正则化参数。

以下运行的模型仅使用葡萄糖、胰岛素和血压作为预测因子。由于elasticnetparm（0.8）介于0和1之间，其中0使用L2，1使用L1，所以它将使用L1和L2正则化的组合。因此，你会看到一些系数缩减到了0：

```
# Fit an binomial logistic regression model with spark.logit

model2 <- spark.logit(df, outcome ~ pregnant + glucose + pressure + triceps
+ insulin + pedigree + age, maxIter = 10, regParam = 0.1, elasticNetParam =
0.8)

summary(model2)
```

```
▸ (18) Spark Jobs

$coefficients
              Estimate
(Intercept) -0.864
pregnant    0
glucose     0.00356
pressure    -0.00751
triceps     0
insulin     0.00216
pedigree    0
age         0
```

```
▸ (1) Spark Jobs

Deviance Residuals:
(Note: These are approximate quantiles with relative error <= 0.01)
     Min        1Q     Median       3Q       Max
-2.19723  -0.78663  -0.46373   0.73562   2.11291

Coefficients:
             Estimate    Std. Error  t value  Pr(>|t|)
(Intercept)  -6.8738     0.01376     -499.54  0
pregnant     0.10571     0.00066769  158.32   0
glucose      0.027519    7.4042e-05  371.67   0
pressure     0.0061251   0.00017208  35.593   0
triceps      0.044508    0.00022808  195.14   0
insulin      0.0037124   2.4464e-05  151.75   0
pedigree     0.56068     0.0058485   95.868   0
age          -0.0048355  0.00021013  -23.012  0

(Dispersion parameter for binomial family taken to be 1)

    Null deviance: 1598954  on 1237999  degrees of freedom
Residual deviance: 1116432  on 1237992  degrees of freedom
AIC: 1116448

Number of Fisher Scoring iterations: 1
```

11.3.3　预测结果

SparkR 确实有一个预测方法，确切的名称是 predict()，所以可以在训练集上运行预测：

- 运行以下代码之后，你会注意到，生成的对象中多了一个名为 prediction 的新列。
- 可以在结果（grp）上添加一个标志（1）来表示这是来自训练数据的输出。
- 还会在每个记录中添加行的总数，因为稍后需要用到它们来进行计算：

```
#look at the predictions vs. the training dataset
preds_train <- predict(model, df)
preds_train$grp <- 1
preds_train$totrows = nrow(preds_train)
```

变量 prediction 是事件（糖尿病）发生的概率：

```
head(preds_train)
```

▸ (2) Spark Jobs

	sample_bin	outcome	pregnant	glucose	pressure	triceps	insulin	mass	pedigree
1	-144	0	-1.4808	73.4	66.6	19.8	104.1	23.9	0.112
2	-395	0	1.1046	105.6	71.0	22.3	114.7	30.5	0.948
3	-205	0	-0.3764	132.1	65.9	17.5	117.3	25.8	0.283
4	-23	0	-0.0204	111.9	64.6	34.0	106.4	44.0	0.520
5	-265	0	1.7489	83.4	48.4	15.1	55.3	29.1	0.298
6	-276	0	6.7640	157.6	82.2	15.4	187.0	29.9	0.582

	age	label	prediction	grp	totrows
1	33.20	0	0.0313	1	1238000
2	26.04	0	0.1690	1	1238000
3	25.33	0	0.1648	1	1238000
4	9.12	0	0.2240	1	1238000
5	16.81	0	0.0418	1	1238000
6	40.24	0	0.5483	1	1238000

11.3.4 绘制结果

在 Spark 中绘制结果的一种方法是构建概率的直方图，在 x 轴上使用柱状范围（质心）的中点，在 y 轴上绘制每个柱状的原始计数。

```
x=SparkR::histogram(preds_train,preds_train$prediction, nbins = 100)
x$centroids=round(x$centroids,2)
display(x)
```

在运行 display 命令之后，点击 Plot 图标（左下角的第二个图标），然后点击 Plot Options。自定义绘图屏幕将显示：

1）使用下拉选择菜单和单选按钮的组合将 Display type 设置为 Grouped Bar。

2）把 counts 从 All Fields 拖曳到 Values 下。

3）把 Centroids 拖曳到 Keys 下。

质心代表柱状条的中点。在上面的代码中，将它们四舍五入到小数点后两位，这样在生成的图上便于读取。如果图渲染出来太小了，则需要再次打开 Customize Plot 查看，并把它变大一些。

输出所示是一个典型的逻辑模型的密度，其中大部分权重都预测结果是 non-event。右边表示较高的预测概率，此处这些柱状条表示预测结果为 1 的概率。

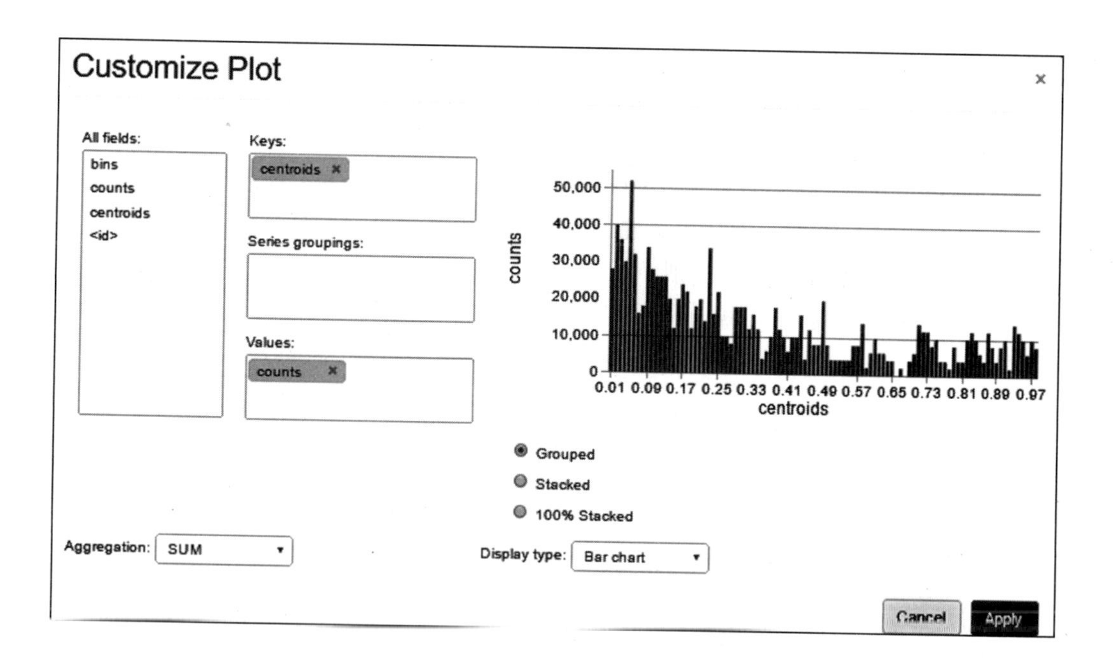

11.4　运行测试数据的预测

接下来，为测试数据组编写类似的代码。将 grp 标志设置为 0，表示它来自测试组：

```
#run predictions on test dataset based on training model
preds_test <- predict(model, test)
preds_test$grp <- 0
preds_test$totrows = nrow(preds_test)
```

使用 SparkR 的 select 函数从结果中输出几行，以提取几个关键的列：

```
head(SparkR::select(preds_test,preds_test$outcome,preds_test$prediction,pre
ds_test$grp,preds_test$totrows))
```

▸ (2) Spark Jobs

	outcome	prediction	grp	totrows
1	0	0.1685	0	298000
2	0	0.3754	0	298000
3	0	0.3441	0	298000
4	0	0.0729	0	298000
5	0	0.1767	0	298000
6	0	0.3189	0	298000

11.5　合并训练和测试数据集

接下来，将训练（grp=1）和测试（grp=0）数据合并到一个数据帧里，并手动计算一些精确的统计数据：

- preds$error：这是结果（0, 1）和预测之间的绝对差异。前面曾说过，在二元回归模型中，“预测”表示事件（糖尿病）将发生的概率。
- preds$errorsqr：这是计算出来的平方差。这用于去掉差异的符号。
- preds$correct：为了将概率分类为正确或不正确，用一个 0.5 的阈值来比较误差。如果误差很小（<0.5），就认为正确，否则就认为不正确。这是一个有点任意的阈值，用来确定将预测放在哪个类别中。

最后一步，再次将数据分离，分成基于 grp 标志的测试组和训练组：

```
#classify 'correct' prediction if error is less than or equal to .5

preds <- rbind(preds_train,preds_test)
preds$error = abs(preds$prediction-preds$outcome)

#square the error to get the absolute squared error
preds$errorsqr = (preds$prediction-preds$outcome) ^ 2

#assign correct=Yes, or correct=No

preds$correct = ifelse(preds$error <= .5, "Y","N")
preds$errbin = round( (preds$error*10),0)

#separate the data again, including the new columns

preds_train = filter(preds, preds$grp==1)
preds_test  = filter(preds, preds$grp==0)
```

接下来，输出一些结果。你可以从输出中看到，由于模型概率是 0.03，并且更接近实际结果（0），所以第一个观察被分类为 correct。另一方面，第 6 个观察（在临界值附近）被分类为预测结果为 1，但这是错误的，因此 correct 被设置为 N：

```
head(preds)
```

▸ (1) Spark Jobs

	sample_bin	outcome	pregnant	glucose	pressure	triceps	insulin	mass	pedigree
1	-144	0	-1.4808	73.4	66.6	19.8	104.1	23.9	0.112
2	-395	0	1.1046	105.6	71.0	22.3	114.7	30.5	0.948
3	-205	0	-0.3764	132.1	65.9	17.5	117.3	25.8	0.283
4	-23	0	-0.0204	111.9	64.6	34.0	106.4	44.0	0.520
5	-265	0	1.7489	83.4	48.4	15.1	55.3	29.1	0.298
6	-276	0	6.7640	157.6	82.2	15.4	187.0	29.9	0.582

	age	label	prediction	grp	totrows	error	errorsqr	correct	errbin
1	33.20	0	0.0313	1	1238000	0.0313	0.000979	Y	0
2	26.04	0	0.1690	1	1238000	0.1690	0.028549	Y	2
3	25.33	0	0.1648	1	1238000	0.1648	0.027152	Y	2
4	9.12	0	0.2240	1	1238000	0.2240	0.050170	Y	2
5	16.81	0	0.0418	1	1238000	0.0418	0.001744	Y	0
6	40.24	0	0.5483	1	1238000	0.5483	0.300668	N	5

11.6 将这三个表提供给 SQL

现在可以注册三个关键表，以便可以运行一些 SQL 代码，这是为了做一些额外的诊断：

```
registerTempTable(preds,"preds_tbl")
registerTempTable(preds_train,"preds_train")
registerTempTable(preds_test,"preds_test")
```

11.7 验证回归结果

SparkR 中的逻辑回归算法缺少一些交叉验证和其他 R 的特性。但是，把它作为一个起点，让你可以开始运行大型模型。如果你需要使用一些前面已经介绍过的交叉验证技术，当然也可以（通过 collect 函数）提取数据的样本，并在 R 中运行回归。

但是，有一些技术可以用于生成伪 R^2 和其他诊断，同时继续在 Spark 中工作，我们将演示这些技术。

11.8 计算拟合度的好坏

混淆矩阵

当将预测结果归类为正确和错误时，可以计算混淆矩阵或误差矩阵，以确定手动计算的效果如何：

```
#Confusion matrix
result <- sql("select outcome,correct, count(*) as k, avg(totrows) as
totrows from preds_tbl where grp=1 group by 1,2 order by 1,2")
result$classify_pct <- result$k/result$totrows

display(result)
```

▸ (1) Spark Jobs

outcome	correct	k	totrows	classify_pct
0	N	76000	1238000	0.061389337641357025
0	Y	732000	1238000	0.5912762520193862
1	N	178000	1238000	0.14378029079159935
1	Y	252000	1238000	0.2035541195476575

要确定总的正确模型预测，需要对 correct=Y 的列进行求和。

训练数据组正确预测总和：

正确预测出 outcome=1	20%
正确预测出 outcome=0	59%
总正确率	79%

你可以看出，预测 outcome = 0 的预测能力比 outcome = 1 的预测能力好得多。

11.9 测试组的混淆矩阵

试验组的结果与训练组相似。如果测试和训练之间存在任何的差异，都需要仔细观察模型，并观察数据是如何抽样或分割的：

```
#Confusion matrix for TEST group
result <- sql("select outcome,correct, count(*) as k, avg(totrows) as
totrows from preds_tbl where grp=0 group by 1,2 order by 1,2")
result$classify_pct <- result$k/result$totrows
display(result)
```

▸ (1) Spark Jobs

outcome	correct	k	totrows	classify_pct
0	N	36000	298000	0.12080536912751678
0	Y	156000	298000	0.5234899328859061
1	N	40000	298000	0.1342281879194631
1	Y	66000	298000	0.2214765100671141

计算 correct 总和的方法与训练组的方法类似。测试组的正确结果略少，这与训练结果相比是正常的。

测试数据组正确预测总和：

正确预测出 outcome=1	22%
正确预测出 outcome=0	52%
总正确率	74%

分组的平均误差分布

另一个可以判断模型与数据拟合得怎么样的根据是误差的分布。在这个分析中，我们看看以下变量的四种组合的误差分布：

- 结果
- 正确预测的标志
- 通过变量 errbin 分组的平均误差：

```
result2 <- sql("select outcome,correct,errbin, count(*) as k, avg(error) as
avgerr from preds_tbl group by 1,2,3 order by 1,2,3")
```

给数据绘图

在查询完成后，提交一个 display 命令，以便可以执行一些可视化的操作：

```
display(result2)
```

1）display 运行后，选择 Plot Options 图标（左下角的第三个图标），然后从绘图菜单中选择 Stacked 条形图绘制。

2）将 k（计数）拖到 Values 框中。

3）拖动 outcome 以及 correct 到 Series grouping 框中。

4）单击 Apply 按钮以刷新可视化图形。

- 从下图中可以看出，最低（最好）误差是非糖尿病患者（第 1 ～ 5 栏，outcome = 0，prediction = N）。
- 可以看出最高的误差出现在预测出糖尿病的组中，但实际上患者没有患糖尿病（第 6 ～ 11 栏，outcome = 0，prediction = Y）。
- 一个关键的类别，未被预测出的糖尿病（第 12 ～ 16 栏，outcome = 1，prediction = N）也有一个相对较低的误差：

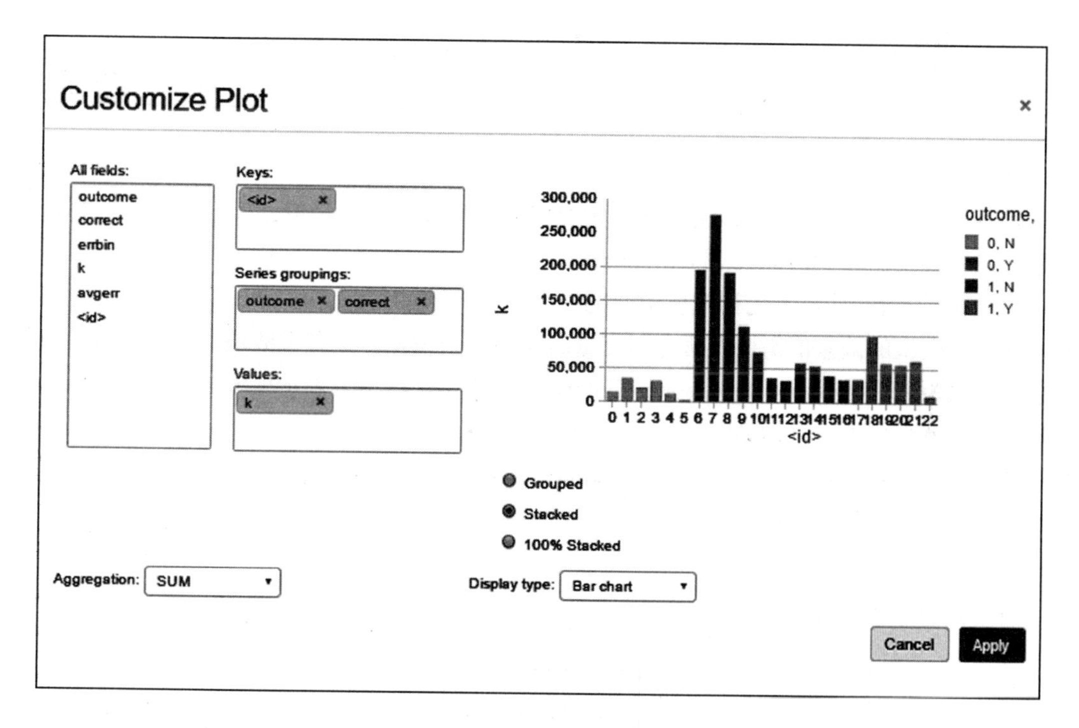

在这个图中，我们可以看到测试和训练数据的平均误差，以及预测正确与否（outcome）。设置 Series grouping 框可以显示 grp 和 outcome。我们可以看到，测试数据集中 outcome = 1 和 outcome = 0 的平均误差有所增加。

在测量测试数据时，预计误差会有轻微的增加：

```
#distribution of error bin
result2 <- sql("select outcome,grp,errbin, count(*) as k, avg(error) as
avgerr from preds_tbl group by 1,2,3 order by 1,2,3")
display(result2)
```

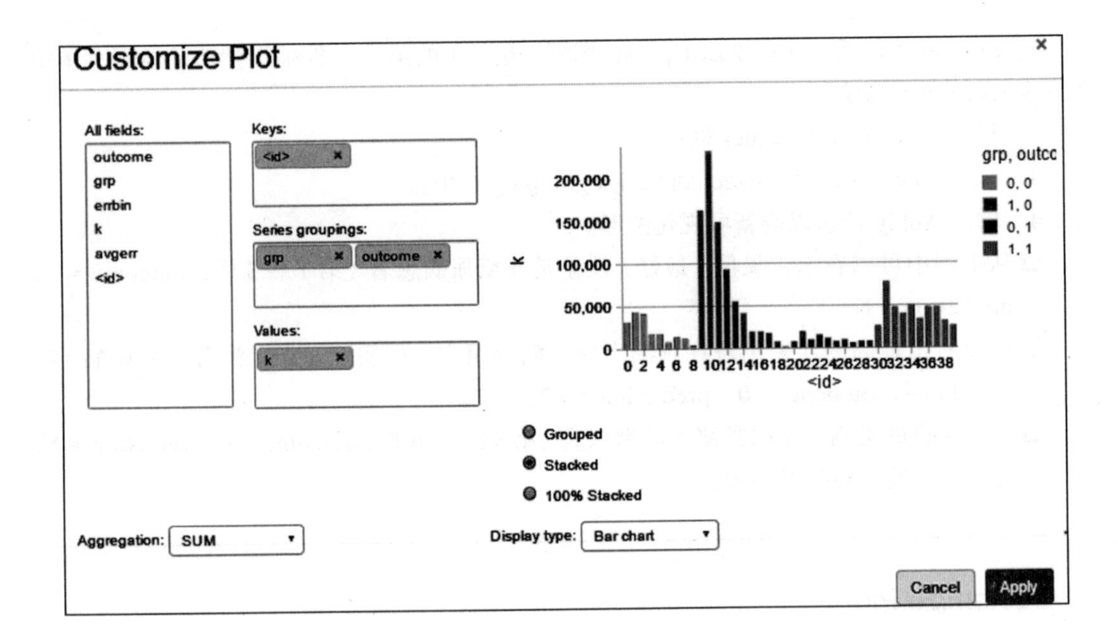

伪 R^2

前面说过，一个真正的 R^2 指标不是逻辑回归的标准输出统计量，但是可以使用其他适合的度量方法，比如 McFadden 伪 R-square。

用代码计算伪 R^2：首先得到所拟合的模型的偏差值和只有常数项的模型的偏差值 (null deviance)。模型的偏差值衡量带所有因变量的模型中的偏差。只有常数项的模型的偏差值仅用包含的截距来度量残差。deviation/null.deivation 的比例越小，表示模型效果越好。从 1 减去这个值，就得到了一个伪 R^2。

所有这些指标都可以通过 model_summary 对象获得：

```
#mcfadden pseudo Rsquare

1-(model_summary$deviance/model_summary$null.deviance)
```

计算结果会自动输出：

```
[1] 0.317
```

均方根误差（RMSE）

我们已经根据数据计算出了方差，所以如果想要计算均方根误差（RMSE），只需要调用 SQL 就可以得到每个结果的平均方差。我们可以看到预测 outcome=1（糖尿病）的变化比预测 outcome=0 的变化更大：

```
result <- sql("select outcome,avg(errorsqr) from preds_tbl group by 1")
display(result)
```

▸ (5) Spark Jobs

outcome	avg(errorsqr)
0	0.09773349204439497
1	0.24074876875407308

11.10　在 Spark 以外绘图

如果你希望使用其他工具绘制数据，可以首先获取 Spark 数据的样本，然后使用其他软件包（如 ggplot）进行绘制。请注意，Spark 的某些版本可能已经集成了 ggplot 并可以在 Spark 内部使用。但是这个例子会展示另一个例子，说明如何提取数据，以便其他包可以使用。

11.10.1　收集结果的样本

我们将从全部预测中提取 2% 作为样本，然后输出一些结果。请注意，Spark 样本函数与之前使用的基本 R 样本函数有不同的语法。也可以将其指定为 SparkR::sample 以确保你正在调用正确的函数：

```
local = collect(sample(preds, F,.02))

head(local)
```

	sample_bin	outcome	pregnant	glucose	pressure	triceps	insulin	mass	pedigree
1	-265	0	1.75	83.4	48.4	15.1	55.3	29.1	0.298
2	-339	0	2.28	75.3	67.4	25.4	86.0	31.8	0.166
3	-367	0	4.21	87.6	72.2	31.6	73.8	33.3	0.701
4	-109	0	1.32	83.6	60.5	25.8	84.8	35.6	0.801
5	-239	0	2.08	110.9	60.4	33.6	269.4	39.9	0.459
6	-111	0	6.89	115.9	87.4	29.5	108.9	32.3	0.839

	age	label	prediction	grp	totrows	error	errorsqr	correct	errbin
1	16.8	0	0.0144	1	1238000	0.0144	0.000207	Y	0
2	36.5	0	0.0232	1	1238000	0.0232	0.000538	Y	0
3	26.9	0	0.1055	1	1238000	0.1055	0.011136	Y	1
4	21.3	0	0.0473	1	1238000	0.0473	0.002234	Y	0
5	36.0	0	0.2974	1	1238000	0.2974	0.088423	Y	3
6	38.8	0	0.3789	1	1238000	0.3789	0.143568	Y	4

11.10.2　按 outcome 的值检查分布

接下来，可以运行 ggplot 以图形方式显示按 outcome 的值分组的误差。由此产生的箱线图显示，糖尿病患者的第三个四分位数高于非糖尿病患者。这表明模型在预测那些真正发展为糖尿病的患者时，预测误差更高一些。这肯定意味着模型需要改进：

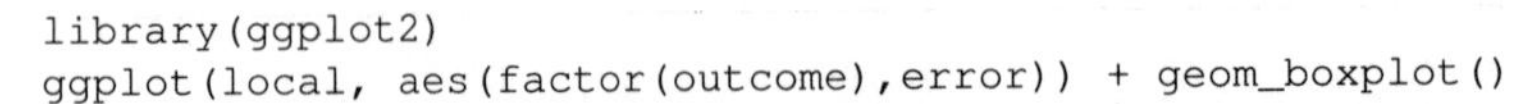

```
library(ggplot2)
ggplot(local, aes(factor(outcome),error)) + geom_boxplot()
```

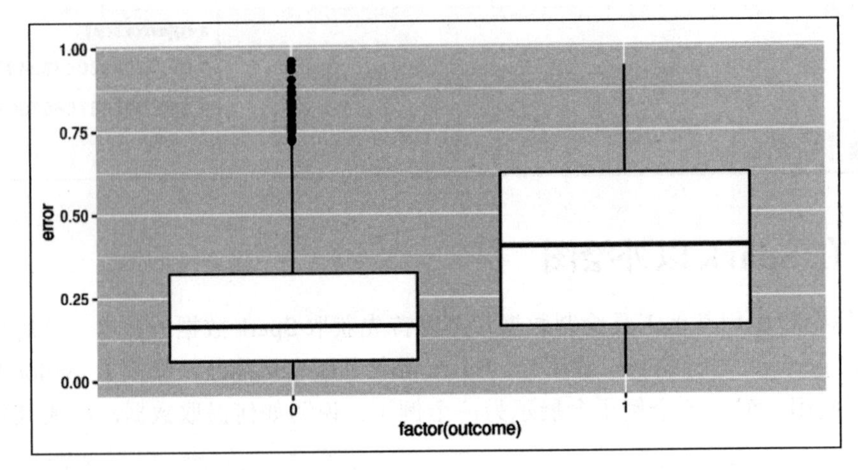

11.10.3 注册一些额外的表

现在已经完成了使用逻辑回归的机器学习。对于下一节（k 均值），我们需要为已经生成的数据帧注册一些额外的表：

```
registerTempTable(sumdf,"sumdf")
registerTempTable(out_sd,"out_sd")
registerTempTable(df,"df")
registerTempTable(test,"test")
```

11.11 创建一些全局视图

创建全局视图也使我们能够在不同的 Databricks 笔记本之间传递数据。这些视图将在下一节中引用。使用 %sql 这个魔术命令作为 Databricks 笔记本中的第一行，表示这些是 SQL 语句：

```
%sql
CREATE GLOBAL TEMPORARY VIEW df_view AS SELECT * FROM df

%sql
CREATE GLOBAL TEMPORARY VIEW test_view AS SELECT * FROM test

%sql
CREATE GLOBAL TEMPORARY VIEW out_sd_view AS SELECT * FROM out_sd


%sql
CREATE GLOBAL TEMPORARY VIEW sumdf_view AS SELECT * FROM sumdf
```

11.11.1 用户练习

在创建视图之后，使用 SQL 读取计数，并验证总数与原始数据帧生成的行数相符：

```
%sql
select count(*) from global_temp.df_view  union all
select count(*) from global_temp.test_view union all
select count(*) from global_temp.sumdf_view union all
select count(*) from global_temp.out_sd_view
```

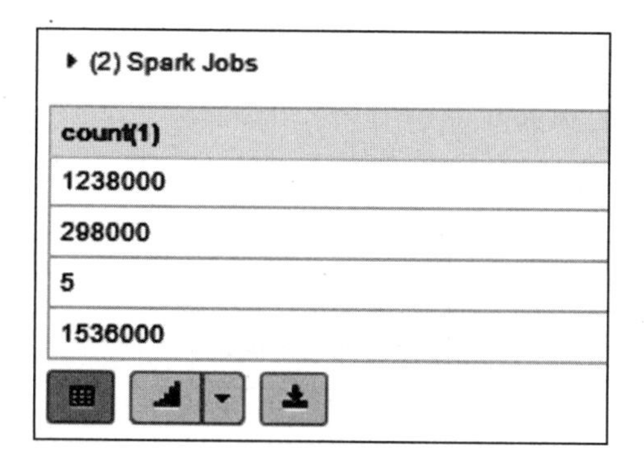
▸ (2) Spark Jobs

count(1)
1238000
298000
5
1536000

11.11.2 聚类分析

本节将演示如何使用 k 均值算法在 Spark 中直接实现聚类分析。k 均值是无监督学习的一种形式，是探索大数据的一个非常好的开始，尤其是在数据量大而且目标变量没有明确定义的情况下。

11.11.3 准备进行分析的数据

我们将首先执行一些数据准备，以对 k 均值的数据进行归一化。归一化对于 k 均值来说是非常有必要的，因为它使各个变量不受不同尺度的影响，所以 k 均值聚类之间的距离测量也是与尺度无关的。

回想一下前面用过的归一化变量的一种方法是首先获得变量的均值，然后除以标准偏差。

11.11.4 从全局视图读取数据

我们在上一节中将糖尿病数据集另存为表格和全局视图，现在可以使用 SQL 读取它。首先读取训练表（temp.df_view），然后读取测试表（test_view）。结果对象都是 Spark 数据帧。

读入表之后，输出行数。如果你希望将行数看作一个结果，则可以使用 cat() 等函数在同一行里输出这些结果：

```
df = sql("select age,
                    pregnant,
                    glucose,
                    pressure,
                    insulin,
                    pedigree,
                    triceps,
                    mass
from global_temp.df_view")
```

```
test = sql("select age ,
                   pregnant,
                   glucose,
                   pressure,
                   insulin,
                   pedigree,
                   triceps,
                   mass
from global_temp.test_view")

cat(count(df),count(test))
```

```
▸ (2) Spark Jobs

1238000 298000
```

11.11.5 输入以前计算的平均值和标准偏差

为了归一化数据，需要计算每列的平均值和标准偏差。如果在纯粹的 R 上完成该操作，有很多方法可以使用内建的函数和包来做到这一点。但是，使用 SparkR 可能会限制使用通常的方式，并迫使我们以不同的方式更高效地处理数据。

回想一下，我们已经将这些数据存储在一个汇总对象（sumdf_view 等）中，所以为了节省一些处理时间，我们只需简单地读取汇总统计信息，避免重复计算。

首先，读入平均值行，然后是 stddev 行：

```
means = sql("select age as age_mean,
                    pregnant as pregnant_mean,
                    glucose as glucose_mean,
                    pressure as pressure_mean,
                    insulin as insulin_mean,
                    pedigree as pedigree_mean,
                    triceps as triceps_mean,
                    mass as mass_mean
from global_temp.sumdf_view where summary='mean'")
stds = sql("select age as age_std,
                    pregnant as pregnant_std,
                    glucose as glucose_std,
                    pressure as pressure_std,
                    insulin as insulin_std,
                    pedigree as pedigree_std,
                    triceps as triceps_std,
                    mass as mass_std
from global_temp.sumdf_view where summary='stddev'")
```

11.11.6 连接平均值和训练数据的标准偏差

现在可以使用 crossJoin 把汇总平均值和标准偏差连接起来。由于这两个表格具有相同的行数，并且它们一一对应，因此不需要键值。

然后将汇总数据与原始数据连接起来。结果对象是一个新的 Spark 数据帧（df_means），其中包含与每个行连接的所有变量的平均值和标准偏差：

```
#join the means and standard deviations
both <- crossJoin(means,stds)
#join with the original data
df_means <- crossJoin(df,both)
nrow(df_means)
```

```
▸ (6) Spark Jobs

[1] 1238000
```

输出结果对象的一部分。显示所有的原始变量及其相应的平均值和标准偏差：

```
print(head(select(df_means,
"age","age_mean","age_std",
"mass","mass_mean","mass_std"
)))
```

```
▸ (3) Spark Jobs

        age          age_mean          age_std     mass          mass_mean
1 33.201751 33.24088541667883 11.75257647170343 23.91985 32.44284627928520
2 26.037762 33.24088541667883 11.75257647170343 30.46985 32.44284627928520
3 25.330797 33.24088541667883 11.75257647170343 25.78872 32.44284627928520
4  9.115341 33.24088541667883 11.75257647170343 44.01366 32.44284627928520
5 16.805305 33.24088541667883 11.75257647170343 29.11407 32.44284627928520
6 40.243232 33.24088541667883 11.75257647170343 29.93310 32.44284627928520
           mass_std
1 6.874555211563171
2 6.874555211563171
3 6.874555211563171
4 6.874555211563171
5 6.874555211563171
6 6.874555211563171
```

11.11.7　连接平均值和测试数据的标准偏差

与前面的代码类似，将平均值与测试数据集的标准偏差连接起来。

检查创建的行数。如果你想查看当前结果，请按上一节中处理训练数据的方法输出一部分数据：

```
test_means <- crossJoin(test,both)
nrow(test_means)
```

```
▸ (3) Spark Jobs

[1] 298000
```

11.12 归一化数据

我们现在有了归一化数据需要的所有统计数据。回想一下，归一化变量 x 的公式如下：

$$(x - mean(x))/std(x)$$

为了实现这一点，将所需的计算包装到一个函数中，并调用它处理训练和测试数据集：

- 调用 SparkR 的 selectExpr 表达式，使用上面的公式计算每个变量的归一化结果。
- 另外，创建一个新的用 old 结尾的变量，保留变量的原始值。在测试完之后，你应该删除这些额外的变量以节省空间，但在调试时保留它们是很好的做法：

```
normalize_it <- function (x) {
selectExpr(x,
        "age as ageold","(age-age_mean)/ age_std as age",
        "mass as massold","(mass-mass_mean)/ mass_std as mass",
        "triceps as tricepsold",
        "(triceps-triceps_mean)/ triceps_std as     triceps",
        "pressure as pressureold",
        "(pressure-pressure_mean)/ pressure_std as pressure",
        "pedigree as pedigreeold",
        "(pedigree-pedigree_mean)/ pedigree_std as pedigree",
        "glucose as glucoseold",
        "(glucose-glucose_mean)/ glucose_std as glucose",
        "pregnant as pregnantold",
        "(pregnant-pregnant_mean)/ pregnant_std as pregnant",
        "insulin as insulinold",
        "(insulin-insulin_mean)/ insulin_std as insulin"
    )
}
```

首先，用测试数据集调用这个函数：

```
test_normal <- normalize_it(test_means)
```

接下来，对训练数据集进行归一化：

```
df_normal <- normalize_it(df_means)
```

11.12.1 显示输出

显示归一化训练数据的一些输出。

```
head(df_normal)
```

从下面的输出中，你会注意到，归一化值的幅度在 –2 ～ +2 之间，均值为 0。任何接近这些极值的值都落在变量的极限范围附近。

例如，观测值 4 显示标准化年龄小于 –2，其对应于原始年龄 9，同时，显示为 1.68 的标准化体重，对应于 44 的原始体重。

对于一个 9 岁的孩子来说，这个体重是一个上限。通过查看一些标准化值之间的关系，我们能够快速确定一些极端的数值：

```
▸ (3) Spark Jobs

      ageold          age   massold       mass tricepsold    triceps pressureold
1 33.201751 -0.003329854 23.91985 -1.2397891   19.80557 -1.0582419    66.59577
2 26.037762 -0.612897400 30.46985 -0.2870003   22.31758 -0.7767366    70.97826
3 25.330797 -0.673051430 25.78872 -0.9679359   17.54818 -1.3112141    65.89486
4  9.115341 -2.052787712 44.01366  1.6831360   34.03530  0.5363971    64.62639
5 16.805305 -1.398466149 29.11407 -0.4842170   15.08383 -1.5873794    48.44238
6 40.243232  0.595813771 29.93310 -0.3650773   15.41831 -1.5498966    82.24149
    pressure pedigreeold   pedigree glucoseold    glucose pregnantold
1 -0.4802065   0.1122226 -1.0861966   73.38202 -1.5868256 -1.48080805
2 -0.1179241   0.9477453  1.4371804  105.55782 -0.5298630  1.10456706
3 -0.5381479   0.2829579 -0.5705558  132.05748  0.3406405 -0.37639825
4 -0.6430063   0.5199817  0.1452839  111.93177 -0.3204812 -0.02039326
5 -1.9808706   0.2984521 -0.5237616   83.44548 -1.2562449  1.74893121
6  0.8131598   0.5824100  0.3338248  157.58550  1.1792259  6.76401329
    pregnant insulinold    insulin
1 -1.5816013  104.09869 -0.6064124
2 -0.8138319  114.65470 -0.4907926
3 -1.2536288  117.33043 -0.4614855
4 -1.1479073  106.38615 -0.5813578
5 -0.6224774   55.32411 -1.1406391
6  0.8668333  186.98714  0.3014627
```

11.12.2　运行 k 均值模型

数据的标准化完成之后，就可以继续建模了。

SparkR 包含一个 k 均值模型，它在语法上与基础 k 均值模型非常相似。不过它还有一个额外的参数 InitMode，可以在其中指定产生随机种子，以生成起始聚类。从 SparkR 的这一版本开始，不能够手动设置随机数种子。因此，每次运行模型时，生成的起始聚类可能会略有不同。

此外，可以指定结果变量（葡萄糖）以及要聚类的变量，以便可以评估聚类模型的拟合程度。

为了便于说明，我们将生成一个包含 5 个聚类的模型。

使用 summary(model) 显示生成预测所需的系数以及每个聚类的大小，如下所示：

```
model <- spark.kmeans(df_normal, glucose ~ age + mass + triceps + pregnant,
k = 5, initMode = "random")

summary(model)
```

从大小可以看出，或许除了聚类 1 以外，每个聚类的尺寸大致相等：

```
#here is the output from summary function

$k
[1] 5

$coefficients
  age        mass       triceps    pregnant
1 0.974506   0.871064   1.096543   0.9835401
2 -0.2056799 0.9210847  0.666911   -0.432624
3 0.7791526  -0.4984192 -0.2448071 0.8973491
```

```
4 -1.092614  -0.1553198 -0.1833185 -0.9076226
5 -0.2380403 -1.001556  -1.246133  -0.2903638

$size
$size[[1]]
[1] 170000

$size[[2]]
[1] 276000

$size[[3]]
[1] 298000

$size[[4]]
[1] 274000

$size[[5]]
[1] 220000
```

11.12.3 将模型拟合到训练数据

既然已经有了系数，那么你实际上可以通过代码手动预测聚类成员。如果你在生产环境中执行聚类分配，就可能需要执行这个操作。但是，使用预测方法更容易一点。

首先根据训练数据来拟合模型。可以输出一些拟合的值来查看生成的结果。最后一列表示该观测值的聚类分配：

```
fitted <- predict(model, df_normal)
SparkR:::registerTempTable(fitted,"fitted_tbl")
head(fitted)
```

```
▸ (3) Spark Jobs
     ageold          age  massold       mass tricepsold    triceps pressureold
1 33.201751 -0.003329854 23.91985 -1.2397891   19.80557 -1.0582419    66.59577
2 26.037762 -0.612897400 30.46985 -0.2870003   22.31758 -0.7767366    70.97826
3 25.330797 -0.673051430 25.78872 -0.9679359   17.54818 -1.3112141    65.89486
4  9.115341 -2.052787712 44.01366  1.6831360   34.03530  0.5363971    64.62639
5 16.805305 -1.398466149 29.11407 -0.4842170   15.08383 -1.5873794    48.44238
6 40.243232  0.595813771 29.93310 -0.3650773   15.41831 -1.5498966    82.24149
    pressure pedigreeold   pedigree glucoseold    glucose pregnantold
1 -0.4802065   0.1122226 -1.0861966   73.38202 -1.5868256 -1.48080805
2 -0.1179241   0.9477453  1.4371804  105.55782 -0.5298630  1.10456706
3 -0.5381479   0.2829579 -0.5705558  132.05748  0.3406405 -0.37639825
4 -0.6430063   0.5199817  0.1452839  111.93177 -0.3204812 -0.02039326
5 -1.9808706   0.2984521 -0.5237616   83.44548 -1.2562449  1.74893121
6  0.8131598   0.5824100  0.3338248  157.58550  1.1792259  6.76401329
    pregnant insulinold    insulin      label prediction
1 -1.5816013  104.09869 -0.6064124 -1.5868256          4
2 -0.8138319  114.65470 -0.4907926 -0.5298630          3
3 -1.2536288  117.33043 -0.4614855  0.3406405          4
4 -1.1479073  106.38615 -0.5813578 -0.3204812          1
5 -0.6224774   55.32411 -1.1406391 -1.2562449          4
6  0.8668333  186.98714  0.3014627  1.1792259          2
```

11.12.4 将模型拟合到测试数据

将模型拟合在测试数据上，并输出测试数据的一些结果：

```
fitted_test <- predict(model, test_normal)
SparkR:::registerTempTable(fitted_test,"fitted_tbl_test")
head(fitted_test)
```

```
▸ (6) Spark Jobs

    ageold         age  massold       mass tricepsold    triceps pressureold
1 33.96803  0.06187131 25.76803 -0.9709453   17.95158 -1.2660084    68.22192
2 32.27039 -0.08257709 31.69610 -0.1086242   31.44270  0.2458600    58.71235
3 36.56022  0.28243450 38.02934  0.8126340   35.80103  0.7342718    67.02700
4 47.25603  1.19251664 27.24542 -0.7560381   31.15899  0.2140669    82.06206
5 38.87426  0.47933086 26.24070 -0.9021892   34.23827  0.5591432    62.02162
6 38.18221  0.42044636 22.36163 -1.4664538   37.76050  0.9538583    66.80120
    pressure  pedigreeold   pedigree glucoseold     glucose pregnantold
1 -0.3457796 -0.201075157 -2.0323926  146.27194  0.80757994   0.8654326
2 -1.1318950  0.775602983  0.9172903  113.02193 -0.28467005   3.5297374
3 -0.4445586  0.048089812 -1.2798851  130.18584  0.27915780   1.1619962
4  0.7983271  0.155334447 -0.9559937   81.40550 -1.32325727   4.0704518
5  0.8583318 -0.001603494 -1.4299647   96.97609 -0.81176945   4.1809552
6 -0.4632242  0.365889384 -0.3200930  120.42013 -0.04164209   3.2398957
     pregnant insulinold    insulin       label prediction
1 -0.88484678   175.2965  0.1734150  0.80757994          4
2 -0.09363786   255.2023  1.0486217 -0.28467005          1
3 -0.79677737   223.1728  0.6978036  0.27915780          1
4  0.06693614   146.7867 -0.1388513 -1.32325727          2
5  0.09975193   239.4030  0.8755728 -0.81176945          2
6 -0.17971108   142.0769 -0.1904382 -0.04164209          2
```

11.12.5 以图形方式显示聚类分配

双变量聚类图是一种有用的方法，有助于查看聚类分配如何与两个变量的 *x-y* 图相关联。每个聚类都用不同的颜色绘制。

在 Databricks 中，可以轻松地做到这一点。

首先，对一些拟合后的数据运行 display 命令。在下面的代码中，首先提取了一个 1000 行的样本。我希望样本足够小，使得图上的点不至于太密集。

```
tmp <- head(sample(fitted, F, .01),1000)
display(tmp)

#show cluster assignment by 2 variable matrix
```

接下来，切换到绘图对话框，打开 Customize Plot 对话框。并执行以下的图形设置步骤：

1）将 Display Type 设为 Scatter plot。

2）将 prediction 拖曳到 Keys 框中。

3）将所有可能的 *x-y* 绘图变量拖曳到 Values 框中。

4）如果将 LOESS 线添加到图中，则可以挑选出一些可以通过两个变量的组合轻松分离的聚类。

单击 Apply 按钮更新图形界面。在下面的图中，在年龄（age）和怀孕（pregnant）这两个变量的交点处，上行趋势线表示年龄和怀孕月份的变化带来了明显的聚类分离：

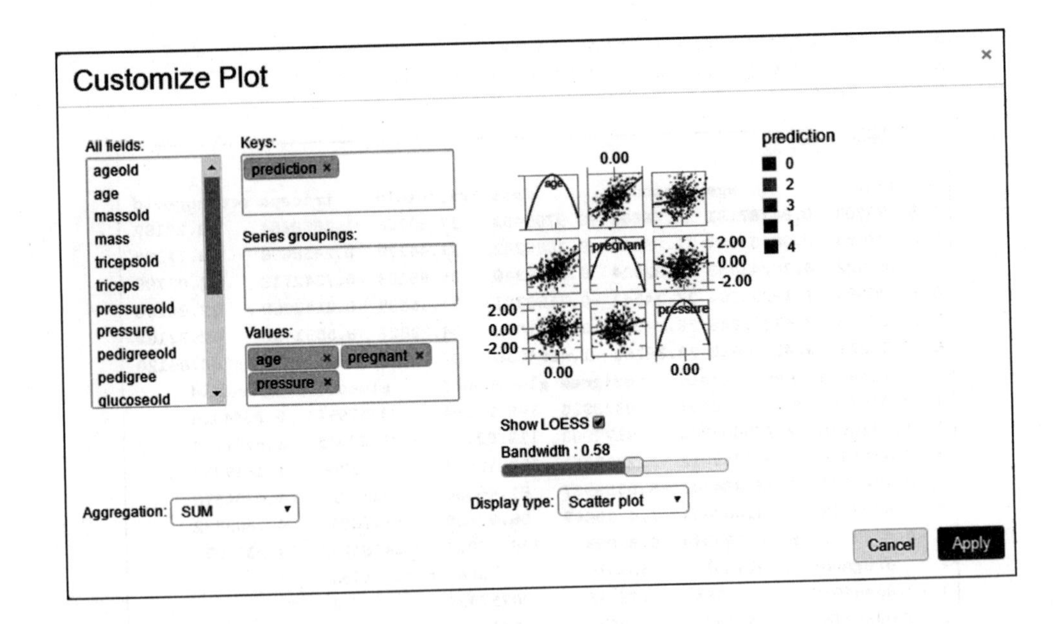

通过 Pairs 函数绘图

为了得到更大更详细的图，还可以使用 pairs 函数来绘制所需变量的散点图矩阵，使用颜色来区分各个聚类。

我们可以看到，在某些情况下，聚类与聚类之间是分开的，而在另一些情况下，则可能存在或多或少的重叠：

```
pairs(tmp[c("age","mass","pressure","pregnant")],
 col=tmp$prediction)
```

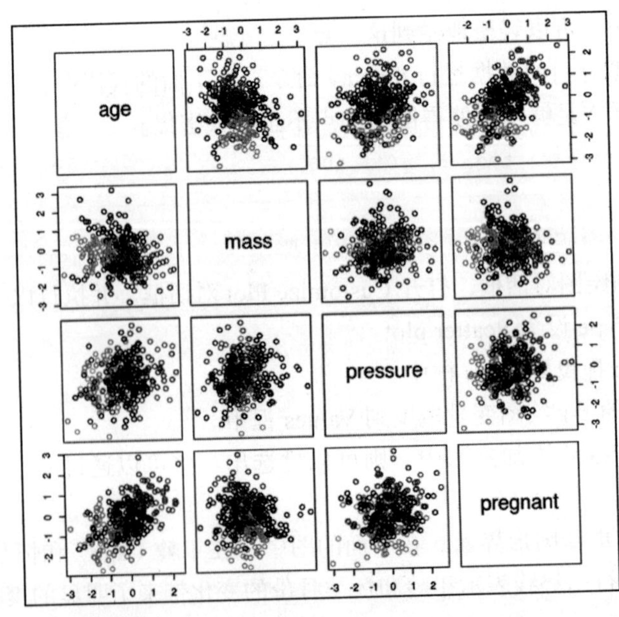

为了开始分析聚类的组成，可以先查看一下变量是如何沿每个轴绘制的。

例如，红色⊖聚类显示了年长的糖尿病患者与怀孕月数之间的关系。这似乎表明一个阳性的糖尿病状况。为了更稳妥，可以再查看一下体重，也可以看出，红色聚类中所有其他变量的值都较高。

另一方面，压力与体重之间的关系还不清楚，可能是由于其他因素也在起作用，因此在二维图中不能明显分辨。

11.13　通过聚类的平均值来描述它们的特征

另一种查看聚类的方法是直接查看它们的平均值。可以直接使用 SQL 来做到这一点：

- 首先，查看任何标准化值 > 1 或 <–1 的变量，或该变量中的最高绝对值。这将为你提供一些线索，有助于明确如何开始对聚类进行分类。
- 再看看系数的幅度和标志。具有较大绝对值的系数，可以表明该变量对该特定聚类有重要的影响。变量有正值和负值，这一点在表征或命名聚类的时候很重要。

```
tmp_agg <- SparkR::sql("SELECT prediction, mean(age),
mean(triceps),
mean(pregnant),mean(pressure),mean(insulin),
mean(glucose),
mean(pedigree) from fitted_tbl group by 1")
head(tmp_agg)
```

▸ (7) Spark Jobs

	prediction	avg(age)	avg(triceps)	avg(pregnant)	count(age)
1	1	-0.2056799	0.6669110	-0.4326240	276000
2	3	-1.0926137	-0.1833185	-0.9076226	274000
3	4	-0.2453393	-1.2575343	-0.3066965	220000
4	2	0.7708876	-0.2498310	0.8934643	298000
5	0	0.9745060	1.0965432	0.9835401	170000

通过对产生的 5 个聚类一一观察，可以将聚类 2 归类为由较低怀孕率的年轻人组成的群组，因为在该聚类中，这两个变量的平均值都接近 –1。请记住，这些都是标准化过的值，所以才能比较它们，并使用 +1/–1 标准偏差水平作为阈值。所以，以此作为阈值，也可以认为聚类 3 可能是体重较低的人，因为三头肌的均值也接近 –1。如果在一个聚类中某变量的均值接近于 0，则意味着该变量对该聚类的影响可以忽略不计。

计算测试数据的平均值

这个数据集的结果与训练数据相似：

⊖　读者请参见本书 PDF 彩图。——编者注

```
tmp_agg <- SparkR::sql("SELECT prediction, mean(age), mean(triceps),
mean(pregnant),mean(pressure),mean(insulin),mean(glucose),mean(pedigree)
from fitted_tbl_test group by 1")
head(tmp_agg)
```

```
▸ (7) Spark Jobs

  prediction   avg(age) avg(triceps) avg(pregnant) avg(pressure) avg(insulin)
1          1 -0.1460594    0.7038619    -0.4245266     0.1764655    0.4348044
2          3 -1.2141664   -0.2855458    -0.8130297    -0.5550104   -0.2377346
3          4 -0.1562988   -1.2265138    -0.2037147    -0.3655402   -0.2354299
4          2  0.7498264   -0.2324546     0.5918927     0.2299495    0.3695036
5          0  0.6292312    1.0599987     0.8521112     0.2851198    0.5954573
  avg(glucose) avg(pedigree)
1   0.10083870    0.29937091
2  -0.51709496    0.13754498
3  -0.16160085    0.19409315
4   0.09277286   -0.06523912
5   0.37704262    0.45119753
```

11.14 本章小结

在本章中，我们在 SQL 的基础之上，开始了解 Spark 的机器学习功能。我们使用前面用过的糖尿病数据集，展示了如何执行回归和 k 均值聚类。我们构建了训练和测试数据集，并学习了如何使用模拟方法，在完美的数据中引入一些变化。我们还介绍了很多 Databricks 可视化方法，以及一些使用 collect() 函数将数据导出到 base R 中的方法，以便可以使用 ggplot 来做可视化。我们还学习了如何使用代码手动执行一些回归诊断。然后学习了如何通过代码来标准化数据集，并使用标准化的结果来演示使用 Spark 的 k 均值算法示例。最后，我们查看了聚类结果，并对聚类有一些简单的理解。

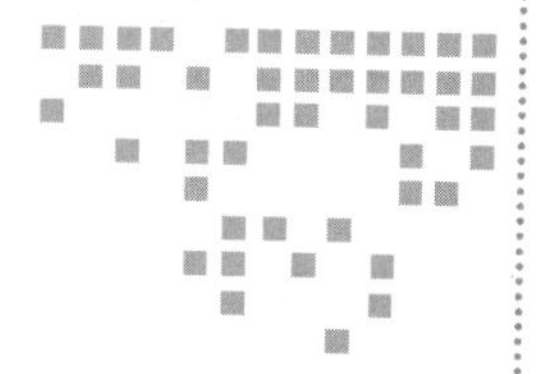

第 12 章 Chapter 12

Spark 模型：基于规则的学习

在本章中，我们将学习如何实现基于规则的算法。这些算法的具体实现方法取决于你正在使用的语言接口，以及正在运行的 Spark 版本。

对于 Spark 2.0，唯一支持基于规则的决策树的语言是 Scala 和 Python。因此，为了演示如何直接在 Spark 中构建决策规则，我们将举一个使用 Python 决定被搜身规则的例子。

对于其他语言（如 R 语言），目前还不能直接在 Spark 数据帧中运行决策树算法；不过，有其他的方法可以用于获得准确的树。

我们将展示如何首先从 Spark 中提取样本，将样本下载到基础 R 并且运行常用的工具，如 rpart。通常，一个大数据集包含的数据远远多于构建一棵决策树所需要的数据，因此合理的方法是从大数据源中适当取样，从 Spark 提取数据到 R，然后运行标准工具。

我们将介绍 One Rule（OneR）包，用于查看每个单变量如何预测结果。OneR 的思想是“少即是多”，我们将展示 OneR 如何优化对数值的分级，以及如何决定顶部预测因子使用的是什么决策树规则。也可以使用 OneR 包进行特征选择。

12.1 加载盘查（停止和搜身）数据集

我们还会使用上一章构建的糖尿病数据集。对于某些其他决策树的例子，我们需要加载盘查数据集。可以通过以下链接获得该数据集：http://www1.nyc.gov/site/nypd/stats/reports-analysis/stopfrisk.page。

选择 2015 CSV zip 文件，将文件解压至项目目录，例如 C:/PracticalPredictiveAnalytics/Data，将文件命名为 2015_sqf_csv。

将 CSV 文件导入 Databricks

Databricks 包含一个简单的用户接口，该接口能让你将文件加载至 Databricks HDFS 文件系统。或者，你可以将文件直接加载至亚马逊云服务 (Amazon Web Services，AWS)，通过 Databricks API 直接读取该文件。

1）切换到 Databricks 应用，选择 Tables，然后选择 Data Import。注意在某些 Databricks 版本中，以上操作集成在 Data 菜单中：选择 Table，然后点击 +。

2）可能会提示你创建一个新聚类。如果遇到该提示，首先按照第 9 章中创建新聚类的步骤来做。

3）将文件名为 2015_sqf_csv 的文件从 PracticalPredictiveAnalytics 目录拖曳到数据导入框，如下所示：

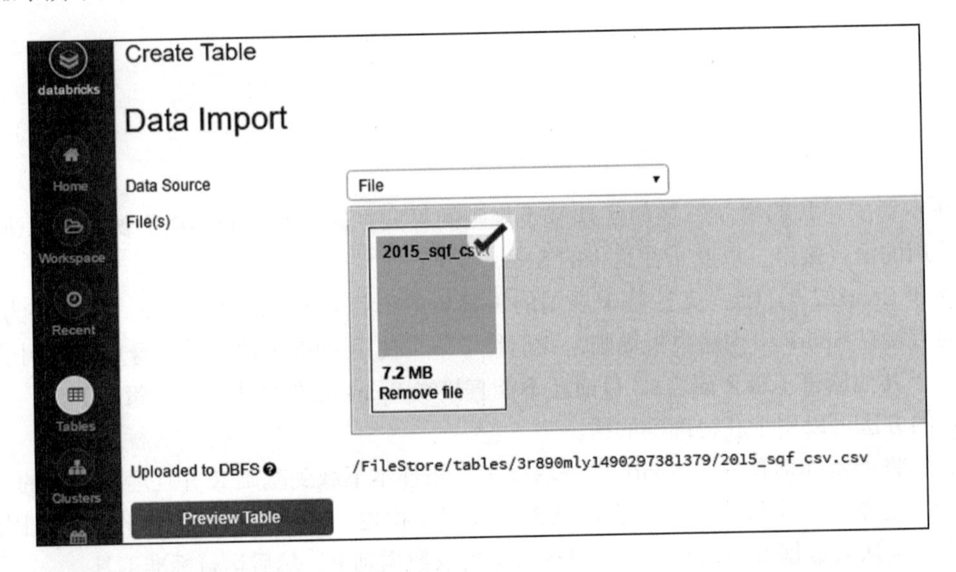

4）单击 Preview Table。

5）在 Table name 中输入 stopfrisk。

6）观察变量如何赋值（它们都被赋值为字符串）；但是不要改变任何属性。只需单击 Create Table（左边的蓝色按钮）：

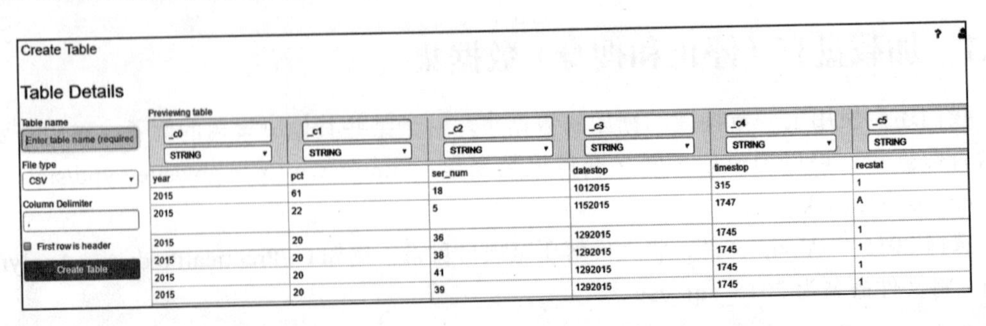

_c0	_c1	_c2	_c3	_c4	_c5
STRING	STRING	STRING	STRING	STRING	STRING
year	pct	ser_num	datestop	timestop	recstat
2015	61	18	1012015	315	1
2015	22	5	1152015	1747	A
2015	20	36	1292015	1745	1
2015	20	38	1292015	1745	1
2015	20	41	1292015	1745	1
2015	20	39	1292015	1745	1

12.2 读取表格

完成上述步骤之后，创建好的表格将在 Databricks 系统中注册，并且将跨会话持续保留，即不需要在每一次登录时都重新加载数据。

12.2.1 运行第一个单元

首先从运行第一个单元开始（单元也称为代码块），该代码块仅仅获取一年的记录数目。可以从本书的配套网站下载本章的代码。或者也可以将以下每个小节的代码复制到一个新的单元 / 代码块，并创建你自己的笔记本。

盘查数据集已经导入，并且已经在表中注册，我们可以开始使用 SQL 来读取一些计数，以便查看文件的大小：

```
#embed all SQL within the sql() function

yr <- sql("SELECT year,frisked,count(*) as year_cnt FROM stopfrisk group by
year,frisked")
display(yr)
```

几秒之后，输出将显示一个简单的格式化表格。使用 year_cnt 列进行简单的计算，显示在 2015 年有 68% 的人被搜身：

▸ (5) Spark Jobs

year	frisked	year_cnt
2015	N	7306
2015	Y	15257

12.2.2 将整个文件读取到内存中

现在我们已经有了一些汇总计数，对将要看到的数据内容有了一定的了解。因此，我们通过 SQL 将整个文件读取到一个 Spark 数据帧，并且输出第一条记录（如果你愿意，也可以输出更多）。

只需要查看第一条记录或者第一批记录，就可以看到一些混在一起的 yes/no 二元标签，以及一些数值型变量：

```
df <- sql("SELECT * FROM stopfrisk")
head(df,1)
```

```
▸ (1) Spark Jobs

  year pct ser_num datestop timestop recstat inout trhsloc perobs crimsusp
1 2015  61      18  1012015      315       1     O       P   2.00   FELONY
  perstop typeofid explnstp othpers arstmade arstoffn sumissue sumoffen
1     10        V        Y       N        N                 N
  compyear comppct offunif officrid frisked searched contrabn adtlrept pistol
1        0       0       N                Y        N        N        N      N
  riflshot asltweap knifcuti machgun othrweap pf_hands pf_wall pf_grnd pf_drwep
1        N        N        N       N        N        N       N       N        N
  pf_ptwep pf_baton pf_hcuff pf_pepsp pf_other radio ac_rept ac_inves rf_vcrim
1        N        N        N        N        N     N       Y        N        N
  rf_othsw ac_proxm rf_attir cs_objcs cs_descr cs_casng cs_lkout rf_vcact
1        N        Y        N        N        Y        Y        N        N
  cs_cloth cs_drgtr ac_evasv ac_assoc cs_furtv rf_rfcmp ac_cgdir rf_verbl
1        N        N        N        N        N        Y        N        N
  cs_vcrim cs_bulge cs_other ac_incid ac_time rf_knowl ac_stsnd ac_other
1        N        N        N        Y       Y        N        N        N
  sb_hdobj sb_outln sb_admis sb_other repcmd revcmd rf_furt rf_bulg offverb
1        N        N        N        N    186    186       N       N       V
  offshld forceuse sex race dob age ht_feet ht_inch weight haircolr eyecolor
1       S             M    W     33       5      11    190       BR       BR
  build othfeatr addrtyp rescode premtype premname addrnum stname  stinter
1     M               L                     STREET              AVENUE W
          crossst aptnum     city state zip addrpct sector beat post  xcoord
1 EAST 28 STREET         BROOKLYN                61      E    7       1000091
  ycoord dettypCM lineCM detailCM
1 156314       CM      1       14
```

12.2.3 将变量转化为整数

如果在数据帧中对变量运行 str() 函数，你会看到它们都是 chr(character) 类型的变量。我们还会在导入文件对话框中看到这个现象：

```
str(df)
```

```
'SparkDataFrame': 112 variables:
$ year    : chr "2015" "2015" "2015" "2015" "2015" "2015"
$ pct     : chr "61" "22" "20" "20" "20" "20"
$ ser_num : chr "18" "5" "36" "38" "41" "39"
$ datestop: chr "1012015" "1152015" "1292015" "1292015" "1292015" "1292015"
$ timestop: chr "315" "1747" "1745" "1745" "1745" "1745"
```

因为我们想要的是整型变量，所以使用 cast() 函数对这些变量做一些变换。同时，使用 trim() 函数清理一些首尾空格符号：

```
df$age <- cast(trim(df$age),'integer')
df$perstop <- cast(df$perstop,'integer')
df$perobs <- cast(df$perobs,'integer')
df$ser_num <- cast(df$ser_num,'integer')
df$datestop <- cast(df$datestop,'integer')
df$timestop <- cast(df$timestop,'integer')
df$repcmd <- cast(df$repcmd,'integer')
df$revcmd <- cast(df$revcmd,'integer')
df$compyear <- cast(df$compyear,'integer')
df$comppct <- cast(df$comppct,'integer')
df$ht_feet <- cast(df$ht_feet,'integer')
df$ht_inch <- cast(df$ht_inch,'integer')

df$height <- df$ht_feet*12+df$ht_inch
df$weight <- cast(df$weight,'integer')

str(df)
```

在代码末尾运行 str() 函数，以验证这些变量都已经转换为整数。你会看到，同时还创建了一个额外的变量（height），该变量通过 feet*12+inches 来计算。对于我们的目的来说，没有必要为该变量同时保留 feet 和 inches 两个单位。

以下是 str() 函数输出的第一页。注意，变量 ser_num、datestop、timestop、perobs 以及 perstop 都已映射为整数。

```
'SparkDataFrame': 113 variables:
 $ year    : chr "2015" "2015" "2015" "2015" "2015" "2015"
 $ pct     : chr "61" "22" "20" "20" "20" "20"
 $ ser_num : int 18 5 36 38 41 39
 $ datestop: int 1012015 1152015 1292015 1292015 1292015 1292015
 $ timestop: int 315 1747 1745 1745 1745 1745
 $ recstat : chr "1" "A" "1" "1" "1" "1"
 $ inout   : chr "O" "O" "O" "O" "O" "O"
 $ trhsloc : chr "P" "P" "P" "P" "P" "P"
 $ perobs  : int 2 1 1 1 1 1
 $ crimsusp: chr "FELONY" "FELONY" "MISD" "MIDS" "MISD" "MISD"
 $ perstop : int 10 4 16 16 16 16
```

12.3　发现重要特征

现在介绍 OneR 包来发现数据集中的重要特征。OneR 包会对每一个特征产生一个单一决策规则，并按准确率进行排序。准确率的定义是将结果进行正确划分的概率，可以用混合矩阵或者误差矩阵来表示，正如我们在前几章讲过的。OneR 包还有一些非常不错的功能，如优化对整型变量分级的能力，以选出最佳预测因子。

因为 OneR 包不在 Spark 环境运行，所以我们首先需要使用 collect() 和 sample() 函数，对 Spark 数据帧取 95% 的样本，然后使用 collect() 函数将这些样本移到本地 R 数据帧。

虽然 Spark 数据帧足够小，不需要抽样也可以用来演示这个例子，但是重要的是知道如何从一个数据帧中进行抽样。如果你打算使用 Spark，那么你的数据帧可能会很大，就不能使用 collect() 函数将整个数据帧带入一个 R 的本地实例。对于非常庞大的 Spark 表格，你可能需要使用 5% ～ 10% 的百分比抽样，作为初始分析时用。不过，对于我们的示例，使用按照 95% 的抽样比获取的数据，因为 2015 盘查数据相对来说非常小。但是，如果你已经导入了所有年份的数据并且将这些数据链接到了一个大的 Spark 数据帧，可能需要考虑将抽样比降低到一个合理的数字。否则，你可能因为要处理的行数超过 R 的最大行数限制而提前结束。

还要注意的是，OneR 包目前不能用作默认安装包。不过你可以使用 devtools 来安装 cran 中的最新版本：

```
devtools::install_github("cran/OneR")
library(OneR)

#bring 95% of the rows from the Spark dataframe named "df" into a base R
dataframe named "local"

local = collect(sample(df, F,.95))
```

12.3.1 消除级别过多的因子

由于数据集的有些特征有非常细的粒度，如邮政编码变量、GPS 定位变量，我们首先进行降维处理，只选择具有 20 个以下级别的特征 / 变量。这样做有助于在随后计算模型时，不需要担心会因某些高维度的变量而导致发生过拟合问题。不过，20 这个数字也不是固定不变的；你可以更改默认值，并且保留你认为模型中需要的变量，而不必考虑级别问题。

OneR 有一个名为 maxlevels() 的函数可以实现这个消除功能。任何具有超过该级别量的变量都不会包含在输出中。

运行该函数之后，使用 str() 函数确认变量已经消除。最初我们有 113 个变量，现在下降到 97 个。某些变量已经被消除，如 x 和 y 坐标，因为 GPS 坐标显然具有 20 个以上的级别：

```
frisked_df <- maxlevels(local, maxlevels = 20, na.omit = TRUE)
#check the output to see if the number of levels were reduced
str(frisked_df)
```

观察输出的前 3 行，显示变量的数量从 113 减少到 97：

```
'data.frame':   21359 obs. of  97 variables:
 $ year    : chr  "2015" "2015" "2015" "2015" ...
 $ ser_num : int  18 5 38 41 39 122 42 9 141 2 ...
```

12.3.2 测试和训练数据集

当然，我们需要将数据划分成测试数据集和训练数据集。前面已经介绍过很多分离测试和训练数据的方法。接下来介绍的这种划分方法要划分占比 80% 的训练数据以及占比 20% 的测试数据：

- 首先从训练数据集中提取索引号。我们使用 base::sample 函数来实现。
- 用这些索引号建立训练数据集。
- 用没有包含在这些索引中的行构建测试数据集。

一旦得到训练数据的索引号，我们将使用 OneR 包中的 optbin 函数，优化划分出一个数值型变量。基于该变量，能够对是否搜身预测出一个 Yes 或 No 的输出结果。我们已经介绍过关于决策树的这类优化划分。以下使用 optbin 的代码设计是，对于所有的数值型变量找出最佳划分点，由指定的 frisked ～值代表。

```
set.seed(123)
train.index <- base::sample(1:base::nrow(frisked_df), 0.80 *
base::nrow(frisked_df))
train_data <- optbin(frisked_df[train.index,],frisked~.)
test_data <- optbin(  frisked_df[-train.index,],frisked~.)

#after partitioning, run a summary of the first 15 rows to see what the
output looks like

summary(train_data[1:15])
```

```
 year              ser_num                    datestop
2015:16034   (-0.523,265]   :10299   (1e+06,6.13e+06]    :8689
             (265,1.53e+03]: 5735    (6.13e+06,1.23e+07]:7345


                timestop        recstat    inout     trhsloc         perobs
(-2.36,1.37e+03]      :6410      : 2043   I: 2955   H: 2387   (-0.36,2.74]:12670
(1.37e+03,2.36e+03]:9624        1:10454   O:13079   P:13009   (2.74,360]   : 3364
                                9:     8            T:  638
                                A: 3529
        perstop        typeofid explnstp  othpers   arstmade   sumissue   compyear
(0.911,8.1]:9942      O: 308    N:    20  N:11285   N:13211    N:15591    0:16034
(8.1,90.1] :6092      P:9279    Y:16014   Y: 4749   Y: 2823    Y:   443
                      R: 454
                      V:5993
```

12.3.3 检查分级数据

在之前的输出中，我们观察到，每个数值变量已经被转换为两个分类级别中的一个。两个分级类别的开始和结束的范围由（，）来表明。辨识这两个分级类别并不难，因为汇总中使用一个开始（和一个结束］来显示它们。

然后使用专用 Databricks 的 display 命令来查看一下 train_dataset 数据集：

```
display(train_data)
```

▸ (2) Spark Jobs

ear	ser_num	datestop	timestop	recstat	inout	trhsloc	perobs	perstop	typeofid	explnstp	othpers	arstmade
015	(-0.523,265]	(1e+06,6.13e+06]	(1.37e+03,2.36e+03]	A	O	P	(-0.36,2.74]	(0.911,8.1]	P	Y	N	N
015	(-0.523,265]	(6.13e+06,1.23e+07]	(1.37e+03,2.36e+03]	1	O	P	(-0.36,2.74]	(0.911,8.1]	V	Y	N	N
015	(265,1.53e+03]	(1e+06,6.13e+06]	(-2.36,1.37e+03]	1	O	P	(2.74,360]	(8.1,90.1]	P	Y	N	N
015	(-0.523,265]	(6.13e+06,1.23e+07]	(1.37e+03,2.36e+03]		O	P	(-0.36,2.74]	(0.911,8.1]	V	Y	N	Y
015	(-0.523,265]	(6.13e+06,1.23e+07]	(1.37e+03,2.36e+03]	1	I	H	(-0.36,2.74]	(8.1,90.1]	P	Y	N	N
015	(-0.523,265]	(1e+06,6.13e+06]	(-2.36,1.37e+03]	1	I	H	(-0.36,2.74]	(0.911,8.1]	P	Y	N	N
015	(-0.523,265]	(1e+06,6.13e+06]	(-2.36,1.37e+03]	1	I	P	(2.74,360]	(0.911,8.1]	P	Y	Y	N
015	(-0.523,265]	(6.13e+06,1.23e+07]	(-2.36,1.37e+03]	1	O	P	(2.74,360]	(8.1,90.1]	V	Y	Y	N

Showing the first 1000 rows.

12.4 运行 OneR 模型

我们应该已经熟悉 OneR 模型的语法。结果变量 frisked 在公式的（～）符号左边指定，特征在方程右边指定。你可能记得，元字符（.）指定了所有被用作预测因子的特征：

```
model <- OneR(train_data, frisked ~ ., verbose = TRUE)
summary(model)
```

（部分）汇总的输出显示了准确率，该准确率基于只选择一个变量作为预测因子和该变量的分类率。值得注意的变量用星号做了标记。

前 7 个变量的属性和准确率指标如下所示。请注意，准确率达到 67.61% 后就没再下降：

```
    Attribute Accuracy
1 * sex       68.56%
2   eyecolor  67.68%
3   haircolr  67.62%
4   year      67.61%
4   ser_num   67.61%
4   datestop  67.61%
4   timestop  67.61%
```

在日志中显示了对函数的调用，也显示了决策树规则。

12.4.1 理解输出

来自汇总的输出非常有助于理解每一个变量作为独立预测因子的重要程度。所有准确率度量的范围都在 67.61% ～ 68.56% 之间，没有一个单变量比其他变量在预测被搜身与否方面明显有优势。

不过，排名第一的变量是 sex 性别，它的准确率是 68.56%。那么，将结果分类为被搜身的或者没被搜身的一个简单规则是：如果性别是男性或者未知，那么在 68.56% 的时候预测结果是正确的。

```
Call:
OneR(data = train_data, formula = frisked ~ ., verbose = TRUE)

Rules:
If sex = F then frisked = N
If sex = M then frisked = Y
If sex = Z then frisked = Y

Accuracy:
11728 of 17105 instances classified correctly (68.56%)

Contingency table:
       sex
frisked     F       M     Z   Sum
    N   * 668    4822    50  5540
    Y     505 * 10968 *  92 11565
    Sum  1173   15790   142 17105
---
Maximum in each column: '*'

Pearson's Chi-squared test:
X-squared = 348.29, df = 2, p-value < 2.2e-16
```

这反映在以下两个人工计算的交叉表中，星号（*）表示一个正确的分类（背景色为绿色）。我手动加入了第二个列联表，根据输出所提供的原始计数计算了百分比。

以下是一个包含计数和百分比的混合矩阵：

frisked	F	M	Z	Sum		Total Con
N	668	4,822	50	5,540		Classified
Y	505	10,968	92	11,565		11,728
Sum	1,173	15,790	142	17,105		
frisked	F	M	Z	Sum		
N	4%	28%	0%	32%		69%
Y	3%	64%	1%	68%		
Sum	7%	92%	1%	17,105		

- ❑ 如果 sex = M，则 64% 的时候正确预测了被搜身。
- ❑ 如果 sex = F，则 4% 的时候正确预测了被搜身。

虽然这只是一个很小的比例，但是你可以看到，总体上说，男性比女性被叫停的次数要多很多。你也可以推导出一些条件概率，比如，如果你是女性，有 3/7（或 43%）的概率会被搜身。不过，如果你是男性，则 64/92（或 70%）的概率会被搜身。

如果 sex = Z（未知），则 1% 的时候正确预测了被搜身。

12.4.2 构建新变量

尽管 OneR 的工作原理是找到单个最佳预测因子，我们也可以尝试通过构建一些新的变量，然后让 OneR 把这若干新变量看作一个变量来改进预测。

在下面的代码中，我们结合多个单变量的属性来创建一些新的变量。使用的单变量有体格（build）、眼睛颜色（eyecolor）以及发色（hair color）。再次运行 OneR 模型之后，你可以看到新变量有助于提高预测准确率，并且其中一个新变量（eye_hair_build）现在排名第二。

这是一个简单的例子，说明你如何开展“特征工程”。

```
tmp <- train_data
tmp$eye_hair_build <-
paste(train_data$eyecolor,train_data$haircolr,train_data$build)
tmp$weapon <-
paste(train_data$knifcuti,train_data$riflshot,train_data$pistol,train_data$
machgun,train_data$othrweap)
model <- OneR(tmp, frisked ~ ., verbose = TRUE)
```

	Attribute	Accuracy
1 *	sex	68.56%
2	eye_hair_build	68.07%
3	eyecolor	67.68%
4	haircolr	67.62%

12.4.3 在测试样本上运行预测

eval_model 函数将预测规则应用在测试数据上，同时还会生成绝对计数和相对百分比的混合矩阵，因此不需要和之前一样手动计算百分比。

将建模结果应用于测试样本，显示准确率与训练样本相似，验证了结果的正确性。

误差率是错误分类的百分比，相当于 1 减去准确率：

```
prediction <- predict(model, test_data,type="class")
#Evaluate prediction statistics

eval_model(prediction, test_data)
```

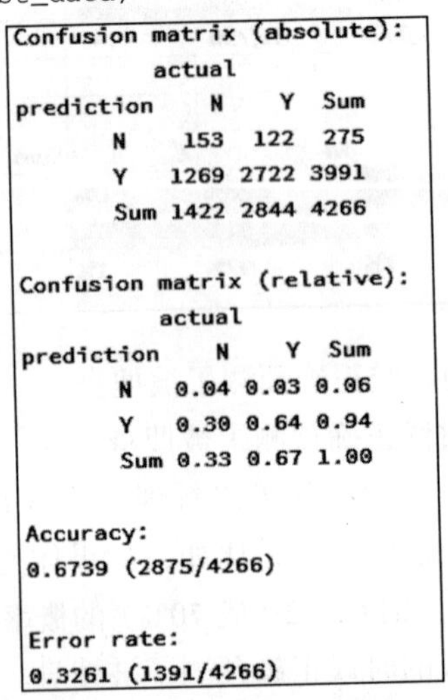

```
Confusion matrix (absolute):
          actual
prediction    N    Y  Sum
       N    153  122  275
       Y   1269 2722 3991
       Sum 1422 2844 4266

Confusion matrix (relative):
          actual
prediction    N    Y  Sum
       N   0.04 0.03 0.06
       Y   0.30 0.64 0.94
       Sum 0.33 0.67 1.00

Accuracy:
0.6739 (2875/4266)

Error rate:
0.3261 (1391/4266)
```

12.5 另一个 OneR 例子

这个例子使用了更大的糖尿病数据集。因为数据集中大多数的变量是数值型，OneR 可以对它们进行装箱分类：

1）首先，使用 SQL 读取 Spark 糖尿病表格，该表格已经在上一章的示例代码中注册过。

2）随机收集 15% 的数据作为样本，并将其分配到 R(不是 Spark) 数据帧，命名为“local”。

3）把所有的可用变量基于其预测结果的能力进行装箱分类，并将装箱分类的变量分配到 R 数据帧，命名为“data”：

```
library(OneR)
df = sql("SELECT outcome, age, mass, triceps, pregnant,
glucose, pressure, insulin, pedigree
FROM global_temp.df_view")

local = collect(sample(df, F,.15))

data <- optbin(local,outcome~.)
summary(data)
```

```
▸ (1) Spark Jobs

        age                    mass                  triceps
(-1.54,37.1]:118790   (12.4,35]:121754   (0.703,32.8]:128435
(37.1,74]   : 67698   (35,54.2]: 64734   (32.8,58.3] : 58053
      pregnant                glucose               pressure
(-5.29,4.91]:117506   (38.9,139]:139019   (35.3,75.6]:114164
(4.91,13.8] : 68982   (139,220] : 47469   (75.6,112] : 72324
      insulin                 pedigree             outcome
(-149,205]:131628    (-0.548,0.529]:111914    0:121724
(205,447] : 54860    (0.529,1.69]  : 74574    1: 64764
```

4）使用所有的变量运行 OneR 模型，以预测结果。前面介绍过，结果表明是否有糖尿病：

```
model <- OneR(data, outcome~., verbose = TRUE)
summary(model)

prediction <- predict(model, data)
```

5）评估预测统计数据。我们观察到，比起其他预测因子，血糖和胰岛素获得了更好的单变量准确度结果：

```
eval_model(prediction, data)
```

```
   Attribute Accuracy
1 * glucose   76.54%
2   insulin   72.25%
3   triceps   65.73%
4   age       65.27%
4   mass      65.27%
4   pregnant  65.27%
4   pressure  65.27%
4   pedigree  65.27%
---
Chosen attribute due to accuracy
and ties method (if applicable): '*'
```

规则部分

现在我们已经识别出了重要变量，是时候来看看 OneR 包如何输出决策规则。由于可以认为葡萄糖是最好的预测因子，所以我们看一下糖尿病的决策规则，它显示在 Rules: 这一行下面，而葡萄糖的最佳切点（139）显示在交叉表中，如下图所示。

```
Call:
OneR(data = data, formula = outcome ~ ., verbose = TRUE)

Rules:
If glucose = (38.9,139] then outcome = 0
If glucose = (139,220]  then outcome = 1

Accuracy:
142741 of 186488 instances classified correctly (76.54%)

Contingency table:
       glucose
outcome (38.9,139] (139,220]    Sum
    0     * 108498     13226 121724
    1        30521   * 34243  64764
    Sum     139019     47469 186488
---
Maximum in each column: '*'

Pearson's Chi-squared test:
X-squared = 39311, df = 1, p-value < 2.2e-16
```

现在看一下混合矩阵交叉表，一个表是绝对计数，另一个表是相对百分比。

本例中，葡萄糖水平大于等于 139 时，预测出了总病例中 18% 的糖尿病患者。不过，需要注意的是，它主要的预测能力是预测未发生的事件。也就是说，56% 的正确预测是来自葡萄糖读数低于 139 的检测，预示未患糖尿病。这是很有价值的，因为它可能表示哪些因子决定了没有患糖尿病，不过，我们还是想知道能够预测糖尿病的模型的准确率。

这将引入有关变量之间相互作用的深度挖掘，会需要更复杂的算法。不过 OneR 确实提供了一个很有用的变量选择框架。

```
Confusion matrix (absolute):
          actual
prediction      0      1    Sum
       0   108498  30521 139019
       1    13226  34243  47469
       Sum 121724  64764 186488

Confusion matrix (relative):
          actual
prediction    0    1  Sum
       0   0.58 0.16 0.75
       1   0.07 0.18 0.25
       Sum 0.65 0.35 1.00

Accuracy:
0.7654 (142741/186488)

Error rate:
0.2346 (43747/186488)
```

12.6 使用 rpart 构建决策树

虽然 OneR 非常擅长确定简单分类规则，但它不能构建完整的决策树。不过我们可以从 Spark 中提取一个样本，并把这个样本传送给任何 R 决策树算法，如 rpart。

12.6.1 首先收集样本

为了说明问题，我们先从盘查数据帧中取 50% 作为样本。我们还需要确保提取的数据量可以在基础 R 环境中轻松地处理，因为基础 R 有和 CPU 大小有关的内存限制。

- 以下代码将先从 Spark 中提取 50% 的样本，并将样本存储在一个本地的 R 数据帧中，命名为 dflocal。
- 然后运行一次 str() 命令验证行数和元数据：

```
dflocal = collect(sample(df, F,.50,123))
str(dflocal)
```

输出表明，R 数据帧有 11 311 行，大约是盘查数据集中 22 563 行的 50%。

```
'data.frame':   11311 obs. of  113 variables:
 $ year     : chr  "2015" "2015" "2015" "2015" ...
 $ pct      : chr  "20" "20" "67" "68" ...
 $ ser_num  : int  41 39 122 9 141 2 1 5 2 1 ...
 $ datestop: int  1292015 1292015 2062015 2142015 3142015 1012015 1012015 1012015 1012015 1012015 ...
 $ timestop: int  1745 1745 2155 200 15 10 50 115 229 230 ...
 $ recstat  : chr  "1" "1" "1" "A" ...
 $ inout    : chr  "O" "O" "O" "O" ...
 $ trhsloc  : chr  "P" "P" "P" "P" ...
 $ perobs   : int  1 1 2 1 1 1 2 5 1 1 ...
 $ crimsusp: chr  "MISD" "MISD" "FEL" "FEONY" ...
 $ perstop  : int  16 16 5 10 15 5 5 45 1 5 ...
 $ typeofid: chr  "V" "V" "R" "V" ...
 $ explnstp: chr  "Y" "Y" "Y" "Y" ...
 $ othpers  : chr  "Y" "Y" "N" "Y" ...
 $ arstmade: chr  "N" "N" "N" "N" ...
 $ arstoffn: chr  " " " " " " " " ...
 $ sumissue: chr  "N" "N" "N" "N" ...
 $ sumoffen: chr  " " " " " " " " ...
```

12.6.2 使用 rpart 的决策树

我们将 rpart 算法作为一棵回归树来运行。回想一下前面说过的，当输出变量是数值形式而不是名义变量时，请使用回归树。在运行算法之前，需要将 frisked=Y/N 映射为 frisked=1/0，并在调用中指定 method = "anova"。

最后一行代码（fit）将决策规则以文本形式输出到控制台。

指定参数 height、sex、age 和 city，把它们作为主要的分类因子：

```
set.seed(123)
library(rpart)
dflocal$frisked_bin <- ifelse(dflocal$frisked=="Y",1,0)
```

```
fit <- rpart(frisked_bin ~ sex + age + weight + height + perstop + city ,
method="anova", maxdepth=3, cp=.001, data=dflocal)
fit
```

```
chr [1:11311] "N" "N" "Y" "N" "Y" "Y" "Y" "Y" "Y" "Y" ...
n= 11311

node), split, n, deviance, yval
      * denotes terminal node

 1) root 11311 2482.374000 0.6747414
   2) sex=F 753  185.620200 0.4409031
     4) height< 65.5 418    98.988040 0.3851675 *
     5) height>=65.5 335    83.713430 0.5104478 *
   3) sex=M,Z 10558 2252.643000 0.6914188
     6) city=BROOKLYN,MANHATTAN,QUEENS,STATEN IS 8339 1841.411000 0.6708238
      12) age>=28.5 2908   683.906500 0.6217331 *
      13) age< 28.5 5431 1146.745000 0.6971092 *
     7) city=BRONX 2219   394.402000 0.7688148
      14) age>=60.5 26    6.346154 0.4230769 *
      15) age< 60.5 2193  384.911100 0.7729138 *
```

12.6.3 绘制树

查看树的直观呈现形式要容易理解得多。因此需要安装 rpart.plot（如果还没有安装的话），这样你就可以看到绘制的树图。

我们可以看到第一条规则对应的主要规则（根据性别 Gender 划分），该规则是在本章之前的部分由 OneR 包生成的。

```
devtools::install_github("cran/rpart.plot")
library(rpart.plot)
rpart.plot(fit,cex=.75)
```

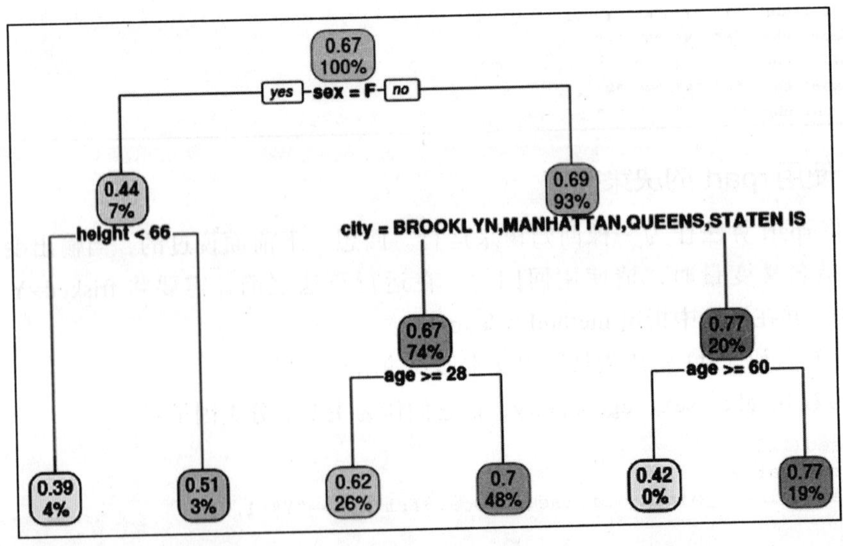

12.7　运行 Python 中的另一种模型

在这个例子中，我们先从 Spark 数据帧中提取样本，再使用基础 R 运行树模型，在 R 语言中运行决策树。尽管这是完全可以接受的（因为它迫使你去考虑抽样的问题），然而在多数情况中，还是使用 MLlib 包或类似的其他包直接在 Spark 数据帧运行模型更有效率。

关于 Spark 的版本，请使用版本 2.1；决策树算法不能在 R 语言下运行。幸运的是，已经用 Python 和 Scala 语言实现了原生 Spark 决策树。我们将用 Python 来说明这个例子，这样你可以看到，还有其他的选择可以使用。如果继续用 Spark 中的算法进行开发，会发现算法通常都是先用 Scala 语言写的，因为 Scala 是原生的 Spark 语言。

12.7.1　运行 Python 决策树

下面我们对下方的 Python 决策树示例代码做一些说明。

对于第一段代码块，需要注意的是在代码第一行的“魔术”命令。魔术命令以“%”开头，并指定了你将使用的语言或 API 类型。由于我们要使用的语言是 Python 而不是 R，因此需要在第一行指明 %python。因为笔记本原本设置的是 R 笔记本。如果你需要同时使用不同的编程语言，需要在第一行指明使用的是哪种语言，除非你正在使用该笔记本默认的编程语言。

对于不熟悉 Python 的读者，我们需要解释一下，在代码前几行的 import 指令导入了需要的库和模块，这些库和模块用于 Python，和 R 语言中使用库函数的方式类似。如果你没有提供 import 指令，通常会编译出错。

12.7.2　读取盘查表格

第一个代码块读取 StopFrisk 数据帧，和本节之前使用 spark.sql 的方式类似。注意观察使用 Python 的 SQL 语法可以发现，和我们之前使用 R 语言时的 SQL 语法非常相似。

在 SQL 调用中，结果变量 frisked 映射到使用 CASE 声明的二进制变量。这样做的原因是，比起处理字符型数据，MLlib 算法更擅长处理整型数据。如果使用字符型数据，变量 frisked 一般需要映射到一个整数或者标签点。

由此产生的数据帧 (df2) 使用 show(5) 函数来展示，该函数在 Python 中等价于 R 语言中的 head(df2, 5) 函数：

```
%python

from pyspark.mllib.tree import DecisionTree, DecisionTreeModel
from pyspark.mllib.util import MLUtils
import pyspark.mllib
import pyspark.mllib.regression
from pyspark.mllib.regression import LabeledPoint
from pyspark.sql.functions import *
from pyspark.ml.feature import StringIndexer

df2 = spark.sql("SELECT case when frisked='Y' THEN 1 else 0 END as
frisked2,case when sex='M' THEN 0 else 1 END as sex2, race, age, weight
```

```
FROM stopfrisk")

df2.show(5)
```

▸ (1) Spark Jobs

frisked2	sex2	race	age	weight
1	0	W	33	190
1	0	B	14	140
0	0	B	14	140
0	0	B	14	180
0	0	B	13	160

only showing top 5 rows

12.8 索引分类特征

索引用于优化数据访问能力，并以可接受的格式提供参数指定机器学习的算法。

我们要把种族（race）变量合并到决策树模型中，所以第一步是确定种族变量有哪些不同的值。我们再次通过 SQL 来计算种族 race 的频率。请注意，我们可以使用“Group by Race”，也可以使用“Group by 1”，“Group by 1”是 select 声明中指定第一列（race）的一个简写引用：

```
%python
dfx = spark.sql("SELECT race,count(*) FROM stopfrisk group by 1")
dfx.show()
```

观察这 8 个值：Q、B、U、Z、A、W、I 以及 P：

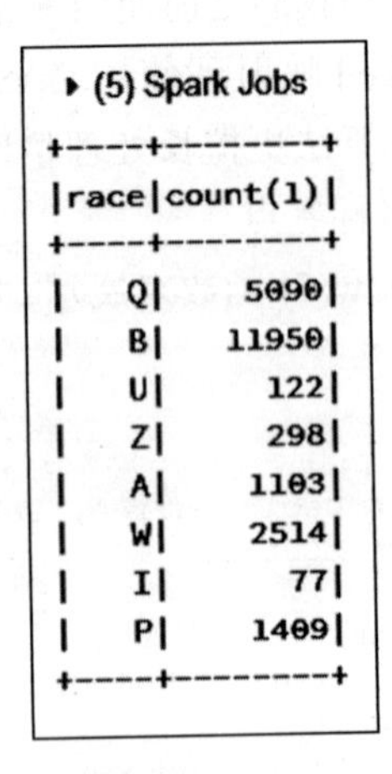

▸ (5) Spark Jobs

race	count(1)
Q	5090
B	11950
U	122
Z	298
A	1103
W	2514
I	77
P	1409

接下来，使用 indexer.fit(df2) 来做转换。这会将一个字符串因子（race）映射为一个数值型索引（race_indexed）：

```
%python
indexer = StringIndexer(inputCol="race", outputCol="race_indexed")
df3 = indexer.fit(df2).transform(df2)
df3.show(15)
#drop race for the final dataframe
df4 = df3.drop("race")
```

观察 race 和 race_indexed，看看如何用一个数字替换一个字符：

```
▸ (2) Spark Jobs
+--------+----+----+---+------+------------+
|frisked2|sex2|race|age|weight|race_indexed|
+--------+----+----+---+------+------------+
|       1|   0|   W| 33|   190|         2.0|
|       1|   0|   B| 14|   140|         0.0|
|       0|   0|   B| 14|   140|         0.0|
|       0|   0|   B| 14|   180|         0.0|
|       0|   0|   B| 13|   160|         0.0|
|       0|   0|   W| 13|   130|         2.0|
|       1|   0|   B| 25|   160|         0.0|
|       1|   0|   B| 15|   150|         0.0|
|       1|   0|   B| 23|   160|         0.0|
|       0|   0|   W| 16|   150|         2.0|
|       1|   0|   B| 30|   160|         0.0|
|       1|   0|   B| 18|   160|         0.0|
|       1|   0|   Q| 48|   160|         1.0|
|       1|   0|   B| 16|   160|         0.0|
|       1|   0|   B| 26|   155|         0.0|
+--------+----+----+---+------+------------+
only showing top 15 rows
```

我们只看到了少数几个输出记录。而我们真正想看到的是所有 race 的值以及其值的统计。可以利用 PySpark SQL 中的 CountDistinct 从句来获取：

```
%python
df3.registerTempTable("df3")

# Perform the same query as the DataFrame above and return ``explain``
countDistinctDF_sql = sqlContext.sql("SELECT race,race_indexed, count(race)
FROM df3 GROUP BY race, race_indexed")
countDistinctDF_sql.show()
```

然后会显示所有的 race 值以及相应的索引，包括它们的计数：

```
▸ (5) Spark Jobs
+----+------------+-----------+
|race|race_indexed|count(race)|
+----+------------+-----------+
|   W|         2.0|       2514|
|   B|         0.0|      11950|
|   P|         3.0|       1409|
|   Z|         5.0|        298|
|   Q|         1.0|       5090|
|   A|         4.0|       1103|
|   I|         7.0|         77|
|   U|         6.0|        122|
+----+------------+-----------+
```

我们还需要一个码本来对 race 的值进行解码，以确保能理解它们真正的意义。

```
race
                A          ASIAN/PACIFIC ISLANDER
                B          BLACK
                I          AMERICAN INDIAN/ALASKAN NATIVE
                P          BLACK-HISPANIC
                Q          WHITE-HISPANIC
                W          WHITE
                X          UNKNOWN
                Z          OTHER
```

12.8.1 映射到 RDD

我们将使用的决策树算法源自标准 Spark MLlib 库。该实现要求输入都格式化为以标记点的形式。标记点形式有助于指定哪些变量是目标变量，哪些是特征变量。

对于这个例子，目标标量（frisked2）是第一个被列出的变量（我们将第一个变量称为 column 0），所以目标变量在 LabeledPoint 调用中指定为 line[0]。

自变量，或者叫特征，包含在剩下的列中，并被指定为 line[1:]。这是个简写，表示列 1 和其之后所有的列。

关于特征，它们在模型中按顺序编号，对应于它们出现在数据帧中的顺序。对于我们的模型，它们的命名规则如下所示：

- 特征值 0：Sex
- 特征值 1：Age
- 特征值 2：Weight
- 特征值 3：Race

因为这是一个基于 RDD 的模型，首先利用标记点将数据帧映射到一个 RDD，先指定目标变量，然后指定特征变量：

```
%python
rdd1 = df4.rdd.map(lambda line:LabeledPoint(line[0],[line[1:]]))
```

输出 RDD 结果的其中一部分。调试 RDD 的输出可能比较困难；不过，你可以从输出看出，每个标记点的第一对键值对都是 1 或者 0。第二对键值对（包含在括号中）是一个特征向量，可以把它与预测因子匹配，并仔细检查，以确保标记点是正确的：

```
print rdd1.take(5)

(1) Spark Jobs
[LabeledPoint(1.0, [0.0,33.0,190.0,2.0]), LabeledPoint(1.0,
[0.0,14.0,140.0,0.0]), LabeledPoint(0.0, [0.0,14.0,140.0,0.0]),
LabeledPoint(0.0, [0.0,14.0,180.0,0.0]), LabeledPoint(0.0,
[0.0,13.0,160.0,0.0])]
```

12.8.2 指定决策树模型

还记得我们讨论过的分类特征映射吗？使用分类特征信息参数，指定哪些变量是真正的分类变量，而不仅仅是映射到一个索引。

在我们的例子中，Frisked 有两个分级，因此指定 Frisked 为 0 : 2(目标变量有 2 个级别)，而 Race 有 8 个分级，因此指定 Race 为 3 : 8（第三个特征有 8 个级别）：

正确设置决策树模型的其他参数如下。

- numClasses：该参数用于指定结果数量；在本例中，该参数为 2。
- maxDepth ：你希望决策树有多深？为了便于说明，我们将其设置为两层深，但是对于实际的问题，你应该试着将这个参数设置得更大一些，使用更深的决策树。但别忘了，如果你试图将决策树设置得太深，模型会发生过拟合。
- maxBins：在 SparkR 中，最多可以有 32 个分箱。

现在已经设置完毕，可以运行这个模型了。创建一棵简单的树，深度不超过两层：

```
%python

model_train =
DecisionTree.trainClassifier(rdd1,numClasses=2,maxDepth=2,maxBins=32,
categoricalFeaturesInfo={0:2,3:8}  )
```

模型完成之后，使用 DebugString() 函数将其输出为一个文本文件。产生你的决策树规则：

```
print(model_train.toDebugString())
```

```
▸ (6) Spark Jobs
DecisionTreeModel classifier of depth 2 with 7 nodes
  If (feature 0 in {1.0})
   If (feature 2 <= 154.0)
    Predict: 0.0
   Else (feature 2 > 154.0)
    Predict: 1.0
  Else (feature 0 not in {1.0})
   If (feature 3 in {5.0,6.0,2.0,7.0,3.0,4.0})
    Predict: 1.0
   Else (feature 3 not in {5.0,6.0,2.0,7.0,3.0,4.0})
    Predict: 1.0
```

为了用代码表明特征 0、1、2、3 意味着什么，我们需要将特征数映射为特征的名字，以及特征的结果值，利用的是我们前边运行的码书和 SQL 代码。

我们可以手动将输出表达为简单的英语描述，特别是当决策树输出有时会产生荒谬的或冗余的规则时。看看你能否在前面的代码中找到这段描述的对应部分。

```
If sex is equal to 1 (Female)
  if weight <= 154 then subject was NOT frisked
  Else if weight > 154 then Subject WAS frisked
If sex is NOT equal to 1 (Male)
   BOTH race paths lead to Subject WAS frisked
```

12.8.3 生成更大的树

有时对于规模小的树，决策规则可能过于无价值或过于明显。在这种情况下，合理的做法通常是增加树的节点的数目。此处我们将生成一棵深度为15的树：

```
%python
rdd1 = df4.rdd.map(lambda line:LabeledPoint(line[0],[line[1:]]))
rdd1.take(15)
model_train =
DecisionTree.trainClassifier(rdd1,numClasses=2,maxDepth=15,maxBins=32,categ
oricalFeaturesInfo={0:2,3:8} )
print(model_train.toDebugString())
```

同样，有些规则看起来是多余的，因此需要做更多的工作，将这一输出转换为有意义的业务规则。

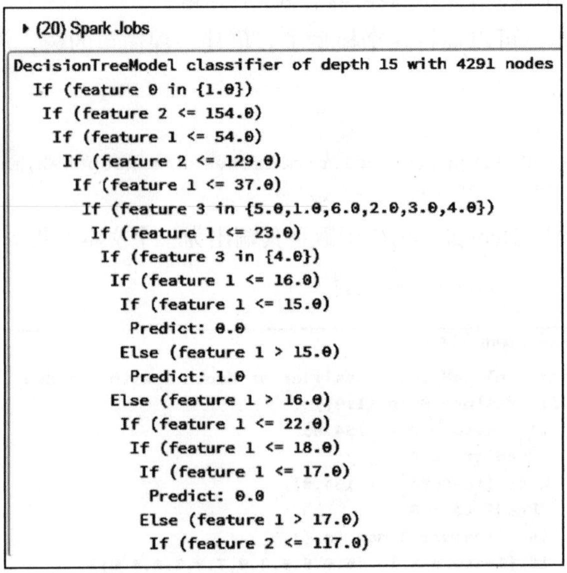

```
▸ (20) Spark Jobs
DecisionTreeModel classifier of depth 15 with 4291 nodes
  If (feature 0 in {1.0})
   If (feature 2 <= 154.0)
    If (feature 1 <= 54.0)
     If (feature 2 <= 129.0)
      If (feature 1 <= 37.0)
       If (feature 3 in {5.0,1.0,6.0,2.0,3.0,4.0})
        If (feature 1 <= 23.0)
         If (feature 3 in {4.0})
          If (feature 1 <= 16.0)
           If (feature 1 <= 15.0)
            Predict: 0.0
           Else (feature 1 > 15.0)
            Predict: 1.0
          Else (feature 1 > 16.0)
           If (feature 1 <= 22.0)
            If (feature 1 <= 18.0)
             If (feature 1 <= 17.0)
              Predict: 0.0
             Else (feature 1 > 17.0)
              If (feature 2 <= 117.0)
```

12.8.4 可视化树

决策树规则可能会非常难以理解，除非你能够对输出进行可视化处理。如果你没有使用Scala语言实现决策树（该语言有一种树的可视化方法，就是使用Databricks的display命令），还有以下选项。

首先把Spark输出对象解析成JSON格式，然后使用D3.js把它输入到可视化树。GitHub上有一些预置的软件包可以帮助你完成这一过程。

使用Scala语言，将你创建的RDD写入到一个文件，将RDD输入并运行DecisionTreeClassifier()。然后拟合模型，并在模型上使用Databricks的display命令显示这棵树。

12.8.5 比较训练决策树和测试决策树

决策树不存在预测方法，但是我们仍然可以用测试和训练数据集生成各自的树，并比较它们，以确定模型的合理性。

使用糖尿病的例子，我们可以先在训练数据中运行 PySpark 决策树。此外，结果变量是第一列（#0），在 LabeledPoint 中引用了它，并且通过 (1:) 指定其后所有的变量作为特征：

```
%python

df = spark.sql("SELECT outcome, age, mass, triceps, pregnant, glucose,
pressure, insulin, pedigree FROM global_temp.df_view")

#sqlDF.show()

rdd1 = df.rdd.map(lambda line:LabeledPoint(line[0],[line[1:]]))

model_train =
DecisionTree.trainClassifier(rdd1,numClasses=2,maxDepth=2,maxBins=32,
categoricalFeaturesInfo={})

print(model_train.toDebugString())
```

决策树确定了特征 4（glucose）以及特征 6（insulin）是两个最重要的分裂 / 划分变量。这两个变量的确是很好的选择，因为它们都会影响血糖的水平：

```
▸ (6) Spark Jobs
DecisionTreeModel classifier of depth 2 with 7 nodes
  If (feature 4 <= 144.2881556590044)
   If (feature 6 <= 244.2896167908184)
    Predict: 0.0
   Else (feature 6 > 244.2896167908184)
    Predict: 1.0
  Else (feature 4 > 144.2881556590044)
   If (feature 6 <= 233.49668637807514)
    Predict: 1.0
   Else (feature 6 > 233.49668637807514)
    Predict: 1.0
```

现在，在测试数据上运行相同的代码。结果是相似的；不过，测试数据的树颠倒了特征 6 和特征 4 的顺序。在现实世界，特征顺序颠倒是可接受的，但是如果我们生成的是一棵完全不同的树，要看看为什么这两个模型是不同的，并尝试调试模型的这两个不同版本。如果你不能解释版本的不同之处，可能得考虑返工。如果存在着重大的差异，你甚至得考虑放弃这个模型：

```
%python

test = spark.sql("SELECT outcome, age, mass, triceps, pregnant, glucose,
pressure, insulin, pedigree FROM global_temp.test_view")

rdd2 = test.rdd.map(lambda line:LabeledPoint(line[0],[line[1:]]))

model_test =
DecisionTree.trainClassifier(rdd2,numClasses=2,maxDepth=2,maxBins=32,
categoricalFeaturesInfo={})
```

```
#model.save(spark, "/myDecisionTreeClassificationModel")

print(model_test.toDebugString())
```

```
▸ (6) Spark Jobs
DecisionTreeModel classifier of depth 2 with 7 nodes
  If (feature 6 <= 258.7717216438844)
   If (feature 4 <= 134.95577326132448)
    Predict: 0.0
   Else (feature 4 > 134.95577326132448)
    Predict: 1.0
  Else (feature 6 > 258.7717216438844)
   If (feature 6 <= 303.47523507134343)
    Predict: 1.0
   Else (feature 6 > 303.47523507134343)
    Predict: 1.0
```

12.9 本章小结

本章结束了，这本书也结束了。开始我说过，这是一本不一样的有关预测分析的书，从技术和概念的角度介绍了很多不同的话题。我希望你们已经从这里学到不少东西，并且书中还提供了一些新的算法，介绍了一些“老”工具（如 SQL），在处理繁重的任务时 SQL 非常有效，有时你会需要它。我还努力重点解释“小数据”、元数据以及抽样的概念，希望这样可以帮助你只须单独查看各个部分就能更好地理解数据。我也希望书中的一些资料能帮助你和具有不同技能的不同团队成员合作。这些成员包括：任何优化代码方面的专家或统计方面的专家，和业务中所有关键人物合作以及能够沟通业务需求和愿望的人。是的，如果你能做到所有这些固然非常好，但是对于预测分析来说，认真倾听和埋头做事一样重要。

无论是编程语言还是平台选择，我们所讨论的大部分内容都适用于你将参与的各种类型的分析项目。这就是我想在末尾时涵盖一些云计算和 SQL 实例的原因，最后还使用了一个 Python 的例子，用来证明预测分析人员可以结合不同的技能，并整合工作人员在 6 个步骤中的工作（在本书前面部分讨论过的）来实现一个成功的分析方法和框架。

祝建模愉快！

推荐阅读

Python数据可视化

R语言数据分析

R语言数据挖掘

机器学习与R语言实战

R语言
实用数据分析和可视化技术

Practical Data Analysis
实用数据分析
(美) Hector Cuesta 著

Decision Analytics: Microsoft Excel
决策分析
以Excel为分析工具

The Art of Game Analytics
游戏数据分析的艺术

Data Mining Core Technical Reference
数据挖掘核心
技术揭秘

推荐阅读

Python机器学习

作者：Sebastian Raschka，Vahid Mirjalili ISBN：978-7-111-55880-4 定价：79.00元

机器学习：实用案例解析

作者：Drew Conway，John Myles White ISBN：978-7-111-41731-6 定价：69.00元

面向机器学习的自然语言标注

作者：James Pustejovsky，Amber Stubbs ISBN：978-7-111-55515-5 定价：79.00元

机器学习系统设计：Python语言实现

作者：David Julian ISBN：978-7-111-56945-9 定价：59.00元

Scala机器学习

作者：Alexander Kozlov ISBN：978-7-111-57215-2 定价：59.00元

R语言机器学习：实用案例分析

作者：Dipanjan Sarkar，Raghav Bali ISBN：978-7-111-56590-1 定价：59.00元